Amrum – Landschaft · Geschichte · Natur

Amrum

Verlag Jens Quedens · Amrum

Landschaft * Geschichte * Natur

Georg Quedens
Hans Hingst
Gerhard Stück
Ommo Wilts

Geleitwort:
Rudolf Titzck

Fotos:
Georg Quedens

Das Luftbild von Amrum (S. 30) wurde vom Amt für Land- und Wasserwirtschaft, Husum, zur Verfügung gestellt.
Alle anderen Fotos einschließlich der Karten und Zeichnungen sowie Layout und Gesamtgestaltung:
Georg Quedens
Korrektur: Klaus Förster

Verlag und Autoren danken dem Vorstand der DG-Bank Deutsche Genossenschaftsbank sowie dem Vorstand der Raiffeisenbank Amrum für die finanzielle Förderung dieses Werkes, ohne die eine Austattung in der vorliegenden Form nicht möglich gewesen wäre. Zu den Initiatoren dieses Amrum-Buches gehörten der ehemalige Landtagspräsident Rudolf Titzck und das 1987 verstorbene Vorstandsmitglied der früheren Norddeutschen Genossenschaftsbank AG, Kiel, Dr. Arnold Schäfer, der zu unserem Bedauern die Herausgabe des Buches nicht mehr miterleben kann.

© Verlag Jens Quedens, Insel Amrum 1991, Herausgeber: Öömrang Ferian
Gesamtherstellung: Clausen & Bosse, Leck
ISBN 3-924422-24-9

Zum Geleit

Mit diesem großen Amrum-Buch wird eine umfassende heimatkundliche Arbeit über die nordfriesische Insel Amrum vorgelegt.

Dankbar erinnern wir uns bei dieser Gelegenheit derjenigen Inselfreunde, die schon früher ihren Lesern ein Gesamtbild von unserer Insel zu vermitteln versucht haben: Rolf Dircksen, »Das kleine Amrum Buch«, Margot und Nico Hansen (Hrsg.), »Amrum – Geschichte und Gestalt einer Insel« und Georg Quedens, »Amrum«.

Schönheit und Einzigartigkeit der Insel Amrum mit ihrem weiten Kniepsand sind tausendfach beschrieben, besungen, fotografiert, gefilmt und durch die bildende Kunst wiedergegeben worden. Wilhelm Lehmann hat in seinem Gedicht »Amrum« gar die Frage aufgeworfen, »ob die Schöpfung hier begann?«

Dänische Könige, Mitglieder des deutschen Kaiserhauses und zwei Präsidenten der Bundesrepublik Deutschland haben unser Eiland besucht. Bundespräsident Karl Carstens ist als Wanderer von Föhr durch das Watt (1983), Bundespräsident Richard von Weizsäcker ist als Urlauber nach Amrum gekommen (1989). Einer der letzten noch in Fahrt befindlichen Großsegler, das Segelschulschiff der deutschen Marine »Gorch Fock«, hat die großen Leistungen der von Amrum und von den anderen nordfriesischen Inseln und Halligen stammenden Kapitäne und Besatzungen aus der jahrhundertelangen Zeit der Seefahrt unter Segeln durch einen Besuch geehrt (1985).

Amrum – im Nationalpark »Schleswig-Holsteinisches Wattenmeer« gelegen – ist altes Siedlungsland. Älteste nachgewiesene Spuren einer Besiedlung durch eine Ackerbau betreibende Bevölkerung reichen in die Steinzeit zurück (4000–3000 v. Chr.).

Heute kennzeichnen drei durch Menschen erbaute Wahrzeichen die Insel: die Inselkirche (um 1200) mit ihrem Turm (1908), die Windmühle (1771), der Leuchtturm (1875). Die Inschriften auf zahlreichen alten Grabsteinen in Nebel sind ein bewegendes Spiegelbild der Lebens-, Wirtschafts- und Sozialgeschichte der Insulaner.

Seit 1890 ist der Fremdenverkehr auf der kleinen Insel Hauptwirtschaftsfaktor (mit ca. 1.320.000 Übernachtungen im Jahr 1989).

Zwischen gestern und heute liegen vier bis fünf Jahrtausende. Von ihnen, von der Entwicklung der Insel und von dem Leben der Insulaner in dieser Zeit ist in diesem Buch die Rede.

Hans Hingst hat die Ur-(Vor-) und Frühgeschichte nach dem gegenwärtigen Forschungsstand behandelt. Georg Quedens, intimster Kenner aller Amrum betreffenden Fragen, langjähriger Inselchronist und Naturfotograf, hat sein umfangreiches Archiv geöffnet und fast jedes seine Heimatinsel berührende Thema in Wort oder Bild dargestellt. Ohne ihre Sprache sind Charakter und Herz der Inselfriesen nicht zu erfassen. Ommo Wilts hat deshalb seinen Beitrag vor allem dem auf Amrum gesprochenen Friesisch »Amring (öömrang)« gewidmet, Gerhard Stück über die insulare Schmetterlingsfauna berichtet.

Ein besonderes Wort des Dankes gilt der Deutschen Genossenschaftsbank, der Raiffeisenbank Amrum und dem Öömrang Ferian e. V., die die Voraussetzungen für den Druck dieses umfassenden Heimatbuches geschaffen haben.

Texte und Bilder vermitteln die Schönheit und die Einzigartigkeit der Insel Amrum. Die Texte sind zugleich ein getreues Spiegelbild der Wechselfälle menschlichen Lebens.

Ich bin sicher, daß das große Amrum-Buch bestehende Bindungen zu dieser einzigartigen Insel weiter festigen und ihr viele neue Freunde hinzugewinnen wird.

Amrum, im Mai 1991   Rudolf Titzck

Inhalt

Insellandschaften
- 9 Entstehungsgeschichte der Insel Amrum
- 12 Der Kniepsand
- 15 Die Dünen
- 31 Die Odde und Wittdün
- 32 Heide und Inselwald
- 35 Trinkwasser aus dem Inselgrund
- 35 Seegebiet und Wattenmeer

Die Vor- und Frühzeit auf Amrum
- 38 Landschaftsentwicklung durch Jahrtausende
- 39 Älteste Siedlungsspuren
- 42 Die Bronzezeit – das goldene Zeitalter
- 43 Männer- und Frauengräber
- 44 Die Eisenzeit
- 53 Eine Töpferei auf der Inselgeest
- 54 Dörfer in den Dünen
- 56 Siedlungsplätze und Ackerland
- 58 Steinsetzungen im Skalnastal
- 59 Ackerbau im Mittelalter

Inselgeschichte
- 63 Tausend Jahre unter dem Danebrog
- 63 Lehensritter in Ringwallburgen
- 65 Birk- und Bauernvögte
- 66 Der Amrumer „Kaffeekrieg"
- 66 Der Gesamtstaat wird in Frage gestellt
- 67 »Insurgenten« auf Amrum
- 68 Drei Zeitgenossen von Bedeutung
- 78 Der Krieg von 1864
- 79 Flaggenwechsel

Das Kirchenleben der Insel
- 80 Vom Asaglauben zum Christentum
- 81 Die St. Clemens-Kirche...
- 83 ...und ihre Pastoren
- 84 Die »Neuordnung« des Friedhofes

Seefahrt seit Jahrtausenden
- 86 Walfänger in Diensten der Holländer und Hamburger
- 90 Das Ende der »Grönlandfahrten«
- 91 Schiffer auf Nord- und Ostsee
- 101 Auf allen Meeren der Welt
- 103 Seemannsnot und Seemannstod
- 103 Endzeit der inselfriesischen Seefahrt
- 105 Seemannswitwen
- 106 Inselleben im Zeichen der Seefahrt
- 107 Grabsteine im »Hafen der Ewigkeit«
- 111 Fischfang und Austernstrich

Schiff auf Strand
- 115 Sand- und Strandvögte
- 125 Strandräuber
- 128 »Gott segne unseren Strand«
- 129 Das Seezeichenwesen im Seebereich von Amrum
- 130 Der Amrumer Leuchtturm
- 131 Tonnenleger von Generation zu Generation
- 132 Mit dem Rettungsboot hinaus
- 135 Der Heimatlosenfriedhof

Sturmfluten und Küstenschutz	136	Landverluste
	137	Deichbau und Landgewinnung
	139	Orkanfluten
Die Landwirtschaft	149	Die Feldgemeinschaft
	150	Das »Tägliche« Land
	150	Das »Wunge- oder Wechselland«
	151	Das Gräsungs- oder Weideland
	152	Das Meede- oder Wiesenland
	153	Das Ende der Feldgemeinschaft
	155	Der Pastor als Bauer
	155	Landwirtschaft in jüngerer Zeit
	156	Mühlen auf Amrum
Dörfer und Menschen auf Amrum	159	Königliche Landmesser auf der Insel
	162	Patronymische Familiennamen
	162	Auswanderung nach Amerika
	164	Das Friesenhaus im Wandel der Zeit
	182	Ausverkauf und Überbebauung
	184	Inseltrachten im Wandel der Zeit
Amrum als Nordseebad	187	Von der Seefahrt zum Seebad
	188	Wittdün – ein Badeort auf Dünensand
	190	Heinrich Andresen und die „AGWA"
	193	Bodelschwingh und Hüttmann
	194	Norddorf – ein Friesendorf wird Nordseebad
	196	Nebel – auf ruhigen Wegen zum Fremdenverkehr
	206	Verkehr zu Wasser und zu Lande
	206	Dampfer von Hamburg und Bremen
	207	Die Husum-Linie
	208	Die WDR
	208	Frachtschiffer
	209	Fuhrwerke, Inselbahn und Straßenverkehr
Inselnatur	212	Seevögel
	215	Möwen und Seeschwalben
	218	Austernfischer überall
	220	Eulen und Greifvögel
	229	Eingewandert und ausgesetzt
	230	Sing- und Waldvögel
	232	Das Vogelschutzgebiet Amrum-Odde
	233	Zug- und Gastvögel
	235	Entenfang in der Vogelkoje
	237	Säugetiere
	238	Reptilien, Amphibien und Fische
	239	Die Amrumer Schmetterlingswelt
	243	Flora und Fauna am Strand und im Watt
	255	Tümmler, Seehunde und Kegelrobben
	256	Inselflora
	260	Pilze
Friesisch – Ursprache auf Amrum	262	Herkunft des Friesischen
	263	Das Nordfriesische
	266	Amring – Amrumer Friesisch
	280	Das Amrumer Schrifttum
Chronik der Inselgeschichte	283	
Anhang	286	Bildtafeln zur Vor- und Frühgeschichte
Quellenverzeichnis	303	

Insellandschaften

Entstehungsgeschichte der Insel Amrum

Die geologische Geschichte der heutigen Insel Amrum beginnt vor etwa 200 000 Jahren mit den Gletschervorstößen der Saaleeiszeit, deren Dauer auf etwa 240 000 bis 150 000 vor Beginn der Zeitrechnung datiert. Geschiebelehm und Decksande, Gerölle und Findlinge aus dem skandinavischen Raum wurden hier abgelagert und bildeten zusammen mit Schmelzwassersanden die diluvialen Moränendecken, die Geestkerne der Inseln Sylt, Föhr und Amrum, die erst im Alluvium, in der Nacheiszeit, vom Wiederanstieg des Meeres angegriffen und in mehr oder weniger großem Umfang reduziert und von Marschen und Seesand (Dünen) auf- oder umlagert wurden. Während aber drüben auf Sylt durch den Druck der Eismassen der tertiäre Untergrund stellenweise aufgestaucht wurde und am Morsum-Kliff an der Oberfläche liegt oder Kaolinsand nach Sturmfluten am Roten Kliff bei Wenningstedt-Kampen bei Abbrüchen am Fuße des Kliffs sichtbar wird, sind solche Aufschlüsse auf Amrum nicht zu erwarten. Der Geestkern dieser Insel liegt an der gesamten Westküste im Schutze von Stranddünenwällen, so daß hier seit langer Zeit keine Kliffbildung mit Einblicken in das Innere des Inselbodens stattgefunden hat. Und das wesentlich niedrigere, im Wind- und Wellenlee liegende Kliff am Ostufer zwischen Nebel und Steenodde wird nur bei sehr hohen Sturmfluten tangiert. Offenbar hat hier aber noch im 19. Jahrhundert eine ältere Bildung die eiszeitlichen Ablagerungen durchbrochen, worauf Berichte des Geologen Ludwig Meyn (1876) hindeuten. Nach seinem Befund »gewahrte man nahe Steenodde, wo das Kliff fast verschwunden ist, einen rotbraunen Sand und zahlreiche Toneisensteine, die an Limonitsandstein erinnern, ohne daß man denselben wirklich anstehend trifft... Nach Angaben der Bewohner ist beim Graben rotbrauner Sand mit kugelrunden braunen Steinen gefunden, welche im Inneren Fischgräten enthielten, also keinen Zweifel mit der Identität der frühen bei Sylt gefundenen Abteilung des Limonitsandsteins lassen...«

Die Beobachtung von Tertiärmaterial am Steenodder Kliff ist dann durch spätere Geologen bestätigt worden, insbesondere als A. Krause nach der Sturmflut vom November 1911 nach entsprechendem Abtrag unter einer 8 m mächtigen Diluvialdecke von Geschiebesand an zwei Stellen Glimmersande und Toneisensande entdeckte.

Die Mächtigkeit der eiszeitlichen Ablagerung reicht im Raume Amrum stellenweise über 50 m tief. Beispielsweise erbrachte eine 1931 auf der Südspitze Wittdün ausgeführte Bohrung erst bei etwa 60 m Glimmerton aus dem Tertiär, eine andere, hier 1936 erfolgte Bohrung bis 26 m diluviale Sande und Kiese, aber darunter Feinsand des Pliozäns, der jüngsten Stufe des Tertiärs.

Die Frage nach der ursprünglichen Ausdehnung des Amrumer Geestkernes ist unter zeitlicher Begrenzung generell nur so zu beantworten, daß dieser Kern zumindest in vorgeschichtlicher Zeit sich weiter nach Westen ausdehnte, aber durch den Anstieg des Meeres seit dem Ende der letzten Eiszeit durch Brandungstätigkeit zurückgesetzt bzw. überflutet wurde. Findlinge, auch in Gruppen, die möglicherweise auf jungsteinzeitliche Grabkammern hindeuten, tauchen noch heute bei tiefer Ostwindebbe vor dem Norddorfer Strand auf. Doch sind die Verluste des Amrumer Geestkernes offenbar sehr viel geringer als jener von Sylt, der trotz verschiedenster und aufwendiger Küstenschutzmaßnahmen weiterhin durch die Nordsee abgebaut wird. Und während an der Westküste von Sylt nach historischen Überlieferungen im 14. Jahrhundert das Dorf Wenningstedt mit dem alten Friesenhafen, Anfang des 15. Jahrhunderts das Kirchdorf Eidum – Vorläufer des heutigen Ortes Westerland – unterging und der Sylter Strand einige Male, zuletzt noch Ende des 18. Jahrhunderts, über Rantum hinwanderte, das nach Osten verlegt werden mußte, sind ähnliche Ereignisse von Amrum unbekannt.

Hier haben sich die großen Sturmfluten des Mittelalters und der beginnenden Neuzeit offenbar nicht ausgewirkt, denn es liegen in dieser Hinsicht keine Nachrichten von Amrum vor. Die heute stark abgerundeten und verwitterten Formen eines ehemaligen Kliffs an der Amrumer Westküste sowie Reste von Brandungsterrassen am Fuße des Kliffs weisen darauf hin, daß dieser Bereich zuletzt während der Flandrischen-Transgression etwa um 5000 vor Chr. im Einflußbereich der Nordsee lag und seitdem durch Sand- und Dünenvorlagerung geschützt worden ist.

Der heutige Geestkern umrundet weitgehend das Zentrum des Insel Amrum. Vom Norden, von Norddorf ausgehend, verläuft der Geestrand in abgeflachter Form zum Strande und setzt sich hier im Schutze von Strand- und Dünenwällen in wechselnder Höhe als Litorina-Kliff längs der Küste fort. Eben südwestlich des Leuchtturmes biegt der Geestkern um und zieht sich hinüber nach Steenodde. Dort folgt er in etwa dem Ostufer bis nach Norddorf hinauf. Doch bildet die Inselgeest keinen abgerundeten Block. Die relative Gradlinigkeit an der Westküste wird am Strand von Nebel durch eine fast 700 m lange Einbuchtung unterbrochen, die der Geologe Walter Jessen (1931) als »Litorinabucht« bezeichnet und einem Meereseinbruch dieser Zeit zuschreibt.

Diese Einbuchtung ist aber von Dünen überlagert und tritt im gegenwärtigen Landschaftsbild nur als Senke eines teilweise aufgeforsteten Heidetales beiderseits des Nebeler Strandweges hervor. Deutlicher ist der Einschnitt zwischen dem Leuchtturm und Steenodde, wo sich ein kleiner Wasserlauf, die »Gootel«, bis nahe Süddorf hinzieht und sich, umrahmt von ansteigenden Geesthöhen, die Niederung »Guskölk« ausbreitet. Hier ist in der Jungsteinzeit, aber auch noch viel später, die Amrumer Südküste gewesen. Noch im 13. Jahrhundert hatte »Guskölk« Hafencharakter. Darauf deutet ohne Zweifel der Flurname auf der östlichen Geesthöhe, »Däänsk Braanang« hin. Hier nämlich befand sich eine, dem dänischen Königshaus gehörende und auch im Erdbuch von Waldemar II. erwähnte Salzsiederei, deren Betrieb von der unmittelbaren Verbindung zum Wattenmeer abhängig war. Denn von dort fuhren die Schuten mit dem Salztorf herein. Weitere Einbuchtungen in die Inselgeest entdecken wir nördlich von Nebel und südlich Haus Burg bei Norddorf. Hier sind die Niederungen mit Marschenablagerungen bis etwa einen Meter über MTHW (Mitteltidehochwasser) aufgewachsen, tragen aber wegen der Überflutungen bei Sturmfluten eine teilweise Salzvegetation. Der Flurname »Anlun« unter Haus Burg erinnert daran, daß diese Wiesen Jahrhunderte zur St. Annen-Vikarie an der St. Johanniskirche in Nieblum auf Föhr gehörten und erst bei der Aufhebung der Feldgemeinschaft im Jahre 1799 aus deren Besitz herausgelöst wurden. L. Meyn beschreibt das ursprüngliche Bild der Insel Amrum »als gewaltiger diluvialer Hügel von schlichter Gestalt, mit Heide bedeckt und von Steinblöcken übersät...«. Erst viel später wanderten von Westen her Dünen über die Inselgeest hin und fügten sich im Norden und Süden Nehrungsgebilde an.

Die Inselgeest weist einige deutliche, teils von Nordwesten nach Südosten verlaufende Höhenzüge auf, zwischen denen entsprechende Talsenken liegen. Das Hochgebiet nördlich vom Heide-Café liegt mit seinem höchsten Punkt »Haamhuuch« etwa 12 m über NN. Am höchsten ist die Inselgeest bei »Eesenhuuch« nordwestlich von Steenodde mit 19,6 m über NN, wobei allerdings knapp 4 m auf den Hügel entfallen. Weitere Hochzonen mit 13,4 m liegen nahe dem »Klafhuuch« zwischen Steenodde und Nebel, am Mühlenhügel Nebel mit etwa 17 m und am abgetragenen »Makanhuuch« nördlich von Nebel mit 13,8 m über NN. Die Geesthöhe südlich vom »Anlun« bei Norddorf erreicht ihren höchsten Punkt mit 15,3 m, während jener des Litorina-Kliffs an der Westküste südlich des Quermarkenfeuers bei 13 m liegt. Das sanfte Auf und Ab der Höhen und Täler führt der Geologe Hans Voigt (1964) auf das sommerliche Bodenfließen über dem während der Eiszeit permanent gefrorenen Untergrund zurück. Aber auch die einebnende Kraft des Windes dürfte einen wesentlichen Beitrag geleistet haben. Seiner Bodenbewegung ist sicherlich auch der Umstand zuzuschreiben, daß immer wieder Gerölle aus dem Untergrund scheinbar an die Oberfläche »wachsen«.

Bei diesen Geröllen, meist abgerundet durch den Transport in der saaleeiszeitlichen Grundmoräne, handelt es sich um Feuersteine aus Gotland, um Sandsteine aus Schweden und von Bornholm, um Granit aus Småland, Feldspatporphyre und Rapakiwigranit aus Finnland und Rhombenporphyre aus Norwegen. Diese Gerölle, darunter auch tonnenschwere Findlinge, befinden sich in mehr oder weniger großen Mengen vor allem am Fuße des Kliffs zwischen Nebel und Steenodde. Hier sind sie durch Kliffabbrüche bei Sturmfluten aus dem Geestkern freigelegt. Alle Steine im Geestboden und am Inselufer stammen also aus Skandinavien und sind mit den Gletschern in unserem Raum verfrachtet worden, wo es selbst an Felsen völlig fehlt. Der Buntsandstein liegt hier tief im Untergrunde. Nur in Form der Felseninsel Helgoland ist er im Tertiär aus einer Tiefe von fast 3000 Metern durch Bewegungen des darunter liegenden Zechsteinsalzes an die Oberfläche gehoben worden.

Bei den eigenartigen, sogenannten »Hexenschüsseln« hingegen, die immer wieder von Inselgästen am Strand entdeckt und gesammelt werden, handelt es sich um eine Brauneisenkonkretion, um Bruchstücke aus verlagertem Eisenhydroxid, die sich in feuchten und mäßig sauren Böden um einen kalkigen Kern bildeten, der sich später auflöste und dabei die Hohlform der »Hexenschüssel« hinterließ. Auf Amrum schrieb man früher diese Gebilde auch den »Unterirdischen« zu, einem sagenhaften Zwergenvolk, das in der Mythologie eine große Rolle spielte.

Zahlreiche Steine decken auch den Strand, die große »Kiesfläche« und den Untergrund einiger Täler der Amrumer Nordspitze. Hier handelt es sich um eine vom übrigen Amrumer Geestkern isolierte Geestplatte, die aber zu einer unbestimmten Zeit, vielleicht schon während der Flandrischen-Transgression, bis auf Meeresspiegelhöhe abrasiert worden ist. Auch westlich und nördlich der Amrum-Odde findet man bei tiefer Ostwindebbe, wenn das Niedrigwasser ein bis zwei Meter tiefer als normal fällt, mächtige Findlinge einzeln und in Gruppen, die auf steinzeitliche Grabkammern hindeuten. Landschaftsprägend wie die Saalevereisung haben sich aber auch die Zwischeneiszeiten (Interglazialzeiten) sowie die letzte Vereisung von etwa 110 000 bis 15 000 vor der Zeitrechnung ausgewirkt. Während die Saalevereisung über Nordeuropa hin bis an die deutschen Mittelgebirge reichte, endeten die Gletscher der letzten Vereisung an der schleswig-holsteinischen Ostküste und hinterließen dort die charakteristische Moränenlandschaft. Die Schmelzwasser indessen flossen nach Westen, führten Sande mit und zerschnitten vermutlich die Geestkerne von Sylt, Föhr und Amrum. Wesentlicher aber für die großräumigen Landschaftsveränderungen im Bereich des heutigen Nordseebeckens war der Umstand, daß während der Eiszeiten ein großer Teil der irdischen Wassermengen in den Gletschermassen eingebunden wurde und der Meeresspiegel etwa 80 Meter, nach Ansicht anderer Geologen sogar 100 Meter tiefer lag als heute. Dies bedeutete eine weitgehende Trockenlegung des Nordseebeckens während der Saaleeiszeit, aber einen Wiederanstieg des Meeresspiegels im nachfolgenden Interglazial. Nach dem Abklingen der Saaleeiszeit, deren Gletscher den Boden des Nordseebeckens gestalteten, erfolgte eine umfangreiche Überflutung durch das sogenannte Eem-Meer, wobei zwischen Sylt im Norden und Eiderstedt im Süden eine zusammenhängende Halbinsel unter Einfluß der Geestinseln von Sylt, Föhr und Amrum entstand. Doch blieb der Meeresspiegel etwa 7 m unter dem heutigen Niveau.

Die letzte Eiszeit führte zu einer erneuten Senkung des Meeres. Das Nordseebecken fiel bis über die Doggerbank hinaus trocken und erst nördlich davon mündeten die Flüsse Themse, Rhein und Ems sowie Weser, Elbe und Eider mit einer jeweils gemeinsamen Mündung in die Nordsee. Das Ende der Eiszeit und das Abschmelzen der Gletschermassen bedingte ein erneutes Vordringen des Meeres seit etwa 15 000 vor Chr., wobei sich dieser Vorgang durch sogenannte Transgressionen einmal schneller, dann wieder langsamer vollzog. Wie die heutige Küstenformation an der Westseite von Amrum beweist, erreichte der Anstieg des Meeres durch die Flandrische-Transgression in den letzten Jahrtausenden vor Beginn der Zeitrechnung einen vorläufigen Höhepunkt, der bis Ende des Mittelalters nicht überschritten wurde. In dieser Zeit des Stillstandes, ja Absinken des Meeresspiegels erfolgte die Bildung umfangreicher Marschen durch Schlickablagerungen im Lee der Geestinseln und im Bereich des heutigen Wattenmeeres. Ältere Geologen vermuten bis eben vor Christi Geburt eine »Landhebung« an der deutschen Nordseeküste. Doch stehen die Theorien über Landsenkung und Landhebung heute zurück gegenüber der Erkenntnis, daß für den Anstieg des Meeresspiegels im wesentlichen die Gletscherschmelze und die Wärmeausdehnung des Wassers in Frage kommen – Vorgänge, die seit dem vorigen Jahrhundert durch Pegelmessungen beweisbar sind und neuerdings bekanntlich den Menschen als zusätzlichen Verursacher wegen der Erwärmung der Erdatmosphäre mit einschließen. Tatsache ist allerdings auch, daß sich die skandinavischen Landmassen, vom Druck des Eises befreit, noch immer heben.

Wie erwähnt, bildeten sich nach der Flandrischen-Transgression und dem nachfolgenden Absinken des Meeresspiegels umfangreiche Marschen aus Schlickablagerungen längs der Nordseeküste. Nach Aussüßung des Bodens kam es auf diesen Marschen zu stauender Nässe und zur Entwicklung umfangreicher Moore und Schilffelder sowie Bruchwälder mit Eichen und Birken, von denen noch heute Reste im Wattenmeer zu finden sind, beispielsweise nahe der Hallig Gröde. Aber auch im Watt zwischen Amrum und Föhr sind immer wieder Eichenstubben freigespült, und in den brennstoffarmen Nachkriegsjahren 1945/46 wurden hier außerhalb des Goting-Kliffs im Moor konservierte Stämme von Birken eines jungsteinzeitlichen Waldes ausgegraben und auf Föhr und Amrum als Brennmaterial verwendet.

Ein erneuter Anstieg des Meeresspiegels um etwa 2 m, die sogenannte Dünkirchen-Transgression, führte dann aber zu Beginn der Zeitrechnung zur Überflutung und teilweisen Zerstörung der vorzeitlichen Marschen und Moore, aber auch zu neuerlichen Ablagerungen von Schlickschichten und zur Bildung höherer Marschen nach dem Abklingen der Transgression. Von dieser Marsch sind auf Amrum nur noch jene bei Norddorf, im Annland und bei Nebel erhalten, während die Marsch zwischen Wittdün und Steenodde eindeutig jünger ist. Sie dürfte erst nach Bildung des Nehrungshakens Wittdün zur Ablagerung gekommen sein und weist sich durch ihre geringere Schichtung aus. Marschenland von erheblicher Ausdehnung hat es aber in geschichtlicher Zeit bemerkenswerterweise auch an der Amrumer Westküste gegeben. Bei Aufhebung der Feldgemeinschaft im Jahre 1799 lag am Strande vor der Satteldüne noch eine Fläche von 12 Demat, etwa 6 Hektar, die aber unvermessen blieb. Und ebenso befindet sich unter der heutigen Kniepsandfläche eine Kleischicht, die am Nebeler Strand in der Brandungszone gelegentlich sichtbar wird, also mehr als einen Kilometer weit hinausragt. Offenbar handelt es sich hier um Marschablagerungen im Schutze des damaligen, fast im rechten Winkel zur See liegenden Kniepsandes. Wie schnell sich im Wind- und Wellenlee Schlick ablagert, zeigen Vorgänge hinter dem Dünenwall auf dem Kniepsand beim Quermarkenfeuer. Leider wurde bisher versäumt, die Mächtigkeit dieser Schlickschicht im Bereich des Kniepsandes bei Nebel festzustellen, um in etwa die zeitliche Dauer der Ablagerung zu ermitteln.

In den ersten Jahrhunderten unserer Zeitrechnung und bis etwa zum Mittelalter hin bot sich im Bereich der heutigen Inselwelt eine Landschaft großflächiger Marschen und Moore, die teilweise zur Nordsee hin im Schutze von Stranddünenwällen lagen, aber durch prielähnliche Wasserläufe, in denen Ebbe und Flut wirksam waren, aufgegliedert wurden. Hoch ragten in der Umgebung dieser Landschaft die drei Geestkerne von Sylt, Föhr und Amrum hervor und blieben dank ihrer Höhenlage durch eine miozäne Aufwölbung des Untergrundes auch in der Folgezeit als Inseln erhalten, während andere Geestblöcke, etwa der Bereich der »Amrum-Bank« schon im nacheiszeitlichen Meeresanstieg überflutet waren. Aber auch die Marschen und Moore wurden nun zunehmend durch den sich fortsetzenden Anstieg des Meeres sowie durch Sturmfluten zerstört, wobei zwei Daten, die Rungholtflut des Jahres 1362 und die Sturmflut im Oktober 1634 die Entwicklung zum heutigen Landschaftsbild markieren. Die Rungholtflut zerstörte den legendären Hafenort am Heverstrom, dessen Reste 1921 wieder entdeckt wurden. Und die Flut des Jahres 1634 riß die fast 260 Quadratkilometer große Insel »Alt-Nordstrand« auseinander, deren heutige Reste Pellworm, Nordstrand und die Hallig Nordstrandisch-Moor sind.

Wann Sylt, Föhr und Amrum durch die fortschreitende Überflutung des Küstenraumes Inseln geworden sind, ist unbekannt. Im Erdbuch von König Waldemar II., das um Anno 1231 angelegt wurde, sind die Inseln schon als solche genannt. Archäologen (Karl Kerstens, 1964) vermuten aber aufgrund der unterschiedlichen Kulturfunde, daß zumindest zwischen Amrum–Föhr und Sylt schon vor Beginn der Zeitrechnung eine Trennung vorhanden war, während Föhr und Amrum dank der unmittelbaren Nähe zueinander nur durch einen Wasserlauf geschieden waren. So berichtet es in verschiedenen Versionen auch die Sage, deren Ursprung nicht selten auf überlieferten Tatsachen beruht. Ganz unzuverlässig aber sind die vom Husumer Mathematicus Johannes Meier rekonstruierten Karten über den Küstenraum »bis an das Jahr 1240«. Johannes Meier zeichnete sein an sich imponierendes Kartenwerk zur Dankwerthschen Landeskunde um 1630/50 und erzielte dabei eine für damalige Verhältnisse beachtliche Genauigkeit. Aber zu seiner Zeit hatte sich das Landschaftsbild im nordfriesischen Küstenraum schon im großen und ganzen in seiner heutigen Gestalt vollendet, und die zurückdatierte Darstellung beruht auf bloßen zeitlichen und faktischen Vermutungen. Auch die Benennung von Ortschaften, im Bereich von Amrum beispielsweise »Knypum«, »Schallum«, »Burrenbüll«, »Oddum«, »Wester-Capel« und »Oster-Capel« sind Phantasienamen. Das Gebiet westliche von Amrum verschwand schon bei der Flandrischen-Transgression im Meer, und hier konnte es in geschichtlicher Zeit weder Dörfer noch Kirchen geben.

Der Kniepsand

Der Kniepsand ist das eigentliche eindrucksvolle landschaftliche Wahrzeichen der Insel Amrum – gehört aber im geologischen Sinne nicht zur Inselfläche. Die insgesamt etwa 11 Quadratkilometer große Sandbank ist ein Gebilde des Meeres, entstanden aus Seesand, der von Wellen und Wind bis nahezu 2 m hoch über das Mittlere Hochwasser aufgetürmt worden ist. Ähnliche Sände gibt es auch andernorts an der Nordseeküste, etwa der »Jappsand« westlich von Hallig Hooge sowie »Norderoogsand« und »Süderoogsand« vor diesen beiden Halligen. Als sogenannte Außensände begrenzen sie den höheren Wattensockel gegenüber der tieferen Nordsee. Auch der ehemals viel größere »Jungnahmensand«, der etwa zwei Kilometer seewärts der Insel frei im Meere liegt und dessen heller Sand sowohl vom Leuchtturm als auch vom Inselstrand aus zu sehen ist, verdankt seine Entstehung den gleichen Naturkräften. Bis um die Jahrhundertwende lag eine ähnliche Sand-

Ostküste herunter, wird nördlich von Holland durch das Zusammentreffen mit der Kanalwelle sowie durch Küstenreflexionen entlang der West- und Ostfriesischen Inseln nach Osten gelenkt und dreht über Helgoland und in Höhe der Nordfriesischen Inseln nach

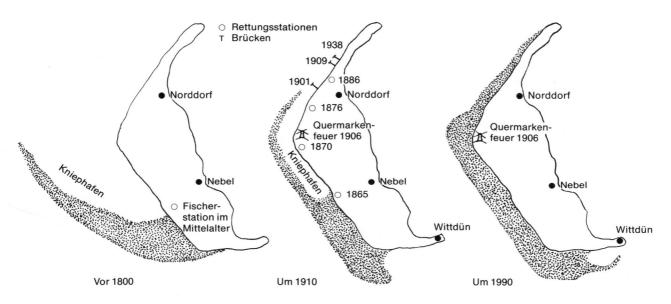

Der Kniepsand im Wandel der Zeit

bank, sogar mit bewachsenen Dünen, südlich von Amrum und trug eine weithin sichtbare Rettungsbake. Aber dann wurde der »Seesand« durch sich ändernde Bedingungen rasch abgebaut und ist heute nur noch ein Name auf der Seekarte.

Manchenorts sind diese Sände aber auch einer Küste oder Insel fest angefügt, beispielsweise der Halbinsel Eiderstedt, der Insel Amrum und den beiden dänischen Inseln Römö und Fanö. Merkmale dieser Sände sind ständiges Wandern, Werden und Vergehen, und dies gilt auch in besonderem Maße für den Kniepsand von Amrum. Dabei gilt generell, daß die Sände entsprechend dem Gezeitenstrom und der vorwiegenden Windrichtung von Westen nach Osten wandern. Die Flutwelle als Transporteur des Sandes dringt im ständigen Gezeiten-Rhythmus vom Nordatlantik in die Nordsee ein, fließt an der schottischen und englischen

Norden zurück. Der Drehpunkt dieser Flutwelle liegt etwa 300 Kilometer nördlich von Sylt. Entsprechend dieser küstenparallelen Bewegung wurden die Reihen der West-Ostfriesischen Inseln aus Seesand aufgebaut, aber auch die genannten Sände vor Eiderstedt und im Bereich der Nordfriesischen Inseln und Halligen. Was aber an einer Stelle geschieht, gilt nicht für andere. Während auf Amrum noch immer neue Sandbänke zuwandern, liegt die nur wenige Kilometer entfernte Insel Sylt seit Jahrhunderten im Abbruch. Hier ist die kritische Tiefenlinie der Nordsee so dicht an den Strand herangetreten, daß keine Sandzufuhr aus dem Meere mehr möglich ist. Durch Sturmfluten abgebaute Sandmassen fließen in die Tiefe und sind der Insel Sylt verloren.

Kennzeichnend für die Wanderung der Sände ist, daß sie zunächst in fast rechtem Winkel zur Küste liegen, ehe sie aufgelöst oder parallel dem Strand zugeführt werden. Eine solche Entwicklung hat auch der Kniepsand vollzogen.

Der Kniepsand wird zum ersten Male im Jahre 1585 auf einer Seekarte des holländischen Seefahrers L. J. Waghenaer dargestellt und hier als »Ameren bor« (Amrumer Barriere) bezeichnet. Die grobe Darstellung zeigt einen quer zur Inselküste in See greifenden Arm. Um die gleiche Zeit vermittelt der Reiseschriftsteller Braun-Hogenberg einen kurzen Bericht über Amrum mit der Nachricht, »daß die Insel einen sandigen Strich zwei Meilen weit hinauswirft...«. Die geographische Meile hatte eine Länge von 7,420 km, so daß dieser »Strich« fast 15 km lang wäre, was auch der Angabe von Waghenaer und späteren Darstellungen entspricht. In dieser ursprünglichen Form hatte der Kniepsand aber nur an der Südwestecke von Wittdün-Wriakhörn bis in Höhe der Satteldüne Verbindung mit der Amrumer Küste. Später wanderte der lange bogenförmige Arm des Kniepsandes dann allmählich auf die Küste zu, aber jahrhundertelang blieb zwischen Kniep und Küste von Norden her eine tiefe Meereseinbuchtung bestehen, der »Kniephafen«, ein Naturhafen, wie er zur Seeseite hin ganz einmalig war. Hier im Kniephafen, im Schutze der hohen Sandbank, hatten im 15. und 16. Jahrhundert die Amrumer Schellfisch- und Heringsfischer ihre Station, hier lagen noch Mitte des 19. Jahrhunderts größere Handelsschiffe während des Winters vor Anker, und hier konnten auf tiefem Wasser noch bis um 1870 hin Austernbänke kultiviert und Austern gestrichen werden. Ebenso aber lagerten sich im Wind- und Wellenlee des Kniepsandes Schlickschichten ab, so daß sich am Boden des Kniephafens Klei und später in Flachzonen beachtliches Marschenland bilden konnte, dessen Reste noch zu Beginn des 19. Jahrhunderts vorhanden waren. Und noch im Herbst 1865 konnte in Höhe des Dorfes Nebel, etwa dort, wo sich heute die Strandhalle befindet, eine Station der »Deutschen Gesellschaft zur Rettung Schiffbrüchiger« gebaut und das Rettungsboot von der Station direkt in das Wasser gebracht werden. Aber genau zu dieser Zeit begann von Süden her eine dynamische Sandzufuhr und von Süden nach Norden eine rasch voranschreitende Versandung des Kniephafens. Die Rettungsstation mußte schon 1868 einen Kilometer nordwärts bis eben unter den Inselbogen »Hörn« verlegt werden. Aber auch dort hatte sie keinen Bestand. 1877 erfolgte die erneute Verlegung um etwa einen Kilometer nach Norden zur Station »Baatjes-Stich«, ehe auch dort um 1890 die Versandung des Kniephafens zunahm und die abermalige Verlagerung der Rettungsstation bis in Höhe des Norddorfer Strandes erzwang.

Ein ähnliches Schicksal erlitten die Brücken für die HAPAG-Anschlußlinie zwischen Norddorf und Hörnum. Eine im Jahre 1900 eben südlich der heutigen Strandhalle Norddorf errichtete Brücke mußte im Jahre 1909 wieder abgebrochen und einen Kilometer nordwärts neu errichtet werden. Hier hatte sie immerhin bis 1938 Bestand, ehe eine erneute Verlegung um etwa 300 m erforderlich wurde. Aber die Versandung des Kniephafens schritt fort, und man behalf sich zuletzt mit der Verlängerung der Brücke. Der 2. Weltkrieg und strenge Eiswinter bereiteten dann der Zwischenlinie und der Brücke ein endgültiges Ende. Heute hätte ihr Gebälk nördlich vom Jugendheim »Ban Horn« völlig trocken im Kniepsand gestanden.

Etwa Mitte des 19. Jahrhunderts hatte sich der vorher bogenförmig zur See hinausgreifende Kniepsandarm parallel vor die Inselküste gelegt. Nun begann, gleichzeitig mit der Versandung des Kniephafens, eine Verlängerung des Sandarmes nach Norden. Der Kniep wanderte in den 1920/30er Jahren am Norddorfer Strand vorbei zur Nordspitze und erreichte mit seinem Ausläufer eben vor 1990 die große Geröllfläche an der äußersten Spitze. Breiter und höher werdend bezieht er nun die Nordspitze zunehmend in seinen Schutz mit ein und reduziert die bisher hier bestehende Abbruchtendenz an den seeseitigen Stranddünen.

Im Gegensatz zur auffälligen Nordwärtswanderung des Kniepsandes steht das nur relativ langsame Vorrücken der breiten Sandfläche auf Wittdün zu. Deutlich ist auch, daß der Kniepsand zwar an Länge wächst, aber stellenweise an Breite verliert. Das ist besonders dort der Fall, wo querlaufende Sände vor dem Strand liegen – wie seit einigen Jahren bei Norddorf – und eine Hinterströmung den Kniepsand tangiert und abbaut. Generell aber gewinnt der Kniepsand unverändert an Fläche, gegenwärtig besonders am Inselbogen »Hörn« in Höhe des Quermarkenfeuers, wo umfangreiche Sände von Südwesten her heranwandern. Hier begannen sich auf dem höchsten Rücken des Knieps schon Mitte des 20. Jahrhunderts kleine Dünen im Bereich einzelner Binsenqueckenbestände zu bilden, die aber durch winterliche Sturmfluten immer wieder eingeebnet wurden. Seit Mitte der 1960er Jahre aber haben die Dünen einen zusammenhängenden, mit Binsenquecke, Strandroggen, Strandhafer und Salzgräsern dicht bewachsenen Bestand. Im Lee der Dünenwälle haben sich dünne Schlickzonen abgelagert, wo neben der charakteristischen Meersimse etwa ein Dutzend Salzpflanzen wachsen, die man sonst nur am Wattufer der Insel findet. Einmalig für Amrum ist hier das Vorkommen des Strand-Tausendgüldenkrautes. Etliche Jahre wuchs hier eine kleine Gruppe von Stranddisteln, ehe sie bei einer Sturmflut versandete. Zugleich sind diese Kniepsanddünen ein sturmflutsicherer Brutplatz für Seevögel. Hunderte von Sturmmöwen – die größte Kolonie dieser Art an der deutschen Nordseeküste – Silbermöwen, Austernfischer, Sand- und Seeregenpfeifer und gelegentlich Küsten- und Zwergseeschwalben brüten hier in einem eingezäunten, markierten Schutzgebiet.

Auf dem Kniepsand zeigt sich eindrucksvoller als andernorts das Werden und Vergehen von Landschaften am Meer. Schon ab Windstärke 3–4 setzt sich der trokkene, bei Sturmwindstärken sogar der feuchte Sand in Bewegung und stiebt in langen »Schlieren« über die Ebene hin. Wo Widerstände liegen, Strandgut oder Büschel von Salzpflanzen, häufen sich Sandhügel in deren Windlee auf und bilden bald kleine Dünen. Wenn Jahreszeit und Wetterlage günstig sind, breiten sich Pflanzen und Düne aus und schließlich verdrängen Strandroggen und Strandhafer den Pionier Binsenquecke. So zeigt sich hier vom Ursprung an, wie eine Düne entsteht, Vegetation sich einen extremen Lebensraum erobert und unter Salz- und Süßwassereinfluß wandelt.

Besonders auf der hohen Kniepsandfläche bei Wittdün bilden sich durch Sandflug vegetationslose Strukturen einer Wüstenei mit Mustern von Windrippeln und sichelförmigen, meterhohen Barchanen.

Die Fläche des Kniepsandes liegt 1,4 bis 2 m hoch über NN, sommerliche Sandaufwehungen und die genannten Dünen aber heben sich bis zu 4 m auf. Springund auch mäßige Sturmfluten steigen nicht über diese Fläche hin. Erst bei Sturmfluten ab Windstärke 8–9 kommt es zu teilweisen, bei Orkanwindstärken zu einer völligen Überflutung des Kniepsandes. Aber das Wasser über dem Kniep bleibt relativ flach, und infolgedessen kann sich nur eine mäßige Brandung gegen die eigentliche Inselküste entfalten. Hier, als Faktum des Küstenschutzes, liegt die größte Bedeutung des Kniepsandes für Amrum. Die Probleme der Nachbarinsel Sylt sind auf Amrum – von lokalen Ausnahmen abgesehen – unbekannt. Und wenn bei besonders hohen Orkanfluten ab 2,50 m über MTHW die Stranddünen angegriffen und abgesteilt und einige Meter zurückgesetzt werden, so bilden sich auf natürliche Weise oder durch Unterstützung von Sandfangzäunen und Strandhaferpflanzungen mittels der ständig vom Kniepsand aufwehenden Sandmassen bald wieder neue Stranddünen. Die Rolle des Kniepsandes als Küstenschutz und als dynamische Naturlandschaft wird dann ergänzt durch seine Bedeutung als Erholungsraum für Tausende von Inselgästen, die selbst in der Hochsaison den Freiheitsraum dieser Sandbank nicht erschöpfen.

Die Dünen

Wie der Kniepsand, so sind auch die Dünen aus Meeressand aufgebaut. Aber über die zeitliche Entstehung der Dünen, insbesondere ihrer heutigen Lage auf der Inselgeest, gibt es keine gesicherten Erkenntnisse. Tatsache ist nur, daß die Dünen vor dem Mittelalter hier noch nicht vorhanden waren. Darauf deuten einwandfrei die noch sichtbaren Spuren eisen- und wikingerzeitlicher Gräberfelder und insbesondere Ackerbeete, Pflugfurchen und Viehspuren im diluvialen Geestboden der Dünentäler hin. Es ist sicherlich undenkbar, daß innerhalb der Dünen Landwirtschaft betrieben wurde.

Auf eine jüngere Entstehungszeit der Dünen deutet auch die bislang älteste Nachricht über Landschafts- und Lebensverhältnisse auf der Nachbarinsel Sylt hin. Es handelt sich hier um den Bericht des Priestersohnes Hans Kielholt, der nach dem Untergang des Kirchspieles Eidum und dem Tod seines Vaters von der Universität Leipzig nach Hause kam »und sich verwunderte über die Sandhumpels am Ufer, so groß wie Heuhüxen…«, ein Hinweis, daß Dünen auf der Sylter Geest eine neue Erscheinung waren. Der Bericht von Hans Kielholt wird in die Zeit um etwa 1440 datiert.

Hans Kielholt erwähnt aber auch westlich von Sylt eine Bank, »die war braun und hart, gleich als Eisen, und wenn man darauf mit dem Hammer schlug, sprangen Stücke davon wie Rost vom Eisen…«. Ludwig Meyn und Friedrich Mager (1927) vermuten, daß es sich um eine Limonitsandsteinbank handelte, die den ursprünglichen Inselrand begrenzte und deren Zerstörung im 15. Jahrhundert die Sandzufuhr und Dünenbildung förderte. Karl Gripp (1961) nimmt hingegen an, daß der »eiserne« Wall ein podsolierter, mit Ortstein bedeckter Strandwall war. Ob sich ein solcher Wall auch vor Amrum, vielleicht im Bereich der »Amrum Bank« befand, ist nicht mehr nachzuweisen. Der Geologe Hans Voigt (1964) bringt die Dünenbildung in Zusammenhang mit dem vorzeitlichen Abbau des damals größeren Geestkernes während der Dünkirchen-Transgression, in deren Gefolge riesige Wanderdünen entstanden und allmählich auf die heutige Inselgeest zuwanderten, um diese dann schließlich teilweise unter sich zu begraben. Einleuchtender ist dagegen die Annahme, daß sich nach der Flandrischen-Transgression und dem Absinken des Meeresspiegels um etwa zwei Meter auf dem dadurch trocken fallenden Meeresboden westlich von Amrum riesige Sandmengen zu Dünen bildeten, die dann nach der Zeitrechnung auf die

Insel zuwanderten – ein Vorgang, der sowohl zeitlich passen würde als auch das Auftauchen der umfangreichen Sandmassen erklärt.

Dünen können sich – wie man nach trockenen Sturmtagen beobachtet – in erstaunlich kurzer Zeit entwickeln, wenn dazu die entsprechenden Sandmengen vorhanden sind. Zum Auftürmen der Amrumer Dünen müssen diese Voraussetzungen vorhanden gewesen sein. Und die Entstehung der heutigen Inseldünen muß sich während eines relativ kurzen Zeitraumes abgespielt haben. Geht man davon aus, daß sie nach Ausweis der erwähnten Kulturspuren im 12.–14. Jahrhundert noch nicht vorhanden, ihre heutige Ausdehnung aber schon Ende des 18. Jahrhunderts abgeschlossen war, so hat sich Dünenbildung – analog dazu die Entstehung der Nehrungen Amrum-Odde und Südspitze Wittdün – in wenigen Jahrhunderten vollzogen. Auf einen solchen zusammenhängenden Vorgang deuten auch die Formationen der innersten Dünen hin, die südwestlich von Norddorf, nordwestlich von Nebel-Westerheide, westlich von Süddorf und am nordwestlichen Ortsrand von Wittdün im Bereich der Aussichtsdüne zu mächtigen Höhen in wallartiger Form aufgewachsen sind. Der höchste Punkt der Amrumer Dünen liegt eben südlich der Norddorfer Aussichtsdüne mit 31,4 m über NN. Der Dünenzug zwischen der Vogelkoje »Meeram« und Nebel-Westerheide weist Höhen von 31,3 und 31,4 m auf, die Satteldüne eine solche von 27,7 m und die Leuchtturmdüne eine Höhe von 26,9 m, einschließlich des diluvialen Untergrundes.

Während die inneren und höchsten Dünenzüge eine gewisse Regelmäßigkeit erkennen lassen, ist das übrige Bild der auf dem Geestgrund liegenden Dünen verwirrend und zerrissen. Einzelne höhere Dünengebiete wechseln mit Gebieten kleinerer Hügel und flacher Täler, aus denen dann aber oft unvermittelt einzelne höhere Dünen aufragen. Manchenorts ist der Dünensand bis auf den Geestboden weggeweht, der sich mit Steingeröll, aber auch mit frühzeitlichen Kulturspuren präsentiert. Ausgesprochene Talgebiete, so am »Siatler« bei Norddorf, im »Skalnastal« westlich der Vogelkoje »Meeram«, in der erwähnten »Litorina-Bucht« am Strandweg von Nebel und zwischen der Satteldüne und dem Süddorfer Strandweg prägen das Landschaftsbild zwischen den Hochdünen. Die Täler sind teilweise mit Krähenbeere oder Besenheide, aber auch weithin mit der Sandsegge bewachsen. Am Grunde besonders tiefer Täler haben sich in der Regel kleine Minimoore mit einer charakteristischen Vegetation, Sonnentau, Glockenheide, Rauschbeere, Bärlapp und – selten – Keulenbärlapp und Kleines Wintergrün gebildet. Andere Tieftäler füllen sich im Winter mit Regentümpeln.

Kennzeichnend für das Amrumer Dünengebiet ist die wellenartige Überwanderung der Geest und die Teilung dieser Sandwanderung am Inselbogen »Hörn«, so daß im Bereich der Vogelkoje »Meeram« ein Dreieck versandungsfreier Heide erhalten blieb. Diese Teilung erklärt sich durch die Windteilung des vorspringenden Inselbogens eben westlich des Quermarkenfeuers. Nordwestliche Winde werden hier vor der Kliffküste nach Osten bzw. nach Süden gelenkt. Zum Strande bzw. zum Kniepsande hin schließen die Dünen mit einem fast deichartigen Wall ab, der mit Strandhafer dicht bewachsen ist. Dieser gedeiht hier besonders gut durch die ständige Sand- und damit Nährstoffzufuhr vom Kniepsande her. Manchenorts aber ist der Wall von Windbrüchen aufgerissen, und die durch die Lücken wehenden Sandmassen bilden lokale Wanderdünen. Auf dem Südteil der Insel, etwa zwischen Zeltplatz I und Wittdün, sind mehrere solcher Stranddünenwälle voreinander gestaffelt. Deutlich ist hier, etwa 150 m landeinwärts, eine ehemalige Küste zu erkennen, der erst im 19. und 20. Jahrhundert dank des über den Kniepsand aufwehenden Sandes Dünenwälle vorgelagert sind. Hier wuchs die Insel gegen Wind und Wellen – ein sehr seltenes Naturereignis.

Besonders eindrucksvoll ist auch die Entwicklung am Wittdüner Südstrand. Hier hat sich erst in jüngster Zeit ein weiterer Stranddünenwall vorgelagert und dabei eine ehemalige Strandzone durch einen Nehrungswall eingeschlossen und vom Meere abgeriegelt. Am Boden dieser ehemaligen Strandzone hat sich durch Süßwasserzufluß eine umfangreiche Moor- und Gewässerlandschaft mit entsprechender Vegetation gebildet – der heutige »Dünensee Wriakhörn«.

Bei einem Vergleich der ersten Vermessungskarte im Jahre 1799 mit den heutigen Meßtischblättern des Landesvermessungsamtes zeigt sich, daß der innere Dünenwall nicht wesentlich weiter über die Inselgeest gewandert ist. Wohl sind die Dünen in sich selbst noch ständig in Bewegung, und immer wieder entstehen auch Wanderdünen größeren Umfanges – gegenwärtig beispielsweise beiderseits der Vogelkoje Meerham. Aber die innersten Dünen wurden und werden durch konzentrierte Bepflanzung mit Strandhafer während der letzten zweihundert Jahre festgelegt. Diese Dünenbepflanzung ist ein besonderes Kapitel der Inselgeschichte.

In breiter Front wanderten die Dünen über die Inselgeest hin und begruben Grabstätten und Siedlungsplätze der Vor- und der Frühzeit, das mittelalterliche Ackerland und vielleicht auch die Vorläufer der

Sommerliche Dünenheide

Dünenmoor

Seite 17 Nordseebrandung am Kniepsand
Seite 18/19 Der Kniepsand – Landschaft der Leere
Seite 21 Wanderdüne

Seite 22 Heide und Wald auf der Inselgeest
Seite 23 Herbstliche Lärchen im Inselwald
Seite 23 Windverbogene Birken in der Vogelkoje

Das Litorina-Kliff am »Hörn«

Steenodder Kliff mit Findlingen

Seite 24 Blühende Marschenwiese
Seite 25 Grasnelkenwiese zwischen Dünen und Watt
Seite 27 Wattufer mit Strandbeifuß – hinten Haus »Burg«
Seite 28 Wolken über dem Watt

heutigen Inseldörfer. Aber erst gegen Ende des 17. Jahrhunderts wurden nachweislich Maßnahmen ergriffen, um den Sandflug zu hemmen, wobei die erste Königliche Verordnung, vorgelesen auf dem Birkthing am 3. Juni 1696 und erneuert am 16. März 1728, zunächst nur passiver Art war. Hier wird »allen und jeden Eingesessenen auf Amrum befohlen, sich des bishero eigenmächtigen Halmpflückens in und bey den Sanddünen zu enthalten, bei der des Königs Low (Recht) gesetzten Strafe...«. Gleichzeitig wird »den Acht Männern jeder Dorfschaft anbefohlen, gute Aufsicht zu halten, wer solches ungebührliche und landesverderbende Halmpflücken sich bedienet und selbige dem Landvogt angegeben werden, damit sie ihrem Verbrechen nach gestrafet werden...«.

Das »Halmpflücken« hatte aber für die Insulaner, insbesondere für ärmere Leute ohne anderweitige Existenzmöglichkeiten, eine große Bedeutung. Dünenhalm, genauer Strandhafer, war nämlich der Grundstoff für Reepen, Seile verschiedenster Stärke, mit den Händen aus den langen Blättern des Strandhafers zusammengedreht. Im Spätsommer wurde der Strandhafer eben unter der Sandoberfläche mit der Sichel geschnitten, getrocknet und nach entsprechender Vorbereitung im Winterhalbjahr verarbeitet. Halm-Reepen (fries. riaper) dienten zum Binden von Reetdächern, als Wäscheleinen und sonstiges Tauwerk und wurden jahrhundertelang in großen Mengen von Amrum nach Föhr und zum Festlande ausgeführt.

Das Halmschneiden aber entblößte die Dünen ihrer Vegetation und förderte den Sandflug. Die wirtschaftliche Not war jedoch größer als die Einsicht des Landschaftsschutzes. Infolgedessen mußten die Verordnungen gegen »Halmdiebe« mehrfach erneuert und die Strafandrohungen verschärft werden. Am 23. Mai 1751 wurde auf den Bauernstaven, den Versammlungsplätzen in Nebel und Süddorf eine solche Verordnung vor allen »Eingesessenen der beyden Dörfer« verlesen und neben der »exemplarischen Strafverordnung« auch den Schiffern »streng untersagt, die Angen (Reepen) vom Lande zu führen«.

Aber auch diese Verordnung hatte keinen Erfolg. 1766 wurde eine weitere Publikation gegen »Dieberey in den Dünen« bei Androhung »schwerer Leibesstrafe« zur Kenntnis gegeben, allerdings auch – weil das Halmschneiden nicht zu verhindern war – »den Armen Stellen angewiesen«, wo die Gewinnung von Strandhafer ohne Gefahr des Sandfluges möglich war. Aber noch 1780 mußte eine abermalige Verschärfung der Strafen verkündet werden, »weil an verbotenen Örtern Halm abgeschnitten wird«. Halmdiebe werden nun »unerbittlich nach Vorschrift des Gesetzes gestraft und also, wenn es das erste Mal ist, im Gefängnisse mit Ruthen gezüchtigt und wenn es das zweite Mal ist, an den Pranger zur Staupe geschlagen und auf dem Rücken gebrandmarket«.

Erst 1783 machten die Repräsentanten der Inseldörfer, Bauernvögte und Acht-Männer, den Vorschlag, Wanderdünen zu bepflanzen. Insbesondere nordwestlich von Norddorf hatten sich hohe Dünen aufgetürmt, die das angrenzende Marschenland zu versanden drohten. Der Norddorfer Bauernvogt hatte deshalb einen »Bauernstock« (fries. büürstook), einen Stab mit einem Benachrichtigungszettel, »rund gehen lassen, um Halm zu pflanzen auf den Dünen, insbesonderheit zur Beschützung des Pastorathlandes in Norderende...«. Weil aber die Norddorfer allein zur Stelle waren, sich aber von den gleichermaßen dazu verpflichteten Einwohnern aus Nebel und Süddorf niemand zeigte, machte der Norddorfer Bauernvogt Knud Girris der Birkvogtei den Vorschlag, »daß jeder Landinteressent entsprechend seiner Landzahl (Landanteile) die Bepflanzung an den Sanddünen unaufhörlich zu beschaffen hat«.

Die Birkvogtei griff diesen Vorschlag auf und erließ am 15. April 1783 eine Verordnung, die alle Einwohner der Insel Amrum verpflichtete, entsprechend ihren Eigentumsanteilen am Lande »ohne Rücksicht auf die Feldmarks-Districte« nach Anweisung der Bauernvögte an der Dünenbepflanzung teilzunehmen. Die Bepflanzung der »Dünen zur Beschützung der Pastorat-Ländereien ist hingegen eine gemeinschaftliche Sache der ganzen Gemeinde (Amrum)«.

Knud Girris tritt auch in der Folgezeit als Initiator der Dünenbepflanzung in Erscheinung. Aber es dauerte Jahre, ehe dieser nun alljährlich im Herbst verfügte Hand- und Spanndienst von allen akzeptiert wurde. Noch 1797 meldet der Norddorfer Bauernvogt an den Birkvogt, »daß die Halmpflanzung von Leuten, die ihr Auskommen in der Seefahrt haben, fast gar nicht betrieben wird, da sie sich nicht mit der Landwirtschaft befassen und keine Einsicht in die Verbesserung der Bodenverhältnisse haben... Die gefährlichsten Sandhügel liegen bei Norddorf, doch helfen die Bewohner von Nebel und Süddorf nur soweit, als was dem Pastorat-Meedeland zugutekommt, obwohl ihnen mehr Meedeland (in der Norddorfer Marsch) und auch beträchtliches Ackerland auf der Norddorfer Feldmark gehört«. Die Aufhebung der Feldgemeinschaft und die Individualzuteilung der bisherigen Interessentenanteile in den Jahren 1799/1800 förderten jedoch die Einsicht, die landwirtschaftlichen Nutzflächen gegen

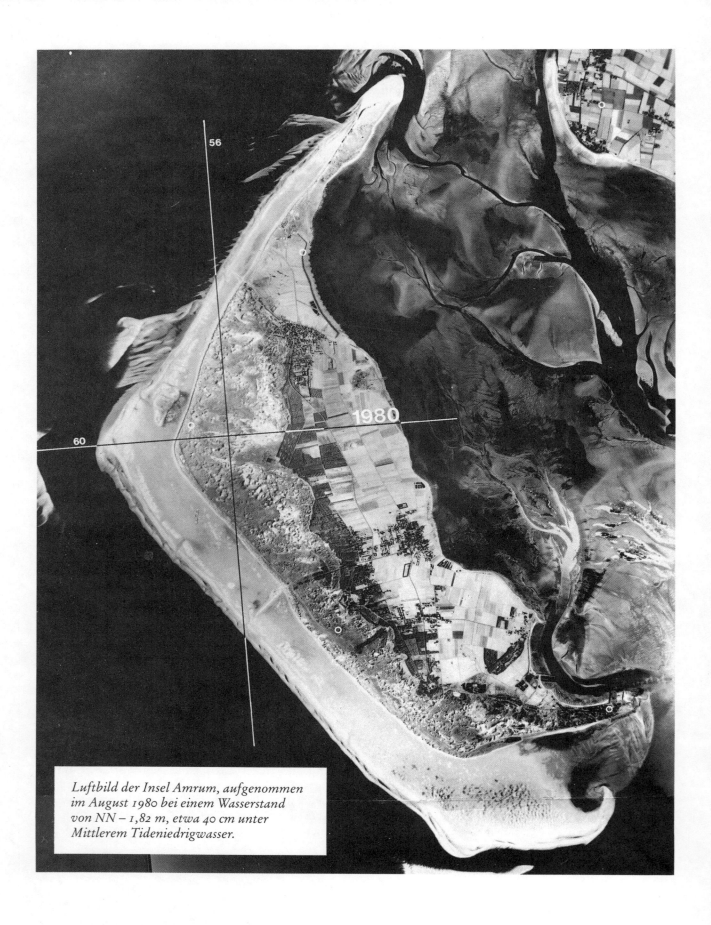

Luftbild der Insel Amrum, aufgenommen im August 1980 bei einem Wasserstand von NN − 1,82 m, etwa 40 cm unter Mittlerem Tideniedrigwasser.

Dünenversandung zu schützen. Nur der ehemalige Seefahrer und derzeit größte Landbesitzer Volkert Quedens zeigte sich renitent und mußte vom Birkvogt an seine Pflicht gemahnt werden. Volkert Quedens aber wohnte auf Steenodde, und seine Ländereien lagen weit weg vom Dünenrand.

Seit dieser Zeit haben die Insulaner entsprechend ihrem Eigentum bzw. ihrer Steuerkraft alljährlich im Herbst eine von den Bauernvögten, später von den Gemeindevorstehern ausgewiesene und namentlich markierte Düne bepflanzt. Erst 1968, nach einer Anhebung der Gemeindesteuer, wurde der altertümliche Hand- und Spanndienst abgeschafft und die Halmpflanzung in die Regie der Amtsverwaltung genommen. Zu dieser Zeit hatte aber auch die Landesregierung schon in die Dünenschutzmaßnahmen eingegriffen und durch großflächige Pflanz- und Festlegungsmaßnahmen im Laufe der 1960/70er Jahre die hohen Dünenrücken westlich von Norddorf und Wittdün sowie andere gefährliche Dünenbereiche unter Kontrolle gebracht. Einzäunungen, Düngungen von Flugzeugen aus und schließlich Bohlenwege zur Lenkung der Wanderströme und zum Schutz der Vegetation vervollständigten bis zur Gegenwart hin die Sicherung der inneren Dünenzone gegen Sandwanderung. Hingegen dienen die Strandhaferpflanzungen am Strand dem Küstenschutz und sind eine Aufgabe des Amtes für Land- und Wasserwirtschaft (ALW).

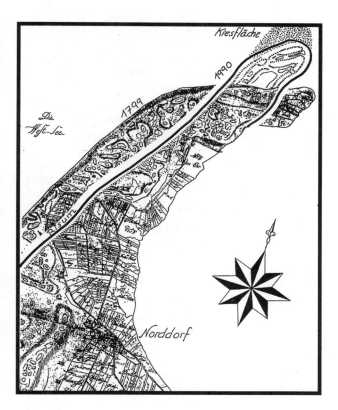

Die Amrumer Odde im Wandel der Zeit. Dem Küstenabbruch an der Seeseite steht eine langsame Verlängerung des Nehrungshakens entgegen

Die Odde und Wittdün

Im gleichen Zeitraum und im gleichen Zusammenhang wie die Bildung der Dünen auf der Inselgeest dürften sich die Amrumer Nordspitze und die Südspitze Wittdün entwickelt haben, und zwar als Nehrungen an den eiszeitlichen Geestkern. Wie schon erwähnt, liegt zwar die Nordspitze auf einer ehemaligen Geestplatte, doch wird diese vom Hauptkern der Insel durch eine tiefe Schmelzwasserrinne im Bereich der Norddorfer Marsch getrennt und ist bis unter Mittelhochwasser vom Meere abgebaut. Charakteristisch sind aber im Watt rund um die Nordspitze, deren äußerstes Ende auch Odde genannt wird, die lokalen Flächen mit geröligem Untergrund mit vereinzelten Findlingen. Und fast mosaikartig mit Steinen übersät ist die große Sandfläche, die den Abschluß der Odde bildet.

Nehrungen werden vom Meere aufgebaut und unterliegen deshalb ständigen Wandlungen. Das gilt auch für die Amrumer Nord- und Südspitze. Auf der ersten genauen Karte der Insel aus dem Jahre 1799/1800 ist vor der Norddorfer Marsch, vor »Risum« noch ein breiter Dünenwall vorhanden, der aber durch die Sturmflut vom Februar 1825 stark reduziert und durchbrochen wurde. Auch die Amrumer Nordspitze ist noch wesentlich breiter als heute, allerdings nicht so lang. Entsprechend den Naturgesetzen, nach denen sich Nehrungen entwickeln, ist die Dünenbreite durch Wellen und Wind wieder zurückgesetzt, sind die freigewordenen Sandmassen aber zur Spitze transportiert worden, die sich seit 1800 fast einen halben Kilometer verlängert hat. Insgesamt überwiegt aber gegenwärtig die Abbruchtendenz, auch an der im Wind- und Wellenlee liegenden Ostküste, obwohl dieser Vorgang hier viel weniger dramatisch ist als an der exponierten Westseite. Der hier vorbeiwandernde und sich verbreitende Kniepsand dürfte aber in absehbarer Zeit wieder neue Verhältnisse schaffen. Über die Sturmflutabbrüche und Meereseinbrüche in die Täler der Nordspitze wird an anderer Stelle genaueres gesagt. Charakteristisch für die

Nordspitze sind die hohen Stranddünen und die in ihrem Schutze liegenden großflächigen Täler. Einige quer durch die Nordspitze von Westen nach Osten verlaufenden Dünenzüge weisen darauf hin, daß sich hier einmal das Ende des Nehrungshaken befand, ehe sich dieser durch neu aufwehende Strandwälle verlängerte, oder daß hier die Stranddünen aufbrachen und durch die Schluchten nach Osten verweht wurden.

Die Amrumer Südspitze Wittdün hingegen scheint jünger als die Nordspitze zu sein. Darauf deutet der Name »Wittdün« (fries. Witjdün) hin, der sich auf den weißen Seesand bezieht, aus dem sich auch diese Nehrung, beginnend am Kliff westlich des Leuchtturmes, aufgebaut hat. Weiß sind nur junge Dünen, die erst später gelb und grau werden, wenn ihnen der Humus vergangener Vegetation oder Sande der Geest beigemischt worden sind. Auch für Wittdün zeigt die Karte von 1799/1800 ein viel kürzeres Gebilde, das erst im Laufe des 19. Jahrhunderts nach Osten verlängert wurde und schließlich bis fast an die Tiefe der Norderau reichte. Anfang des 20. Jahrhunderts kehrte sich aber auch hier der Entwicklungstrend um. Die äußerste Spitze verschwand nach großen Sturmfluten im Meer, und heute wäre nahezu die halbe Südspitze wieder abgebaut, wenn sie nicht durch die Strandpromenade und durch ständige Uferschutzmaßnahmen geschützt würde. Erst in der Gegenwart scheinen sich auch hier die Verhältnisse durch den langsamen heranwandernden Kniep wieder umzukehren.

Kennzeichnend für die Dünen der Amrumer Südspitze sind längs der Strandseite einige teils wallartige Dünenzüge aus den verschiedenen Zeiten der Nehrungsbildung. Hinter dem äußersten hohen Stranddünenwall zieht sich vom Übergang FKK-Zeltplatz bis fast nach Wittdün hin eine feuchte Niederung, die teils mit Schilf bewachsen ist und schließlich in ein Dünenmoor und einen Dünensee einmündet, dem Strand- bzw. Dünensee »Wriakhörn«.

Auffallend für die Wittdüner Dünen ist aber auch eine ausgedehnte Heidesenke, die dank des hohen Grundwasserstandes auch im Hochsommer noch etliche Teiche und Wassertümpel mit charakteristischer Fauna und Flora aufweist. Die Kiefern und Fichten am Rande dieser Senke wurden allerdings erst in den 1950er Jahren angepflanzt. Und wenn man auf Kies und Geröll in einigen Dünentälern stößt, sollte kein eiszeitlicher Untergrund vermutet werden. Hier handelt es sich um Bodenreste eines ehemaligen Dammes für die Wittdüner Kniepsandbahn bzw. für die Inselbahn, deren Verlauf sich hier und da in der heutigen Naturlandschaft noch deutlich erkennen läßt.

Heide und Inselwald

Ausgedehnte immergrüne Kiefern- und Fichtenwälder bedecken heute die Inselmitte zwischen dem Leuchtturm bei Wittdün und dem Dorfrand von Norddorf. Hier hat sich in wenigen Jahrzehnten – wie an keiner anderen Stelle der Insel – das Landschaftsbild am auffälligsten verändert, durch die zusammenhängende Aufforstung, die 1948 begann. Bis dahin breitete sich zwischen Dünenrand und Feldmark und von Norden nach Süden Heide aus, nur hier und da unterbrochen von einigen wenigen Schafweiden mit gelbem Gras, und der freie Blick über die Insel wurde nur von wenigen Einzelgehölzen gestört.

Im atlantischen Küstenklima mit relativ hoher Luftfeuchtigkeit gehört die Heide mit ihren Vertretern Besenheide und Krähenbeere seit jeher zu den Charakterlandschaften der Insel Amrum, wobei ihre Fläche je nach Landnutzung größeren oder geringeren Umfang hatte. Ihre größte Ausdehnung erreichte die Heide im 18. Jahrhundert, als die Seefahrt in höchster Blüte stand und auf Amrum noch Landwirtschaft nach den urtümlichen Regeln der Feldgemeinschaft betrieben wurde. Damals soll die ganze Inselmitte bis zum alten Kirchweg (dem heute sogenannten Wirtschaftsweg) mit Heide bedeckt gewesen sein. Heide spielte, bis in das 20. Jahrhundert hinein, als Brennmaterial eine große Rolle, und das dauernde Heidehacken bedingte eine ständige Verjüngung der Triebe, ebenso die Beweidung nach den Regeln der Feldgemeinschaft. Insbesondere die Besenheide ist nämlich eine ausgesprochene »Kulturfolgepflanze«, die sich sehr bald den nach der Beweidung wieder ungenutzt liegenden mageren Sandboden erobert, zunächst mit inselarten Porsten und dann sich über alles ausbreitend. Wo über Jahre und Jahrzehnte Heide wächst, bildet sich eine saure Rohhumusschicht, die im Gefolge von Niederschlägen zu Auswaschungen von Mineralien führt, die sich in etwa 40–50 cm Tiefe als dunkelbraune Ortsteinschicht absetzen. Diese Schicht erinnert an verrostetes Eisen und kann so mächtig werden, daß Landwirtschaft in der oberen, ausgelaugten sandigen Bodendecke nicht mehr möglich ist. Auch Baumwurzeln dringen bei einer gewissen Mächtigkeit des Ortsteines kaum noch hindurch. Als in Notzeiten auf Amrum die Landwirtschaft intensiviert werden mußte, und als die umfangreiche Aufforstung begann, wurde deshalb die Ortsteinschicht durch »Reolen« in Handarbeit bzw. durch einen Tiefpflug an die Oberfläche gehoben, wo sie allmählich verwitterte.

Wie schon erwähnt, ist die Heide ein Kulturfolgegestrauch, der sich durch die frühere Nutzung verjüngte, ehe sich seit Mitte des 20. Jahrhunderts auf der ungenutzten Heide Alterserscheinungen und ein zunehmendes Absterben sichtbar machten. Vor allem aber wurden die ehemals sich über die ganze Inselmitte ausbreitenden Heideflächen durch die Aufforstung reduziert und in Einzelflächen aufgelöst. Noch um 1860–70 war Amrum nahezu ohne Bäume, von wenigen Obstbäumen und Dornenhecken in den Inseldörfern abgesehen. Pastor David Monrad, der von 1681 bis 1694 an der St. Clemens-Kirche amtierte, versuchte mit Mühe einen Obstgarten anzulegen. »Aber alles was höher wächst als der Wall, verdorrt wegen der salzigen Winde.« Die vergeblichen Versuche – vielleicht mit den falschen Baumarten – bestärkten auf Amrum die Meinung, daß hier keine Bäume wachsen können. Und auch noch im Jahre 1877 hieß es in einer Korrespondenz mit dem Oberförster Emeis: »Die Friesen halten hartnäckig an dem Aberglauben fest, daß die salzhaltige scharfe Seeluft allen Baumwuchs unmöglich mache, statt den Gegenbeweis zu beherzigen, welche jede Ebbe im Wattenmeer in Form früherer Wälder bloßlegt...«

Tatsächlich künden Reste von mächtigen Eichenstubben im Watt sowie ein unter Schlick lagernder Birkenwald nahe dem Goting-Kliff von umfangreicher Bewaldung in der Stein-Bronzezeit sowie noch in den ersten Jahrhunderten nach der Zeitrechnung. Diese Wälder wurden dann durch den nacheiszeitlichen Anstieg des Meeresspiegels überflutet. Ob es damals auch auf den hohen Geestkernen von Sylt, Föhr und Amrum Wald gegeben hat, läßt sich nur erahnen. Sie sind vermutlich für Bau- und Brennzwecke von der damaligen Bevölkerung abgeholzt worden. Und weil der Wind vom Festlande keine Baumsaat zu den Inseln trug (oder keimende Bäume sehr bald von den allgegenwärtigen Wildkaninchen aufgefressen wurden), verfestigte sich auf Amrum der Gedanke, daß hier kein Baumwuchs möglich ist.

Im Jahre 1866 ergab sich für die Inselbewohner dann aber doch die Notwendigkeit umfangreicher Baumpflanzungen, nämlich im Bereich der Vogelkoje »Meeram«, um der Anlage Windschutz und dem Kojenmann Deckung bei seinen Pirschgängen zu geben. Birken, Pappeln und Erlen wurden hier in der moorigen Heide gepflanzt, und bald entstand auf Amrum ein erster geschlossener Hain, dessen windgebeugte Bäume an der Westseite aber die Schwierigkeiten beweisen, mit denen Laubbäume auf Amrum zu tun haben.

Unmittelbar nach dem Kriege von 1864 und dem Staatswechsel von Dänemark zu Preußen bzw. zum Deutschen Reich wurden Verwaltung und Küstenschutz neu organisiert. Schon 1865 besuchte Graf Baudissin die Insel und ließ wenig später an solchen Stellen, wo Wanderdünen drohten, Bäume pflanzen – Pappeln, Weiden, Birken und Bergkiefern. Diese ersten Aufforstungen gingen im Sandflug bald wieder zugrunde, doch im Mantjetal nahe der Satteldüne konnte sich ein kleiner Birkenhain behaupten. Erfolgreicher war dann ein Versuch im Jahre 1888. Die Gemeinde Amrum stellte auf der Westerheide zunächst eine Fläche von 2 Hektar zur Verfügung, die unter Leitung des Düneninspektors Hübbe aus Keitum mit Bergkiefern, Weißfichte, Nordischer Fichte und Nordischer Kiefer bepflanzt wurde. Später wurde diese Fläche auf rund 15 Hektar erweitert und durch Unterstützung des Heidekulturvereines unter Aufsicht der Gebrüder Emeis bepflanzt. Diese Fläche bildete den Grundstock des Nebeler Waldes. Die Fichten litten zwar unter dem Wind und starben ab, aber die Kiefernarten konnten sich behaupten. Weitere Aufforstungen erfolgten nach der Jahrhundertwende auf der Heide südlich von Norddorf, am Dünenrand bei Süddorf, auf dem Leuchtturmgelände und am Bahndamm nach Wittdün. Auch einige Privatleute begannen, auf ihrem Heideland Gehölze anzupflanzen, offenbar mit dem Ziel, Brennholz zu gewinnen. Ebenso wurde das Gelände rund um die stillgelegte Wittdüner Vogelkoje bepflanzt. In den 1920/30er Jahren erfolgten durch die Gemeinden weitere Aufforstungen, schon weniger mit dem Ziel der Brennholzgewinnung, sondern dazu bestimmt, als Erholungswald dem Kurbetrieb zu dienen. Eben vor Ausbruch des 2. Weltkrieges rundete sich der Amrumer Waldbestand mit der Anlage des heutigen Wittdüner Kurparks durch eine Stiftung des Flensburger Kaufmannes Schiller mit rund 56 Hektar ab – für eine Nordseeinsel schon ein bemerkenswerter Baumbestand. Aber noch bot sich in der Inselmitte weithin das Bild zusammenhängender Heideflächen, nur hier und da durch Einzelgehölze aufgelockert.

Der heutige, geschlossene Inselwald zwischen Norddorf und Leuchtturm sowie auf dem alten Dünenzug »Ual Hööw« bei Steenodde ist dann erst in der Zeit zwischen 1948–1965 entstanden. Erste, bescheidene Aufforstungen begannen als Arbeitsbeschaffungsmaßnahme auf der damals von Ostflüchtlingen übervölkerten Insel. Zu diesem Zweck wurden Pflanzlöcher ausgehoben oder Furchen in die Heide gepflügt. Als dann aber die Körbe mit den Setzlingen eintrafen, waren die Geldmittel erschöpft, und die Schule mußte mit über einhundert Schülern in wochenlangem Einsatz für die Pflanzung sorgen. Unter Leitung des Rektors Egon Brälye hat die Amrumer Schule dann noch klassenweise bis 1956 immer wieder beim Bepflanzen der wachsenden Aufforstungsflächen geholfen.

1953 wurde der Forstverband Amrum als Träger gegründet. Er vereint seitdem die drei Inselgemeinden mit etwa 70 % und die privaten Grundeigentümer mit etwa 30 % Anteil an der Forstfläche unter seinem Dach. Im einzelnen sind die Gemeinde Nebel mit reichlich 84 Hektar, die Gemeinde Norddorf mit knapp 21 Hektar und die Gemeinde Wittdün mit etwa 12 Hektar im Forstverband vertreten. Die privaten Grundeigentümer haben rund 60 Hektar Heide und Ödland in die Aufforstung eingebracht. Neben Heide und brachliegender Feldmark wurden auch in der Anfangszeit dieser Maßnahme einige Heidetäler in den Dünen aller drei Gemeinden bepflanzt.

Die Aufforstung erfolgte unter fachlicher Leitung der Landwirtschaftskammer Schleswig-Holstein im Ministerium für Ernährung, Landwirtschaft und Forsten (MELF), finanziert durch Mittel des Programms Nord und durch Beiträge der insularen Gemeinden und Forstverbandsmitglieder. Auf Amrum war die Amtsverwaltung für die praktische Durchführung der Aufforstung zuständig, und hier trieb vor allem der tatkräftige Arbeitsleiter Irenäus Gaarz die Maßnahme voran. Während in der Anfangsphase mit Pflanzlöchern und Pflugfurchen gearbeitet worden war, erfolgte nunmehr ein völliges Unterpflügen der Heide, auf einigen Flächen mittels Tiefpflug, um die Ortsteinschicht aufzubrechen. Bis 1963 wurden für die Aufforstung auf Amrum nicht weniger als 650 000 DM ausgegeben, und es fanden ständig zehn bis zwölf Arbeitskräfte Beschäftigung. Bis Mitte der 1960er Jahre waren rund 175 Hektar aufgeforstet und knapp weitere 20 Hektar folgten dann noch zur Abrundung und als Unterbau in den teilweise aus Altersgründen absterbenden Beständen der Bergkiefern. Gepflanzt wurde überwiegend die Schwarzkiefer, ein Baum, der sich schließlich am besten im See- und Windklima bewährte, ferner Waldkiefer, Sitka-Fichte, Serbische Fichte, Nordmannstanne, Küsten- und Weißtanne, Japanische Lärche und als Laubbäume Sandbirke, Japanische Birke, Roteiche, Eberesche, Nordische Vogelbeere und andere Arten. Für die Randbegrünung wurde vielfach die Traubenkirsche verwendet, ein Baum, der sich gegenwärtig zu einem Problem entwickelt. Denn während fast alle anderen Laubbäume – die seinerzeit auf Verlangen der Naturschutzbehörden in die dominierenden Nadelflächen eingestreut wurden – den Wildkaninchen zum Opfer fielen, breitete sich die Traubenkirsche dank ihrer Beeren durch Vögel über nahezu alle Forstflächen aus und verdrängte andere Arten, begünstigt durch den Vorteil, daß sie von Wildkaninchen nicht gefressen wird. Wildkaninchen traten zeitweilig so häufig auf und fraßen auch die jungen Nadelbäume ab, daß ein Teil der Aufforstungsflächen eingezäunt werden mußte. Der Draht mußte halbmetertief in den Boden eingelassen werden, aber trotzdem buddelten sich immer wieder Kaninchen unter den Zäunen durch. Andere entwickelten sich als Kletterspezialisten und überwanden den meterhohen Zaun. Amrumer Jäger wurden deshalb in jenen Jahren zu einer scharfen Bejagung der Kaninchen angehalten, und in manchen Jahren wurden 6000–10 000 Tiere erlegt – bis dann 1963 die Kaninchenseuche Myxomatose ausbrach und den Bestand erheblich dezimierte.

Die Aufforstung aber wurde noch mit einem anderen Problem konfrontiert. Die Amrumer Urlandschaft Heide drohte gänzlich unter Pflug und Forst zu verschwinden, und so entstand öffentliche Kritik am Übermaß dieses Unternehmens. Kritisiert wurde dabei auch das Einbringen landschaftsfremder Bäume aus Japan, Korsika und Kanada. Ergebnis einer nachhaltigen Diskussion war dann letztendlich die Erkenntnis, die noch vorhandenen Reste der Inselheide zu bewahren. Aber zu diesem Zeitpunkt hatte sich die Aufforstung schon über rund 185 Hektar ausgedehnt, und die Inselmitte erhielt durch den hochwachsenden Wald ein ganz neues Gesicht.

So reichlich, wie die Gelder für die Aufforstung zur Verfügung standen, so spärlich flossen sie später für die Pflege des Waldes. In der Erwartung, daß zahlreiche Bäume wegen des Windes frühzeitig absterben, waren sie viel zu dicht gepflanzt worden. Nun fehlten plötzlich nach dem Auslaufen der Amrumer Aufforstungsmaßnahme die öffentlichen Mittel und die Arbeitskräfte für die Ausläuterung des immer höher und dichter aufwachsenden Waldes. Sitkaläuse, Trebläuse und Riesenbastkäfer befielen den Wald, und die Licht und Luft benötigenden Kiefern wurden von der Triebsterbe befallen. Erst seit 1982 gelang es dann durch das Engagement zwischen Forstverband, Forstbehörden und Holzfirmen den Inselwald soweit auszuläutern, daß wieder Licht und Leben einzogen. Der Erlös des Holzverkaufes deckte aber nicht die entstandenen Einschlag- und Transportkosten, so daß vom Forstverband ein Zuschuß gezahlt werden mußte. So gerechnet, hat der Amrumer Wald keinen wirtschaftlichen Wert, ist heute aber ein nicht mehr wegzudenkender Erholungsfaktor für den Fremdenverkehr.

Trinkwasser aus dem Inselgrund

Zu den Besonderheiten der Geestinseln Sylt, Föhr und Amrum gehört die Bildung von ausgedehnten Süßwasserlinsen im Untergrund – bei Sylt und Amrum auch unter den schmalen Dünennehrungen – aus den Niederschlägen. Während die Halligen und die Marschinseln Pellworm und Nordstrand Trinkwasser durch eine Leitung vom Festlande beziehen, stammt die Wasserversorgung der Geestinseln aus dem eigenen Boden.

Zunächst hatte jedes Haus seinen eigenen Brunnen. Auch die großen Hotels auf der Amrumer Südspitze Wittdün, unmittelbar umrahmt von der Nordsee und vom Wattenmeer, bezogen ihr Wasser aus dem Boden ihrer Grundstücke. Die zunehmende Bebauung der Südspitze und der durch gegenwärtige Komfortansprüche gestiegene Wasserverbrauch führten in trockenen Sommern jedoch gebietsweise zu Problemen infolge von Salzwassereinflüssen. Deshalb wurde 1975 für die zentrale Versorgung von Wittdün im Wald bei Nebel-Westerheide ein Wasserwerk errichtet. Zunächst wurde nur Wittdün allein beliefert, aber Nitratprobleme in Süddorfer Hausbrunnen führten 1988 zum Ausbau der Wasserleitung und 1989/90 auch zu entsprechenden Vorarbeiten in Nebel.

Im Zusammenhang mit dem Bau eines Wasserwerkes erfolgten hydrogeologische Untersuchungen, die interessante Aufschlüsse über die Bodenverhältnisse und über die Süßwasserlinse im Untergrund der Insel Amrum erbrachten. Der Amrumer Grundwasserkörper ist zweigeteilt und wird durch eine Geschiebelehmschicht im oberen Bereich getrennt. Die Hausbrunnen entnehmen ihr Wasser – je nach Ortslage – aus bis zu 18 m tiefen, gebohrten Brunnen in der oberen Grundwasserschicht, während das Wasserwerk aus etwa 60 m Tiefe, aus dem unteren Grundwasserkörper, pumpt. Hier, im Zentrum der Insel, reicht die Süßwasserblase etwa 80 m tief und steigt dann linsenförmig zu den Inselufern an, reicht aber noch bis über die Ufer hinaus auf den Kniep bzw. hinein in den Untergrund des Wattenmeeres und »schwimmt« sozusagen rundum auf schwererem Salzwasser.

Bezogen auf die Inselfläche erfolgt aus den jährlichen Niederschlägen eine Grundwasserneubildung von durchschnittlich 4,3 Millionen Kubikmetern, wovon etwa 3,9 Mio. cbm rundum außerhalb der Inselufer abströmen. Der Gesamtwasserverbrauch auf Amrum wird mit rund 500 000 cbm als Höchstmenge angenommen, so daß die Bilanz der Süßwasserblase mehr als ausgeglichen ist.

Seegebiet und Wattenmeer

Amrum liegt wie Sylt an der Grenze von Wattenmeer und Nordsee, während Föhr weniger eine Nordsee- als vielmehr eine Wattenmeerinsel ist, die rundum – mit Ausnahme der Hafeneinfahrt nach Wyk – an allen Ufern trocken fällt, hinüber bis Amrum, hinauf bis Sylt und bis zum Festlande. Bei Sylt und Amrum hingegen tritt am eigentlichen Nordseestrand das Wasser bei Ebbe nur mehr oder weniger weit zurück. Doch unterscheiden sich die Nordseeküsten von Amrum und Sylt durch den Umstand, daß vor der gesamten Amrumer Küste eine Flachzone liegt, während die Sylter Küste zwischen Hörnum-Odde im Süden und Ellenbogen-List im Norden vom Strandfuß aus kontinuierlich in die Tiefe gleitet und auf einer Linie von etwa 500 Metern vor der Küste schon eine Tiefe von 3–5 Metern bei Springniedrigwasser, also von etwa 5–7 Metern bei Mittlerem Hochwasser (MTHW) aufweist. Tausend Meter vor der Sylter Küste werden schon Tiefen von 9–11 Metern (SpringNW) gemessen. Dieser rasch abfallende Küstenschelf und das Fehlen von Sandbänken und Untiefen als Brandungsbarrieren vor dem Sylter Strand sind Ursache der hohen Brandung und der ständigen Landverluste, gegen die bis heute jeglicher technische Küstenschutz versagte. Aber auch die wiederkehrenden Sandvorspülungen an besonders exponierten Sylter Strandabschnitten gewährleisten nur kurzfristigen Erfolg. Binnen einiger Jahre sind die Sandmassen wieder abgebaut.

Die »Sylter« Tiefenlinie wird seewärts von Amrum erst in einer Entfernung von 8–10 Kilometern, also hinter dem Horizont angetroffen. Die Seekarte des Deutschen Hydrographischen Instituts zeigt eine ausgedehnte Flachzone vor Amrum mit durchschnittlich nur 2–4 Metern Wassertiefe (SpringNW). Einzelne Bereiche, so der Jungnahmensand, ragen sogar bei Hochwasser (MTHW) bis zu einem Meter hoch auf, so daß der im Sommer trockene Sand weithin leuchtet. Andere Sände, darunter Hörnum-Knob und Theeknob sowie einige namenlose Sände tauchen erst einige Zeit vor Niedrigwasser auf und sind dann Ruheplätze für Seehunde und Kegelrobben. Diese Flachwasserzone wird allerdings in ganzer Länge durchschnitten vom Vortrapptief, das in der Verlängerung aus dem Hörnumtief in die offene Nordsee mündet und Tiefen von bis zu 17 Metern sowie in den seitlichen Ausläufern Jungnahmenloch, Holtknobloch und Theeknobrinne von bis zu 14 Metern (SpringNW) aufweist.

Kennzeichnend für diese ausgedehnte Flachwasserzone vor Amrum ist allerdings ein langsames Zurücksetzen nach Osten, verbunden mit einer Nordostwärtswanderung der erwähnten Sände. Ein besonderes Merkmal im Jungnahmensand, der reichlich zwei Kilometer seewärts des Kniepsandes liegt, ist das Wrack des im Jahre 1922 gestrandeten Fischdampfers »Ottensen«. Es lag ursprünglich an der Westseite inmitten des Sandes und befindet sich heute in der Brandung südwestlich und außerhalb des Jungnahmensandes. Gleichzeitig flachen sich die genannten Sände ab. Hörnum- und Theeknob, die noch um 1940 bei MTHW sichtbar waren, tauchen – wie erwähnt – gegenwärtig erst vor Niedrigwasser auf. Und der Jungnahmensand, auf dem in den 1940/50er Jahren noch niedrige Dünen mit Strandhaferbewuchs angetroffen wurden, liegt nach neuesten Vermessungen mit seinen höchsten Punkten nur noch knapp einen Meter über MTHW, so daß in wenigen Jahren eine vollständige Überflutung bei Hochwasser anzunehmen ist. Gleichzeitig hat sich die Fläche stark reduziert, und es bleibt auf Amrum die Frage und Befürchtung, daß das Verschwinden der hohen Seesände vor Amrum im Zusammenhang mit den mehrfachen Sandvorspülungen vor der Sylter Küste steht. Rund 3 Millionen cbm Sand wurden zwischen 1983 und 1990 aus dem Vortrapptief für die Sylter Sandvorspülung entnommen.

Unmittelbar vor dem Amrumer Kniepsand ist das Wasser bis auf einen Kilometer hinaus selten tiefer als 2 Meter, nur lokal bis zu 4 Metern bei Springniedrigwasser. Während die Strandzone vor dem Wittdüner Kniep bis zum Inselbogen am »Hörn« fast gleichförmig abgleitet und die Ebbe nur etwa 100 bis 150 Meter zurücktritt, wird die nördliche Hälfte der Kniepsandküste geprägt von großen und kleinen Sandbänken, die nordwärts wandern, ehe sie sich allmählich auflösen und dem Kniepsande zugeführt werden.

Amrum wird im Nordwesten zwischen der Insel und Hörnum-Sylt vom erwähnten Vortrapp-Tief, im Südwesten und Süden vom Rütergat und vom Landtief sowie im Osten von der Norder Aue umrahmt. Das mächtige Rütergat, stellenweise bis 32 Meter tief, ist die Fortsetzung der Norder Aue, die von Wyk-Föhr kommt und Fahrwasser zwischen Föhr und Amrum ist. Zwischen Rütergat und Landtiefe liegt ebenfalls eine ausgedehnte Flachwasserzone mit Sänden (Hewerknob u. a.), die bei Niedrigwasser sichtbar werden. Kein Wunder, daß gerade hier und in der sich daran seewärts anschließenden »Westerbrandung« immer wieder Schiffe strandeten, zuletzt noch im Jahre 1964 der Erzfrachter »Pella«.

Das Wattenmeer östlich von Amrum ist eine Gezeitenlandschaft mit ihren charakteristischen Merkmalen. Mit Ausnahme der Priele und Wattenströme fällt der Wattenboden bei Ebbe völlig trocken. Zum Wattenbereich der Insel Amrum gehört auch die Kniepsandbucht vor der Wittdüner Strandpromenade mit ihren Schlick- und Sandzonen. Mehr oder weniger ausgedehnte Schlickflächen breiten sich in der Hafenbucht zwischen Wittdün und Steenodde und weiter über Nebel längs des gesamten Wattufers bis Norddorf aus. Erst in Höhe des Wattenweges vor der Nordspitze geht das Schlickwatt in Mischwatt und schließlich in Sandwatt über. Schlickflächen sind ein Zeichen relativ ruhigen Wasserstandes, so daß sich aus der täglich auflaufenden Flut – auch dort, wo die Aufschlickung nicht durch strom- und wellenberuhigende Buhnen gefördert wird – feine Tonteilchen und sonstige Sedimente ablagern können. Die Amrumer Schlickwatten reichen aber selten mehr als vier-, fünfhundert Meter hinaus. Wo Stau und Windschutz des Ufers fehlen, ist das Wasser schon zu unruhig, um Schlick und sonstige Schwebestoffe zu sedimentieren. Hier dominieren gelbe Sandwatten. Nur wo sich Miesmuschelbänke – vom Ufer aus als schwarze Flächen zu erkennen – befinden, sind lokale Schlickzonen als Ablagerungen aus dem Filtrat der Muscheln zu finden. Wie sehr das tägliche Flutwasser von Schlick und sonstigen Sedimenten durchsetzt ist, zeigt der Augenschein am Wattufer. Das Wasser ist grau und läßt selbst bei geringer Tiefe keinen Blick auf den Boden zu.

Vom Wattufer aus gesehen, erscheint das Watt wie eine ebene Fläche ohne Strukturen, nur hier und da unterbrochen von blinkenden Pfützen und Senken. Erst aus der Höhe eines Möwenfluges werden die unzähligen Rinnsale und Wasserläufe deutlich, die wie ein Geäst den Boden durchziehen, um sich zu Prielen zu sammeln. Priele entstehen nicht durch die auflaufende Flut, sondern durch die bei Ebbe abfließenden Wassermassen. So beginnt zum Beispiel das System des Hafenprieles auf dem hohen Watt östlich von Nebel und fließt an den Molen von Steenodde, dem Seezeichenhafen und dem Fähranleger vorbei um dann östlich von Wittdün in der Norder Aue zu enden. Auf sein Vorhandensein begründet sich der genannte Hafencharakter, dessen Ursprünge bis in die Frühzeit zurückreichen. Das Wattengebiet zwischen Amrum und Föhr wird getrennt durch das mächtige Amrum-Tief mit seinen Nebenprielen, darunter »Präästers Lua« (Pastors Lei) und dem Föhrer-Tief. Am Ausfluß zur Norder Aue weist das Amrum-Tief Rinnen von 7 bis 11 Metern Tiefe auf, wird aber weiter nördlich so flach, daß Schiffe nur eben vor oder nach Hochwasser passieren können. Das durch Pricken markierte Fahrwasser führt dann über einen Nebenpriel hart unter der Uferkante der äußersten Nordspitze hinaus, weist aber auch an der Seeseite noch tückische Untiefen auf.

Zwischen Amrum und Föhr wird vor Beginn der Saison ein Wattenweg markiert, und im Sommerhalbjahr sind zahlreiche Kurgäste und Jugendgruppen in beiden Richtungen unterwegs – allerdings mit ortskundigen Wattenführern, die über Notrufmöglichkeiten verfügen und die Wanderung nach den wechselnden Gezeiten richten. In der Regel beginnt die Wanderung zwei Stunden vor Niedrigwasser. Noch bis 1962 konnten Wanderer und Pferdefuhrwerke vom Beginn des Wattenweges vor den Dünen der Nordspitze geradenwegs nach Utersum gelangen – ein Weg von nur etwa 3 Kilometern. Dann aber legte sich nach der Orkanflut 1962 ein Spülbagger zwecks Sandaufspülung für die Verstärkung des Föhrer Deiches in den Priel unter der Kurklinik und saugte soviel Sand ab, daß der Priel nicht mehr passierbar war. Heute müssen die Wattenwanderer um den Priel herum bis nach Dunsum laufen, eine Strecke von reichlich 6 Kilometern. Immer wieder sind auch unvorsichtige Wattenwanderer und Reiter – von der Flut überrascht – auf dem Wattenweg ums Leben gekommen.

Die Überflutung des Wattenraumes zwischen Amrum und Föhr erfolgt vor allem von Süden her über die Norder Aue, Hafenpriel und Amrum-Tief. Die Gezeitenwelle kommt nämlich von Südwesten. Erst auf einer Linie zwischen der Teestube »Haus Burg« bei Norddorf und Hedehusum auf Föhr treffen die Fluten von Süden mit jenen zusammen, die um die Nordspitze herumgeflossen sind. Oft markiert eine Schaumlinie die regelmäßige Flutgrenze. Der Tidenhub, der Unterschied zwischen Niedrigwasser und Hochwasser, beträgt im See- und Wattenbereich von Amrum etwa 2,50 Meter. Das tägliche Gezeitengeschehen wird ebenso wie die extremen Niedrigwasserstände bei anhaltendem Ostwind und wie die Sturmfluten bei Wind und Orkan aus Südwest bis Nordwest im Pegel am Seezeichenhafen registriert. Die Pegelaufzeichnungen melden auch den kontinuierlichen Anstieg des mittleren Hochwassers, allein in der Zeit von 1950–1990 um 24 cm.

Die Vor- und Frühzeit auf Amrum

Landschaftsentwicklung durch Jahrtausende

Leichter verständlich wird die Verteilung der vor- und frühgeschichtlichen Denkmäler auf der Insel Amrum und die in ihnen dokumentierte kulturhistorische Entwicklung aus einer Übersicht der geologischen Entwicklung und der durch sie bedingten morphologisch-geographischen Besonderheiten der Insel und ihrer Umgebung (S. 40). Deshalb sei der Abhandlung der kulturhistorischen Entwicklung eine geraffte Zusammenfassung der geologischen Entwicklung der Nordfriesischen Inseln und der angrenzenden Wattenflächen vorangestellt. Die Geestkerne der Inseln Amrum, Föhr und Sylt sind nebst den westwärts vorgelagerten Sänden der Amrumbank und einer bereits völlig abgetragenen Pisamoräne nordwestlich von Sylt Aufschüttungen einer umfangreichen, weit nach Westen vorgeschobenen Gletscherzunge aus der vorletzten, der sogenannten Saalevereisung. Diese Moränenketten finden nach Süden über einen erodierten Hevergeestkern bei Süderoog ihre Fortsetzung in den Geestkernen von Eiderstedt. In den Brandungszonen des während der folgenden Wärmezeit aus den abschmelzenden Eismassen entstandenen Eemmeeres wurden bereits Teile dieser Moränen in den Bereich des Zungenbeckens zwischen den Inseln und dem Festlande transportiert.– Im Zuge der wiederum folgenden Kältephase, der sogenannten Weichseleiszeit, der letzten der drei in Schleswig-Holstein nachweisbaren Eiszeiten, lag der Wasserspiegel der Meere erneut um 75 Meter tiefer als in der Gegenwart. Das Nordseebecken war infolgedessen bis in Höhe der Doggerbank trockengefallen. Die Kuppen der saaleeiszeitlichen Moränen auf den Inseln wurden infolge vorübergehenden Auftauens der oberen Schichten des gefrorenen Bodens durch Erdfließen bis auf die jetzt noch vorhandenen Geländewellen eingeebnet.– Während der Rückzugsphase der Gletscher der letzten Vereisung überlagerten die durch Schmelzwasser transportierten Sedimente die alten Aufschüttungen des Zungenbeckens zwischen Insel und Festland mit breiten Sanderflächen. Hier, wie zwischen den Entwässerungsrinnen auf dem Nordseegrund, konnten Moore und ausgedehnte Wälder entstehen. Die durch Fischernetze geborgenen mittelsteinzeitlichen Geräte belegen, daß auch Menschen in diesem Gebiet gejagt haben.

Während der in Schüben erfolgenden Erwärmung füllt sich das Nordseebecken im Zuge der sogenannten Flandrischen Transgression wiederum mit den Wassermassen der abschmelzenden Gletscher. Zwischen dem 7. und 3. Jahrtausend vor Christi Geburt muß diese Transgression ausgesprochen stürmisch verlaufen sein. Sie pendelt sich während des 2. Jahrtausends zwischen 25 bis 5 cm im Jahrhundert ein. Zwischen dem 6. und 5. Jahrtausend soll der Wasseranstieg die schleswig-holsteinischen Küsten erreicht haben. In der Brandungszone entstehen an den Küsten steile Kliffs. Auf Amrum liegt dieses nach einer Stufenbezeichnung aus der Ostsee benannte Litorinakliff auf der Südseite der Insel bei Steenodde, auf der Westseite am Wittdüner Leuchtturm sowie hinter den Vordünen von Nebel bis zum Quermarkenfeuer vielfach in geschlossenen Teilen frei.– Die in die ostwärts der Inseln liegenden Flächen des Wattenmeeres transportierten Sedimente glichen über lange Zeit den Anstieg des Meeres im wesentlichen aus. Der Charakter dieser unwegsamen Landschaft mit vernäßten Sanderflächen, Bruchwald, feuchten Niederungen und Mooren bleibt unverändert. In der zum Meere hin gelegenen Zone dieses schwer zugänglichen Gebietes müssen vereinzelt über Mittelhochwasser hinausragende Grünflächen vorhanden gewesen sein. Jedenfalls lassen im Wattgebiet gefundene Flintsicheln und Feuersteinabschläge vermuten, daß Schilf als Viehfutter geschnitten worden ist. Diese begrenzt begehbare Zone soll sich nach dem Ergebnis von Bohrungen im Wattgebiet südlich von Sylt bis in die Höhe der heutigen Brandungszonen der Inseln Sylt und Amrum erstreckt haben. Sichere Belege für eine Besiedlung dieser Wattfläche, die bis zum Mittelalter zunehmend durch sich stetig verbreiternde Gezeitenrinnen zerschnitten worden ist, sind nicht erhalten. Diese breite, im ganzen gesehen unüberwindliche Ödlandzone des Wattengebietes zwischen den Inseln und dem Festlande hat die Besiedlung und die kulturgeschichtliche Entwicklung auf den Inseln bis in die historische Zeit hinein bestimmt.

Nicht minder bedeutungsvoll für die Beurteilung der ur- und frühgeschichtlichen Besiedlung der Inseln Amrum und Sylt sind die allerdings erst in historischer Zeit aufgewehten Dünenstreifen im Westen der Inseln (vergl. Karte S. 60). Auf Amrum ist reichlich ein Drittel der Geestfläche im Westen von Dünen überdeckt. Nach Osten schließt sich unter der ehemaligen Heide ein etwa vierhundert Meter breiter Streifen mit bis zu zwei Meter mächtigen Überwehungsschichten an. Die Mittel- und Ostzone der Insel Amrum überdeckt, wie Untersuchungen aus den letzten Jahren ergeben haben, eine 0,40–0,60 Meter mächtige Schicht aus leicht humosem Sand, der nach Untersuchungen auf Sylt als Auftragsboden anzusprechen ist. Diese Auftragsböden sind durch Aufbringen von Gras- bzw. Heideplaggen, Seetang und Klei auf die Ackerflächen entstanden. Infolge der fast vollständigen Überdeckung der anstehenden Geestflächen sind auf Amrum nur die größeren Grabhügel der Stein- und Bronzezeit, wenige mittelalterliche Ackerbeete sowie nicht datierbare Wallanlagen sichtbar geblieben. Nur in den Dünentälern sind die unter den Dünenaufwehungen erhaltenen vorgeschichtlichen Fundstellen vorübergehend zu beobachten. Da der Sandtransport in den Dünen bis in die Gegenwart nicht vollends zum Stillstand gekommen ist, konnten durch jahrzehntelange Überwachung der Dünentäler durch Familie Ruth aus Norddorf in Zusammenarbeit mit dem Verfasser zahlreiche vor- und frühgeschichtliche Fundstellen untersucht und kartiert werden. Die Grundlage für die Gesamtübersicht der vorgeschichtlichen Fundstellen schuf die archäologische Landesaufnahme durch K. Kersten.

Älteste Siedlungsspuren

Die ältesten Spuren einer Besiedlung der Insel Amrum können einer Ackerbau treibenden Bevölkerung aus einem mittleren Abschnitt der jüngeren Steinzeit (um 3000 bis 2000 v. Chr.) zugewiesen werden. Ihre eindrucksvollsten Hinterlassenschaften sind die im gesamten Küstenbereich der Nordsee, der Westküste Frankreichs und Spaniens bis ins Mittelmeer verbreiteten, aus großen Findlingsblöcken errichteten Grabkammern. Ihre monumentalen Ausmaße haben ihnen in den Volkssagen die Bezeichnung Hünenbetten oder auch Riesensteingräber eingebracht. Von den 15 in Spuren während der Landesaufnahme nachgewiesenen Riesensteingräbern sind auf Amrum nur noch wenige Grabanlagen erhalten geblieben. Eines dieser Hünenbetten wurde 1952/53 in dem großen Dünental nördlich der Vogelkoje freigeweht und von Professor Kersten untersucht. Inzwischen sind weite Teile dieser Grabanlage von der nach Osten wandernden Düne überschüttet. Um die gelegentlich freiliegenden Teile der Grabanlage ansprechen zu können, seien nachfolgend die Grabungsbefunde kurz beschrieben (Tafel 1)*. Das als flache, bis 0,60 m hohe Geländewelle erhaltene, im Grundriß rechteckige Hünenbett (Länge Ost-West 35 Meter, Breite 7 Meter) umsäumt eine Serie vornehmlich in Lücken aufgestellter großer und kleiner Findlingsblöcke. Gut 10 Meter vor dem Ost- bzw. Westende des Hünenbettes ist je eine Grabkammer angelegt worden. Die im Ostteil erhaltene Kammer I ist quer zur Längsrichtung in das Hünenbett eingetieft. Den Grabraum begrenzen auf der Ost- und Westseite je zwei in gut 1,40 Meter Abstand nebeneinander aufgestellte Findlingsblöcke, deren flache Seiten zum Innenraum zeigen.– Die 2,50 Meter lange Kammer schloß auf der Nordseite ein großer Trägerstein. In einer Lücke in der Südostecke der südlichen Schmalseite ermöglichte ein halbhoher Schwellenstein den Zugang zur Kammer. Von den beiden ehemals vorhandenen Decksteinen war einer bei einer bereits vor der Jahrhundertwende erfolgten Störgrabung entfernt worden. Trotz dieser Störung wurden in den tieferen Schichten in der Randzone des Grabraumes Reste von verzierten Tongefäßen, Tonteller, Feuersteinklingen und querschneidige Pfeilspitzen gefunden (Tafel II,1–3, 6, 7, 12–14).

Die am Westende des Hünenbettes eingesenkte Kammer II war ähnlich angelegt. Das nach Süden hin abschmalende Ende der Kammer war mit einem halbhohen Eintrittstein verriegelt und nach oben hin mit einer Steinplatte verschlossen. Als Deckstein diente ein riesiger Findling mit einem Grundriß von 2,75 x 2,0 Meter und einem Meter Dicke. In der mit Sand gefüllten Kammer waren in Schichten mehrere, offensichtlich nacheinander in die Kammer gelegte Reste von Skeletten erhalten. Darunter befanden sich mehrere Schädel, von denen einer eine nicht verheilte Trepanation (ausgeschnittenes rundes Loch) aufwies. Totenbei-

* Tafeln im Anhang

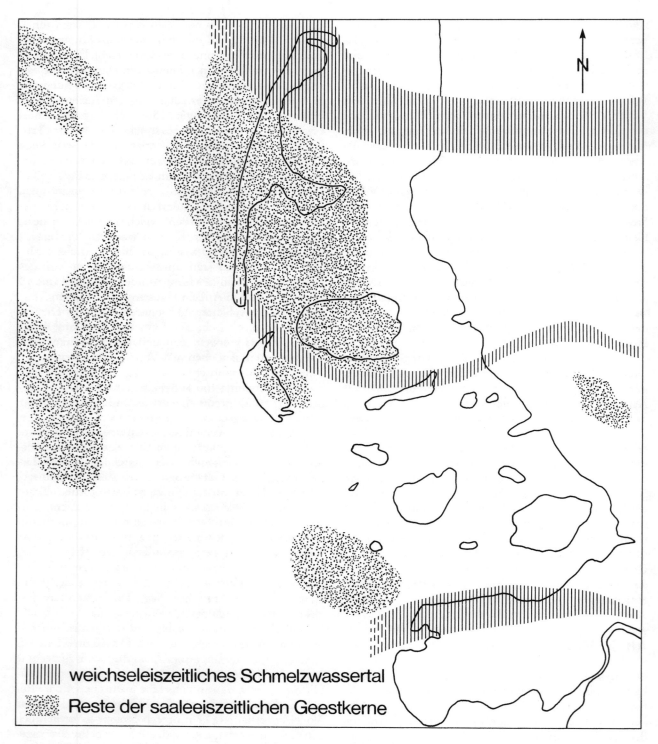

Weichseleiszeitliche Gletschertäler im Raume des heutigen nordfriesischen Wattenmeeres

gaben wie ein dünnackiges Feuersteinbeil, Flintdolch, herzförmige Pfeilspitze, Bernsteinperlen (Tafel II 9, 10, 11, 8) belegen, daß die Grabkammer von der jüngeren Steinzeit bis in die Stein-Bronzezeit als Bestattungsplatz benutzt worden ist.

Ein Hünenbett mit zwei zerstörten Kammern wurde 1986 in Norddorf untersucht und anschließend restauriert. Die Ausgrabungsbefunde reichen nicht aus, um die Formen der beiden im Hünenbett nachgewiesenen Grabkammern nachzubilden.– Ein drittes, in einem Rundhügel angelegtes Riesensteingrab aus der jüngeren Steinzeit ist auf dem Grunde eines V-förmigen Schachtes im Grabhügel 274 am Wäldchen in Steenodde erhalten. Von der rechteckigen, mit zwei Decksteinen verschlossenen Kammer sind Teile des bis zur halben Höhe verschlossenen Einganges und die Trägersteine eines Zuganges sichtbar. In der Kammer sind Reste von zwei Bestatteten und vor dem Gang wenige, mit Tiefstich verzierte Scherben gefunden worden, die beim Ausräumen der Kammer vor einer neuen Bestattung vor dem Eingang verstreut worden sind.

Die Spuren von Siedlungen aus der jüngeren Steinzeit sind unscheinbar. Auf der freien Fläche südlich des Waldgebietes am Klööwenhuuch wurden nach dem Abblasen der Humusschichten im Bereich der aufgepflügten Flächen einige gepflasterte Herdstellen, zahlreiche, teilweise mit Tiefstich verzierte Tongefäßscherben sowie auch Verfärbungen von in den Boden eingetieften Pfosten von Häusern beobachtet. Weitere Fundplätze sind durch laufende Überwachung der Dünentäler festgestellt worden. Durch Vergleich mit Funden aus den Gräbern sind Fundplätze, auf denen Bruchstücke von Flintbeilen, einfache Rund- und Klingenschaber aus Feuerstein sowie als Pfeilbewehrung genutzte querschneidige Pfeilspitzen neben indifferenten Flintabschlägen gefunden worden (vergl. Tafel III, 12), als Hinweise auf steinzeitliche Siedlungsplätze zu werten. Aus den Gräbern kennen wir die besseren Geräte. Aus großen Feuersteinknollen wurden durch Abschlagen und Abdrücken von größeren Klingen und kleinen Abfallstücken große Flintbeile hergestellt und anschließend in mühseliger Kleinarbeit auf wannenförmigen Schleifsteinen aus Felsgestein bis auf Reste der groben Muscheln geschliffen (Tafel III, 1–3). Auch während des Gebrauchs der in den Öffnungen keulenartiger Holzschäfte befestigten Feuersteinbeile sind die Schneiden regelmäßig nachgeschliffen worden (Tafel III, 6). Die Feuersteinbeile sind Gebrauchsgeräte. Sie eignen sich hervorragend zum Fällen von Bäumen und zur Holzbearbeitung. Dem gleichen Zweck dienten aus Feuerstein gearbeitete Meißel (Tafel III, 4). Jagdwaffen sind die aus Felsgestein hergestellten durchbohrten und geschliffenen Amazonenäxte (Tafel III, 7). Die in relativ großer Anzahl in den Dünentälern gefundenen querschneidigen Pfeilspitzen, deren scharfe Schneiden sich hervorragend für die Vogeljagd eignen, bezeugen, daß bereits während der jüngeren Steinzeit die Jagd auf Seevögel eine wichtige Nahrungsquelle gewesen ist (Tafel III, 8, 10). Daß Getreide bekannt war, belegen die Abdrücke von Getreidekörnern, die auf dem weichen Ton der Tongefäße vor dem Brand entstanden sind. Nach Untersuchungen aus Siedlungen vom Festland sind während der jüngeren Steinzeit Nacktgerste, Emmer und Hirse angebaut worden. Welche dieser Getreidearten auf den Inseln ausreichende Wachstumsbedingungen gefunden haben, wissen wir nicht. Auch spezifische Hinweise auf Jagd- und Haustiere sind von den Inseln bisher nicht bekannt. Auf dem Festland sind im Satruper Moor in Angeln Haustierknochen vom Rind, Schwein, Ziege, Schaf und Hund und als Jagdtiere vom Fuchsberg Rothirsch, Wildschwein, Reh und Biber nachgewiesen worden. Auf anderen Siedlungen sind unter anderem Knochen von Bär, Wolf, Luchs und Seehund gefunden worden.

Die Herstellung von Tongefäßen war in der jüngeren Steinzeit zu ausgesprochener Vollendung in Formgebung und Verzierung gelangt. Kennzeichnende Tongefäße sind die sogenannten Trichterbecher, einfache Schalen, große eimerförmige Schultergefäße und flaschenähnliche Kragenflaschen (Tafel II, 1–3, 6). Die Oberflächen der Gefäße sind regelmäßig mit symmetrisch verteilten Mustern verziert, die mit Muschelrändern, gekerbten Zahnstöcken oder schräg abgeschnittenen Federkielen in den weichen Ton eingedrückt worden sind. Nach Beleg mehrerer vorwiegend im Kreise Rendsburg gefundener Tongefäße sind die Eindrücke wahrscheinlich häufig oder auch regelmäßig mit einer weißen Paste ausgefüllt gewesen, die den Kontrast der Muster gegen die braun glänzende Gefäßwand dekorativ hervorgehoben hat.

Als Schmuck dienten in den Gräbern gefundene röhrenförmige und scheibenförmige Bernsteinperlen. Mit ihnen zusammen kommen aus Bernstein gefertigte kleine Nachbildungen von Amazonenäxten vor (Tafel IV, 6), die uns als Amulette den kultischen Charakter der Jagdwaffen belegen. Als Hinweise auf kultische Vorstellungen aus der jüngeren Steinzeit dürfen auch die auf Axtbruchstücken oder auf Felsgesteinen angebrachten schälchenförmigen Eintiefungen angesprochen werden. Sie gelten als Sonnensymbole.

Die Bronzezeit – das goldene Zeitalter

Die durch die großen, weithin sichtbaren Grabhügel dokumentierte, auf die jüngere Steinzeit folgende Kulturperiode, die Bronzezeit, ist das goldene Zeitalter der Insel. Fast 140 nachweisbare Grabhügel aus dieser Periode belegen eine dichte Besiedlung. Die vornehmlich in Gruppen beieinander gefundenen Grabhügel verteilen sich ähnlich wie die Steinzeitgräber in regelmäßigen Abständen über die Geestflächen. Ob im Wattenbereich ähnlich wie auf Sylt Grabhügel vorhanden gewesen sind, läßt sich für Amrum nicht mit Sicherheit nachweisen. Vielfach schließen die Grabhügelgruppen an steinzeitliche Gräber an. Es muß somit eine durchgehende Belegung der Friedhöfe wie auch der während der Bronzezeit in unmittelbarer Nähe der Gräber erhaltenen Siedlungsplätze angenommen werden.

In der Übergangsphase von der jüngeren Stein- zur Bronzezeit, der sogenannten Stein-Bronzezeit, bleibt im Bestattungsbrauchtum die Erinnerung an die Großsteingräber noch lebendig. Für die Toten werden rechteckige Steinkisten errichtet, in denen die Toten zunächst unverbrannt und später in kürzeren Kisten auch verbrannt beigesetzt worden sind. Eine im Makanhuuch in der Nähe des Nebeler Klärwerks ausgegrabene Steinkiste ist im Gelände des Mühlenmuseums wieder aufgerichtet worden. Die zwischen den Deckplatten und den senkrecht aufgestellten Tragsteinen vorhandenen Lücken waren ursprünglich mit geschlagenen Steinplatten und Marschenklei verschlossen und die gesamte Anlage mit Lehm und Rollsteinen überschichtet. Ähnliche Steinkisten sind besonders häufig in Jütland bekannt.

Während eines frühen Abschnittes der älteren Bronzezeit (ab 1600–1200 vor Chr. Geb.) wandelt sich das Bestattungsbrauchtum. Die Toten werden in Baumsärgen aus gespaltenen und ausgehöhlten Baumstämmen oder in Bohlenkisten beigesetzt (Tafel V). Vor der Anlage der Gräber wird der Humusboden vielfach abgetragen und das Grabareal von einem Kreis aus größeren oder kleineren Findlingen als Scheide zwischen dem Reich der Toten und der Lebenden begrenzt. Innerhalb der Steinkränze nachgewiesene Rillen vom rituellen Bepflügen des Bestattungsplatzes mit einem Hakenpflug dokumentieren die Technik des Pflügens und symbolisieren auch die kultische Bedeutung dieser Handlung. Der im Zentrum des Steinkranzes auf der vorbereiteten Oberfläche oder auch in einer Grube deponierte Baumsarg wird gleichmäßig mit einer dichten Lage aus Steinen überdeckt. Ein Bohlensarg wird zunächst mit einer rechteckigen Setzung aus kleinen Findlingen umhegt. Über der Steinsetzung der Grabanlagen wird ein Hügel aus Erde bzw. aus Gras- und Heideplaggen aufgeschichtet. Brandstellen am Hügelrande bzw. auf dem Hügel sowie Brandstellen mit ungeöffneten Muscheln oder auch Knochen von Rindern oder in einem Fall sogar von Menschen bezeugen Brandopfer oder mit Feuer verbundene Bestattungshandlungen. 116 solcher Feuerstellen sind bei Untersuchungen von Grabhügeln auf Amrum nachgewiesen worden. Mehrfach sind Feuer auf bzw. am Hügel vor der Anlage einer neuen Bestattung abgebrannt worden. Nester mit zerschlagenen Tongefäßen sind sehr wahrscheinlich Zeugen bestimmter Riten bei den Totenfeiern. Solche Scherbenopfer müssen bis in die Eisenzeit auf bronzezeitliche Grabhügel geworfen worden sein. Bemerkenswert ist weiterhin, daß jede neue Bestattung mit einem neuen bzw. einem erweiterten Steinkranz umgeben wird. Da für jede neue Bestattung auch der Erdmantel des Hügels erweitert und erhöht werden mußte, wuchsen die Erdbegräbnisse bis zu der heute noch beeindruckenden Höhe an. Der größte Grabhügel befindet sich in der weithin sichtbaren Eesenhuuchgruppe bei Steenodde. Im Bereich dieser Gruppe sind zahlreiche mittelgroße und kleine Hügel durch landwirtschaftliche Nutzung und Aufforstung abgetragen worden. Die dichte Streuung dieser Grabhügel bezeugt offensichtlich, daß im Bereich des Eesenhuuchs ein wichtiges bronzezeitliches Siedlungszentrum gelegen haben muß, das nach Beleg des in der Nähe erhaltenen und eines etwa 50 m östlich des Eesenhuuchs zerstörten Steingrabes seit der jüngeren Steinzeit seine Bedeutung behalten hat. In den zerstörten kleinen Grabhügeln befinden sich mit menschlichem Leichenbrand gefüllte Tongefäße aus der jüngeren Bronzezeit. Die Urnengräber sind ähnlich wie die in verkürzten Steinkisten oder kleinen Baumsarggräbern ausgestreuten Leichenbrände Zeugnisse eines eindrucksvollen, aus dem Süden übernommenen Totenkultes, der bis in die nachchristlichen Jahrhunderte das Bestattungsritual bestimmt hat. Urnen aus der jüngeren Bronzezeit sind vielfach auch als Nachbestattungen in den Mantel größerer Grabhügel eingesenkt worden (Tafel IX, 1–2). Die Urnen werden regelmäßig mit Steinsetzungen aus geschlagenen Steinplatten und Rollsteinen umgeben. Diese Steinsetzungen werden im allgemeinen als Nachklingen des Bestattungsrituals der Bronzezeit angesehen.

Männer- und Frauengräber

Reiche Beigabenausstattungen finden wir nur in den Steinkisten und den Baumsarggräbern der älteren und mittleren Bronzezeit. Aber auch unter diesen Gräbern sind deutliche Unterschiede in Zahl, Art und Wert der Beigaben vorhanden, die wahrscheinlich als Hinweise auf soziale Differenzierungen unter den einzelnen Familien angesehen werden dürfen. In den reicher ausgestatteten Steinkisten finden wir in einer frühen Phase der Bronzezeit aus Feuerstein gefertigte Dolche mit deutlich abgesetztem, verdicktem Griff (Tafel IV, 1–2) oder auch fischschwanzförmig geschlagenem Griff. Diese Dolche sind ähnlich wie die Flintsicheln (Tafel IV, 5) wahre Kunstwerke der Steinschlagtechnik. Zusammen mit Dolchen kommen herzförmige Pfeilspitzen, Löffelschaber (Tafeln III, 9–11; IV, 3–4) und dünnblattige, regelmäßig sorgfältig geschliffene Feuersteinbeile (Tafel III, 5) vor. In der Steinkiste aus dem Makanhuuch wurde ein frühes Bronzebeil (vergl. Tafel VII, 2) und eine aus dem Süden importierte Nadel gefunden. Weitere Importstücke aus anderen Gräbern sind bestimmte Nadeln mit schräg durchbohrtem Kopf, Glasperlen und bestimmte Formen relativ kurzer, aus Bronze gegossener Schwertklingen.

In den beiden jüngeren Phasen der älteren Bronzezeit sind die reichen Männergräber häufig etwas komfortabler ausgestattet, als die Frauengräber. Kennzeichnende Beigaben von Männergräbern sind verschiedene nach der Form der Klingen und der Griffe unterschiedene Schwerter. Die Griffe sind durch Einlagerung von Horn, Pech oder auch Umwicklung mit Golddraht außerordentlich reich verziert (Tafel VI, 1, 2). Sie stecken in Schwertscheiden aus Holz oder Leder und wurden an einem Lederriemengehänge getragen. Typische Beigaben aus Männergräbern sind Bronzebeile (Tafel VII, 1–3), weiterhin Rasiermesser (Tafel VIII, 5), die häufig mit kultischen Motiven wie Schiffen oder Spiralen verziert sind und Pinzetten sowie ein Feuerzeug aus Feuerstein (Tafel VIII, 8) und einem Schwefelkiesknollen. Zum Zusammenheften eines mantelartigen Umhangs diente eine broschenartige Fibel (Tafel VI, 6–7), die äußerst selten sogar aus Golddraht angefertigt ist. In reich ausgestatteten Gräbern werden weiterhin Bronzearmringe sowie kleine Golddrahtspiralen gefunden, die vornehmlich in der Schläfenzone des Bestatteten gefunden worden sind.

In entsprechend reich ausgestatteten Frauengräbern fanden sich Bronzedolche, Bronzehalskragen, verzierte Arm- und Fußringe (Tafeln VI, 4; VIII, 1) sowie in der Gürtelzone gefundene, mit reichem Spiralschmuck verzierte Gürtelplatten (Tafel VI, 3), die wahrscheinlich zum Zusammenheften eines geknüpften Gürtels gedient haben. Als Schmuckelemente von Ketten wurden außer selten nachgewiesenen Glasperlen durchbohrte runde oder längliche Bernsteinperlen gefunden. Besondere Schmuckstücke sind ähnlich wie in Männergräbern aus Golddraht gewundene Schläfenringe (Tafel VI, 5) oder Fibeln (Tafel VI, 6–7).

Die bronzezeitliche Kleidung kennen wir vornehmlich aus in Dänemark geborgenen und unter günstigen Bedingungen in Baumsärgen erhaltenen Fundstücken. Der Mann trug einen einfachen Kittel und einen capeartigen Umhang. Die Frau war mit einer Bluse und einem langen Rock bekleidet, die in der Hüftzone mit einem Gürtel zusammengehalten wurden. Als Kleidungsstück eines jungen Mädchens ist eine Bluse und ein kurzes Fadenröckchen belegt.

Grabformen, insbesondere Reichtum und Form der in die Gräber gelegten Bronzegeräte, sind überzeugende Belege für die Handelsverbindungen der älteren Bronzezeit. Die Bronzen müssen vornehmlich aus dem Süden eingeführt worden sein. Die Amrumer Bronzen sind ähnlich wie die Fundstücke von Sylt Zeugen eines über See verlaufenden Handelsweges. Bereits in Föhr sind die Grabhügel im allgemeinen deutlich bescheidener ausgestattet. Den Amrumer und Sylter Bronzen vergleichbare Fundstücke sind besonders häufig in Jütland in der Nähe des Limfjordes zu finden. Während der jüngeren Bronzezeit wird dieser Handelsweg offensichtlich unterbrochen. Der Bronzehandel verlagert sich in das Odermündungsgebiet, nach Mecklenburg und auf die dänischen Inseln.

Die Beigaben aus den Urnengräbern Amrums und Sylts aus der jüngeren Bronzezeit sind ärmlich. Unverzierte Rasiermesser (Tafel VIII, 6) und Pinzetten oder auch kleine Pfriemnadeln (Tafel VIII, 7) gelten bereits als reiche Beigaben. Trotzdem scheint die Verbindung zum Süden nicht vollends abgerissen zu sein. Instruktive Belege sind die aus mitteleuropäischen Kultvorstellungen verständlichen Augen- und Türurnen. An einer aus dem Höölenhuuch in Nebel geborgenen Urne laufen die oberen Ansätze eines Henkels beidseitig in Wülste aus, die wie zwei Augenbrauen wirken (Tafel IX, 2). An einer Urne aus Goting ist die Zeichnung einer Türöffnung angebracht. – Eine charakteristische Sitte der jüngeren Bronzezeit ist die Niederlegung von Opfergaben in feuchten Niederungen. Im Depotfund aus dem Guskölk bei Steenodde wurde ein S-förmig gedrehter, bronzener Halsring sowie zwei beschädigte, verzierte Armringe gefunden (Tafel VIII, 1).

Die Spuren der bronzezeitlichen Wohnplätze sind ähnlich wie die Siedlungsreste aus der jüngeren Steinzeit unscheinbar und spärlich. Ihre Kenntnis verdanken wir der systematischen Überwachung ausgeweheter Dünentäler. In der Nähe eines Grabhügels in Norddorf fand Dr. Struve Pfostenlöcher und die Herdstelle eines rechteckigen Hauses. Das tägliche Gerät der Bronzezeit ist, wie zu vermuten war, ausschließlich aus Feuerstein gefertigt. Kennzeichnende Geräte sind außer den in großer Zahl erhaltenen, bei der Bearbeitung von Feuersteingeräten abfallenden Abschlägen unterschiedlicher Form und Größe Bruchstücke von Feuersteindolchen mit verdicktem und abgesetztem Griff, Bruchstücke von Flintsicheln, rundliche Schaber oder Schaber mit löffelartig geformtem Griff (Tafel III, 12) und verbreiterter Arbeitskante sowie die vornehmlich aus dickeren Klingen oder abgebrochenen Werkstücken gefertigten Feuerschlagsteine mit unregelmäßig gedengelter Oberfläche (Tafel VIII, 8). Gelegentlich dürften, wie ein Bronzemeißel mit geknickten Seiten bezeugt, auch Bronzegeräte für die Holzbearbeitung benutzt worden sein. Daß die Kunst des Bronzegusses von einheimischen Handwerkern ausgeübt worden ist, bezeugen Bruchstücke von Gußformen, die in einem Hügel in Morsum gefunden worden sind (Tafel VIII, 9). Die zahlreichen in den Grabhügeln auf den Inseln nachgewiesenen Baumsärge müssen auf den Inseln von einheimischen Handwerkern angefertigt worden sein. Wir dürfen deshalb annehmen, daß auf den Inseln bzw. im Watt östlich der Inseln noch ausreichender Baumbestand vorhanden gewesen ist. Die Wurzeln dicker Bäume sind gegenwärtig noch im Sandwatt vor Föhr zu finden.

Die Eisenzeit

Während der ausklingenden Bronzezeit und der frühen Eisenzeit zwischen 700 und 300 vor Christi Geburt nimmt die Zahl der bekannten Grabanlagen und Siedlungshinweise in erstaunlichem Maße ab. Erst während der letzten beiden vorchristlichen sowie nachchristlichen Jahrhunderte entspricht die Besiedlungsdichte nach der Zahl der Grab- und Siedlungsfunde etwa den Gegebenheiten der Bronzezeit. Auch während des Übergangs von der jüngeren Bronze- zur Eisenzeit reißt die Verbindung zum Süden, wie die angeführten Beispiele der Augen- und Türurnen erkennen lassen, nicht ab. Als weitere Belege können die mit vasenkopfartigen oder schälchenförmigen Zierelementen versehenen Bronze- oder Eisennadeln mit S-förmigem Schaftende angeführt werden (Tafel X, 1). Einflüsse von Jütland lassen weiterhin zwei in Morsum geborgenen eiserne Kropfnadeln erkennen, die in der Mitte des Schaftes mit einer Einbiegung versehen sind und im oberen Ende ringförmig auslaufen. Entsprechende Nadeln sind auf einem Hügelgräberfeld der frühen Eisenzeit in Aare in Mitteljütland die kennzeichnenden Metallbeigaben. Noch instruktiver bezeugen zwei sogenannte Holsteiner Nadeln (Tafel X, 2) die Verbindung zu einem in Südjütland faßbaren Formenkreis. Die charakteristische Kopfform und der säbelförmig gebogene Schaft sind das typische Merkmal einer Nadelform, die auf Gräberfeldern von Südjütland bis in den ehemaligen Kreis Südtondern verbreitet sind. Vom Festland kommen auch Ösenringe (Tafel X, 3) und ein Scharnierhahring (Tafel X, 4).

Im Bestattungsbrauchtum wird die Tradition der jüngeren Bronzezeit weitergeführt. Der Leichenbrand der auf den Scheiterhaufen verbrannten Toten wird in Tongefäßen gesammelt und im Mantel der bronzezeitlichen Hügel in kleinen, aus geschlagenen Steinplatten und Rollsteinen gefertigten Steinsetzungen beigesetzt. Bestattungen unter kleinen Hügeln sind selten. Erst nach Christi Geburt werden die Urnen vorwiegend ohne Steinschutz im Mantel der alten Sippenhügel aus der Bronzezeit eingegraben.

Die Formen und Verzierungen der als Urnen benutzten Tongefäße während der Eisenzeit wechseln kontinuierlich. Eine sorgfältige Analyse dieses durch den Modetrend bestimmten Wechsels vermittelt uns einen ausgezeichneten Zeitkalender (Tafel IX, 1–10). Der größere Teil der als Urnen benutzten Tongefäße ist auch unter der Haushaltsware aus den Siedlungen zu finden. Unter den Urnen der letzten eineinhalb Jahrhunderte vor und nach Christi Geburt überwiegen leicht verzierte Terrinen (Tafel IX, 4). Bis zur sogenannten Völkerwanderungszeit im vierten nachchristlichen Jahrhundert entwickeln sich Gefäßformen und Verzierungen äußerst variabel. Wahrscheinlich sind die vasenförmigen Schmuckformen der Völkerwanderungszeit als Grabgefäße angefertigt worden (Tafel IX; 5–6). Formenwandel und einige Schmuckelemente weisen einige für die Inseln typische Züge auf, lassen aber gleichzeitig Verbindungen zum oben angeführten Kulturkreis in Südjütland erkennen. Die Tonware selbst ist, wie noch erörtert werden soll, auf den Inseln hergestellt worden.

Ob und in welchem Umfange auch Metallgeräte in Werkstätten auf den Inseln gefertigt worden sind, läßt sich nicht mit Sicherheit beurteilen. Die Werkstoffe Eisen und Bronze mußten vom Festland importiert wer-

Seite 45 Versandetes »Riesenbett« mit zwei Grabkammern aus der Jungsteinzeit in den Amrumer Dünen

Seite 47 Der »Eesenhuuch« bei Steenodde – ein bronzezeitliches Hügelgrab
Seite 48/49 Reste eines Hügelgrabes am Litorina-Kliff am Skalnastal

Findlinge der steinzeitlichen Grabkammer

Steinzeitliche Grabkammer bei Norddorf

Mittelalterliche Ackerbeete in den Inseldünen

Seite 50 Jaucherinne eines cimbrischen Hauses
Seite 50 Eisenzeitliches Hügelgräberfeld bei Steenodde
Seite 51 Eisenzeitliche Töpferei nahe Satteldüne
Seite 51 Der »Krümwaal« – ein mächtiges Bodendenkmal unbestimmbaren Zweckes und ungewisser Zeit

den. Verwertbare Lagerstätten mit Raseneisenerz, aus dem auf dem Festlande bis ins Mittelalter Eisen im Rennfeuerverfahren gewonnen worden ist, sind auf den Inseln nicht vorhanden. Auch Spuren von Rennfeueröfen sind auf keiner der Inseln gefunden worden. Dafür kennen wir aus dem Bereich der eisenzeitlichen Siedlungen kleinere oder auch bis 1 m Durchmesser aufweisende flache, mit kohliger Erde gefüllte Mulden, in denen nicht selten traubig zerflossene Eisenschlackenstücke zu finden sind. Es handelt sich um Schmiedefeueressen, in denen schlackenreiches Eisen erhitzt und durch Hämmern auf einem steinernen Amboß von Schlackenbeimengungen befreit worden ist. Auch beim gewöhnlichen Schmieden fallen während des Erhitzens der Eisenstücke Schlacken an. Entsprechende Essen sind in allen näher untersuchten Warften der Marschgebiete und auf allen Siedlungen der Eisenzeit auf dem Festlande gesicherte Beweise für die Tätigkeit von Schmieden.

Eine Töpferei auf der Inselgeest

Sehr instruktive Einblicke in Arbeit der Töpferei ermöglichen uns Untersuchungen aus dem Bereich eines ausgedehnten eisenzeitlichen Siedlungskomplexes in den Dünen westlich von Satteldüne. In einem kleinen Dünental wurden vor wenigen Jahren zwischen den Mistgangpflastern und Herdstellen einer aufgelassenen Siedlung aus der Zeit um Christi Geburt auf einer Fläche von 20 x 7 m achtzehn Töpferöfen unterschiedlichen Types aufgedeckt. Die meisten Öfen waren Meileröfen (Abbildung 4). Für drei der größten Meileröfen waren in den anstehenden Boden steilböschige Gruben von 0,80–0,90 m Tiefe und 1,20 bis 1,40 m oberer Breite ausgehoben. Von den Seiten her waren durch den anstehenden, stark mit Ortsstein durchsetzten Boden schmale Luftzufuhrröhren gebohrt worden, deren Mündung im Ofengrund durch eingeschwemmte kohlige Erde eindeutig zu bestimmen war. Auf der West- bzw. Nordwestseite der Anlage war von der Oberfläche her eine flachgeböschte Eingangszone bis in halbe Grubenhöhe herabgeführt. Die Fläche der Eingangszone war regelmäßig mit Steinen oder Scherben belegt. Ein Profilschnitt der aufgedeckten Grube zeigte folgenden Aufbau: Den Grund der Grube füllte eine 0,20–0,30 m mächtige Brandschicht aus kohliger, mit Holzkohlestücken durchsetzter Erde. Darüber lagern in unregelmässiger Folge schmutziggraue, kohliggraue Einschwemmschichten unter muldenförmig eingesackten, stark verziegelten und teilweise noch mit verkohlten Hölzern durchsetzten Schichten der ehemals schüsselförmig über die Grube gelegten Kuppel des Ofens. Vor dem Einbrechen der Kuppel waren offensichtlich vom Eingang oder von den Seiten her humose Sande und Branderde in die Grube eingeflossen. Die Deutung der Befunde und eine Rekonstruktion (Abb. 4) der Ofenbeschickung ermöglichen langjährige Versuche aus dem dänischen Versuchszentrum in Lejre auf Seeland, die Zivilingenieur Arne Björn durchgeführt und publiziert hat. Danach wird über die Meilergruben eine aus gemagertem Lehm gefertigte und mit einem Stützgerüst aus Astwerk versteifte Kuppel gelegt, die mit einer zentral liegenden Rauchabzugsöffnung versehen ist. Durch die Einfüllöffnung wird die getrocknete Tonware in Brennmaterial aus getrocknetem Gras und Holzstücken gebettet und die Grube mit Grassoden verschlossen, sobald das Feuer voll entfacht ist. Die erforderliche Sauerstoffzufuhr wird über die durch den trockenen Kies geführten Luftkanäle geregelt, die nach Bedarf geöffnet oder geschlossen werden. Es darf als gesichert gelten, daß diese Gruben wie auch kleinere Meileröfen wiederholt benutzt werden konnten.

Außer den Meileröfen haben im Nebler Töpfereizentrum auch Öfen anderer Bauart Verwendung gefunden, deren Verfärbungen im anstehenden Boden gut erhalten waren.

Ein Vergleich der zahlreichen Tongefäßscherben nach Form und Verzierung bezeugt eindeutig, daß in dem Töpfereizentrum etwa seit der Zeit um 50 vor Christi Geburt bis ins 1. nachchristliche Jahrhundert gearbeitet worden ist. Der überwiegende Teil der Keramik ist der Zeit um Christi Geburt zuzuordnen.

Ob die in den Töpferöfen bei Satteldüne gebrannte Keramik auch in einer in der Nähe liegenden Werkstatt gefertigt worden ist, ließ sich durch die Grabung nicht klären. Gesicherte Beweise für die Herstellung von Tonwaren liefern uns die auf den Nordfriesischen Inseln gefundenen Spurpfannensteine von langsam rotierenden Töpferscheiben (Abb. 5). Es handelt sich um kleine Findlingsblöcke, auf deren ebener Oberseite etwa zentral liegende Mulden von der Form der Eintiefung einer Pförtchenpfanne vorhanden sind. Solche Steine sind bisher in der Nähe des Töpfereizentrums nicht gefunden worden. Wir kennen sie aber aus dem Bereich einer an der Wattkante östlich des Nebeler Klärwerks freigespülten Siedlung. Ein weiterer Spurpfannenstein von Amrum, dessen Fundort nicht zu ermitteln ist, liegt in der Nebeler Mühle. Um einen Spurpfannenstein der beschriebenen Form aus einem

Hauskomplex der gleichen Zeit in Wenningstedt auf Sylt war ein breiter Ring aus kleinen und größeren dünnen Lehmfladen unregelmäßig verteilt. In einem dänischen Moor wurden Reste einer auf solche Spurpfannensteine gelegten, langsam rotierenden, aus Holz gefertigten Töpferscheibe gefunden. In der Nebeler Mühle befindet sich eine Nachbildung. Indirekte Belege für die Verwendung der Töpferscheibe auf der Insel Amrum liefern die in den Siedlungen gefundenen Keramikscherben. Die sorgfältig mit feinen Facettenflächen wie geschliffen wirkenden Ränder der Tongefäße oder auch die völlig gleichmäßig über die Fläche der Tongefäße umlaufenden Riefengruppen belegen überzeugend, daß für die Fertigung dieser Tonware Formhölzer und eine rotierende Scheibe benutzt sein müssen.

Dörfer in den Dünen

Hausbau, Wirtschaftsweise und soziale Gliederung einer Siedlung aus der Zeit des Töpfereizentrums kennen wir durch laufende Überwachung der freigewehten Dünentäler und insbesondere durch die Ausgrabung des Verfassers im großen Dünental nördlich von Meerum (Abb. 6). Im Bereich einer Fläche von etwa 200 m Ost–West und 80 m Nord–Süd sind dort 3 große und 5 kleine Wohn-Stallhäuser sowie 6 kleinere, rechteckige Hütten untersucht worden. Drei weitere große Wohn-Stallhäuser sind in benachbarten Dünentälern in je 200 bis 300 m Entfernung kurzfristig freigelegt und auch ausgegraben worden. Unter den hohen Dünen zwischen dem aufgedeckten Zentrum und den entfernt liegenden Häusern dürften weitere Hausgrundrisse verborgen liegen. Wir können somit feststellen, daß nördlich von Meerum ein kleines eisenzeitliches Dorf vorhanden gewesen ist, dessen Ausgrabungsbefunde für andere Siedlungseinheiten als Beispiel gewertet werden können.

Der kennzeichnende, im gesamten Marschengebiet bis Holland in gleicher Form nachgewiesene Haustyp dieser Siedlungen aus der Zeit um Christi Geburt und dem ersten nachchristlichen Jahrhundert ist das langrechteckige Wohn-Stallhaus, dessen Form und Maße wir in den beiden Häusern Nebel 289 und 350 in klassischer Form vorfinden (Abb. 7). Die 16,8 bzw. 13,6 m langen und 5–6 m breiten Hausgrundrisse sind etwa von West-Nordwest nach Ost-Südost ausgerichtet und bieten somit den starken Westwinden nur geringen Widerstand. Die Häuser sind regelmäßig in einen Wohn- und in einen Stallteil geteilt, die durch einen Quergang getrennt sind. Der Quergang ist häufig gepflastert. Reste eines Bretter- bzw. Flechtwerkzaunes wurden in verbrannten Häusern zwischen Wohn- und Stallteil gefunden. In Haus Nebel 351 war das Pflaster durch einen mehrfach erhöhten Auftrag aus gelbem Sand ersetzt. Die etwa 1 m breiten Hauswände waren aus übereinander gesetzten Gras- bzw. Heidesoden gebaut (Abb. 8). Zusätzlich sind in einigen Häusern auf der Innenseite der Wohnflächen mit Lehmbewurf versehene Flechtwerkwände nachgewiesen worden. In Höhe des Querganges der Häuser waren die in den Längswänden ausgesparten Eingänge regelmäßig mit Pflastern ausgestattet, die häufig gegen die Außenseite eine leicht erhöhte Schwelle aufwiesen. Schleifspuren eines Türangelzapfens in einem verbrannten Haus in Wenningstedt belegen, daß die Häuser mit hölzernen Türen verschlossen werden konnten. Vor den Eingängen sind in fast allen Häusern kurze Pflaster angelegt, die im Bereich der Traufen einen festen Zugang in das Haus gewährleisteten. Weitere Traufenpflaster, wie wir sie von den neuzeitlichen Strohdachhäusern kennen, sind nicht vorhanden gewesen. Dafür ist in Haus 350 in Höhe der Traufe eine flache, mit dunkler Erde gefüllte Traufenrinne im anstehenden Bleichsand freigelegt worden.

Das tragende Gerüst eines einfachen, wahrscheinlich mit Schilf bedeckten Satteldaches, bilden die in Längsrichtung durch die Hausfläche in gut 2,5 m Abstand verteilten und in den Boden eingegrabenen Pfostenpaare, die in 2,5 bis 2,8 m Entfernung stehend, mit waagerecht liegenden Angelbalken verbunden gewesen sein müssen, um den Dachschub auffangen zu können. Die Lage der im allgemeinen größeren Stallteile im Osten bzw. Westen der Häuser scheint zufällig zu sein. Durch die Mitte der Stallteile zieht sich in Längsrichtung ein sorgfältig aus Rollsteinen gefügtes Mistgangpflaster mit leicht erhöhten Rändern aus etwas größeren Steinen (Abb. 9–10). Gut erhaltene Mistgangpflaster sind leicht rinnenförmig eingewölbt und weisen zum Schmalende des Hauses hin ein leichtes Gefälle auf, so daß die Jauche mühelos abfließen konnte. Vor dem Ende der Pflaster sind bei Haus 289 und 360 flache, mit humoser Erde gefüllte Jauchegruben nachgewiesen. Das Vieh ist ähnlich wie in den alten Hallighäusern mit dem Kopf zur Wand weisend angebunden gewesen. Gesonderte Raufen zum Einfüllen von Futter sind nicht beobachtet worden.

Im Zentrum der zweiten Haushälfte befindet sich eine im Grundriß ovale Herdstelle aus dicht nebeneinander gefügten, faust- bis doppelfaustgroßen Steinen. Bei den meisten Herdstellen ist über das Grundpflaster eine kräftige, während des Gebrauchs verziegelte Lehmdecke gelegt (Abb. 9–10). Steinpflaster und Lehmschicht gewährleisten eine sichere Isolation gegen die Bodenfeuchtigkeit, gleichzeitig eine zweckmäßige Wärmedämmung und schufen damit die Voraussetzung für ein lange glühendes Herdfeuer, auf dem man ohne Gefahr Speisen zubereiten konnte. Technisch interessante Sondervorrichtungen an Herdstellen einer eisenzeitlichen Siedlung sind in Wenningstedt nachgewiesen worden (Abb. 11). An einer Schmalseite der Wenningstedter Feuerstellen waren Bruchstücke von Schleifsteinen mit der geglätteten Fläche nach oben weisend eingefügt. Die erhitzten Steine dürften eine ausgezeichnete Backfläche zum Rösten von Fisch oder Fladenbrot geliefert haben.

Vor einer dieser Herdstellen war in den Boden eine im Grundriß viereckige Grube ausgehoben und mit Asche gefüllt. In der Asche befand sich ein eimerförmiges Tongefäß sowie ein kleiner Schöpfbecher. Scherben eines Deckels lagen in dem Gefäß, das wahrscheinlich als Gärgefäß für ein alkoholisches Getränk benutzt worden ist. – Die Lage verkohlter Balken über der Feuerstelle des Hauses Nebel 351 begründen den Verdacht, daß über den Herdstellen gelegentlich Vorrichtungen zum Auffangen aufsteigender Funken vorhanden gewesen sind.

In den Wohnteilen der Amrumer Häuser befanden sich weiterhin Vorrichtungen zum Aufbereiten bzw. Aufbewahren von Nahrung. Zum Zerkleinern von Getreide dienten einfache Handmühlen aus Felsgestein. Teile dieser eisenzeitlichen Mahlsteine sind mehrfach in den Steinsetzungen der Grenzwälle neuzeitlicher Häuser zu finden. Zu einer eisenzeitlichen Handmühle (Abb. 12) gehören zwei brotlaibförmige, aus Felsgestein geschlagene Mahlsteine. Ein sogenannter Unterlieger ist mit der leicht konisch gearbeiteten Mahlfläche versehen, in deren Zentrum eine Eintiefung ausgepickt ist. Ein dazugehöriger, drehbarer Oberlieger weist eine entsprechend konische, aber eingetiefte Mahlfläche auf, die genau auf die Fläche des Unterliegers paßt. Die zentrale Durchbohrung ist größer und weitet sich nach oben hin zu einer Einfüllöffnung aus. Durch Drehen dieses Mahlsteines wird das durch die Trichteröffnung zwischen die Mahlflächen rutschende Korn zu einem groben Schrot zerkleinert. – Außer diesen Handmühlen sind auch Mörsersteine zum Zerkleinern von Korn in Gebrauch gewesen. Auf einer Seite dieser aus kleinen Findlingen gefertigten Mörsersteine ist eine etwa handflächengroße Mulde ausgepickt. In der Mulde eines in der Wenningstedter Siedlung gefundenen Mörsersteines lag noch ein walzenförmiger Schlegelstein mit Be-

hauspuren an beiden Schmalenden.– Zum Aufbewahren von Nahrung dienten einfache, in den Boden eingetiefte Gruben, deren Wände wahrscheinlich mit Holz versteift waren. Über der dunklen Füllerde solcher Aufbewahrungsgruben in Haus Nebel 360 lagen unter der Brandschicht des Hauses kräftige Holzkohlebänder verbrannter Deckel. – In einem Dünental westlich von Satteldüne ist ein wahrscheinlich außerhalb eines Hauses angelegter Keller untersucht worden. Eine langovale Grube war auf dem Grunde und an den Seiten sorgfältig mit Steinen ausgelegt. Teile einer vermoderten, aber in Holzstruktur erhaltenen Abdeckung waren auf dem Grunde der Grube vorhanden. Nach Berichten antiker Schriftsteller sind solche Kellergruben im Winter mit Soden oder auch Mistschichten abgedeckt gewesen.

Eine ebenfalls wahrscheinlich außerhalb des Hauses liegende kellerartige Anlage ist in Nebel Haus 360 und im Bereich des Töpfereizentrums Satteldüne untersucht worden. Es handelt sich um steilwandige, zylindrische, bis 1,5 m tiefe Gruben von 0,8 m Durchmesser. Die Gruben waren durch den harten Ortstein bis in den anstehenden trockenen Kies ausgehoben. Ähnliche Gruben sind in bandkeramischen Siedlungen auf Lößflächen im Rheinland sowie auch in England nachgewiesen. Versuche haben ergeben, daß diese Gruben sich hervorragend zum Aufbewahren von Getreide eignen. Durch biologische Vorgänge im Korn wird Kohlensäure ausgeschieden, die das Wachsen von Bakterien und Schimmel unterbindet und zusätzlich noch Schutz gegen Mäusefraß gewährleistet.

Ein interessanter Hinweis auf die Ausstattung des Wohnteils war ebenfalls in Haus Nebel 360 erhalten. In der westlichen Randzone des Wohnteiles waren auf einer rechteckigen Fläche Pfostenlöcher und verkohlte Reste eines Holzgestells erhalten. Im Bereich dieser Fläche fanden sich auffallend viele Scherben zerbrochener Tongefäße, die teilweise in Schichten übereinander verschachtelt lagen. Offensichtlich war an dieser Stelle beim Brand des Hauses ein Holzregal mit Tongeschirr zusammengestürzt. – Die wichtigsten Typen der Gebrauchskeramik sind große, bis zu 0,8 m hohe, dickwandige, auf der Außenfläche grob gerauhte Bottiche. Sie dienten vermutlich als Vorratgefäße. In wesentlich größerer Zahl kommen kleinere, terrinenförmige Gefäße mit hervorragend geglätteter und auch leicht verzierter Wandung vor. Engmündige, häufig mit zwei Henkeln versehene Gefäße dürften zur Aufbewahrung von Flüssigkeiten genutzt worden sein. Als Eßgeschirre dienten konische, teilweise mit Griffen versehene Schalen und kleine mit Griff versehene Trinknäpfe. Randlose, flache Deckel könnten auch zum Bakken von Fladenbrot benutzt worden sein.

Neben den großen Wohn-Stallhäusern sind im Südbezirk der Siedlung mehrere kleine Wohn-Stallhäuser aufgedeckt worden, die in Baubefund und Gliederung den großen Häusern entsprechen. – Einen dritten, in Aufbau und wohl auch Funktion völlig abweichenden Haustyp finden wir in quadratischen oder breit-rechteckigen Hütten von etwa 4 mal 4 bzw. 5 mal 3–3,5 m Durchmesser (Abb. 13). Die Wände der kleinen, quadratischen Hütten sind aus mit Lehm verschmiertem Flechtwerk hergestellt. Etwa im Zentrum der Hütten befinden sich einfache, gepflasterte Herdstellen. Zwischen Herd und Wänden waren im Viereck verteilte, kräftige Pfosten eingegraben, die offensichtlich die Hauptlast des Dachdrucks aufgefangen haben. Eine dieser Hütten war über einen nachlässig aus Steinen eines aufgelassenen Mistgangs befestigten Weg mit zwei in Ost-Westrichtung hintereinanderliegenden Hütten ohne Herdstelle verbunden. Da in diesen Hütten weiterhin keine Scherben gefunden worden sind, dürften sie als Abstellplätze, vielleicht auch als Schafställe genutzt worden sein.

Einzeluntersuchungen der Baubefunde in allen Häusern geben interessante Hinweise über den Ablauf der Besiedlung sowie über die soziale Gliederung der Siedlung. Alle großen und mittelgroßen Wohn-Stallhäuser sowie die kleinen Wohnhütten sind wenigstens einmal verbrannt und anschließend ein- oder auch zweimal wieder aufgebaut worden. Beim Neubau der großen Häuser wurden die Steinpflaster der Stallungen und häufig auch die Herdstellen in den alten Wohnflächen wieder in Benutzung genommen. Dabei wurden in einigen großen sowie in den kleinen Wohn-Stallhäusern die Stallteile deutlich verkleinert. Nur in dem großen Wohn-Stallhaus Nebel 360 im Nordosten des Siedlungskomplexes wurde der Stallteil beim Umbau oder Neubau wesentlich vergrößert und wahrscheinlich auch nacheinander zwei mit Herdstellen und Kühlgruben versehene Wohnteile nebeneinander angelegt. Eine der Wohnflächen wurde mit einem Lehmestrich versehen und wahrscheinlich weiterhin vor der Innenseite der Sodenwände eine mit Lehm verstrichene Flechtwand aufgeführt.

Im Bereich der kleineren Wohn-Stallhäuser im Südteil des Siedlungskomplexes wurden zwei Wohn-Stallhäuser aufgelassen und darüber unter Nutzung des alten Mistgangpflasters einfache Wohnhütten aufgeführt. In der Nähe dieser jüngeren Hütten liegen Meilergruben, Schmiedeplätze und unter einer Hütte ein Ofen, dessen Funktion nicht sicher angesprochen werden kann. Wir dürfen somit festhalten, daß die großen Wohn-Stallhäuser deutlich von den kleineren Häusern und Hütten abgesetzt angelegt worden sind. Eines der großen Wohn-Stallhäuser im Norden ist ständig vergrößert und insbesondere mit deutlich vergrößertem Viehstall ausgestattet worden. Die Größe dieses Hauses und die um das Doppelte vermehrte Viehaufstallungsfläche dürfte als Hinweis auf größeren Reichtum der in diesem Hause wohnenden Familie bzw. Sippe und der damit verbundenen gehobenen sozialen Stellung gewertet werden. Entsprechend dürften verkleinerte Häuser auf ein Absinken in eine geringere soziale Stellung in der Gemeinschaft hindeuten. Die von den großen Wohn-Stallhäusern abgesetzten Wohn-Stallhäuser und Hütten müßten entsprechend gedeutet werden. Dieser Wandel im Auf und Ab der sozialen Stellung der Bewohner in den beiden Hauptbereichen der Siedlung dürfte sich nach den gefundenen Tongefäßen über etwa eineinhalb Jahrhunderte aus der Zeit kurz vor Christi Geburt bis an das Ende des ersten nachchristlichen Jahrhunderts erstreckt haben. Die größte Dichte der Besiedlung kann für die Jahrzehnte vor und nach Christi Geburt angenommen werden.

Über die Wirtschaftsform in den eisenzeitlichen Siedlungen auf der Insel geben die Viehställe, weiterhin die im Bereich der Häuser gefundenen Pflugspuren sowie eine große Menge unter dem Brandschutt des Hauses 351 gefundenen verbrannten Korns ausreichend Auskunft. Im Brandschutt eines Hauses gefundene Schafknochen bezeugen, daß außerdem Schafe gezüchtet worden sind. Die Verarbeitung von Schafwolle darf nach Befund der in den Hütten gefundenen Spinnwirtel (vergl. Tafel X, 13–14) als gesichert angenommen werden.

Siedlungsplätze und Ackerland

Aufschlußreich sind die Hinweise für das Nebeneinander von Wohnkomplexen und Ackerflächen. Unter den Brandzonen aller großen Häuser wurden im anstehenden Bleichsand regelmäßig Hakenpflugspuren freigelegt. Den Komplex der kleinen Wohn-Stallhäuser und Hütten im Süden überdeckte ein heute noch im Dünental sichtbarer, sogenannter Ackerwall. Diese 4 bis 6 m breiten flachen Wälle umgeben alle eisenzeitlichen Ackerflächen. Sie entstehen in den Randzonen der Äcker durch Aufbringen von Unkraut und Steinen und durch das Auffangen des aus den Ackerflächen ausgewehten Humussandes in den Pflanzenhalmen. Sie dienten weiterhin als Wendeflächen für die einen Hakenpflug in sich kreuzender Richtung über die Äcker ziehenden Ochsengespanne. Ackerflächen und Siedlung müssen somit unmittelbar nebeneinander gesucht werden. Da die Siedlung Ackerflächen überdeckt hat, dürfen wir weiterhin annehmen, daß die Ackerflächen im Umkreis der Siedlungen verlagert worden sind.– Die verkohlten Körner aus Haus Nebel 351 belegen eindeutig, daß auf Amrum in der Eisenzeit ähnlich wie auf Sylt vorwiegend vielzeilige Spelz- und Nacktgerste angebaut worden ist. Vereinzelt fanden sich Körner von Hafer und Weizen. Hinweise auf den Anbau von Roggen ergab die Untersuchung der Ablagerung in der Getreideaufbewahrungsgrube bei Haus 360. Unkrautsamen sind relativ selten nachgewiesen. Dieser Befund dürfte mit den im Dünengelände außerordentlich erschwerten Bedingungen für die Bergung des Fundgutes in Zusammenhang stehen. Die gleichzeitig geborgenen Holzkohlereste sind Teil von Eiche, Birke, Erle und Hasel. In einigen Holzkohleresten nachgewiesene Kieselalgen begründen die Vermutung, daß ein Teil des als Bau- oder Brennholz verwandten Holzes als Treibholz am Strand gesammelt worden ist.

Siedlungen ähnlicher Art, wie sie im Dünental am Großsteingrab aufgedeckt werden konnten, sind auch im übrigen Dünenbereich und teilweise sogar an der Ostseite der Insel nachgewiesen worden. Ein größerer Siedlungkomplex liegt bei Norddorf im Düüwdääl vornehmlich östlich und südlich der dort aufgedeckten bronzezeitlichen Grabhügel. Weitere große Siedlungskomplexe befinden sich in den Dünentälern westlich des Sanatoriums Satteldüne und südlich des Nebeler Strandweges. Für diesen Fundbereich ist wohl ein auf eine mitterlaterliche Siedlung hinweisender Flurname Witjgaapang überliefert. Hinweise auf eisenzeitliche Siedlungen kennen wir weiterhin vom Nebeler Friedhof, von den Ackerflächen zwischen der alten Landstraße und dem Watt sowie in der Abbruchkante des Watts in Höhe des Nebeler Klärwerkes. Zwischen diesen großen Siedlungsarealen sind kleinere Siedlungsfundstellen unregelmäßig verteilt.– Auf dem Litorinakliff von Skalnas sowie westlich des Wittdüner Leuchtturms sind Muschelhaufen entdeckt worden, die allerdings inzwischen von Dünen verschüttet sind. Nach flüchtigen Untersuchungen sind diese Muschelhaufen Abfallhaufen kleinerer Siedlergruppen. Eisenzeitliche Scherben sind erwähnt. Humusschichten und Herdstellen sprechen dafür, daß eine wohl Fisch- und Muschelfang betreibende Bevölkerungsgruppe auf und bei den Muschelhaufen ihre Wohnplätze angelegt hatte. Der überwiegende Teil dieser Siedlungen ist durch Tongefäßscherben in das letzte Jahrhundert vor und nach Christi Geburt datiert. Weitere Einzelheiten müssen durch Grabungen erschlossen werden. Dafür bieten sich auf dem ackerwirtschaftlich genutzten Flächen nördlich des Nebeler Klärwerkes und östlich des von dort nach Norden führenden Wirtschaftsweges einmalig günstige Voraussetzungen. Die bereits erwähnten, 0,6 m starken Auftragschichten haben – wie durch neuzeitliches Pflügen belegt ist – die Siedlungsreste aus der Zeit von Christi Geburt bis in die Wikingerzeit ungestört bewahrt. Wenn es gelingt, diese Siedlungsspuren vor der Zerstörungen durch Tiefpflügen zu bewahren, werden hier Forschungsmöglichkeiten erhalten, die in keiner anderen Landschaft Schleswig-Holsteins in einer so geschlossenen Folge vorhanden sind. Auf Amrum könnte ein den Sylter Untersuchungen entsprechendes Forschungsvorhaben von europäischer Bedeutung geschaffen werden.

Vorerst müssen wir den weiteren Ablauf der eisenzeitlichen Besiedlung aus einem Vergleich der Funde aus den Bestattungsplätzen erschließen. Als Bestattungsplätze haben in der gesamten Eisenzeit die alten, bereits in der Bronzezeit benutzten Grabhügel gedient. Nach einer Auszählung der Urnengräber aus den Grabhügeln und einem kleinen Urnenfriedhof aus dem Düüwdääl bei Norddorf kann für die Zeit des letzten vorchristlichen bis ins dritte nachchristliche Jahrhundert eine relativ dichte Besiedlung der Insel angenommen werden. Möglicherweise ist bereits in dieser Zeit, wie durch Untersuchungen auf Sylt sowie in einer Marschensiedlung in Brunsbüttelkoog belegt ist, durch Auftrag von Plaggen oder Seetang eine Erschöpfung der Ackerflächen bis zu einem gewissen Grade ausgeglichen worden. Während des 4. Jahrhunderts sinkt die Zahl der Bestattungen merklich. Einzelfunde sind noch aus dem 5. Jahrhundert bekannt.

Neben der zeitlichen Einordnung der Grabgefäße bietet ein Vergleich der Formen und Verzierungen der Keramik und der Metallgeräte sichere Hinweise, um kulturhistorische und Handelsverbindungen aufzuzeigen und zeitlich einzuordnen. Die Entwicklung der Inselkeramik läßt vermuten, daß bis ins erste nachchristliche Jahrhundert die alte Verbindung zu dem Formenkreis erhalten geblieben ist, der seit der vorrömischen Eisenzeit in Südjütland und im alten Kreis Nordfriesland umrissen werden konnte. Im Verlaufe und nach dem 2. Jahrhundert lassen sich für die reichen Gefäßverzierungen, unter denen Rosetten und Stempelmuster besonders genannt werden sollen (vergl. Tafel IX, 4–6), Verbindungen zum südlichen Nordseeküstenbereich nachweisen. Die keramische Entwicklung der Nordfriesischen Inseln ist nur auf dem Hintergrund dieser durch Handel bedingten Beziehungen zu erklären. Während des 4. Jahrhunderts nimmt die Menge der Funde erheblich ab. Einzelfunde sind aus dem 5. Jahrhundert bekannt. Für das 6. bis 7. Jahrhundert fehlen archäologische Quellen in gleicher Weise wie auf dem Festland. Da auch die Ortsnamenforschung für die Inseln keine Quellen vorzulegen vermag, kann eine starke Abnahme der Bevölkerung als gesichert gelten.

Einzelne Münzfunde aus dem 7. und dem frühen 8. Jahrhundert sind aus dem fränkischen Herrschaftsbereich auf die Inseln gekommen. Sie bezeugen, daß wahrscheinlich friesische Händler auf den Inseln noch eine Restbevölkerung vorgefunden haben. Sonst wären schwerlich Münzen auf die Inseln gebracht worden. Im 8. Jahrhundert nimmt die Zahl der Funde schnell zu. Unsere Kenntnis basiert vorerst vorwiegend auf der Untersuchung von Gräberfeldern. Kennzeichnend für die Zeit ist das ausgedehnte Grabhügelfeld in Steenodde. Zwischen den beiden großen bronzezeitlichen Grabhügeln lagen ehemals 88 kleinere wikingerzeitliche Grabhügel, von denen nur der östliche Teil im wesentlichen ungestört in dem Heidegebiet erhalten ist. Ein großer Teil der Grabhügel ist von Olshausen untersucht worden. Eine genaue Kenntnis des Bestattungsbrauchtums verdanken wir einer Untersuchung des innerhalb einer Umwallung angelegten Grabhügelfeldes Monklembergem bei Süderende auf Föhr. Folgende Befunde sind kennzeichnend für das Bestattungsritual. Der Leichenbrand eines auf dem Scheiterhaufen verbrannten Toten wurde auf dem Verbrennungsplatz in einer kleinen Mulde gesammelt oder in ein als Urne benutztes Tongefäß gefüllt und eingegraben. Beigaben finden sich in der Urne oder neben der Grabanlage. Im allgemeinen sind Beigaben selten mitgegeben worden. Das zentral liegende Grab wurde sorgfältig bienenkorbförmig mit Plaggen überschichtet und darüber ein flacher Grabhügel aufgetragen. Das Bestattungsbrauchtum und die wenigen mit reicheren Gaben ausgestatteten Grabhügel geben uns eindeutige Belege zur Klärung der Frage, woher die Träger dieser neuen Bestattungssitte gekommen sind. Als Urnen sind schlichte, kugel- bis eiförmige Töpfe mit nachlässig geglätteter Oberfläche benutzt worden (Tafel IX, 7–9). Im reich ausgestatteten Urnengrab aus Grabhügel 34 in Nebel lagen u. a. Reste eines Eimers, Gürtelbeschläge, ein Kamm, ein Schwert, eine Lanzenspitze, ein Schildbuckel und Steigbügelreste (Tafel XI, 8–10). Ein Schwert aus Hügel 49 in Nebel, ein sogenannter Sax, ist mit Sicherheit in einer fränkischen Werkstatt angefertigt worden. Eine Flügellanzenspitze und Steigbügel aus dem Gräberfeld Hedehusum auf Föhr sind ebenfalls eindeutig fränkische Arbeit. Waffen sind somit überwiegend Importfunde aus dem südlichen Nordseeküstenbereich. Für eine kleine, gleicharmige Bügelfibel aus Hügel 81 in Nebel sind Parallelen aus Holland bekannt. Nordgermanische Fertigungen sind demgegenüber vorwiegend paarig getragene Schalenspangen und Thorshämmer (Tafel XI, 1, 2, 5) aus Grabhügel 35 in Nebel sowie ein Armring aus Grabhügel 80 in Nebel (Tafel XI, 3). Die mehrfach als Grabbeigaben gefundenen Schlüssel haben eine allgemeinere Verbreitung gefunden (Tafel XI, 7). Nach einer Deutung von Bertil Almgrem sind Schlüssel wohl als Amulette getragen und als Symbol des Apostel Paulus nach schriftlichen Belegen mehrfach vom Papst germanischen Königen überreicht worden. Zusammenfassend dürfen wir feststellen, daß ein großer Teil der Grabbeigaben enge Verbindungen zum Küstenbereich der Nordsee zwischen Rhein- und Wesermündung bezeugt. Bestattungsbrauchtum und Funde werden in gleicher Weise wie sprachgeschichtliche Analysen als Beleg einer Einwanderung von Friesen aus dem südlichen Nordseebereich angeführt. Ob und in welchem Umfange die nordgermanischen Funde auch Siedlern aus diesem Kulturbereich zugesprochen werden dürfen, muß unentschieden bleiben. Mit Sicherheit sind alle Funde beredte Zeugnisse eines weiträumigen, über die gesamte Nord- und Ostsee ausgreifenden Handels, in dem die Friesen, wie die erste Ansiedlung vor Haithabu belegt, eine maßgebliche Rolle gespielt haben.

Steinsetzungen im Skalnastal

Eine Sondergruppe unter den vorgeschichtlichen Denkmälern der Insel Amrum sind die viereckigen und sternförmigen Steinsetzungen aus dem Skalnastal. Parallelen zu diesen Steinsetzungen sind für die späte Kaiserzeit aus Östergötland in Schweden anzuführen. Das Bruchstück einer kreuzförmigen Fibel bezeugt (vergl. Tafel X, 9), daß das Gräberfeld auch noch zu Beginn des 6. Jahrhunderts genutzt worden ist. Der Fund zweier Schwertgriffbeschläge von Wikingerschwertern begründet die Vermutung, daß im Bereich der Steinsetzungen im Skalnastal ein Grab des 9. Jahrhundert vorhanden gewesen ist, dessen Spuren nicht mehr sicher nachweisbar waren, weil die Deckschichten inzwischen durch Winderosion zerstört gewesen sind. Nach H. Jankuhn zeigen die Steinsetzungen weiterhin unverkennbare Ähnlichkeit mit dem umfangreichen Hügelgräberfeld des 7. bis 8. Jahrhunderts in Lindholm Hoje in Jütland. Schließlich muß noch auf Parallelen mit bronzezeitlichen Kultanlagen aus Storedal in Norwegen hingewiesen werden, die E. Sprockhoff beschrieben hat.

Eine Sonderstellung unter den Denkmälern Amrums nimmt auch die im Bereich des Geländes Haus Burg gelegene Befestigungsanlage Borag ein. Nach wenigen im Gelände erhaltenen Spuren und der Überlieferung befand sich innerhalb eines Viereckwalles, dessen Reste als flache, bogenförmige Geländewelle auf der Koppel südlich des Gasthauses erhalten sind, ein Burghügel, der vermutlich über einem bronzezeitlichen Grabhügel aufgeschichtet gewesen ist. Der Hügel lag nach Berichten von H. Handelmann exzentrisch innerhalb des Walles, also vermutlich zum Meer hin, versetzt. Der Hügel muß beim ersten Bau von Haus Burg 1935 eingeebnet worden sein. Bei einer Ausgrabung nördlich von Haus Burg fand F. Ruth mittelalterliche Scherben. Die kulturhistorische und zeitliche Einordnung der Befestigungsanlage Borag ermöglichen Vergleiche mit ähnliche Anlagen auf Sylt und Föhr. Die ebenfalls zerstörte Burg in Utersum auf Föhr, der Tipkenhörn auf Sylt und die Haneburg bei Westerohrstedt im alten Kreis Südtondern sind Turmhügel. Der Kern der Befestigungsanlage ist ein auf einem zentralliegenden, künstlich aufgeschichteten Erdhügel aus Holz gebauter Wohn- und Befestigungsturm. Der Turm ist von Palisaden und Wall sowie einem Graben umgeben. Die Turmhügel auf den nordfriesischen Inseln wie auch bei Leckhus bei Leck auf dem Festlande sind nach einer Interpretation von H. Jankuhn sehr wahrscheinlich für Normannenhäuptlinge angelegt worden. Es handelt sich um Krieger, die nach erfolgreichen Kriegszügen dänischer Könige mit reicher Auszahlung aus dem Kriegsdienst entlassen worden sind. Die entlassenen Krieger versuchten, nach den auf den Heerfahrten kennengelernten Vorbildern in der Heimat begrenzte Machtbereiche mit einer Häuptlingsburg zu schaffen. Der Erfolg scheint nur von kurzer Dauer gewesen zu sein. Die exponierte Lage der Burgen an der Küste in der Nähe eines Prieles oder auch an einem Hafen ermöglichte es den Burgherren, den Seeverkehr und auch die Anlandungen auf den Inseln zu überwachen. Ob ein solcher Hafen in den versumpften Niederungen von Anlun südlich von Haus Burg zu suchen ist, kann nur als offene Frage aufgeworfen werden.

Für die Datierung der Turmhügel auf den Nordfriesischen Inseln wird ein für die Utersumer Burg nachrichtlich überlieferter Münzschatz aus der Zeit um 990 bis 1020 nach Christi Geburt angeführt. Auf dem Festlande sind Turmhügel bis in weit jüngere Perioden in Benutzung geblieben.

Ackerbau im Mittelalter

Eine weitere interessante Quellengruppe auf Amrum sind die mittelalterlichen Ackerflächen in den Dünen und in Steenodde. In Steenodde sind zwischen den bronzezeitlichen Grabhügeln ähnlich wie in Utersum auf Föhr zwischen großen bonzezeitlichen Grabhügeln mehrere sogenannter Hochackerbeete gut sichtbar erhalten. In Steenodde liegen eben nördlich der Teerstraße sowohl südlich wie auch nördlich des größeren bronzezeitlichen Grabhügels je drei 5 bis 7 m breite, von Westnordwest nach Ostsüdost ausgerichtete, flache, wallartige Erhebungen, die durch 0,5 bis 0,7 m breite Rinnen getrennt sind (Abb. 14). Drei weitere Ackerbeete befinden sich unmittelbar nördlich dieser Gruppe in Höhe der kleinen, wikingerzeitlichen Grabhügel. Sie stoßen im spitzen Winkel auf die erstgenannten oder im stumpfen Winkel auf die wikingerzeitlichen Grabhügel. Nach diesen Befunden scheint das in Höhe der wikingerzeitlichen Grabhügel liegende Akkerbeetfeld von dem südlich angrenzenden überschnitten zu sein. Die jetzt in 35 bis 50 m Länge erhaltenen Ackerbeete dürften ehemals erheblich weiter nach Osten bzw. nach Westen geführt gewesen sein. Diese Ackerbeete verdanken ihre Entstehung dem Bepflügen sogenannter Langstreifenfluren mit einem Streichbrettpflug. Dieser Vorläufer des Wendepfluges schiebt beim Pflügen die Erdschollen der Ackerkrume stärker zur Seite als der mit einer gewölbten Fläche versehene moderne Wendepflug. Da der Pflug auf der einen Seite des Beetes hin und auf der anderen Seite zurückgeführt wird, entsteht nach und nach zur Mitte hin ein kräftig gewölbtes Ackerbeet und zwischen den Wölbäckern eine tiefe breite Wendefurche.

Den Steenodder Wölbäckern entsprechende Ackerbeete sind seit 1953 vom Verfasser zusammmen mit Frau Gisela Ruth in den Dünen systematisch aufgesucht, kartiert und vermessen worden (Abb. 2). Dabei ließen sich mühelos alle Phasen der Entstehung dieser Äcker beobachten.

Auf stark abgeblasenen Ackerflächen heben sich außer den breiten, mit Dünensand gefüllten Wendefurchen auch die dunklen, umgeworfenen Schollenreihen deutlich gegeneinander ab (Abb.15). Im allgemeinen sind kleine Teilstücke der Ackerfelder kurzfristig in den Dünentälern sichtbar. Eine besonders weiträumig

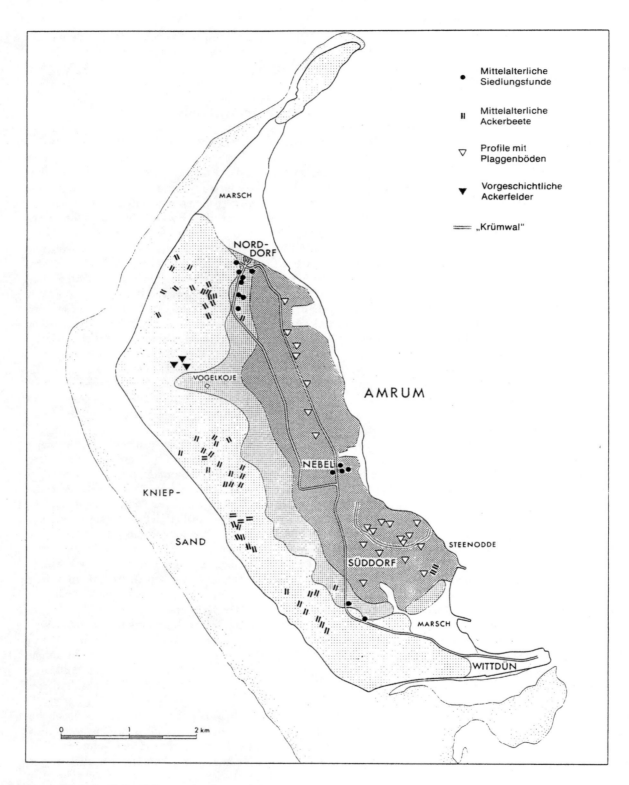

Karte der mittelalterlichen Ackerbeete auf Amrum

freigewehte Fläche mit zahlreichen nebeneinander verlaufenden Ackerbeeten war viele Jahre nördlich des Nebeler Strandweges zu beobachten. Die Richtung des Verlaufs der Ackerbeete unterliegt keinem Zufall. Die Richtungen Nordwest-Südost sind mit 22,6 % und die Richtungen Nordost-Südwest mit 28,3 % der Fundstellen am häufigsten vertreten. Schwankungen um die Nord-Südrichtungen ergeben zusammen 20,8 %. Ostwestlich ausgerichtete Ackerflächen kommen ausgesprochen selten vor. Interessant erscheint weiterhin, daß in den Norddorfer Dünen die Himmelsrichtung Nordwest-Südost und in den Nebeler Dünen Nordost-Südwest bevorzugt sind.

Anhaltspunkte für die zeitliche Einordnungen der Ackerfelder vermitteln Untersuchungen und Beobachtungen der unter den Ackerfeldern erhaltenen Siedlungsspuren sowie die im Bereich der Ackerfelder gefundenen archäologischen Funde. Unter mehreren Ackerbeeten sind eisenzeitliche Siedlungen nachgewiesen. Somit können die Ackerfelder erst nach dem Auflassen dieser Siedlungen angelegt worden sein. Ob die Steenodder Ackerbeete nur bis an die wikingerzeitlichen Grabhügel heranreichen oder am Südende unter einem Grabhügel weitergeführt sind, ist noch nicht endgültig entschieden. Es wäre nicht ausgeschlossen, daß einige Steenodder Ackerbeete bereits in der Wikingerzeit entstanden sind. Die auf den Ackerbeeten in den Dünen gefundenen mittelalterlichen Tongefäßscherben sind wahrscheinlich durch das Aufbringen von Stallmist in die Humusschicht eingefügt worden. Rotgebrannte und graue, hartgebrannte Scherben überwiegen auf den Ackerfeldern bei Wittdün. Eine genaue zeitliche Ansprache ermöglicht eine auf dem Ackerfeld 4 bei Wittdün von Ernst Peters gefundene Münze aus der zweiten Hälfte des 13. Jahrhunderts. Nach Beleg der gut datierten Scherben müssen die Ackerfelder noch während des 13.–15. Jahrhunderts bewirtschaftet worden sein. Während dieser Zeitphase sind die Ackerflächen wahrscheinlich von Dünensand überdeckt worden. Bemerkenswert ist in diesem Zusammenhang, daß für die Zeit um Christi Geburt hinter dem Ackerwall der eisenzeitlichen Siedlung nördlich der Vogelkoje Aufwehungen aus hellem Sand nachgewiesen worden sind.

Die Verteilung der mittelalterlichen Ackerflächen weist kennzeichnende Konzentrationen in geschlossenen und gegeneinander abgegrenzten Fundkomplexen auf (Abb. 2). Ein umfangreiches Ackersystem erstreckt sich in Norddorf westlich der Norddorfer Aussichtsdüne fast bis an den nördlichen Geestrand der Insel. In Höhe der Ortschaft Nebel liegen zwei voneinander getrennte Ackerbeetgruppen. Ein weiteres umfangreiches Ackerbeetsystem erstreckt sich vom Südteil der Süddorfer Dünen bis in den Bereich der Gemeinde Wittdün. Dort sind vornehmlich östlich des Litorinakliffs zahlreiche Ackerbeete und Pflugspuren freigeweht worden.

Nach diesen Befunden gewinnt man den Eindruck, daß die in den Dünen entdeckten mittelalterlichen Ackerbeete zweifellos die im Westen der Insel liegenden Feldmarken alter Dörfer kennzeichnen. Sie mußten infolge zunehmender Überdünung seit dem 13.–15. Jahrhundert kontinuierlich aufgegeben werden. Wahrscheinlich nötigte auch die ständige Abnahme der Wirtschaftsfläche zur intensiveren Nutzung der Restflächen durch Aufbringen von Plaggendünger. Die fortschreitende Überdünung des Westteils der Insel hat auch ehemalige Wohnbezirke der Dörfer überdeckt. Entsprechende Hinweise sind durch Beobachtung neuzeitlicher Baugruben, Kanalisationsschächte sowie der Kiesgrubenwände zusammengetragen worden. Die Erdaufschlüsse haben ein recht eindrucksvolles Bild vom Ablauf und Ausmaß der Überwehungen ergeben. In einem gut 400 m breiten Streifen vor dem jetzigen Dünenrand erreichen die Aufwehungsschichten im Durchschnitt 0,6 bis 1 m Mächtigkeit. Katastrophale Ausmaße hat die Überdünung im Nordteil der Insel erreicht. Im Mittel- und Ostteil der heutigen Ortschaft Norddorf sind bis in Höhe der Gemeinde und Kurverwaltung bis zu 2 m dicke Aufwehungsschichten festgestellt worden. In den Aufschlüssen wechseln helle Sturmphasen, graue Wachstumsphasen mit offensichtlich geringeren Überwehungen und dunkelgraue Stillstandsphasen einander ab. Die Südgrenze des alten Dorfes dürfte etwa in Höhe der katholischen Kapelle gelegen haben. In einer Baugrube auf dem Gelände der Pension »Zum Schlachter« konnte Frits Ruth ein mittelalterliches Grubenhaus aufdecken, in dem einige Webgewichte und mittelalterliche Scherben gefunden worden sind. Die ältesten erhaltenen Scherben dürften nach dem Randprofil dem 13. Jahrhundert zugeordnet werden. Das alte Norddorf mußte also vor der starken Dünenüberwehung nach Norden hin verlegt werden. Im Bereich der 100 m vor dem Geestabfall von der Hauptstraße gabelförmig abzweigenden kleinen Gäßchen haben sich bis heute die Bezeichnungen Grat- und Letj Nuurd gehalten.

Nicht eindeutig ansprechbar sind Beobachtungen von kesselförmigen, teilweise auf dem Grunde mit Steinen ausgelegten Brandgruben in den alten Kiesgruben im Bereich des sogenannten Industriegeländes am Leuchtturm. Vom Verfasser wurde eine mit humoser Erde gefüllte Grube aufgedeckt, die Teil eines Gruben-

61

hauses gewesen sein könnte. Die wenigen darin gefundenen Scherben sind vermutlich mittelalterlich. Ernst Peters fand in einer Baugrube am Heidecafe in 1,5 m Tiefe einen mittelalterlichen Siedlungshorizont mit Kleisodenwänden. In einer alten Karte, die nach Ohlshausen wahrscheinlich eine von Pastor Mechlenburg angefertigte Karte benutzt hat, finden wir für das Gebiet südlich von Süddorf die Flurbezeichnung Süd Freskam angegeben. Ob die angeführten mittelalterlichen Siedlungsspuren mit diesem Ort in Zusammenhang gebracht werden können, ist vorerst nicht eindeutig zu entscheiden.

Interessante Bodendenkmale sind die sowohl auf Amrum wie auf Sylt erhaltenen Wallanlagen. Niedrigere Wallzüge sind auf Amrum auf Heideflächen im Ostteil der Norddorfer Dünen erhalten, aber schwer aufzufinden. Im Düüwdääl überquert der Bohlenweg einen breiten Wall. Unübersehbar ist der langgestreckte, steilböschige Krümwaal zwischen der Nebeler Schule und Steenodde. Spuren dieses Walles reichen in Steenodde bis an die Wattkante und in Nebel in Richtung auf die Nebeler Mühle. Trotz seiner Monumentalität, die erhebliche Erdarbeiten erkennen läßt, ist bisher für den aus humoser Erde aufgeführten Wall keine sinnvolle Funktion begründet worden. Auch die Zeitstellung des Walles ist unbekannt. Unter einem Wallstück sind Reste einer eisenzeitlichen Siedlung gefunden worden. Aus der historischen Überlieferung ist kein Hinweis auf den Wallbau bekannt.

Im Ortskern von Nebel sind mehrfach mittelalterliche Tongefäßscherben oder auch Gefäße gefunden bzw. beobachtet worden. Sie wurden vornehmlich in geringer Tiefe unter der heutigen Oberfläche oder beim Ausbau der Keller alter Friesenhäuser entdeckt. Danach ist auch für Nebel ein mittelalterlicher Siedlungskern bezeugt. Diese Quellen aus dem Mittelalter leiten bereits in die Zeit der historischen Überlieferung über.

Inselgeschichte

Tausend Jahre unter dem Danebrog

Als die Friesen im 8. und 9. Jahrhundert im Küstenraum des heutigen Nordfrieslands ansässig geworden waren, gerieten sie bald unter die Herrschaft dänischer Könige. Die Überlieferung erzählt, daß schon zur Zeit Gorm des Alten (gestorben um 940) im Zusammenhang mit den Wikingerzügen längs europäischer Küsten auch die Friesen unterworfen wurden. Sie blieben auch in den folgenden Jahrhunderten unter der Oberhoheit des dänischen Königshauses, ungeachtet der ständigen Wechselfälle hinsichtlich der Erbfolge und ihrer Streitigkeiten, die bis zum Brudermord gingen, sowie der Lehen und des Herzogtums Schleswig, das im 12. Jahrhundert im Gefolge solcher Auseinandersetzungen entstand.

Die »Uthlande«, die Inseln und Küstenmarschen des heutigen Nordfrieslandes und so schon in der Zeit um Anno 1187 genannt, blieben aber zunächst außerhalb des Herzogtumes und unterstanden weiterhin dem Königshaus. Eine der ersten schriftlichen Grundlagen dieser Besitzverhältnisse vermittelt das »Erdbuch« von Waldemar II. aus der Zeit um 1231. Das »Erdbuch«, angelegt zwecks Übersicht über das dänische Reich und Grundlage für die Steuerzahlungen, meldet als zum »Kunuglef«, zum Königsbesitz, in Utland gehörend auch die »Westerharde«, Westerlandföhr und Amrum umfassend. Zusammen mit der »Osterharde« (Osterlandföhr) ist eine Steuerleistung von 54 Mark reinen Silbers zu leisten. Im Zusammenhang mit der speziellen Nennung der Inselnamen werden für Amrum »Hus«, »Ha-« und »Cun-« (Haus, Hasen, Kaninchen) genannt, wobei diese Bezeichnungen auf ein Jagdhaus des Königs sowie auf das Jagdwild Hasen und Kaninchen hinweisen. Die Wildkaninchen sind offenbar vom König höchstselbst von der Iberischen Halbinsel importiert und – außer auf anderen dänischen Inseln – auch auf Amrum angesiedelt worden.

Ein weiteres Zitat bezieht sich auf vier »Braenstaeller« (Brennstellen) in Utland, wovon drei dem König und eine dem Herzogtum gehörten. Bei den Brennstellen handelte es sich um Salzsiedereien, von denen zwei bei Hedehusum-Witsum auf Föhr und die dritte nahe Steenodde auf Amrum lag. Der dortige Flurname »Däänsk Braanang« (Dänische Brennerei) hat sich bis heute erhalten. Die Salzsiederei spielte im Mittelalter, gebietsweise noch bis zum 17. Jahrhundert, eine große wirtschaftliche Rolle. Grundlage war der im Watt sowie unter der Küstenmarsch liegende Torf, durch vor- und frühzeitliche Überflutungen mit Salz angereichert. Dieser Torf wurde abgegraben, mit Schuten an Land gebracht, dort getrocknet und schließlich verbrannt. Aus der Asche wurde dann das darin konzentrierte Salz mittels Salzwasser gelöst und die so bereitete Sole in großen Feuerkesseln verdampft, wobei das kristallisierte Salz zurückblieb. Zwecks Konservierung der Fischfänge und anderer Nahrungsmittel spielte das damals weithin exportierte friesische Salz eine große Rolle. Das quadratkilometergroße Abgraben der etwa meterdicken Torfschicht führte allerdings zu einer künstlichen Landsenkung und war dann eine der Ursachen für die umfangreichen Überschwemmungen und Landverluste durch Sturmfluten und Meeresspiegelanstieg zwischen Mittelalter und Neuzeit im Bereich des heutigen nordfriesischen Wattenmeeres. Erst die Entdeckung der Salinen bei Lüneburg und landesherrliche Monopolansprüche des Salzhandels beendeten die bedeutende wirtschaftliche Epoche der Salzsiederei in den »Utlanden«.

Lehensritter in den Ringwallburgen

In politischer Hinsicht übten die Utland-Friesen eine weitgehende Selbstverwaltung aus und konnten diese im Laufe der Jahrhunderte auch wiederholt in kriegerischen Auseinandersetzungen gegen die wechselnden Landesherren verteidigen. Die Unzugänglichkeit der Küstenmarschen und insbesondere der Inseln erleichterten die Selbständigkeit. Nach dem Tode von König

Waldemar II. im Jahre 1241 löste sich jedoch die enge Beziehung zwischen Königshaus und den utländischen »Königsfriesen«, denen Waldemar die traditionellen Rechte und Freiheiten zugestanden hatte. Die friesischen Harden bildeten jedoch keine politische Einheit unter konzentrierter Führung, sondern betonten – jede Harde für sich – ihre Selbständigkeit, ein Umstand, der selten gemeinschaftliches Handeln möglich machte.

Schon mit den Nachfolgern, den Söhnen Waldemars, Erich und Abel, der seinen Bruder Erich ermorden ließ, kam es wegen einer Sondersteuer, dem »Pflugpfennig«, im Jahre 1252 zum Krieg, der mit der Niederlage des dänischen Heeres und dem Tode des Brudermörders Abel endete. Im folgenden Jahrhundert gerieten die Utlande dann mit der Westerharde unter die Oberhoheit des Schauenburger Grafen Gerhard III. (1304–1340), der einen holsteinischen Ritter, Peter Brock, nach Föhr sandte, um Steuern einzutreiben. Aber die Herrschaft des Grafen endete schon 1340, als er in Randers, Ostjütland, vom dänischen Nationalisten Niels Ebbesen ermordet wurde. Der neue dänische König Waldemar IV. (1340–1375), auch Waldemar Atterdag genannt, weil er die Fähigkeit des Abwartens besaß (Imorgen er atter en dag – morgen ist wieder ein Tag), schloß mit den Erben des Schauenburger Grafen neue Verträge und brachte die Utlande abermals unter die Botmäßigkeit des dänischen Königshauses, unter die nun die Westerharde (Westerlandföhr – Amrum) sowie das Listland Sylt bis zum Jahre 1864 bleiben sollten.

Auch Waldemar IV. setzte auf Föhr und Amrum Lehensritter ein, die das Volk mit mehr oder weniger harter Hand regierten. Eine Urkunde vom 8. November 1360 berichtet, daß Einwohner von Westerlandföhr »aus freien Stücken nach altem Brauch« an den dänischen Lehensritter Erich Riind einige Landstücke bei Blegsum nahe Utersum verkauften, auf denen der Ritter eine Erdwallburg erbaute. Erich Riind blieb aber nur kurze Zeit im Lande. Ihm folgte der Lehensritter Klaus Lembeck oder Limbeck, der sich in der mächtigen Ringwallburg bei Borgsum niederließ. Diese Burg war einst von den Inselfriesen zur Abwehr der Wikinger erbaut worden und diente nun als Zwingburg des neuen Landesherrn. Klaus Lembeck herrschte auch zugleich über die Harde Sylt. Die Überlieferung erzählt aber, daß der Ritter gegenüber dem König hochmütig wurde und seine Untertanen drangsalierte, so daß ihm das Lehen aberkannt und er – angeblich von König Waldemar Atterdag höchstselbst – vertrieben wurde. Sein Nachfolger Christian Frellefson war aber nicht weniger gewalttätig. Er ließ einige Male Inselbewohner hinrichten und wurde deshalb in seiner Burg belagert, bis er Besserung gelobt und die verlangte Strafe bezahlt hatte.

König Waldemar starb 1375 ohne männliche Nachkommen, so daß seine Tochter, die »Schwarze Margarethe« (1375–1412) die Regierung im Königreich Dänemark übernahm. Sie überließ 1386 die friesischen Utlande dem Grafen Gerhard IV. von Holstein – aber die Westerharde mit Westerlandföhr und Amrum sowie das Listland auf Sylt blieben als Enklaven im Königreich. Einen noch festeren Anschluß an Dänemark erhielt die Westerharde im Jahre 1400, als sie unter das nordjütische Landthing verlegt wurde.

Nach Margarethes Tod 1412 lebte der Streit um das Herzogtum Schleswig zwischen ihrem Sohn und Nachfolger Erich von Pommern (1412–1439) und dem Herzog aber wieder auf, und es kam zu jahrzehntelangen Kriegshandlungen, in deren Verlauf sich die Harden Sylt und Osterlandföhr für den Herzog entschieden. Als schließlich die Schauenburger siegten und Herzog Adolf VIII. (1432–1459) im Friedensvertrag von Vordingborg im Juli 1435 die nordfriesischen Harden dem Herzogtum Schleswig zugesprochen erhielt, wurden aber Westerharde und Listlande abermals davon ausgenommen. Doch wurden Kameralsachen, darunter auch Strandungsfälle, Schleswig zugeordnet. Die übrige Harde Sylt sowie die Harde Osterlandföhr hatten sich schon vorher, 1426, für den Herzog entschieden, und die faktische Folge war nun, daß die Insel Föhr – schon seit dem Mittelalter in zwei Harden geteilt – für die folgenden Jahrhunderte politisch getrennt wurde, während Westerlandföhr und Amrum unverändert eine Einheit bildeten.

Noch heute rätseln Historiker, weshalb das dänische Königshaus derart dauerhaft an den abgelegenen und wirtschaftlich eher uninteressanten Enklaven festhielt. Die naheliegendste Erklärung ist, daß dies aus flottenstrategischen Gründen geschah. Denn zu den wenigen windgeschützten und tidegünstigen Häfen an der Westküste des Königreiches gehörten der »Königshafen« bei List am Ellenbogen sowie die Hafenbucht von Steenodde.

In den nachfolgenden Jahrhunderten schied die Westerharde aber noch zweimal aus der unmittelbaren Königsgewalt: Im Jahre 1460 wurde sie von König Christian I. an den Bischof Nikolaus und den Archidiakonus Cordes zu Schleswig verpfändet, aber 1484 für 2000 Reichstaler durch König Johann wieder eingelöst. Nach Knudt Jungbohn Clement soll aus dieser Zeit die Anwendung des 1644 von Herzog Adolf VIII. erlassenen Schleswig-Holsteinischen Strandrechtes und der Kameralsachen an Obergericht und Rentekammer zu

Schleswig auch für die Westerharde zuständig geworden sein. Eine abermalige Lostrennung der Westerharde vom Königshaus erfolgte 1661, als König Friedrich III. dieses Gebiet »erblich« an den Grafen Hans Schack zu Schackenburg verkaufte. Die Bewohner der Westerharde mußten jährlich eine Kontribution von 1700 Reichstalern an den Grafen zahlen und das Geld auf die gräfliche Amtsstube in Mögeltondern überbringen. Aber schon 1676 kaufte König Christian V. die Westerharde wieder zurück, was aber eine Erhöhung der Steuern für die Bewohner von Westerlandföhr und Amrum zur Folge hatte. Besteuert wurde nun alle bewegliche und unbewegliche Habe, neben Grund und Boden und Hauseigentum wie bisher auch Vieh, Möbel und Hausgeräte. Die Zahlungen richteten sich nach den Festsetzungen des »Schilling-Englisch-Buches«, das schon im Jahre 1637 bei der bisher ältest bekannten schriftlichen Aufzeichnung als »uralt« genannt wurde. Diese Art der Besteuerung blieb übrigens bis über die dänische Zeit hinaus gültig. Beispielsweise war die Westerharde mit Westerlandföhr und Amrum im Jahre 1835 zu 1700 Reichstalern Kontribution, entsprechend 2250 Pfund Englisch, veranlagt. Die Taxierung des Vermögens der Inselbewohner erfolgte alle fünf Jahre durch die sogenannten »Ummärkungsmänner« bzw. Gangfersmänner. Erst nach dem Staatswechsel 1864 und dem schrittweisen Übergang von der dänischen zur preußischen Verwaltung erfolgte die Einführung des preußischen Steuersystems.

Birk- und Bauernvögte

Von den genannten Ausnahmezeiten abgesehen gehörte die Westerharde also fast tausend Jahre zum Königreich Dänemark, und dieser Zustand begründete eine langdauernde politische Stabilität mit klaren Regierungsverhältnissen in einer Zeit, als andernorts Grenzen und Herrscher häufig wechselten. Die Westerharde nahm teil an den langen Jahren dänischer Neutralität und an der Blütezeit der Handelsseefahrt, begünstigt noch durch entsprechende Privilegien, etwa die Befreiung der Inselfriesen »für ewige Zeiten« vom Kriegsdienst im Jahre 1735.

Hinzu kam die fast völlige Abwesenheit staatlicher Regierungsgewalt – ein jahrhundertelanger Zustand, welcher der Mentalität der Inselfriesen in vollkommener Weise entsprach. Es gab während der gesamten Zeit unter Dänemark auf Amrum keinen einzigen eigentlichen Staatsbeamten. Die Insulaner regelten ihre insularen Angelegenheiten weitgehend selbst. Jedes Dorf hatte seine »Bauernbeliebung«, eine umfangreiche eigene »Gesetzgebung«, die dörfliche Angelegenheiten regelte. Die damaligen Inselgemeinden Norddorf und Nebel hatten ihre Bauernvögte und zu deren Beratung und Unterstützung die »Bauernacht«, bestehend aus 8 Männern. In frühester Zeit fungierten in der Westerharde 12 Ratsleute, davon einige auf Amrum. Sie wurden Ende des 18. Jahrhunderts, nach übereinstimmenden Berichten Anno 1697, nach Einwohnerlisten aus dem Jahre 1686 aber schon mindestens seit dieser Zeit durch die sogenannten »Gangfersmänner« ersetzt. Aufgabe der Gangfersmänner – eine Bezeichnung, deren Bedeutung bis heute ungeklärt blieb – war vor allem die Einziehung der Steuern in ihrem zugeteilten Bezirk. Daneben erfüllten sie weitere staatsrepräsentative Vorhaben, hatten aber keine eigentliche Beschlußgewalt. Mit der Einführung der Gangfersmänner war die Westerharde hinsichtlich der Verwaltung in ein Birk umgewandelt worden, an deren Spitze der Birkvogt stand, ihm zur Seite ein Hebungsbeamter und ein Birkschreiber. Das war in dänischer Zeit die ganze fest besoldete Beamtenschaft für Westerlandföhr und Amrum. Der Birkvogt und seine Gehilfen wohnten in Nieblum auf Föhr. Dort war auch ein kleines Gefängnis, war doch der Birkvogt zugleich auch Richter in Kriminal- und Rechtsfällen bis zu einer bestimmten Ordnung. Wenn die Königliche Regierung ihren Untertanen etwas zu sagen hatte, erfolgte die Anordnung über die Birkvogtei und wurde auf der Insel »in der Bauernstube«, also im Hause des Bauernvogtes, oder – noch häufiger – durch Verlesung von der Kirchenkanzel im Rahmen der Gottesdienste publiziert.

Birkvögte waren oft lange im Amt, kannten die Eigenheiten des Landes und die Nöte des Volkes und traten oft vermittelnd bei Streitfällen innerhalb der Bevölkerung oder zwischen Untertanen und Obrigkeit auf, wie zahlreiche Vorgänge beweisen. Diese lose Art der Regierung und deren Abwesenheit gefiel den Insulanern. Nur der Strand und die Strandungsfälle waren sozusagen unter ständiger Kontrolle der Landesherrschaft, denn schon mindestens seit Mitte des 17. Jahrhunderts, vermutlich schon früher, wurden Strandvögte bestellt, die Rechenschaft über die Vorfälle am Inselstrand abzulegen hatten (Vgl. S. 116).

Nach Aufhebung der »Feldgemeinschaft« in den Jahren 1799/1800 verloren die alten Bauernbeliebungen ihre Gültigkeit, und es wurde auf Anordnung der Birkvogtei für die drei Dörfer Nebel, Süddorf und Norddorf ein gleichlautendes »Regulativ« erlassen. In der umfangreichen, 38 Paragraphen umfassenden Inselverfassung heißt es unter anderem: »In jedem der

65

drei Dörfer auf Amrum wird ein Bauernvogt bestellt. Außerdem sind zu Norddorf und zu Nebel zwei Aufsichtsmänner, zu Süddorf ein Aufsichtsmann zu beordern. Sowohl die Bauernvögte als auch die Aufsichtsmänner sind obrigkeitlich zu bestellen und zu vereidigen... Die Bauernvögte haben allein die Befugnis, die Dorfbewohner in Dorfangelegenheiten zusammenzurufen. Alle sonstigen Versammlungen der Dorfeinwohner sind gänzlich verboten... Die Bauernvögte haben die an sie gelangten obrigkeitlichen Verfügungen bekannt zu machen und darüber zu wachen, daß selbige gehörig befolgt werden. Überhaupt müssen sie angehalten sein, daß in den Dörfern jederzeit gute Ordnung erhalten wird...«

Im übrigen regelte das »Regulativ« vor allem Fragen der Dünenbepflanzung, der Wegeunterhaltung, der Entwässerung, der Viehhaltung, der Beweidung und Heidegewinnung für »geringe«, d. h. arme Leute, der Beförderungspflicht »obrigkeitlicher Personen und Kirchenvisitatoren« sowie des Schul- und Rechnungswesens.

Der Amrumer »Kaffeekrieg«

Die Abgelegenheit der Westerharde bedingte aber eine gewisse Ruhe vor der »obrigkeitlichen« Regierung, bewahrte die Inselbewohner auch vor kriegerischen Auseinandersetzungen, die das Königreich öfter um die Herzogtümer oder mit dem benachbarten Schweden führen mußte. Nur wenige Male wurden Kriegsereignisse bis unmittelbar auf die Inseln in der »Westsee«, wie man die Nordsee früher nannte, getragen. Am 23. Februar 1644 kamen schwedische Truppen mit Schiffen nach Amrum und forderten Brandschatzung, ließen sich aber von Föhr abhalten. Vermutlich waren es Truppen des Generals Torstenson, der in den Wirren des Dreißigjährigen Krieges in Schleswig-Holstein eingefallen war und einen Krieg zwischen Dänemark und Schweden auslöste.

Eine weitere, letzten Endes eher heitere Kriegsepisode ereignete sich im Gefolge der Napoleonischen Kriegswirren und des Krieges zwischen England und Dänemark in der Zeit von 1807–1814. Am 24. August 1807 kam von der Birkvogtei die Order, »zur Verteidigung unseres Staates wider die Engländer« eine Küstenmiliz aufzustellen und alle »Mannspersonen von 16 bis 60 Jahren zur Verteidigung zu verpflichten und befragen, mit welchen Waffen als Flinten, Pistolen, Säbeln und Heuforken sie versehen sind und zu führen gedenken...«

Am 25. April 1810 wurde, nachdem es im Seebereich schon einige Scharmützel gegeben hatte, die Insel Amrum das Ziel einer britischen »Invasion«. Vorausgegangen war, daß der hiesige Strandvogt Volkert Quedens im Dezember 1809 und im Januar 1810 Schiffe mit feindlicher Ladung bzw. unter feindlicher Flagge als Prise eingebracht und dabei 5 Mann Besatzung gefangengenommen hatte. Eines dieser Schiffe hatte eine Kaffeeladung an Bord, die in der Scheune des Strandvogtes auf Steenodde gestapelt wurde. Als dann aber im März zwei der Gefangenen die Flucht mit einem hiesigen Schiffsboot nach dem von Engländern besetzten Helgoland gelang, war das Versteck verraten, und am 25. April 1810 traten die Engländer an, den Kaffee zurückzuerobern. Eine Fregatte setzte außerhalb Amrum drei Langboote mit etwa 30 Mann aus, die nach Steenodde einliefen und die völlig kriegsungewohnten Amrumer in die Flucht schlugen. Die Engländer luden die Kaffeeladung ein und wollten sich wieder davonmachen, hatten die Rechnung aber ohne die Tücke der Gezeitenlandschaft gemacht. Sie liefen bei Ebbe auf einer nahegelegenen Sandbank auf und saßen nun in einer hilflosen Lage. Die Amrumer faßten Mut und holten einige Kanonen der Prisenschiffe, um von Steenodde aus die feindlichen Boote zu beschießen. Gleichzeitig kamen dänische Kanonenboote von Wyk herunter – die Engländer mußten sich ergeben, wanderten in die Gefangenschaft, und der Kaffee gelangte wieder in den Besitz des Strandvogtes Volkert Quedens. Auch später gelang es noch einmal, einen feindlichen Landungsversuch abzuwehren.

Der Gesamtstaat wird in Frage gestellt

Im Gefolge des Krieges – verbunden mit dem Verlust der dänischen Flotte vor Kopenhagen durch Lord Nelson schon am 2. April 1801 und den hohen Ausgaben im späteren Siebenjährigen Krieg – ging der dänische Staat im Jahre 1813 bankrott –, ein Ereignis, das auch in der Westerharde Folgen hatte. Viele Kapitäne hatten ihr Vermögen in Staatspapieren angelegt – so auch der reiche Kapitän Lorenz Harcken, ein Sohn des legendären Harck Olufs. Diese Papiere wurden nun wertlos, wohlhabende Schiffsführer über Nacht arm. Und um der neuen Währung eine solide Grundlage zu geben, belegte die dänische Regierung den gesamten Grundbesitz im Königreich und im Gesamtstaat mit einer Bankhaft von 6 Prozent des Taxwertes. Der Taxwert aller Grundstücke in der Westerharde betrug knapp 400 000 Reichsbanktaler, die dafür zu zahlende Bankhaft jährlich rund 24 000 Rbtr., eine Belastung, die jahrzehntelang die Inselbewohner bedrückte, fielen doch gleichzeitig die Einnahmen aus der durch die Kriegswirren lahm gelegten Seefahrt aus. Zu den wirtschaftlichen Zwängen kamen wenig später politische Bewegungen, und etliche Historiker sehen schon hier, im Gefolge des dänischen Staatsbankrotts, den Anfang vom Ende des Gesamtstaates, der damals unter Einschluß der Herzogtümer Schleswig, Holstein und Lauenburg sowie der Stadt Altona bis vor die Tore Hamburgs reichte. Seit 1721 waren die dänischen Könige zugleich auch Herzöge dieser gesamtstaatlichen Gebiete.

Die französische Revolution und die nachfolgenden Revolutionskriege setzten jedoch an der Wende vom 18. zum 19. Jahrhundert liberaldemokratische und nationalistische Strömungen frei, die fast alle bis dahin von absolutistischen Monarchen regierten Länder Europas erfaßten. Auch in den Herzogtümern des dänischen Gesamtstaates reiften solche Bestrebungen. Die ersten Anstöße kamen von Uwe Jens Lornsen, geboren in Keitum auf Sylt und dort kurze Zeit Landvogt. Er publizierte im Jahre 1830 ein »Verfassungswerk in Schleswig-Holstein«, das die Sonderstellung und den deutschen Charakter der Herzogtümer und deren Selbständigkeit betonte. Kieler Universitätsprofessoren unterstützten und verbreiteten diese Ansicht, und der nationale Gegensatz war da. Sowohl auf den sogenannten »Volks- und Sängerfesten« in Schleswig als auch in Bredstedt im Sommer 1844, wo zum ersten Male das Schleswig-Holstein-Lied gesungen und die blau-weiß-rote Flagge gezeigt wurde, griff die deutschorientierte Bewegung eines von Dänemark unabhängigen und dem Deutschen Bunde angelehnten Schleswig-Holsteins um sich. Die Folge war, daß auf der anderen Seite auch die dänische Regierung bestrebt war, die Herzogtümer, mindestens aber Schleswig, verfassungsmäßig fester an das Königreich zu binden und den am 5. März 1460 zu Ribe zwischen dem dänischen König und dem Prälaten und der Ritterschaft, den Städten und Einwohnern des Herzogtumes Schleswig sowie der Grafschaft Holstein und Storman vereinbarten Vertrag über den »ewigen« Zusammenhalt (»Dat se bliven ewich tosamende ungedeelt«) der Herzogtümer zu unterlaufen.

Nachdem Christian VIII. 1846 in einem »offenen Brief« die Absicht proklamierte, auch in den Herzogtümern die im Königreich geltende weibliche Erbfolge und somit die Oberhoheit und Regierungsgewalt zu sichern, verschärften sich die politischen Gegensätze. Und als dann sein Nachfolger, Friederich VII., der von 1848 bis 1863 regierte, unter dem Einfluß der Eiderdänischen Partei die Einverleibung des Herzogtums Schleswig in sein Programm aufnahm, kam es am 24. März 1848 nach Bildung einer provisorischen Regierung in Kiel zur Schleswig-Holsteinischen Erhebung. Truppen des Deutschen Bundes unterstützten diese Erhebung, aber als diese sich nach anfänglichen Kriegsvorteilen nach Friedensverträgen mit Dänemark wieder zurückzogen, standen die Schleswig-Holsteiner allein und wurden 1850 bei Idstedt entscheidend geschlagen.

In der Westerharde, auf Westerlandföhr und Amrum, wurde die Niederschlagung der Erhebung mit Wohlwollen registriert. Hier war man nun durch fast tausend Jahre mit dem Königreich verbunden und sah keine Veranlassung zum Flaggenwechsel.

»Insurgenten« auf Amrum

Die politischen Ereignisse und Strömungen hatten sich bislang auf dem Festlande oder auf Sylt abgespielt und kaum Einfluß auf das Leben in der Westerharde gehabt. Ja, als im Zuge der Danisierung im Herzogtum Schleswig die deutsche Amts-, Schul- und Kirchensprache zugunsten des Dänischen verboten wurde – was dort aber nur neue Widerstände auslöste –, durften Westerlandföhr und Amrum die seit dem Mittelalter hier gebräuchliche deutsche Amts- und Kirchensprache behalten. Selbstverständlich nahm die Westerharde an der Erhebung gegen Dänemark nicht teil, war allerdings auch nicht aktiv zugunsten des Königreiches engagiert. Dennoch blieben die Inseln nicht ganz von Kriegsereignissen verschont. In einem ausführlichen Bericht schildert der Amrumer Pastor Lorenz Friedrich Mechlenburg (1799–1875) die »Invasion« und die Konfrontation mit den schleswig-holsteinischen »Insurgenten«, den Aufrührern. Sie kamen im Sommer 1850 mit Kanonenbooten nach Wyk auf Osterlandföhr, das mit der Erhebung sympathisierte, und verlangten von der Westerharde Roggenlieferung, andernfalls Brandschatzung zu erwarten sei. Am 2. September ankerte ein Kanonenboot der Aufrührer westlich von Amrum, und 7 pistolenbewaffnete Matrosen marschierten unter Führung des Leutnants Lamp zum Pastorat in Nebel, um dort drei Kanonen zu holen, nämlich jene, die in der Zeit des englisch-dänischen Krieges dazu beigetragen hatten, die englischen Invasoren zu besiegen und die erwähnte Kaffeeladung zurückzuerobern.

Der Pastor aber verweigerte die Herausgabe, und als wenig später 15, 16 rüstige Männer aus dem Dorfe herbeieilten und dem Leutnant erklärten, daß sie erfahrene Seeleute seien »und sich von solchen Knaben als seine

Leute nichts wegnehmen ließen«, zog sich der Leutnant auf sein Schiff zurück. Am Nachmittag aber rückten die Schleswig-Holsteiner, diesmal 30 Mann stark, wieder an, und erneut kam es zu Zwischenfällen. Aber es gelang Leutnant Lamp nicht, die zum Transport der Kanonen nötigen Fuhrwerke zu requirieren, und er mußte sich abermals zurückziehen. Am 4. September war Leutnant Lamp jedoch wieder zur Stelle, diesmal mit 60 Bewaffneten und drei Wagen, die er von Föhr aus über das Watt mitnahm. Beim Aufladen und Abtransport der Kanonen kam es dann zu einer bedrohlichen Situation, in deren Verlauf der Leutnant auf den Pastor und andere Insulaner anlegen ließ, »so daß diese in einer Entfernung von drei Schritt etwa 5 Minuten den Gewehrmündungen gegenüberstanden, bis sich der Anführer eines Besseren besann und seine Leute abmarschieren ließ...«.

Bei der Abfahrt nach Föhr nahmen die Schleswig-Holsteiner vier Amrumer Schiffe mit und gaben Order, von allen anderen Schiffen die Steuerruder abzuliefern, andernfalls das Dorf Nebel beschossen würde. Die Amrumer waren deshalb froh, als am 11. September 1850 dänische Kriegsschiffe auftauchten und die Insurgenten in die Flucht schlugen. Bei der Einfahrt zur Elbe verunglückte eines ihrer Schiffe, gerade jenes, das die Amrumer Kanonen an Bord hatte, »so daß die drei Amrumer Kanonen nun eine sichere Ruhestatt bekamen«, wie Pastor Mechlenburg mit Befriedigung bemerkte. Es gab aber auch Inselbewohner, die auf seiten der Erhebung standen. Dazu gehörten der Lehrer und Küster Claus Stuck und der Lehrer Johann Martensen, beide aber aus dem Herzogtum stammend. Und der Kapitän Großer Fahrt Cornelius Bendixen diente aktiv als Leutnant bei der Marine der deutschen Bundesflotte. Er befand sich auf dem Dampfer »Kiel« und gehörte somit zu jener Truppe, die von Amrum die Kanonen wegholten und wenige Tage später südlich von Amrum in ein Seegefecht mit dänischen Kriegsschiffen gerieten. Nun waren die Amrumer und Westerlandföhrer keineswegs Dänen im heutigen nationalen Sinn, ebensowenig natürlich Deutsche. Die »Nation« der Amrumer war Amrum, die »Nation« der Föhrer Föhr. So kam es auch im Sprachgebrauch zum Ausdruck. Das Inselfriesische war die »Nationalsprache«, die Festtrachten die »Nationaltrachten«, und die zur See fahrenden Insulaner waren die Seefahrer »unserer Nation«. Nationalstaaten heutigen Zuschnitts spielten damals noch keine große Rolle, schon gar nicht auf den abgelegenen »Westseeinseln«.

Hier fühlten sich die Bewohner unter der dänischen Krone wohl, wozu das erwähnte Privileg der Befreiung vom Kriegsdienst, die lose und – gemessen an den Zeitverhältnissen – liberale Verwaltung sowie die gegenüber dem Herzogtum geringeren Steuerlasten ausschlaggebend waren. Besuche dänischer Könige auf Amrum, so im Jahre 1824 durch Friederich VI., in der Zeit von 1842 bis 1847 von Christian VIII., der im Spätsommer alljährlich mit einem Teil seines Hofstaates in Wyk zur Erholung weilte, und zuletzt noch von Friederich VII. im Sommer 1860, wurden mit Begeisterung begrüßt. Schon im Jahre 1771, als der König Christian VII. unter dem Einfluß des Reformers Struensee eine »Cabinettsordre« erließ, zwecks Vereinfachung der Verwaltung die Westerharde hinsichtlich der Jurisdiktion dem Amt Tondern zu unterstellen und damit dem Herzogtum anzugleichen, wandten sich die Repräsentanten von Westerlandföhr und Amrum umgehend an die Regierung und baten, »pro futuro und zu ewigen Zeiten unter der dänischen Jurisdiction zu verbleiben... und fernerhin nach den sanften und weltgepriesenen dänischen Gesetzen gerichtet zu werden« – eine Bitte, der im Gefolge des Sturzes von Struensee entsprochen wurde.

Erst im Laufe des 19. Jahrhunderts begann sich ein eigentliches friesisches Stammesbewußtsein zu entfalten, wobei in publizistischer Hinsicht vor allem der aus Norddorf gebürtige Knudt Jungbohn Clement eine – allerdings sich oft übersteigernde – Rolle spielte. Dieses friesische Stammesbewußtsein geriet dann aber bald, ohne je eine politische oder vereinigende Wirkung gezeigt zu haben, in die deutsch-dänischen Auseinandersetzungen und wurde von diesen überdeckt.

Drei Zeitgenossen von Bedeutung

Knudt Jungbohn Clement wurde 1803 in Norddorf geboren. Als 17jähriger ging er aus eigenem Antrieb ungeachtet der dürftigen Verhältnisse im Elternhause – der Vater verunglückte 1825 als Schiffer bei Steenodde – auf das Gymnasium in Altona, studierte anschließend in Kiel, Heidelberg und Kopenhagen und promovierte 1835 in Kiel zum Doktor der Philosophie. Ausgestattet mit einem Reisestipendium des ihm gewogenen Königs Christian VIII. bereiste er zwecks sprach- und völkerkundlicher Studien drei Jahre lang Mittel- und Westeuropa und stellte insbesondere im östlichen England eine intensive historische Beziehung zum Friesischen fest. Seine Publikationen litten allerdings durch die übersteigerte Glorifizierung der »nordgermanischen« Friesen. Als Friese Mitte des 19. Jahrhunderts in die Auseinandersetzung zwischen deutsch

Seite 69 Seeschlacht bei Helgoland am 9. Mai 1864 zwischen preußisch-österreichischen und dänischen Schiffen
Seite 69 Kirche und Friedhof um 1854, Kopie nach einem Gemälde von Carl Ludwig Jessen
Seite 70 Konfirmation in der St. Clemens-Kirche
Seite 71 Die St. Clemens-Kirche mit dem Turm von 1908

Apostelgruppe mit dem überhöhten Christus

Seite 72 Pastor Christian Riese Mechlenburg
Seite 72 Pastor Lorenz Friedrich Mechlenburg
Seite 72 Kronleuchter, gestiftet von Grönland-Commandeuren
Seite 72 Der »Schmerzensmann« im Sakramentsschrank

*Kirchgangstracht bis 1800
Amrumer Brauttracht vor
1800*

*Seite 75
Die heutige »Friesentracht«
Seite 76
»Biaken« – ein Brauchtum
aus heidnischer Zeit*

Konfirmation auf Amrum

und dänisch geraten, entschied er sich für die deutschorientierte Seite und schrieb nun alle Übel seines Friesenvolkes den Dänen zu, wobei er den Bezug zu den Fakten und Realitäten zunehmend verlor. Knudt Jungbohn Clement starb 1873 bei seinem ausgewanderten Sohn in New Jersey, USA.

Ein anderer Lehrer, der 1820 ebenfalls in Norddorf geborene Christian Johansen, später an der Domschule zu Schleswig wirkend, machte sich vor allem durch die Förderung der friesischen Sprache in jener Zeit einen Namen. Er gab 1862 ein Buch über »die nordfriesische Sprache nach der Föhringer und Amrumer Mundart« heraus, und im gleichen Jahre erschien eine anonyme Schrift über »Die deutsche Kirchen- und Schulsprache – ein theures Kleinod der Nordfriesen im Herzogtum Schleswig«. In den Danisierungsbestrebungen, insbesondere in dem Versuch, die traditionelle deutsche Amts-, Schul- und Kirchensprache durch Dänisch zu ersetzen, sah Christian Johansen die friesische Sprache bedroht. Er befürchtete, daß nach Einführung der dänischen Sprache das Deutsche wegen seiner Bedeutung im Handels- und Berufsverkehr (Seefahrt) statt des Friesischen die Haussprache würde. So tendierte auch Johansen für die deutsche Seite, weil er hier die sicherste Gewähr für die Bewahrung der friesischen Sprache sah. Daß es dann doch ganz anders kam, lag außerhalb der Sichtweite des Amrumer Lehrers.

Die dritte Geistespersönlickeit jener bedeutenden Jahre war Pastor Lorenz Friedrich Mechlenburg (1799–1875). Seit 1827 als Nachfolger von Vater und Großvater in der St. Clemens-Gemeinde im Amte, bemühte er sich bald um die friesische Sprache und um ein Wörterbuch, »um dem ferneren Verlorengehen friesischer Wörter und Redensarten einen Damm zu setzen«, und war in dieser Hinsicht überaus solide und erfolgreich. Zugleich wirkte er als fleißiger Chronist seiner Heimatinsel Amrum. Ebensowenig wie andere Insulaner war Mechlenburg im nationalen Sinne dänisch. Aber er sah die Insel, ihre Bewohner und ihre Sprache am besten im Königreich Dänemark aufgehoben und wurde – im Gegensatz zu Clement und Johansen – dabei durch die nachfolgende Geschichte bestätigt. Als dann nach dem Kriege von 1864 die Auflösung des Gesamtstaates und die Loslösung auch der reichsdänischen Enklaven Westerlandföhr und Amrum aus dem Königreich ein Faktum wurde, schrieb Pastor Mechlenburg an den Amtssekretär Quedens in Ripen: »Höchst unangenehm ist uns Amrumern, daß die Verbindung mit dem dänischen Staate, die wir in dankbarer Liebe im Andenken behalten werden, aufgehoben ist...«

Knudt Jungbohn Clement (1803–1873)

Christian Johansen (1820–1871)

Der Krieg von 1864

Die zunächt erfolgreiche Niederschlagung der schleswig-holsteinischen Erhebung hatte die politischen Probleme keineswegs behoben – im Gegenteil. König Friederich VII., der 1848 dem populären König Christian VIII. gefolgt war und als erster dänischer Monarch nicht mehr absolutistisch regierte, war nach Kriegsende aufgrund der Ereignisse um so mehr bestrebt, das Herzogtum Schleswig an das Königreich zu binden, wobei auch die Eiderdänische Partei (»Dänemark bis zur Eider«, der ursprünglichen Grenze zwischen Deutschen und Dänen) eine treibende Rolle spielte.

Und als dann der König 1863 starb und dessen Nachfolger Christian IX. im November 1863 entgegen den Vereinbarungen die Forderung der Eidergrenze in das Grundgesetz aufnahm, war der offene Konflikt wieder da und führte bald zum Eingreifen der deutschen Großmächte Preußen und Österreich und zum Kriege von 1864. Die wesentlichsten und entscheidenden Kriegsereignisse über Sieg und Niederlage spielten sich auf dem Festlande längs der Ostseeküste ab. Aber wie schon bei der schleswig-holsteinischen Erhebung wurden die Gewässer um Amrum und Föhr auch diesmal Schauplatz von Seegefechten.

Am 9. Mai 1864 fand ein Seegefecht nahe Helgoland statt. Beteiligt waren die dänischen Fregatten »Niels Juel«, »Jylland« und »Hjemdal« – auf deutscher Seite neben eingen preußischen Kanonenbooten die österreichischen Fregatten »Schwarzenberg« und »Radetzky«. Erstere wurde in Brand geschossen, und die deutschen Schiffe suchten ihr Heil in der Flucht. Aber auch auf den dänischen Schiffen gab es Verluste. Etwa 50 Verwundete wurden am Abend nach dem Seegefecht im Schmaltief nahe Amrum an den Kreuzzollinspektor und Kapitänleutnant Hammer übergeben und in das Hospital nach Wyk gebracht. Der Führer des Amrumer Kreuzzollschiffes, Gerret Matzen (1821–1899) wurde für seine Lotsendienste mit dem Danebrog-Orden geehrt.

Aufmerksamkeit erregten aber auch die späteren Operationen des genannten Kapitänleutnants Otto Christian Hammer, der als Inspektor des Zoll- und Seezeichenwesens, nach dem Ausbruch des Krieges zum Oberbefehlshaber in seinem Dienstbereich ernannt worden war. Mit einer kleinen Flotte, bestehend aus dem Raddampfer »Liimfjorden« nebst 9 Kanonenjollen und einer Besatzung von etwa 200 Mann sowie mit 15 Kreuzzollfahrzeugen, konnte er die Besetzung der Inseln Föhr und Amrum durch österreichische Truppen längere Zeit verhindern. Erst am 19. Juli 1864, als der Krieg zu Lande schon längst zugunsten der deutschen Großmächte Preußen und Österreich entschieden war, mußte er kapitulieren. »Die österreichische Flagge im Dorfe Nebel aufgepflanzt, ein Zug Jäger in Süddorf und Steenodde…« notierte Pastor Mechlenburg über die Besetzung der Insel am vorherigen Tage.

Am 30. Oktober 1864 folgten die Friedensverhandlungen in Wien, und Dänemark mußte die schleswig-holsteinischen Herzogtümer mitsamt den reichsdänischen Enklaven Westerlandföhr und Amrum sowie dem Listlande auf Sylt den Siegermächten überlassen. Als Kompensation für die Abtretungen dieser Enklaven erhielt Dänemark einige Gemeinden südlich von Kolding. Wenig später kam es zu einer kriegerischen Auseinandersetzung der Siegermächte Preußen und Österreich, und nun wurden Schleswig und Holstein als preußische Provinz einverleibt – eine Entwicklung, die kaum ein deutschgesinnter Schleswig-Holsteiner gewollt hatte, die aber logisch und zwangsläufig war.

Nach dem Staatswechsel wurde eine Abordnung von Föhr bei Bismarck vorstellig und versuchte, das Privileg der Kriegsdienstbefreiung zu bewahren, erhielt aber die Antwort, daß jeder Preuße zu dienen hat. Die drohende Militärpflicht löste auf Westerlandföhr und Amrum eine umfangreiche Auswanderung nach Amerika aus, und zumindest für Amrum war der Beginn der Auswanderung ganz überwiegend politischer Natur, eine Flucht vor den neuen Staatsverhältnissen. Vor 1864 lassen sich – von einzelnen Goldsuchern nach Australien abgesehen – kaum Auswanderer nachweisen.

Ein Zugehörigkeitsgefühl zum Deutschen Reich begann sich erst nach 1871, dem Sieg über Frankreich und der Proklamation des deutschen Kaiserreiches zu entwickeln, wozu die nachfolgende Wirtschaftsblüte beitrug und das Gefühl verstärkte, Angehörige einer starken Nation zu sein. Der Erste Weltkrieg und seine Folgen dämpften zwar dieses Gefühl und lösten neue Auswanderungswellen aus. Aber bei der Abstimmung im Jahre 1920 im deutsch-dänischen Grenzraum zeigte sich doch ein klares Votum von fast 85 % der Stimmen für Deutschland. Auf Westerlandföhr stimmten 67 % für einen Verbleib im Deutschen Reich, aber einige Dörfer hatten doch dänische Mehrheiten.

Und noch einmal, nach dem Zweiten Weltkrieg, wurde die Frage deutsch oder dänisch hochgespielt und ein möglicher Anschluß von Südschleswig an Dänemark diskutiert. Aber darauf ließen sich weder die alliierten Siegermächte noch die dänische Regierung ein, und die spätere Entwicklung hat dieser Entscheidung recht gegeben.

Otto Christian Hammer, Kommandant der dänischen »Westseeflotte« im Krieg 1864

Flaggenwechsel

Nachdem der dänische König im Friedensvertrag von Wien am 30. Oktober 1864 auf alle Rechte an den Herzogtümern Schleswig, Holstein und Lauenburg sowie auf die im Herzogtum Schleswig gelegenen Enklaven verzichten mußte, wurden Holstein und zunächst auch Lauenburg von Österreich, Schleswig von Preußen verwaltet. Streitereien zwischen den beiden Großmächten nutzte Bismarck zum Krieg, der am 3. Juli 1866 mit der Niederlage der Österreicher bei Königgrätz endete. Und am 24. Dezember 1866 wurden die Herzogtümer Schleswig und Holstein der preußischen Monarchie per Gesetz einverleibt. Am 1. Oktober 1867 wurde die preußische Verfassung in Schleswig-Holstein, somit auch auf Westerlandföhr und Amrum, gültig.

Aber die Verwaltung der dänischen Zeit wirkte doch noch in verschiedenen Bereichen nach, und es dauerte in einigen Fällen Jahre bis zu deren Ablösung. Beispielsweise behielten die Bauernvögte in Norddorf und Nebel noch bis 1874 ihr Amt. Es war nämlich von den Inselbewohnern beschlossen worden, die bisherigen Gemeinden Norddorf und Nebel zu einer Gesamtgemeinde Amrum zu vereinigen, »weil Bauernvögte für jeden Ort der Gemeindekasse zu teuer kommen«. Aber ehe die dazu notwendigen Prozeduren durch die behördlichen Instanzen gelaufen und genehmigt worden waren, schrieb man das Jahr 1874. Erst am 8. November 1874 konnte die längst schon gewählte Gemeindevertretung sowie der Gemeindevorsteher, der Kapitän Sönk Knudten, ihres Amtes walten. Die Gesamtgemeinde hatte aber keinen langen Bestand. Im Jahre 1912 löste sich die 1890 als Badeort gegründete »Kolonie« Wittdün aus der Gesamtgemeinde, »weil hier ganz andere Interessen als in Nebel sind«, und im Jahre 1925 vollzog auch Norddorf diesen Schritt. Auch Norddorf hatte sich inzwischen zu einem Badeort entwickelt und fühlte sich von der Dominanz der Gemeindevertreter in Nebel vernachlässigt. So teilt sich die Insel seitdem in drei Gemeinden, und mehrheitlich wurden Bestrebungen – insbesondere in den 1970er Jahren durch den damaligen Landrat Dr. Klaus Petersen –, aus Amrum wieder eine Gesamtgemeinde zu machen, abgelehnt. Das eine Dorf fürchtete die Schulden des anderen, Nebel insbesondere jene, die durch die Schwimmbadbauten in Wittdün und Norddorf entstanden waren, und letztere Orte fühlten sich an den Rand gedrängt, falls eine erneute Zentrierung auf Nebel erfolgen würde. Die zentralistischen Gemeindezusammenschlüsse andernorts gaben diesen Befürchtungen bald recht.

Schon 1888 war aber die zusätzliche Institution des Amtsbezirkes und des Amtsvorstehers eingerichtet worden, und von der Verselbständigung der Gemeinden an blieb die Amtsverwaltung als gemeinsames Dach. Seit Ende des Zweiten Weltkrieges wurden der hinsichtlich Personal und Büroausstattung ständig wachsenden Amtsverwaltung zunehmend Aufgaben des Rechnungs- und Verwaltungswesens aus den drei Inselgemeinden zugeordnet, während die Verwaltung der Gemeinden mit Bürgermeister und Gemeindevertretungen sowie den zugehörigen Ausschüssen ehrenamtlich blieb.

Das Kirchenleben auf Amrum

Vom Asaglauben zum Christentum

Jahrtausende lang, bis zum Mittelalter, stand das Leben der küstengermanischen Völkerschaften unter dem Wohl und Wehe einer vielfältigen Götterwelt. Als im südlichen und mittleren Europa das Christentum schon fast tausend Jahre alt war, herrschte im Norden und an der Nordseeküste noch immer der Asaglaube, und entsprechend dem kriegerischen Wesen der Wikinger und der Friesen standen Kriegsgötter obenan. Anfangs hieß dieser Ty, und sein Symbol war das Schwert. Ihm aber folgte Wodan (Odin), in dessen Gnade das Glück der Kriege und der gute Wind für die Seefahrer lag. Der »Wedensdai«, der noch heute so auf friesisch heißende Mittwoch, ist dem Wodan gewidmet, und eine Vielzahl von Flurnamen in Nordfriesland und Skandinavien leiten sich von Wodan ab. Das »Biaken«, ein ursprüngliches Opferfeuer für Wodan, wird noch heute am Abend des 21. Februars auf den Inseln und Halligen gepflegt. Wodans Gattin hieß Frigga oder Freya. Sie wurde als Segensgöttin für Haus und Familie verehrt.

Dem Kriegsgott Wodan nachgeordnet, aber doch von großer Bedeutung in der heidnischen Götterwelt, war Thor, der über Wetter und Gewitter regierte. Thor herrschte auch über das Rechtswesen und über die zahlreichen Geister und Ungeister. Eine weitere nordische Gottheit war Hel, die Göttin des Totenreiches. Und in dieser Götterwelt mußte naturgemäß auch jemand über das Meer gebieten, und das tat Oegis, von den Inselfriesen auch Ekke oder Ekke Nekkepen genannt. Seine Gattin hieß Ran und wurde von den Seeleuten gefürchtet, weil sie für Schiffsunglücke verantwortlich war.

In dieser festgefügten Glaubenswelt mit kühnen Göttern hatten die christlichen Bekehrer keinen leichten Stand. Und Missionierungsversuche, etwa um 699 durch Willibrord, dem Bischof zu Utrecht, oder im Jahre 826 durch Ansgar, dem »Apostel des Nordens« scheiterten oder hatten nur kurzweiligen Bestand. Erst als sich die Könige von Dänemark dem Christentum zuwandten, setzte sich das Christentum im Norden durch, insbesondere in der Regierungszeit von Harald Blauzahn und Knud dem Großen (Regierungszeit 1014–1035). Im 11. Jahrhundert kam es zum Bau erster Kirchen, zunächst aus Holz, und ab dem 12. Jahrhundert aus Steinen. Es kam aber noch – wie ein Bericht des Sylter Priestersohnes Hans Kielholt beweist – bis zum 14. Jahrhundert zu Rückfällen zum Asaglauben, kein Wunder beim Vergleich der gewaltigen germanischen Götter mit den unterwürfigen Heiligenfiguren nebst der Jungfrau Maria des Christentums.

Die St. Clemens-Kirche auf Amrum wurde um 1200 erbaut. Die Tatsache, daß die Kirche mit Backsteinen errichtet wurde, Tuffsteine aber fehlen, ermöglicht diese Datierung. Denn die »Backsteinzeit« begann erst ab 1170. Auch die zugemauerten romanischen Fenster an der Nordseite des Schiffes und der Ostseite des Chores deuten auf eine Zeit um 1200 hin. Urkundlich erwähnt wird die Kirche allerdings erst 1464 im Zinsbuch des Bischofs zu Schleswig. Von den alten Inselkirchen ist die St. Clemens-Kirche die einzige mit Reetdach, und auffallend ist auch ihre niedrige Lage zwischen zwei Geesthügeln, wurden doch die anderen Kirchen auf Sylt und Föhr auf dominierende Höhen plaziert. Der Kirchturm, der heute die Kirche zu einem optisch-architektonischen Mittelpunkt des Dorfes Nebel macht, ist aber erst im Jahre 1908 errichtet worden. Bis dahin stand an der Turmstelle nur ein Balkengestell mit kleiner Betglocke.

Fraglich ist, ob es in der Anfangszeit der Christianisierung im Bereich von Amrum noch weitere Kapellen gegeben hat. Insbesondere taucht in der Sage immer wieder eine Kapelle namens St. Annen auf, die nördlich der Nordspitze gelegen haben soll. Tatsächlich wurden dort noch nachweislich bis zum 17. Jahrhundert Steine im Klosterformat bei niedriger Ebbe im Watt gefunden und in mehreren Häusern von Norddorf und Süddorf als Baumaterial verwendet. Aber möglicherweise ist hier nur ein Schiff mit Baumaterial für Föhrer Kirchen gestrandet, so daß an diesem Vorfall eine Sage entstand. In katholischer Zeit war die St. Clemens-Kirche – dem Patron der Seefahrer geweiht – nur eine Filialkirche von St. Johannis in Nieblum auf Föhr. Und die Amrumer Kirche lag zunächst einsam im Felde zwischen Süddorf und Norddorf, so daß vermutet werden muß, daß der Pfarrer anfänglich in Nieblum wohnte und zu Gottesdiensten über das Watt nach Amrum geritten kam. Der Priel »Präästers Lua«, Priesters Lei, zwischen Föhr und Amrum deutet auf diesen Umstand hin. Erst später wird das Pastorat in Norddorf erbaut worden sein, wo es übrigens noch bis zum Jahre 1758 stehen blieb und erst dann, als eine größere Reparatur anstand, zur Bequemlichkeit des Pastors nach Nebel verlegt wurde. Wie an anderer Stelle erwähnt, wurde das heutige Dorf erst im 16. Jahrhundert gegründet.

Die Friesen hatten aber nach Einführung des Christentums weder das Zölibat noch den Kirchenzehnten anerkannt. Dies mag den noch heute sehr umfangreichen Grundbesitz der St. Clemens-Gemeinde, wie auch den der anderen Inselkirchen, erklären. Denn die Pastoren mußten sich neben den traditionellen Opfergaben und Gebühren vor allem als Bauern auf dem dazu ausgewiesenen Pastoratsland ernähren. Das blieb auch nach der Reformation so, ja noch bis 1875. Der letzte Amrumer Pastor, der zugleich auch als Bauer wirtschaftete, war Lorenz Friedrich Mechlenburg (Amtszeit von 1827 bis 1875). In umfangreichen Tagesjournalen hat Pastor Mechlenburg fast pedantisch über Jahrzehnte die Fakten der Viehhaltung, des Getreide- und Kartoffelanbaues, Heuernte und Heideschlag aufgeschrieben, ebenso die Verheuerung jener Landflächen, die der Pastor nicht selbst bearbeiten konnte. Die Fülle dieser Daten über Aussaat und Ernte sowie über Preise vermitteln einen umfassenden Einblick in die Amrumer Landwirtschaft in der ersten Hälfte des 19. Jahrhunderts. Auf einer alten Fotografie sieht man das nördlich vom Kirchhof liegende Pastorat mit der geräumigen Scheune.

In katholischer Zeit gehörte ein Teil der landwirtschaftlichen Nutzfläche auf Amrum zur St. Annen-Vikarie der Nieblumer Kirche, beispielsweise das heute noch so genannte »Anlun« unter dem Burghügel »Borag« bei Norddorf. Nach der Reformation erfolgte zunächst eine Säkularisierung des damals noch größeren Kirchenlandes, aber Luther höchstselbst ermahnte den dänischen König, so viel Land für Pastor und Kirche zu belassen, damit ein Auskommen möglich blieb. Ein Teil des ehemaligen Kirchenlandes wurde jedoch an die Einwohner der Insel »verfestet«, wofür alljährlich eine kleine Gebühr an die Kirchengemeinde zu zahlen war.

Die St. Clemens-Kirche ...

In den Jahren 1859 und 1864 malte der bekannte nordfriesische Maler Carl Ludwig Jessen Kirche und Friedhof, und vermutlich sah er die Kirche noch so, wie sie durch Jahrhunderte unverändert war. Die beiden Rundbogenfenster an der Südwand waren schmal, die Außenmauern nur dünn verputzt, so daß überall Ziegel- und Feldsteine sichtbar wurden. 1886 aber wurde der herabgesetzte Chor erhöht, um Platz für eine Orgel zu schaffen, und die Fenster nach Süden wurden vergrößert und auf vier erweitert.

Durch diese großen Fenster an der Südseite mit dem hereinfallenden Sonnenlicht erhält der Innenraum eine helle, fast heitere Note und hebt sich gegenüber anderen, oft schattendunklen Kirchenräumen vorteilhaft heraus. Die Lichtwirkung bestimmt auch die besondere Atmosphäre der St. Clemens-Kirche. Denn die Ausstattung ist eher bescheiden. Der dreiflügelige Altaraufsatz ohne Predella wurde Anno 1634 vom Pastor Martin Flor gestiftet. Die eher laienhaften Malereien zeigen im Mittelfeld das Abendmahl, in den Seitenflügeln die vier Evangelisten. Im Giebeldreieck thront Gottvater über den Wolken. Der derbe, blaugestrichene Sakramentsschrank an der Nordwand des Chores stammt aus dem Anfang des 15. Jahrhunderts. Die Innenseite der oberen Tür zeigt ein Temperagemälde des »Schmerzensmannes«, Christus mit den Wunden der Geißelung und der Kreuzigung und den Flammengloriolen des Heiligenscheines. Ein weiteres, aber unvollendetes Bild des Schmerzensmannes befindet sich auf der Innenseite der unteren Tür. Dort, wo in katholischer Zeit einer der beiden Nebenaltäre stand, erkenntlich an der noch vorhandenen Rundbogenblende, wurde Anno 1623 die schlichte Kanzel aufgestellt. Die auf dem Fries eingeschnitzten Initialen HTF weisen auf den langjährigen Pastor Herr Tycho Frödden hin, der von 1574 bis 1630 an der St. Clemens-Kirche amtierte und vermutlich von seinen kargen Einkünften die Kanzel stiftete. Zwei weitere Initialen IK und IS nennen die heute nicht mehr bekannten Mitspender. Vielleicht haben auch diese beiden allein die Kanzel zu Ehren des Pastors gestiftet. Denn 1623 konnte dieser auf eine 50jährige Amtszeit zurückblicken.

Eine Stiftung ist auch der Schalldeckel mit späten Renaissanceformen, 1662 zur Ehre Gottes und für Pastor Martin Flor – von 1629 bis 1686 Pastor auf Amrum – von Marret Erken, Kerrin Nickels und Knudt Nickelsen gegeben. Das Triumphkreuz neben der Kanzel stammt aus dem Ende des 15. Jahrhunderts, doch ist

Reliquienschrein aus katholischer Zeit, ursprünglich in der St. Clemens-Kirche, heute im National-Museum Kopenhagen

nur noch der Corpus des Gekreuzigten, nicht mehr das alte Kreuz, vorhanden.

Das bemerkenswerteste Inventar ist jedoch die Reihe der Apostel mit dem überhöhten Christus in der Mitte, leider im ungünstigen Licht der Südwand. Die Statuen aus Eichenholz sind – bis auf Christus – etwa 90 cm hoch, und alle Apostel tragen ein Buch, einige auch zusätzliche Attribute, so Johannes einen Kelch und Petrus einen überdimensionalen Schlüssel zum Himmelstor. Die Figur mit dem abgebrochenen Schwert dürfte Paulus sein. Charakteristisch für alle Statuen ist ihre strenge Formalität. Das Schnitzwerk wird in den Anfang des 14. Jahrhunderts datiert, doch blieb der Meister unbekannt. In älterer Zeit waren die Figuren bunt bemalt und haben ursprünglich sicherlich ihren Platz an der Ostwand des alten Chores über dem Altar gehabt – ehe dort 1886 die Orgel eingebaut wurde. Das älteste Stück des Kircheninventares ist jedoch der wuchtige Taufstein aus Granit, der aus dem 13. Jahrhundert stammt. Er ruht auf einem Untersatz von Sandstein.

Längs der gesamten Nord- und Westwand des Kirchenschiffes verläuft eine Empore, die früher immer traditionell bei Gottesdiensten von Männern besetzt wurde, während die Frauen auf den Bänken des Kirchenbodens saßen. Ebenso deuten die beiden Eingangstüren im Norden sowie im Süden durch den kleinen Anbau, dem »Kastbarshüs«, auf die ursprünglich getrennten Zugänge von Männern und Frauen zum Kirchenraum hin. Die ältere Westempore zeigte auf 13 Paneelen die laienhaften Gemälde von Christus und den Aposteln. Vier Felder sind auf die später errichtete Nordempore übertragen.

Von den drei Kronleuchtern über dem Mittelgang sind zwei von Grönlandcommandeuren, von Boy (Boh) Karstens und Jacob Flor, gestiftet. Beide standen in Diensten Hamburger Reeder und verehrten der Heimatkirche Anno 1671 »aus Dankbarkeit für ein segensreiches Jahr« die verzierten achtarmigen Leuchter. Boh Karstens erbeutete im genannten Jahr 16 Wale, und es blieb seine erfolgreichste Grönlandreise.

Eine besondere Kostbarkeit ist das noch aus der katholischen Zeit stammende »Missale«, ein Meßbuch aus dem Jahre 1486, heute eines der ältesten, noch vorhandenen Bücher in Schleswig-Holstein. Abgesehen vom Wert des Buches an sich, ist es für die Inselgeschichte zusätzlich interessant durch die zahlreichen Randnotizen verschiedener Pastoren. Die älteste Inschrift stammt aus dem Jahre 1510 und berichtet von der Firmung Amrumer Kinder durch den letzten katholischen Bischof Gottschalk von Ahlefeld, »die auf demüthiges Bitten der Pfarrerkinder von St. Clemens, Amrum« vor der Pfarrhause der Pfarrkirche St. Johannis auf Föhr erfolgte. Wie schon erwähnt, war die St. Clemens-Kirche in katholischer Zeit nur eine Filialkirche von St. Johannis.

...und ihre Pastoren

Erst viele Jahre später, Anno 1574, wurde der breite Rand des Meßbuches für eine nächste Eintragung genutzt. Der von Sylt stammende Tycho Frödden, auf Amrum Herr Tycho (Har Tage) genannt, meldete mit einem einzigen Satz seinen Dienstbeginn Anno domini 1574. Tycho Frödden starb am 19. September 1630 im alten Pastorat in Norddorf. Auch sein Nachfolger, Martin Flor, hat nur Zeit und Umstände seines Amtsantritts in das »Missale« geschrieben. Er kam, 1596 in Bredstedt geboren, über die Hallig Nordmarsch im Jahre 1629 nach Amrum und mußte gleich »zu Beginn meines Dienstes im grausamen Pestjahre 147 Alte und Junge begraben«. Martin Flor war verheiratet mit Poppe Volquards von Nordmarsch und hatte mit ihr neun Kinder, darunter sieben Söhne, von denen sechs die Stammväter Amrumer und Föhrer Familien wurden, die noch heute den Namen Flor tragen.

Pastoren blieben früher im Amt, bis sie starben. Martin Flor starb 1686, hatte aber in seinen letzten Amtsjahren einen Adjunkten namens Jacob Boetius aus Galmsbüll. Dieser blieb jedoch nur zwei Jahre und wurde dann abgesetzt, nach »offizieller« Verlautbarung, weil er zuerst für den Herzog von Schleswig und danach erst für den König von Dänemark, dem eigentlichen Landesherrn, betete. Der wirkliche Grund aber soll nach der Überlieferung der Umstand gewesen sein, daß der Adjunkt der Gattin des abwesenden Grönland-Commandeures Boh Karstens zu nahe trat.

Nachfolger des nun alt und amtsunfähig gewordenen Pastors Martin Flor wurde der Däne David Monrad. Angeblich soll nach dem Vorfall mit Boetius den Insulanern die Predigerwahl genommen worden und die nachfolgenden Pastoren von der Landesherrschaft ernannt worden sein. Tatsächlich folgen nun anstelle bisheriger friesischer Pastoren mehrere aus dem dänischen Raum.

Pastor David Monrad stammte von der Insel Alsen, wo er 1655 geboren wurde. Im Gegensatz zu seinen Vorgängern Tycho Frödden, der 56 Jahre, und Martin Flor, der 57 Jahre in der St. Clemens-Gemeinde von Amrum amtierte, war Monrad nur kurze Zeit, nämlich von 1681 bis zu seinem Tode 1694 Pastor auf der Insel. Mehr als andere aber hat er die Ränder im »Missale« genutzt und der Nachwelt etliche Notizen aus einer Zeit hinterlassen, aus der es ansonsten kaum Kunde über Amrum gibt. Zunächst berichtet David Monrad über Herkunft, Familie und Berufslaufbahn sowie über seine Ernennung durch den Grafen Otto Dietrich von Schack zu Schackenburg. Dann folgen Notizen über Ereignisse auf der Insel, in seiner Familie, über Fürstenhäuser und Königshöfe sowie Bischöfe auf dem Festland, aber auch über Wahrsagerei und Aberglauben, in der Inselbevölkerung damals noch weit verbreitet. David Monrad hat auch die eigenartige und noch immer rätselhafte – weil zeitlich nicht genau zu datierende – Chronik des Sylter Priestersohnes Hans Kielholt in das »Missale« eingeschrieben und damit der Nachwelt ein wertvolles Dokument aus der Zeit des Überganges vom Asaglauben zum Christentum bewahrt.

Die nächsten Pastoren, Andreas Brorson (1694 bis 1710) und Georg Laurentius (1710–1715) haben ihre Zeit nicht für Nachrichten genutzt, und auch Bartholomäus Laugesen Wedel (1716–1727) hat nur einige Notizen über Sturmfluten, darunter die große Flut von 1717, hinterlassen.

Nach Detlef Gotthard Caisen Zwerg (1728–1732) und Nikolai Hansen Outzen (1732–1739) begann dann aber die Zeit einer Pastoren-Dynastie, die über drei Generationen bis 1875 dauern sollte.

Am Anfang dieser Dynastie steht Friedrich Marstrand Mechlenburg, geboren Anno 1710 in Christiansund in Norwegen. Er war von 1739 bis 1778 Pastor an der St. Clemens-Kirche von Amrum. Ihm folgte von 1778 bis 1786 Carsten Christiansen und dann bis 1827 der Sohn des oben Genannten, Christian Riese Marstrand Mechlenburg, der 1748 in Norddorf, noch im alten Pastorat, geboren worden war. Einen besonderen Namen aber machte sich dessen Sohn, Lorenz Friedrich Marstrand Mechlenburg, geboren 1799 im neuen Pastorat in Nebel. Nach dem Theologiestudium in Kopenhagen folgte Lorenz F. M. Mechlenburg seinem Vater im Amt auf der Heimatinsel Amrum und war hier Pastor bis wenige Tage vor seinem Tod am 13. Oktober 1875. Kein anderer Inselpastor war als Chronist so fleißig wie Lorenz F. M. Mechlenburg. Er kümmerte sich aber nicht nur um die Niederschrift von kleinen und großen Ereignissen auf der Insel, sondern fand auch die Zeit zu einer umfangreichen Wörtersammlung der inselfriesischen Sprache und entsprechender Korrespondenz mit gleichgesinnten Gelehrten. Ebenso stand er in Verbindung mit dem archäologisch interessierten dänischen König und übermittelte ihm unter anderen seine frühgeschichtlichen Entdeckungen im Skalnastal. Zugleich war er – wie an anderer Stelle erwähnt – Landwirt auf den umfangreichen Pastoratsländereien und hatte als solcher eine Art Leitfunktion für andere Insulaner, die von der Landwirtschaft sehr viel weniger verstanden als ihr Pastor. Pastoren waren zu Mechlenburgs Zeit aber auch noch Leiter des Schulwesens. Lehrer an der Schule in Nebel waren die jeweiligen Küster, zu Lorenz F. M. Mechlenburgs Zeit Paul Feddersen und Claus Stuck, in der Nebenschule von Norddorf aber zunächst alt gewordene Seefahrer, die mehr oder weniger kundig ihres Amtes walteten, bis 1839 ein erster examinierter Lehrer, Johann Martensen, angestellt wurde.

Pastoren repräsentierten aber auch in vielfältiger Weise die weltliche Obrigkeit, mangels sonstiger Amtspersonen auf der Insel. Viele Verordnungen wurden während des Gottesdienstes von der Kirchenkanzel aus »publicieret«, und wenn Insulaner mit der Landesherrschaft Konflikte austrugen, besorgte Pastor Mechlenburg den Schriftverkehr. Natürlich stand der Pastor auch den sozialen Einrichtungen und Legaten vor. Die Bewältigung dieser zahlreichen Lebensaufgaben mögen Anlaß dafür gewesen sein, daß der dänische König Friedrich VII. anläßlich eines Besuches auf Amrum am 27. Juli 1860 den Amrumer Pastor zum Ritter des Danebrogordens machte.

Lorenz Friedrich Marstrand Mechlenburg war verheiratet mit einer Insulanerin, Marret Tückes, Tochter des Steuermannes Tücke Rauerts und Jung Ehlen geb. Knudten. Mit ihr hatte er 9 Kinder, von denen einige Söhne entsprechend der Inseltradition Seefahrer, ein anderer Pastor und ein weiterer Gemeinde- und Amtsvorsteher auf Amrum wurden. So war die Pastorenfamilie ganz mit der Insel und ihrem Eigenleben verwachsen, und da gab es einen einschneidenden Bruch in der Beziehung der Bevölkerung zur Kirche, als auf Pastor Mechlenburg der aus Bayern gebürtige Georg Leonhard Beck folgte, der mit religiösem Übereifer zu Werke ging »und den Leuten hier ihre Sünden wie Gewitter um die Ohren schlug«. Es kam bald zu Beleidigungsklagen gegen den neuen Pastor, und nach nur dreijähriger Amtszeit mußte dieser 1878 die Insel wieder verlassen. Ihm folgte Wilhelm Johann Emil Tamsen aus Trittau im Kreise Stormarn. Pastor Tamsen ging als Initiator des Seehospizes in die Inselgeschichte ein, aber er starb schon 1891 an einer schweren Krankheit, erst 39 Jahre alt.

Die nächsten Pastoren, Hermann Müller, Carl Friedrich Meyer und Magnus Weidemann waren nur jeweils wenige Jahre im Amt. Letzterer machte sich später – in Keitum auf Sylt lebend – einen Namen als Kunstmaler. Er wurde in einer Art »Erweckungszeit« wegen seiner weltlichen Art von einer fanatisch-frommen Frauenriege als Amrumer Pastor zu Fall gebracht. Der nächste Pastor, Cornelius Riewert Ketels, stammte von Föhr. Er amtierte von 1907 bis 1921 in der St. Clemens-Gemeinde. Ihm folgte bis 1928 Pastor Arnold und dann abermals ein Föhrer, Ferdinand Harald Lorenzen, bis 1935. Mit Pastor Erich Pörksen kam 1934 wieder eine lange Kontinuität in das Amt, so, wie es die Amrumer von früher gewohnt waren. Denn Pastor Pörksen blieb – unterbrochen von den Jahren des 2. Weltkrieges – bis 1975 im Amt und setzte sich auf der Insel zur Ruhe – als Vorsitzender des Vereins zur Erhaltung der Amrumer Windmühle aber zusammen mit seiner Frau weiterhin eine große öffentliche Aufgabe erfüllend. Sein Nachfolger als Pastor wurde Martin Segschneider. In der Zeit von Pastor Pörksen wurde das Innere der Kirche mehrfach renoviert, vor allem mit dem Ziel, das alte Bild wieder herzustellen. Um die Jahrhundertwende und später war die Kirche etliche Male »modernisiert« worden und hatte dabei hinsichtlich der ästhetischen Gestaltung gelitten. Es verschwanden aber in den 1920 er Jahren auch die Namensschilder der Amrumer Familien von den Kirchenbänken. Bis dahin nämlich wurden die Plätze eigentümlich gekauft oder verlost. Aber so wie sich die Insel dem Fremdenverkehr erschloß und Kurgäste den Gottesdienst besuchten, ließ sich der Besitz fester Kirchenplätze nicht mehr behaupten, und diese alte Regel wurde abgeschafft.

Die „Neuordnung" des Friedhofes

Leider kam es seit den 1870er Jahren auch zu einer Neugestaltung des Friedhofes. Dem preußischen Architekten des Amrumer Leuchtturmes, Schmeißer, mißfiel die »Unordnung« der Grabstellen, die regellos verstreut im schlichten Friedhofsrasen lagen. Ja, schlimmer noch! Der Friedhof wurde sogar alljährlich zur Heumahd an verschiedene Interessenten verpachtet und hatte nicht einmal zu den Gräbern ein festes Wegesystem. Das wurde nun anders. Der Architekt legte einen Plan mit schnurgeraden Wegen quer über alte Familiengrabstellen vor und teilte die Gräber in »ordentliche« Soldatenreihen auf. Hochdeutsche

Grabgestaltung und entsprechender Gräberkitsch brachen ein, und bald war der inselfriesische Friedhof verunstaltet. Auf alten Bildern sieht man noch die Stelen der Seefahrer und die Platten der geringeren Leute – aber alle im schlichten Grün des blumendurchwirkten Grases von ergreifender Erscheinung.

Ende der 1939er Jahre wurde auf der nördlichen Anhöhe bei Nebel der »Neue Friedhof« angelegt. Neben ersten Amrumern fanden hier dann zunächst die Toten des Zweiten Weltkrieges eine Ruhestätte – im Seebereich von Amrum abgeschossene amerikanische Flieger, die nach dem Kriege aber wieder exhumiert wurden, sowie Flüchtlinge und Flüchtlingskinder, die nach der Flucht aus dem Osten Deutschlands an Entkräftung und Seuchen starben. Seit den 1950er Jahren erfolgte eine Erweiterung, weil neben Einheimischen auch zunehmend Auswärtige aus besonderer Verbundenheit mit Amrum ein Grab auf der Insel wünschten.

Jahrhundertelang blieb die St. Clemens-Kirche das einzige Gotteshaus auf Amrum. Nach Gründung der Badeorte stellte sich aber bald die Frage der Glaubensbetreuung sowohl in Wittdün als auch in Norddorf. An der Hauptstraße von Wittdün wurde deshalb im Jahre 1903 eine evangelische, zwei Jahre später auch eine katholische Kapelle für die Inselgäste errichtet. In Norddorf wurde Gottesdienst zuerst im Seehospiz II, ab 1929 im neuerbauten Gemeindehaus gehalten. Für katholische Gäste wurde im Hotel Hüttmann ein kleiner Raum eingerichtet, später fand der Gottesdienst im sogenannten »Missionshaus« auf der Heide am Südrand des Dorfes statt, ehe 1973 die heutige St. Elisabeth-Kirche erbaut wurde.

Seefahrt seit Jahrtausenden

Jahrtausendelang war das Leben der wechselnden Völkerschaften auf den hohen Geestinseln von Sylt, Föhr und Amrum zur See gewandt. Obwohl der Meeresspiegel vor und nach der Zeitrechnung um einige Meter niedriger war als heute und die genannten Geestinseln noch eingeschlossen in einer Landschaft von Marschen und Mooren lagen, führten doch schon prielartige Wasserläufe, in denen Ebbe und Flut wirksam waren, zur offenen Nordsee. Und seit Beginn der Bronzezeit bestanden über diese Priele, über die See und über die aus der europäischen Landmasse hier zufließenden Flüsse mittels Schiffen Handelsverbindungen mit dem Mittelmeerraum, wie Darstellungen und Funde aus den verschiedenen Perioden der Bronzezeit beweisen. Die Handelsware der nordischen Völker, auch aus dem Raume Amrum, war Bernstein, damals noch in beachtlicher Menge zu finden und im Süden als Schmuckartikel begehrt. Der Bernsteinhandel begründete die hohe Kultur der Bronzezeit in den Regionen des Nordens. Und nach einem küstengermanischen Volksstamm, den Cimbern, nannten die Römer die Nordsee »Mare Cimbrium«.

Wenn die Seefahrer im Frühjahr ausfuhren, baten sie Wotan, den Hauptgott unter ihren Göttern, um eine glückliche Reise und guten Wind. Ihm zu Ehren wurden zwei Monate nach der Wintersonnenwende große Feuer abgebrannt, verbunden mit einem Opferkult. Die abreisefertigen Seefahrer tanzten mit ihren Frauen um diese Feuer und riefen den Schutz ihres Gottes an. Über viertausend Jahre, bis heute, hat sich dieser Kult als Brauchtum auf den nordfriesischen Inseln erhalten. Noch immer werden am Abend des 21. Februars auf den Geesthöhen von Sylt, Föhr und Amrum sowie auf den Halligen die »Biakefeuer« angezündet und leuchten von Dorf zu Dorf und von Insel zu Insel. Nie ist es der Kirche nach der Christianisierung im 11. Jahrhundert gelungen, diesen Brauch auszurotten. Und schließlich wurde das »Biakefeuer« mit Petri Stuhlfeier am folgenden Tag, dem 22. Februar, in Verbindung gebracht. Aber an Petrus wurde und wird selten gedacht.

Im Gegenteil – noch heute ist es auf Amrum Sitte, den Peter, den »Piader«, als eine lumpenartige Stoffpuppe zu verbrennen. Und noch im 17. Jahrhundert riefen die Sylter beim Tanz um das Feuer »Weda teere« (Wotan zehre). Aber zu dieser Zeit war das »Biaken« doch schon ein vorrangiges Abschiedsfest für die Seefahrer, verbunden mit einem Thingtag, einer Art Volksgericht, mit Verlesung von Ge- und Verboten und der Regelung von nachbarlichem Zwist. Aber nicht nur hinsichtlich des »Biakefeuers« paßte sich der christliche Klerus der Bevölkerung an. Die etwa um 1200 gegründete Amrumer Kirche wurde Sankt Clemens geweiht, dem Patron der Reisenden und Seefahrer. Er sollte nach Jahrtausenden Wotan ablösen.

Die Seefahrt blieb, auch als die vorgeschichtlichen Völker im Raume der heutigen Geestinseln in Bewegung kamen und bis auf Reste auswanderten, offenbar, weil der Anstieg des Meeresspiegels ihren Lebensraum zerstörte. Aber im 8. Jahrhundert wanderten Friesen aus Gegenden an der Rheinmündung und aus dem heutigen Westfriesland ein, während fast gleichzeitig oder nur wenig später von Norden her die Wikinger aufbrachen, um mit ihren schnittigen Drachenschiffen die Küstenländer Europas zu erobern und zu verwüsten. Auch sie wurden auf den Geestinseln Sylt, Föhr und Amrum längere Zeit seßhaft und haben sich mit Urbevölkerung und Friesen vermischt. Gräberfelder und eine Fülle sonstiger Funde, darunter Münzenmengen als mögliche Tributzahlungen der geplagten Könige von Großbritannien, weisen auf die Anwesenheit dieser nordischen Seeraubritter hin, ebenso Ortsnamen wie »Wikingerhafen« bei Goting auf Föhr und »Nordmannsgrund« im Wattenmeer zwischen Amrum und Föhr. Auch die Ringwallburgen auf Sylt und Föhr stehen in Zusammenhang mit dieser Zeit, ebenso der Burghügel »Borag« bei Norddorf unmittelbar am Wattenmeer – damals durch einen prielartigen Wasserlauf mit der Nordsee verbunden. Der Sylter Chronist C. P. Hansen berichtet, daß Friesen und Wikinger gleichermaßen aussegelten und Raubzüge unternahmen.

Die Friesen kamen als Deichbauer und Kultivierer der Marschen und Moore, als Bauern und Viehzüchter. Aber von Anfang an trieben sie auch friedlichen Seehandel mit benachbarten Ländern, um ihre Produkte, Getreide und Vieh, später auch Salz, zu verkaufen. Dabei suchten und fanden sie zusammen mit den Wikingern auch einen Weg über Land, um sich die Ostsee für ihren Handel zu erschließen. Dort, wo von der Nordsee aus die Eider und die Treene bis nahe an die Schlei ins Land greifen, wurde im 9. Jahrhundert ein Umschlagplatz für den Warenhandel angelegt – das legendäre Haithabu. Die etwa 15 Landkilometer wurden durch das Umladen der Waren auf Wagen überwunden. Kleinere Schiffe wurden vermutlich auf Rollen über Land befördert.

Seefahrt blieb die dominierende Erwerbsquelle der Friesen auf den Geestinseln, und als Seefahrer wurden sie in Europa bekannt. Beispielsweise weist der Venezianer Marinus Sanuta im 14. Jahrhundert auf die Friesen hin, »die weit hinunter am Meere wohnen und die Schiffahrt auf dem Meere und den Flüssen vorzüglich verstehen«, und empfiehlt der Stadt Venedig, sich dieser Leute zu bedienen. Ein anderer Beleg über die Bedeutung und über die Einkünfte aus der Seefahrt liefern die Landgeldzahlungen. So zahlten die Bewohner von Föhr und Amrum im Jahre 1509 an den Bischof zu Schleswig an Landgeld fast soviel wie das dreimal so große, fruchtbare Eiderstedt und doppelt soviel wie die reiche Insel »Strand«. Diese hohen Abgaben lassen sich – weil die Landwirtschaft auf dem sandigen Geestboden, insbesondere auf Amrum keine große Rolle spielen konnte – nur durch Verdienste in der Seefahrt erklären. Diese lieferten vermutlich auch das Geld für die mächtigen Kirchenbauten auf Föhr.

Ansonsten gibt es aus jener Zeit aber nur wenige schriftliche Zeugnisse über die Seefahrt der Inselfriesen, darunter aber eine Nachricht über die Bürgschaft von Hamburger Kaufleuten für den Amrumer Schiffer Wulf Sonneken (Oluf Sönken) aus dem Jahre 1418. Dieser war mit seiner Schute von Lübeck nach Schonen unterwegs und bedurfte offenbar des Beistandes wegen der Piraten.

Walfänger in Diensten der Holländer und Hamburger

Erst um die Mitte des 17. Jahrhunderts traten die Inselfriesen ganz groß in die Geschichte der Seefahrt ein – als Walfänger in Diensten der Holländer und Hamburger. Einige Jahre vor 1600 hatten Engländer und Holländer anläßlich der Suche einer nordöstlichen Durchfahrt nach Ostindien diese zwar nicht gefunden, aber den Reichtum von Walen und Robben im Eismeer entdeckt. Ab 1610 begannen Unternehmen beider Nationen mit dem Walfang, voran die Holländer, deren Schiffe aber zunächst vorwiegend mit Basken besetzt waren. Als aber im Jahre 1633 der französische König aus Konkurrenzgründen seinen Untertanen, den Basken, das Dienen auf holländischen Schiffen verbot, fanden die Reeder in Amsterdam ihre Seeleute unter den seebefahrenen Männern der Nordfriesischen Inseln und Halligen. Anno 1644 begannen nach Erteilung eines entsprechenden Privilegiums durch den dänischen König Christian IV. auch Hamburger Reeder, die »Grönlandfahrt« zu betreiben. Und auch sie suchten ihre Mannschaften vorwiegend auf den Nordfriesischen Inseln. Bald ging ein großer Teil der männlichen Bevölkerung, vom erst 12jährigen Knaben bis hinauf zum noch rüstigen Greis, in Diensten der Holländer und Hamburger auf »Grönlandfahrt«, wie man die Reisen in das Eismeer nannte. Denn zunächst wurde Spitzbergen, die Insel im Zentrum des Hauptfanggebietes, für die Ostküste von Grönland gehalten, aber die Bezeichnung blieb, auch als der geographische Irrtum erkannt und korrigiert war.

Dank ihrer seemännischen Fähigkeiten besetzten die Inselfriesen vorwiegend die oberen Ränge bis hinauf zum Commandeur. Besonders die Föhrer spielten eine große Rolle im holländischen und hanseatischen Walfang, und es gab im 18. Jahrhundert Zeiten, in denen bis zu einem Drittel aller Commandeure in Amsterdam und Hamburg allein von dieser Insel stammten und Familien, in denen Väter, Söhne und Brüder gleichzeitig Führer von Walfangschiffen waren. Da sich die Commandeure fast ausschließlich ihre Mannschaften, 40–50 Mann, unter ihren Landsleuten suchten, lesen sich unzählige Musterungsrollen wie Einwohnerlisten von Dörfern auf Föhr.

Die Amrumer Walfänger aber waren fast ausschließlich nach Hamburg orientiert. Von den insgesamt nur 13 nachweisbaren Commandeuren, die im 17. und 18. Jahrhundert von Amrum stammten, fuhren alle bis auf einen ab Hamburg. Die ersten Amrumer Commandeure waren Söhne und Enkel Amrumer Pastoren: Jacob Flor führte von Ao. 1662 bis 1671 das Walfangschiff »St. Jacob«. Nach Heimkehr der 9. Grönlandfahrt stiftete er 1671 »zu Gottes Ehre und dieser Kirche zur Zierde« einen der Kronleuchter. Bei der zehnten Ausfahrt 1762 aber wurde er krank und starb wenig später. Und nun erhielt sein Bruder Johann Flor das Kommando auf dem genannten Walfangschiff. Boh

Carstens, der Enkel des Pastors Tycho Früdden, schenkte der Heimatkirche einen zweiten Kronleuchter. Er war in der Zeit von 1669 bis 1680 mit einigen Unterbrechungen Führer der Hamburger Walfänger »St. Jan Evangelist« und »De Abraham«. Eine mächtige Grabplatte an der Ostwand der Kirche erzählt von dem Vater, »ein Hausmann auf Amrum, hat geheißen Carsten Har Täge... Der Sohn Boy Carstensen, ein Schiffer, hat gefahren von Hamburg ab 12 Jahre als Commandeur, ist den 24. February 1681 seelig im Herrn entschlafen, alt 47 Jahr...« Eine weitere Grabplatte an der Südmauer der St. Clemens-Kirche berichtet über den Commandeur Jung Rörd Ricklefs, »geboren den 15. August 1658... gefahren auf Grönland in alles 34 Jahr, als schlicht und Steuerer 9, als Harpunier 1, als Steuermann und Harpunier 15 und als Commandeur 9 (Jahre)«

Auch von den drei Amrumer Hamburg-Commandeuren Knudt Wögens, Martin Peters und Rörd Peters sind noch die Grabsteine vorhanden, alle mit dickbauchigen Walfangschiffen im Giebel, abgetakelt für den »Hafen der Ewigkeit«. Knudt Wögens führte von 1736 bis 1745 den Walfänger »De gekroonte Hoop«, den vorher schon sein älterer Bruder Ahners Wögens kommandiert hatte.

Martin Peters war von 1739 an zunächst Führer des Walfängers »Juffrouw Anna«, verunglückte aber mit diesem Schiff im letztgenannten Jahr, wobei er sich und die Mannschaft jedoch retten konnte. Von 1740 bis 1749 stand das Walfangschiff »Koning David« unter seinem Kommando.

Rörd Peters war sein jüngerer Bruder. Er hatte von 1741 bis 1747 das Kommando auf der »Jongen Diana«, verunglückte aber mit diesem Schiff und verschwand für einige Jahre aus den Commandeurslisten von Hamburg. 1752 aber erhielt er erneut das Vertrauen der Reederei P. & G. Beets und führte die schon genannte »Gekroonte Hoop« bis 1763 in das Eismeer. Im letztgenannten Jahr erbeutete er 7 Wale, die 206 Quardelen Speck erbrachten, in jener Zeit, als der Walfang wegen des jahrhundertelangen Raubbaues zu Ende ging, ein beachtliches Ergebnis. Das Schiff hatte nach Ausweis im Protokollbuch des Hamburger Wasserschouts eine 43köpfige Mannschaft, darunter 15 Amrumer. Die sichere Identifizierung der Commandeure und der Mannschaften bereitet aber öfter Schwierigkeiten, weil fast alle inselfriesischen Seefahrer ihre oft inselspezifischen Namen »hollandisierten«, einerlei, ob sie in Holland, Hamburg oder Kopenhagen Heuer suchten. Beispielsweise hieß Ahners Wögens in Hamburg Andres Willms, sein Bruder Knudt Wögens nannte sich Clas

Grabplatte von Carsten Har Tago und Boh Carstens

Willms. Und aus den typischen amrum-friesischen Namen Rörden wurde Riewerts, aus Nickels Cornelius, aus Erken Diedrichsen.

Der Walfang jener Zeit spielte sich – kurzgefaßt – auf folgende Weise ab. Je nach Witterung fuhren die Walfänger von den Nordfriesischen Inseln und Halligen ab Anfang Februar mit kleinen Küstenfrachtern über die Nordsee nach Amsterdam oder Hamburg. Die Abreise erfolgte geschlossen, so daß die Heimat von einem zum anderen Tage fast aller Knaben und Männer ledig wurde und sich dort unter den zurückgebliebenen Frauen eine eigenartige und bedrückte Stimmung verbreitete. In den Bestimmungshäfen angelangt, wurden die Mannschaften angemustert – soweit dies nicht schon durch die Commandeure auf den Heimatinseln erfolgt war – und zur Ausrüstung des Schiffes eingeteilt, eine Arbeit, die noch einige Wochen in Anspruch nahm. Dann segelte die Walfangflotte über die Nordsee hinauf in das Eismeer um Spitzbergen, später, als hier die Wale dezimiert waren, in das Seegebiet um Jan

Grabstein des Commandeures Knudt Wögens

Mayen, zur Ostküste von Grönland und schließlich auch zur Davis-Straße nordwestlich von Grönland.

Wenn das Fanggebiet erreicht war, stieg der Commandeur in das sogenannte »Krähennest«, eine Auslugtonne im Großmast des Walfangschiffes, und spähte mit seinem Spektiv über das Meer. Sobald er den hoch aufsteigenden Atemdampf eines Wales erblickte, ertönte das Kommando »Fall«. Eilends wurden die Schaluppen, größere Ruderboote, vom Mutterschiff zu Wasser gelassen und steuerten auf das gewaltige, aber arglose Säugetier zu. Aus nächster Nähe schleuderte der Harpunier seine mit Widerhaken versehene Lanze in den Vorderkörper des Wales, und dann legte sich die Mannschaft in die Riemen, um freizukommen von dem getroffenen Koloß, der bei seiner Fluchtreaktion nicht selten das kleine Boot und die Mannschaft darin mit seiner Schwanzfluke zerschlug. Die Harpune war mittels langer Rollenleinen mit der Schaluppe verbunden, die nun in wilder Fahrt hinter dem getauchten Wal über das Eismeer schäumte.

Schließlich aber mußte der Wal zum Atmen wieder an die Oberfläche kommen, wo er mit Lanzen durch Stiche in Herz oder Lunge getötet werden konnte. Anschließend wurde das mächtige Tier – Blauwale werden über 30 m, Finnwale bis 25 m und Grönlandwale bis 18 m lang – zum Mutterschiff bugsiert und an der Bordwand festgemacht. Das Abflensen der Speckschicht – wobei der Wal mit Fortgang der Arbeit rundum gekentert wurde – erforderte den Einsatz der ganzen Mannschaft. Auch die Barten im Maul des Wales wurden abgehauen, alles andere überließ man den Möwen und Eisbären.

In der Anfangszeit des Walfanges wurde der Walspeck gleich an Ort und Stelle auf Spitzbergen, auf einer Station mit dem bezeichnenden Namen »Smeerenborg« ausgekocht. Nachdem sich aber die Fanggebiete infolge der Dezimierung der Wale immer weiter auf See verlagerten, erfolgte die Verpackung des Specks in Tonnen und deren Beförderung in die Heimat, wo Tranbrennereien außerhalb der Hafenstädte die Verarbeitung besorgten.

Im Spätsommer kehrte die Flotte der Walfangschiffe – mit Ausnahme der Verunglückten – in die Heimat zurück. Die Mannschaften wurden entlohnt und entlassen und schifften sich für die Heimreise ein. Für Inseln und Halligen war es ein großes Fest, wenn die kleinen Küstenschiffe, vollbesetzt mit Walfängern, in die heimatlichen Gewässer einfuhren.

Im Januar 1735 erließ König Christian VI. eine Verordnung über die Enrollierung zum Dienst auf der Flotte. Damit »unsere lieben Unterthanen... insonderheit die in der Westsee liegenden Eiländer als Römö, Sylt, Föhr, Amrum... woselbst die Einwohner sich der Seefahrt befleißigen... desto mehr zur Seefahrt ermuntert werden... so sollen die auf den obgedachten Eiländern wohnenden Mannschaften zu ewigen Zeiten von aller Ausschreibung zu Lande, wie auch von allen Soldatendiensten, befreit sein...« Nur in Kriegsfällen mußte ein Teil der Seefahrer auf der Flotte dienen, doch konnten die Insulaner die dienstpflichtigen Männer selbst bestimmen.

Dieser großzügige Erlaß förderte den Walfang und die Handelsseefahrt zusätzlich. Aber es blieb natürlich der Regierung nicht verborgen, daß wohl Kopenhagen ein Schwerpunkt der Handelsseefahrer war, hinsichtlich des Walfanges aber ausländische Nationen durch die Tüchtigkeit der Inselfriesen begünstigt wurden. So entstand der Gedanke, im Bereich der Nordfriesischen Inseln eine eigene Walfangflotte aufzubauen, und zu diesem Zweck wurde die sturmgeschützte Hafenbucht bei Steenodde ins Auge gefaßt. Die Idee kam vom

Osterlandföhrer Landvogten Peter Matthiesen – ein Sohn des berühmten Grönland-Commandeurs Matthias Peters aus Oldsum-Föhr, »Glücklicher Matthias« genannt, weil er in Diensten Hamburger und holländischer Reeder 373 Wale erbeutet hatte.

Unter dem Datum vom 25. Januar 1768 reichte Peter Matthiesen, zusammen mit seinem Bruder, der als Landvogt auf Sylt amtierte, an das General Öconomie- und Commerzkollegium in Kopenhagen einen entsprechenden Vorschlag ein, der höheren Orts zunächst auch geneigte Ohren fand. Der Landvogt führte aus, »daß von den nordfriesischen Inseln und Halligen jährlich 8–10000 Seefahrer nach Hamburg, Holland und England gehen, um sich auf den Schiffen dieser Nationen zu verheuern. Sie tragen so in merklicher Weise zur Förderung der Schiffahrt und des Handels ausländischer Staaten bei«. Im Juni 1768 erschien ein Beauftragter der Königlichen Regierung, Kapitänleutnant Wengel, auf Amrum und untersuchte die Verhältnisse in der Hafenbucht bei Steenodde. »Der Hafen ist sehr gut und sicher für kleine Fahrzeuge«, hieß es im Gutachten. Aber zur Ostseite hin drohte im Winter Eisgefahr, und der Kapitänleutnant kam zu dem Schluß, daß eine Summe von 40000 Talern nötig wäre, um den Hafen gegen Eis zu schützen.

Angesichts dieser Kosten lehnte das Commerzkollegium den Plan eines Walfängerhafens bei Amrum ab.

Wie erwähnt, bekleideten inselfriesische Walfänger in großer Menge höhere Mannschaftsränge, bis hinauf zum Commandeur. Und als solche waren sie prozentual am Erlös einer Fangreise beteiligt. Besonders in der Anfangszeit des Walfanges kam auf diese Weise Geld und Wohlstand auf Inseln und Halligen.

Aber der Walfang war auch verbunden mit hoher Todesrate unter den Männern, und diese war zeitweilig höher als jene unter den Soldaten des letzten Weltkrieges! Die Mangelkrankheit Skorbut, Stürme und Eisgang bedrohten Schiffe und Mannschaften. Aber auch die Hin- und Herfahrt mit den kleinen Küstenfrachtern war nicht ohne Gefahr. Das Sterberegister der St. Clemens-Kirche Amrum berichtet, daß 1708 Erk Olufs von einem Wal getötet wurde. Und 1728 verloren Peter Hansen und Erk Jürgens ihr Leben, »als beide bei der Verfolgung eines Wales von diesem aus der Schaluppe geschlagen wurden und jämmerlich ertranken«. Ein besonderes Trauerjahr war 1728. Acht Amrumer Grönlandfahrer, zwischen 17 und 57 Jahre alt, blieben mit Altonaer Schiffen im Eise stecken und kamen um. Aber noch größer waren Trauer und Not im September 1744, als ein mit heimkehrenden Walfängern vollbeladenes Schmackschiff unweit des Kniepsandes vor Amrum im Sturm zugrunde ging. Etwa 120 Männer fanden dabei den Tod, darunter 18 von Amrum.

Auch in den nachfolgenden Jahren lesen wir noch öfter die Bemerkung »Auf Grönlandfahrt« verunglückt. Aber im großen Unglücksjahr 1777, als an die 20 Walfangschiffe zwischen Jan Mayen und Grönland vom Eis eingeschlossen wurden und nur ein Teil der Besatzungen sich über Land zu Eskimosiedlungen retten konnte, werden für Amrum keine Verluste gemeldet. Zu dieser Zeit nahmen nach Ausweis der Hamburger Wasserschout-Protokolle nur noch knapp zwanzig Amrumer am Walfang teil. Einen letzten Amrumer Grönland-Commandeur hatte es im Jahre 1771 gegeben. Von dieser Zeit an dominierten weiterhin Commandeure und Mannschaften von Föhr und insbesondere von Römö den Hamburger Walfang, aber die Seefahrer von Amrum wandten sich geschlossen der Handelsseefahrt zu, die neben dem Walfang immer einen hohen Rang behalten hatte.

Der Walfang trat ohnehin gegen Ende des 18. Jahrhunderts in seine Endphase. Die kriegerischen Auseinandersetzungen zwischen Holland und England sowie die Napoleonischen Kriegswirren von 1803–1815, vor allem aber die Dezimierung der Walbestände und die sich häufenden vergeblichen Reisen in das Eismeer, bedingten eine starke Reduzierung der Flotten. Mehr und mehr trat nun das Robbenschlagen an die Stelle des eigentlichen Walfanges. Aber auch die anfangs riesigen Robbenrudel waren in wenigen Jahrzehnten ausgebeutet.

Das Ende der »Grönlandfahrten«

Bemerkenswerterweise aber gab es im Laufe des 19. Jahrhunderts noch eine kurze Nachblüte der Grönlandfahrt, an der sich auch wieder Amrumer Seefahrer beteiligten. Doch waren es vorwiegend Reeder in kleineren Hafenstädten wie Glückstadt, Elsfleth, Brake, später auch Emden, Flensburg und Kiel, die Schiffe in das Eismeer sandten. Und mehrere dieser Wal- und Robbenfangschiffe wurden von Amrumer Commandeuren geführt. 1820 erhielt Georg Hinrich Simons das Kommando auf dem Glückstädter Grönlandfahrer »Frau Margaretha« des Reeders Johann P. Schröder. Im folgenden Jahr aber ging das Schiff nahe der Ostküste von Grönland verloren, doch die Besatzung konnte sich auf abenteuerliche Weise mit ihren Schaluppen nach Island retten, wo man auf eine Siedlung stieß und über Reykjavik und Kopenhagen in die Heimat zurückgelangte. Trotz dieses Schiffsverlustes erhielt der

Commandeur Georg Hinrich Simons

Amrumer Commandeur 1822 ein neues Schiff, die »Frau Anna«, und führte diese drei Jahre auf Grönlandfahrt. Aus dem Jahre 1823 ist ein Ertrag von 6000 Robben bekannt.

Fast gleichzeitig trat auch der Amrumer Commandeur Georg Hinrich Quedens in den Dienst des genannten Glückstädter Reeders. Er führte in den Jahren 1821 bis 1823 die »Elbe« in das Eismeer und brachte zweimal 75 und einmal 100 Quardelen Speck (Eine Quardele umfaßte nach der Berechnung im 19. Jahrhundert 3 Tonnen Tran mit je reichlich 200 Pfund) nach Hause, dazu die entsprechenden Robbenfelle. Es folgte dann aber wieder eine jahrzehntelange Unterbrechung, ehe sich Mitte des 19. Jahrhunderts noch einmal vier Amrumer Commandeure in die nun endgültig letzte Epoche der Grönlandfahrt einschreiben. Von 1845 an führte Christian Erichsen aus Nebel von Elsfleth aus die Brigg »Albania« und übernahm ab 1847 die Brigg »Nordstern« einer Partner-Reederei aus Kiel. Die erste Ausfahrt mit einer Besatzung von 53 Mann verzeichnet noch einen beachtlichen Erfolg: 4 Wale und 7800 Robben. Aber 1854 wurde das Unternehmen infolge nachlassender Erträge wieder eingestellt.

Von 1850 bis 1860 fuhren, ebenfalls von Elsfleth an der Weser aus, die Brüder Knudt und Marten Martens aus Süddorf als Commandeure mit Amrumer Mannschaften auf Walfang und Robbenschlag, der eine mit der »Patriot«, der andere mit der »Alliance«.

Der letzte Amrumer Grönland-Commandeur war Jacob Lorenz Engemann aus Norddorf. Er führte von 1857 bis um 1860 die Bark »August« der Stedinger Compagnie in Dreisielen, Oldenburg. Aber dann hörten die Grönlandfahrten, auch aus den anderen Hafenstädten, völlig auf. Fast 250 Jahre hatte dieses bedeutende Kapitel der inselfriesischen Seefahrt gedauert.

Schiffer auf Nord- und Ostsee

In älterer und neuerer Literatur über die Seefahrerzeit der Inselfriesen ist immer wieder zu lesen, daß die Seefahrt erst durch den Walfang begründet wurde. Tatsächlich aber wurde die Seefahrt schon seit Jahrhunderten, seit der Einwanderung der Friesen betrieben, und die Holländer und Hamburger heuerten nicht zufällig auf den Inseln und Halligen Mannschaften für ihren Walfang an.

Von der Handelsfahrt der ältesten Zeit und des Mittelalters sind jedoch nur wenige Zeugnisse überliefert, vor allem Schmuck- und Gebrauchsgegenstände sowie Münzfunde, die auf eine lebhafte Beziehung der Inselwelt zu anderen Küsten hindeuten. Die erwähnte Bürgschaft Hamburger Kaufleute für einen Amrumer Schiffer im Jahre 1418 ist das bislang früheste Dokument inselfriesischer Handelsfahrt. Einen weiteren Hinweis liefert der Lebenslauf des von Sylt gebürtigen, auf Amrum in der Zeit von 1574 bis 1630 als Pastor wirkenden Tycho Frödden, von dem es in der Chronik heißt, »daß er zunächst zur See bestimmt war«.

Offenbar betrieben die inselfriesischen Seefahrer in jener Zeit Frachtfahrten im Bereich der Nordsee bis Holland, England und Norwegen und hinein in die Ostsee mit eigenen Schiffen und auf eigene Rechnung, ohne große Protokollarien. Erst später traten sie als Commandeure (Walfang) und Kapitäne (Handelsfahrt) in Diensten von Reedern europäischer Hafenstädte, ohne aber die eigene Schifferei zu vernachlässigen. Noch bis ins 19. Jahrhundert hinein waren Amrumer – und natürlich andere Inselfriesen – mit ihren Schmack- und Kuffschiffen, mit Tjalks und Galioten im Bereich Nordsee–Ostsee unterwegs. Sie wurden zur Unter-

14 Jahre war Knudt Erken Sklave in Nordafrika

scheidung von Commandeuren und Kapitänen der Überseefahrt »Schiffer« genannt.

Frühe schriftliche Nachrichten über eine lebhafte Handelstätigkeit von Nordfriesen datieren aus dem Jahre 1661. Der König Carl II. von Großbritannien gewährt Schiffern aus dem Inselraum die Freiheit, mit 12 Schiffen nordische Waren in sein Land zu transportieren und dort Handel zu treiben. Und 1668 gewährt der dänische König Friedrich III. Zollerleichterungen für die Seefahrt nach Norwegen. Weitere Nachrichten lassen erkennen, daß die Handelsfahrten von Inselfriesen zwischen Norwegen und England in jener Zeit einen bedeutenden Umfang erreicht haben. Jedenfalls müssen die Stadtvertreter von Trondheim um 1670 Maßnahmen ergreifen, um den eigenen Seehandel gegen die Konkurrenz der Inselfriesen zu schützen. Und im Mai 1675 wendet sich der Sohn des dänischen Königs, Gyldenloewe, aus der Stadt Christiania (heute Oslo) an seinen Vater und meldet, daß die »Husumschiffer« – gemeint sind jene von den Nordfriesischen Inseln und Halligen – nun mit 70 bis 100 Schiffen die Gewässer des Reiches besegeln, weshalb die hiesigen Untertanen, die sich der Seefahrt befleißigen, großen Schaden erleiden. Die »Husumschiffer« transportieren nämlich große Mengen von Holz nach England. Gyldenloewe empfiehlt, die Zollabgaben zu erhöhen und mit dem Gewinn eine eigene Flotte aufzubauen. Um derartige Beschränkungen zu vermeiden, siedelten sich zahlreiche Inselfriesen, vor allem von Amrum und von den Halligen, in Trondheim an und erwarben dort die »Schifferbürgerschaft«.

Als erster von Amrum stammender Kapitän ist der 1666 geborene Nickels Jensen verzeichnet. Er führte 1693 die Galiot »Gyldenlew« der Reeder Frost und Holst und erhielt 1696 die »Schifferbürgerschaft« von Trondheim. 1706 verunglückte der Amrumer Kapitän mit der Brigg »Nordstjernen« auf der Reise nach Irland, und mit ihm fanden weitere sieben Amrumer aus der Mannschaft den Tod. Zwei Brüder des Vorgenannten, Rauert Jensen und Oluf Jensen, die sich in Trondheim Riwert Jansen bzw. Rollof Jansen nannten, dienten dort ebenfalls als Kapitäne. Oluf Jensen erhielt 1701 die »Schifferbürgerschaft« dieser norwegischen Hafenstadt und führte von dort aus nachweislich bis um 1717 Schiffe nach England und Holland. Später lebte er wieder auf Amrum und war Reeder oder Teilhaber an eigenen Schiffen. Eines dieser Schiffe hieß »Hoffnung«. Es wurde im März 1724 am Ausgang des Kanals von Seeräubern des Osmanischen Großreiches gekapert. Dabei wurde die aus Föhrer und Amrumer Seeleuten bestehende Besatzung gefangen und als Sklaven auf dem Markt zu Algier verkauft. Zur Besatzung gehörte auch der 16jährige Sohn des Schiffeigners, Harck Olufs. Derselbe diente als Sklave dem Bey zu Constantine, errang dort die Position eines Schatzmeisters und Anführers berittener Krieger, erhielt nach reichlich zwölf Jahren die Freiheit und kehrte als wohlhabender Mann nach Amrum zurück. Insgesamt lassen sich in der Zeit von etwa 1693 bis um 1720 16 Kapitäne von Amrum in Trondheim nachweisen. Sieben davon blieben dort wohnen und gründeten Familien, aus denen wiederum etliche Schiffsführer hervorgingen. Die Halligen waren mit 11, die Föhrer aber, die von allen nordfriesischen Inseln durch Jahrhunderte die meisten Commandeure und Kapitäne stellten, ebenfalls nur mit 11 Schiffsführern in Trondheim vertreten, letztere aber erst, als die Amrumer dort schon verschwunden waren.

Seite 93 Fliesentableau mit Walfangscene, Haus Ide, Nebel
Seite 95 Fliesentableau mit Schmackschiff, Küstenfrachter auf Nord-
          und Ostsee, Nebel – Amrum

*Walfang im Eismeer –
der Harpunier in Aktion*

*»Frouw Anna«
von Glückstadt,
Commandeur
G. H. Simons*

Grabstein des Kapitäns Oluf Jensen

Grabstein des Kapitäns Harck Nickelsen

Hamburger Viermastbark »Kurt«, Kapitän Wilhelm Tönissen, Amrum

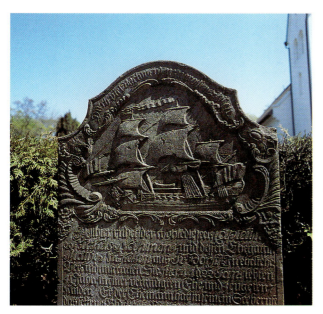

Grabstein des Kapitäns Nickels Nahmens

Grabstein des Schiffers Willem Claasen

»Pindos« in Seenot bei Kap Hoorn, Kapitän Willem Peters, Amrum

Commandeur Georg Hinrich Quedens (1775–1837)

Seite 100 Krabbenfischer im Seezeichenhafen
Seite 100 Der Tagesfang geht mit der WDR zum Festland

Seefahrerstube in einem Friesenhaus in Nebel

Auf allen Meeren der Welt

Im Laufe des 18. Jahrhunderts entwickelte sich als weiterer Schwerpunkt inselfriesischen Seefahrerlebens die dänische Hauptstadt Kopenhagen, begünstigt durch die Inbesitznahme und Kolonialisierung einiger westindischer Inseln (St. Thomas, St. Croix u. a.), durch langwierige Kriege der dominierenden Seefahrernationen England, Holland und Frankreich und der gleichzeitigen, andauernden Neutralitätspolitik Dänemarks, besonders ausgeprägt seit 1751 durch den Staatslenker J. H. E. Bernstorff. Und in dem Maße, wie die nordeuropäischen Nationen sich zunehmend Kolonien aneigneten und den weltweiten Handel erschlossen und Schiffe nach Westindien, Ostindien, zur Sklavenfahrt nach Afrika und schließlich auch um das berüchtigte Kap Hoorn zur Westküste von Süd- und Nordamerika sowie nach Australien sandten, mehren sich die Namen von Inselfriesen in Diensten der Reeder und Kaufleute in Antwerpen und Amsterdam, London, Hamburg und Altona, Kopenhagen, Flensburg und Kiel bis hinauf nach den russischen Hafenstädten Petersburg und Archangelsk.

Beispielsweise führte der Kapitän Hark Nickelsen aus Süddorf um die Mitte des 18. Jahrhunderts Schiffe von Holland und Kopenhagen nach Guinea und Westindien, also auf Sklavenfahrt. Der kunstvoll gestaltete Grabstein des Kapitänes auf dem Friedhof der St. Clemens-Kirche in Nebel berichtet über den »wohledlen Capitain«, daß er am 12. Oktober 1706 geboren wurde »zu eben der Zeit wie sein Vater auf dem Meere verunglückte«. Bei diesem Vater handelte es sich um den erwähnten Kapitän Nickels Jensen, der 1706 mit der Trondheimer Brigg »Nordstjernen« auf der Nordsee sein Leben verlor. »Im 12ten Jahre seines Alters fing er an sein Brodt bey der Schiffahrt zu suchen. Ao 1724 erlitt er die Wiederwärtigkeit, von türkischen Seeräubern gefangen und an den Bey zu Algier verkauft zu werden, welchen er 3 Jahre diente, nach welcher Zeit er ihm aus Güte seine Freiheit durch Portugiesen erkaufen ließ…«, erzählt der Grabstein weiter. Die Gefangennahme erfolgte auf dem erwähnten Schiff »Hoffnung«, das seinem Onkel Oluf Jensen gehörte. Später heiratete Nickels Jensen dessen Tochter Marret, und als das Ehepaar nach kinderloser Ehe 1770 bzw. 1780 starb, fiel den Erben ein Vermögen von 19000 Mark Courant zu – eine für damalige Verhältnisse überaus hohe Summe, die auf die Einnahmen und auf das Vermögen von Kapitänen jener Zeit hinweist.

Andere bekannte Amrumer, die in jener Zeit als Kapitäne von Kopenhagen aus fuhren, waren Jürgen Ger-

Grabstein des legendären Harck Olufs

rets (1678–1733), Ricklef Volkert Flor (1681–1746), Erk Bohn (1729–1799), Olde Clemten (1737–1816), der 23 Jahre lang auf sieben verschiedenen Schiffen Kapitän der Guinea-Westindien-Compagnie war, Riewert Cöster (1740–1820), der eigentlich Rauert Harken hieß, aber sich nach dem Beruf seines Vaters, des Küsters Hark Knudten, einen entsprechenden Familiennamen zulegte, und schließlich – um nur einige zu nennen – Boy Diedrich Urbans (1771–1833), der richtig Boh Erken hieß und in der Zeit von 1800 bis 1822, in Kopenhagen wohnend, Schiffe auf russische Rechnung führte. Der Kapitän legte seinen Verdienst durch Landkäufe auf der Heimatinsel Amrum an, und als er die Seefahrt »bedankte«, war er der größte Landbesitzer und Steuerzahler auf der Insel.

Zu jenen Schiffsführern, die sich in Holland einen

Namen machten, gehörte Nickels Taien (1702–1755). Auch er hollandisierte seinen inselfriesischen Namen und nannte sich in Amsterdam Cornelius Cron. Im Auftrage der dortigen Ostindien-Compagnie führte er als Befehlshaber der Fregatte »Gunterstein« im Jahre 1739 die heimkehrenden Handelsschiffe im Konvoi nach Holland zurück. Vier Jahre später beendete er mit »Honneur« die Seefahrt und verheiratete sich nach Nieblum, wo er 1755 starb.

Von einem weiteren wohlhabenden Amrumer Kapitän in Amsterdam erzählt der Grabstein des Nickels Nahmens, im Giebel mit einer bewaffneten Handelsfregatte geschmückt. Die Inschrift berichtet, »daß er in seinem Seeberufe das seltene Glück gehabt 4 Reisen als Capitain ein Schiff von Amsterdam nach Batavia und China in Ostindien zu führen...« Der bekannte niederländische Seefahrtshistoriker Pieter Dekker hat ermittelt, daß Nickels Nahmens sich in Amsterdam Cornelius Nannings von Ameren nannte und die Fregatte »A Schat« mit einer Besatzung von nicht weniger als 344 Mann im Dezember 1761 nach Batavia führte, wo man aber erst im August 1762 anlangte. Ein Sohn des genannten Harck Olufs, Lorenz Harcken (1739–1811), war nicht weniger als 30 Jahre Kapitän in Amsterdam. Aber zu Hause auf Amrum starb er dennoch als armer Mann, weil er sein Vermögen in dänische Staatsobligationen angelegt hatte und diese im Gefolge der Napoleonischen Kriegswirren und des dänischen Staatsbankrottes wertlos wurden.

Auch in anderen niederländischen Hafenstädten wirkten Amrumer Kapitäne. Gerret Jürgen Voß (1750–1834) fuhr von Rotterdam aus, Jacob Rauert Flor (geb. 1752) und Georg Hinrich Quedens (1771–1816) dienten in Vlissingen, Sönk Girres (1744–1827), Nickels Martens (1751–1807), Ricklef Erken (1766–1826), Erk Bohn (1773–1833), Martin Knudten (1774–1827) und die Gebrüder Rauert Ricklefs Flor (1786–1827) und Volkert Ricklef Flor (1774–1815) in Ostende. Letzterer war hier 18 Jahre lang Kapitän, ehe er in Bordeaux ums Leben kam. Auch in Vauxende und in Middelburg finden wir Amrumer Kapitäne. Aber gegen Ende des 18. Jahrhunderts löste sich die Beziehung der Seefahrer zur Niederlande fast völlig auf.

Erstaunlicherweise sind Mitte des 18. Jahrhunderts auch in der russischen Hauptstadt Petersburg etliche Amrumer Kapitäne zu verzeichnen, so Knudt Knudten (1712–1761), Martin Peters (geb. 1740), sein Bruder Boh Peters (1743–1784), Knudt Tückes jun. (1747–1809) und sein Bruder Ricklef Tückes (geb. 1753).

Bezeichnend ist aber, daß die in auswärtigen Hafenstädten dienenden und oft lange Zeit wohnenden Amrumer Kapitäne mit wenigen Ausnahmen der Heimatinsel treu blieben, hier ihre Ehefrau suchten und in der Regel im Ruhestand zurückkehrten. Nur wenige blieben in der Fremde, wo sich dann später ihre Namen verloren.

Neben den Kapitänen auf Großer Fahrt gab es aber unverändert auch eine Vielzahl von Schiffern, die mit eigenen oder partenanteiligen Frachtschiffen die Häfen der Nordsee und Ostsee befuhren. Als im Juli des Jahres 1787 die dänische Regierung erstmalig eine genaue Volkszählung auf Amrum durchführte, wurden insgesamt 565 Einwohner in 152 Familien ermittelt. Darunter befanden sich 9 aktive und 2 ehemalige Kapitäne, 6 Steuerleute, 15 Schmackschiffer, 15 sonstige Schiffer, 45 Matrosen und 15 Schiffsjungen. Somit war nahezu die gesamte erwerbsfähige männliche Bevölkerung zwischen dem 12. und 60. Lebensjahr in irgendeiner Weise mit der Seefahrt verbunden. Andere Erwerbsquellen spielten in jener Zeit fast keine Rolle.

Der Erfolg der Seefahrer von Inseln und Halligen begründete sich aber nicht nur auf seemännische Fähigkeiten und den Zusammenhalt der Insulaner, die sich gegenseitig protegierten oder als Commandeure und Kapitäne sich ihre Mannschaften ganz vorrangig unter den eigenen Landsleuten suchten. Auch die Navigationskenntnisse, die man sich in der Heimat auf privaten Schulen erwarb, spielten eine große Rolle. Den Grundstein zu dieser Ausbildung legte Pastor Richardus Petri, von 1620 bis 1678 Pastor an der St. Laurentii-Kirche von Westerlandföhr. Er vermittelte den Seefahrern, um deren Fortkommen und Aufstieg zu fördern, die erforderlichen Kenntnisse im Rechnen, in der Astronomie und Navigation ohne jegliches Entgelt, verbunden nur mit der Bedingung, daß jeder seine Kenntnisse wiederum unentgeltlich an andere weitergeben müsse.

Später bildeten sich dann auf allen Inseln private »Schulen« durch Kapitäne und Steuerleute, welche die See »bedankt«, das heißt, sich zur Ruhe gesetzt hatten. Insbesondere in der Handelsfahrt waren die höheren Ränge, vornehmlich die des Kapitäns, von Bedeutung. Denn nur diese gelangten zu Wohlstand, während sich die einfache Mannschaft mit einer mäßigen Heuer begnügen mußte.

Seemannsnot und Seemannstod

Walfang und Seefahrt gingen später als das »Goldene Zeitalter« in die Inselgeschichte ein. Aber neben dem Wohlstand der einen Familie standen Trauer und Not von anderen. Denn wie beim Walfang, so stand auch die Handelsseefahrt unter vielfältigen Gefahren und hohen Todesraten. Am Schicksal von Hark Olufs und Jens Nickelsen wurde bereits auf die Seeräuber des türkisch-osmanischen Großreiches hingewiesen, die nicht nur einige Jahrzehnte lang die Handelsseefahrt mit den Mittelmeerländern, sondern auch die Küstenbereiche Westeuropas verunsicherten. Unzählige inselfriesische Seefahrer gerieten in die Hände dieser Seeräuber und wurden als Sklaven verkauft. Manche dienten dort viele Jahre, von den Amrumern am längsten der Seefahrer Knudt Erken, der von 1717 bis 1731 Sklave in Algier war. Etliche erhielten nach längerer Zeit die Freiheit, fast alle aber mußten wieder freigekauft werden, wozu die Verwandten in der Heimat das Geld aufbrachten, später dann sogenannte »Sklavenkassen« eingerichtet wurden, in denen die Seefahrer einen Teil ihrer Heuer einzahlten. Erst unter dem dänischen König Friedrich V., der 1746 den Thron bestieg, kam es zu entsprechenden Schutzabkommen mit den Herrschern in den nordafrikanischen Ländern des Osmanischen Reiches.

Aber die Seefahrt mit Segelschiffen, die ganz dem Wind und dem Wetter preisgegeben waren, bedeutete an sich schon eine ständige Gefahr. Hinzu kamen mangelhafte Seekarten und ein erst in den Anfängen steckendes Seezeichenwesen. Kein Jahr ging über die Insel ohne Todesnachricht aus irgendeinem Winkel der Welt. Im Personenregister der St. Clemens-Gemeinde wimmelt es – wie natürlich auch in den entsprechenden Kirchenbüchern anderer Nordfriesischer Inseln und Halligen – von Todesnachrichten und von Hinweisen auf »Gedächtnispredigten« über umgekommene Seeleute. Ein Auszug aus den Registern der Amrumer Kirchenbücher weist aus, daß von den zwischen 1663 und 1830 geborenen Knaben 202 als Seefahrer ums Leben kamen. Hinzu kommen noch etliche, deren Todesdatum offen blieb, die aber auch ganz überwiegend als Seefahrer ihr Leben verloren.

»Ertrunken bei Amsterdam«, »Verunglückt bei Helgoland«, »In der Ostsee ertrunken«, »Über Bord geschlagen«, »Aus der Raa gefallen«, »Bei Norderney gestrandet und erstarrt«, »Verunglückt am Kap der Guten Hoffnung«, »Verunglückt in Ostindien«, »Beim Schiffbruch auf Skagen samt Bruder erstarrt«, »Im Mittelmeer aus der Takelage gestürzt und ertrunken«, »Gestorben in Batavia« oder einfach nur »Verunglückt« sind die regelmäßigen Meldungen über das Ende Amrumer Seefahrer. Ein Zahlenvergleich aus der Gemeinde St. Nicolai auf Föhr weist aus, daß in der zweiten Hälfte des 18. Jahrhunderts rund 30 Prozent der Seefahrer im Laufe ihres Berufslebens den Tod fanden. Und sehr oft kamen Väter und Söhne oder Brüder gleichzeitig ums Leben. Denn was sich ansonsten als Vorteil erwies, daß ein Commandeur oder Kapitän Söhne und andere Verwandte und Landsleute mit sich an Bord nahm, geriet im Falle eines Unglücks zu einer Familienkatastrophe. Dutzende Männer eines Dorfes gingen gleichzeitig zugrunde. Andere Familien wurden von Generation zu Generation, bis zum Aussterben der männlichen Linie, von Todesnachrichten betroffen. Beispielsweise wohnte in Norddorf, in einem Friesenhaus, das der Grönland-Commandeur Peter Ricklefs erbaut hatte, das Ehepaar Martin Quedens und Anna geb. Jensen. Sie hatten im März 1860 geheiratet und bald darauf einen ersten, wenige Jahre später einen zweiten Sohn in die Welt gesetzt. Aber 1865 kehrte der Ehemann und Vater, Steuermann auf Ostindienfahrt, nicht zurück. Er starb in Kanton an Gelbfieber und wurde dort begraben.

Wie der Vater, so gingen auch die Söhne zur See und fanden dort einen frühzeitigen Tod. Wilhelm strandete 1876 bei Kap Hoorn, erst 16 Jahre alt, und Georg starb 1894 auf dem Laeisz-Segler »Placilla«, 30 Jahre alt.

Die Endzeit der inselfriesischen Seefahrt

Kriege der Seefahrernationen gegeneinander behinderten oder förderten wechselweise die Seefahrt neutraler Länder, ohne aber die Seefahrt der Inselfriesen nachhaltig zu stören. Aber als zu Beginn des 19. Jahrhunderts Napoleon Bonaparte Europa mit seinen Kriegswirren überzog und in deren Gefolge zwischen England und Dänemark von 1807 bis 1814 ein Krieg ausbrach, wurde die Seefahrt für die Inselfriesen fast zwanzig Jahre lahmgelegt. Erst Anfang der 1820er Jahre wurde ein Neuanfang gemacht, der aber – verglichen mit dem vorherigen Jahrhundert – im bescheidenen Rahmen blieb.

Kopenhagen blieb noch eine Weile Ziel friesischer, auch Amrumer Kapitäne. Aber dann konzentrierte sich das Interesse zunehmend auf Altona, damals noch zum dänischen Gesamtstaat gehörend, sowie auf die Hansestadt Hamburg, deren Handelsflotte für Überseefahrten im Laufe des 19. Jahrhunderts rasch wuchs und Hamburg zur größten deutschen Hafenstadt werden ließ. Schon Ende des 18. Jahrhunderts schreiben sich zunehmend Kapitäne von den Nordfriesischen Inseln und Halligen in die Protokolle der Wasserschouts beider Städte ein, und nach dem Ende der Napoleonischen Kriege, etwa ab 1815, beginnen sie in Altona, später auch in Hamburg wieder zu dominieren. Insbesondere sind es Schiffsführer von Föhr und Sylt, aber auch von den Halligen Hooge und Oland, die dort in den folgenden Jahrzehnten eine große Rolle spielen. Und auch Amrumer sind dabei. Insgesamt lassen sich in Altona in der Zeit von 1785 bis 1850 etwa 124 Kapitäne von Sylt, 84 von Föhr, 23 von den Halligen und 10 von Amrum nachweisen. Mindestens weitere 11 Amrumer wirkten noch nach 1850 und über den Nationalitätswechsel 1864 hinaus in Altona, insbesondere in Diensten der beiden Reeder Dreyer und Donner. Neben den traditionellen Zielen in Ostasien und Westindien, dem Mittelmeer und Südamerika spielte nun auch der Einsatz von Schiffen für die Auswanderung nach Nordamerika sowie die Guano- und Salpeterfrachten von der südamerikanischen Westküste eine bedeutende Rolle. Auf diesen Reisen, die mit Hin- und Rückreise unter günstigsten Voraussetzungen um die 200 bis 240 Tage dauerten, mußte das berüchtigte Kap Hoorn umrundet werden. Hier haben noch zahlreiche Seeleute ihr Leben verloren.

Anton Schau, Julius Schmidt, Nickels Gerret Ricklefs und Hinrich Philipp Ricklefs waren die letzten Amrumer Kapitäne, die in den 1860–70er Jahren Schiffe von Altona führten.

Bemerkenswerterweise lassen sich im 18. Jahrhundert in Hamburg keine Kapitäne von der Insel Amrum nachweisen, sicherlich auch nur einzelne von den anderen Inseln und Halligen, obwohl doch Hamburg ein inselfriesisches Zentrum der Grönlandfahrt war. Aber hier galt das Gesetz, daß nur Hamburger Bürger ein Schiff mit Seebriefen und Seepässen dieser Stadt führen durften. Und für die Nordfriesen war Hamburg Ausland. Nur bei den Walfängern wurde eine Ausnahme gemacht, weil in der Stadt selbst offenbar die entsprechenden Mannschaften für die Grönlandfahrt fehlten. Aus eben diesem Grunde wurden die Führer der Walfangschiffe auch nicht Kapitäne, sondern Commandeure genannt.

Erst im 19. Jahrhundert treten Inselfriesen zunehmend häufiger in Erscheinung, oft aber erst, nachdem sie in Hamburg ansässig und dort Bürger geworden sind. Besonders stark ist wiederum Sylt, noch vor Föhr, vertreten. Von Amrum lassen sich nur etwa 20 Kapitäne in Diensten Hamburger Reeder ermitteln, nicht eben viel, wenn man an die Bedeutung dieser Stadt für die Seefahrt denkt. Aber Hamburg war dann auch die Endstation der Geschichte inselfriesischer Seefahrt, ausgelöst durch den Ersten Weltkrieg.

Schon 50 Jahre vorher hatte es einen entscheidenden Bruch in der Hinwendung der Inselfriesen zur Seefahrt gegeben. Als es im Jahre 1864 wegen der Schleswig-Holstein-Frage zum Krieg zwischen Preußen/Österreich und Dänemark kam und Dänemark die Herzogtümer, darunter die reichsdänischen Enklaven Westerlandföhr und Amrum, aus dem Staatsverband entlassen und an die Siegermächte abtreten mußte, wurde das 1735 erteilte Privileg über die »ewige Befreiung von Soldatendiensten« gestrichen. Viele junge Männer flohen vor der drohenden preußischen Militärpflicht nach Nordamerika und lösten damit eine erste große Auswanderungswelle aus, vor allem von Föhr und Amrum. Diejenigen, die im Lande blieben, hatten sich mit den neuen Gesetzen des Preußischen Staates, dem sie nun angehörten, zu arrangieren. Das bedeutete unter anderem auch, daß der schnelle Aufstieg zum Schiffsführer allein durch seemännische Fähigkeiten und einfache Prüfungen nicht mehr möglich war. Die privaten Navigationsschulen auf Inseln und Halligen mußten ihre Tätigkeit einstellen, und es wurden entsprechende Fahrtzeiten sowie langwierige und kostspielige Besuche und Prüfungen in den staatlichen Navigationsschulen verlangt. Es dauerte einige Zeit, ehe sich die Inselfriesen mit diesen neuen Verhältnissen abfanden und wieder in nennenswerter Zahl in die Dienste nun fast ausschließlich Hamburger Reeder traten.

Die letzten Amrumer Kapitäne auf Hamburger Tiefwasserseglern waren Friedrich Stuck (1841–1919), der von 1872 bis 1892, also zwanzig Jahre, Schiffe der Reederei Amsinck führte – Carl Jessen (1864–1936), in der Zeit von 1896 bis 1907 Kapitän der bekannten Reederei Laeisz auf den Schiffen »Pirat«, »Palmyra« und »Pitlochry« – Willem Peters (1873–1928) seit 1901 bis 1914 in Diensten der Reeder B. Wencke & Söhne und der Reederei AG von 1896 auf den Schiffen »Klio«, »Pindos« und »Olympia« – und Wilhelm Tönissen (1881–1929), Kapitän der Viermastbark »Kurt« von 1908 bis 1917. Kapitän Tönissen wurde an der nordamerikanischen Westküste vom Ausbruch des Ersten Weltkrieges überrascht und – wie viele andere deutsche Seefahrer – interniert. Erst 1920 kehrte er in die Heimat zurück. Neben den genannten Kapitänen dienten noch zahlreiche weitere Amrumer Seefahrer in allen Mannschaftsrängen auf Hamburger Schiffen, und manche fanden auch den Weg von Tiefwasserseglern zu Dampfern, obwohl dies unter den Seefahrern zunächst verpönt war. Dampfer bedrängten schon lange die Segelschiffe, und als dann im Gefolge des Weltkrieges die Segler bis auf wenige von den Weltmeeren verschwanden, verloren die Inselfriesen fast schlagartig die Beziehung zur Seefahrt. Nach etwa tausend Jahren ging eine in ihrer Art einmalige Epoche, die wie keine andere das Leben zu Lande und zu Wasser geprägt hatte, zu Ende.

Wohl gab und gibt es noch heute Amrumer Kapitäne Großer Fahrt, vor allem im Raume Hamburg. Aber ihre Zahl geht nicht über das hinaus, was in anderen, beliebigen Landschaften zu finden ist.

Seemannswitwen

Walfang und Seefahrt prägten auf den Inseln und Halligen eigenartige Lebensumstände. Während die Walfänger im Februar nahezu geschlossen die Inselheimat verließen, aber doch im Spätsommer wieder nach Hause kamen, waren die Handelsfahrer oft Jahre unterwegs und konnten nur immer – in langen Abständen – für wenige Tage die Angehörigen zu Hause besuchen. Infolgedessen bildete sich in der nordfriesischen Inselwelt ein Jahrhunderte dauerndes Regiment der Frauen aus. Sie mußten alle Arbeiten im und am Hause sowie die Landwirtschaft besorgen, die in allen Zeiten, wenn auch in der Regel nur auf der Basis der Selbstversorgung, von allen Familien betrieben wurden. Natürlich war auch die Erziehung der Kinder eine alleinige Aufgabe der Frauen. Viele Kinder kannten ihren Vater nur aus Erzählungen, und ebensoviele lernten ihren Vater nie kennen, weil dieser in jungen Jahren sein Leben auf See verlor. Denn das Dasein der Inselfrauen stand unter der ständigen Drohung von Todesnachrichten, die ja auch selten auf sich warten ließen. Und unvorstellbar groß wurde dann die Not in den Familien, die ihren Ernährer verloren hatten, denn soziale Versorgungen und Versicherungen waren unbekannt. Lediglich die Armenkasse der St. Clemens-Gemeinde linderte die größte Not, aber sie wurde nur ungern in Anspruch genommen, weil die Inanspruchnahme von Geld anderer Leute als Schande galt. Erst in der Endzeit der Seefahrt, gegen Ende des 19. Jahrhunderts, wurde eine Hinterbliebenenversorgung durch die Seeberufsgenossenschaft eingerichtet. So lebten die inselfriesischen Frauen jahrhundertelang unter fast kriegsähnlichen Verhältnissen.

Beispielhaft mag das Schicksal einiger Seefahrer-Witwen sein, die im Laufe des vorigen Jahrhunderts in Friesenhäusern im »Uasteraanj«, im Osterende von Norddorf wohnten. Eines dieser Häuser gehörte Keike Gerrets, die schon in frühen Kinderjahren die Not einer vaterlosen Familie erfuhr. Ihr Vater, der Steuermann Tücke Erken, kam kaum 33 Jahre alt in London ums Leben, zu Hause seine Frau Marret mit der zweijährigen Tochter Keike und dem erst nach dem Tode des Vaters geborenen Sohn Tücke hinterlassend. An diesem Sohn, der nach den Regeln der patronymischen Namensgebung noch Tücke Erken genannt wurde, wiederholte sich später das Schicksal des Vaters. Er starb als Steuermann im Golf von Mexiko.

Keike heiratete 1858 den Steuermann Gerret Boy Gerrets. Aber das Eheglück war nur kurz. Schon bei der nächsten Ausfahrt verlor der Ehemann auf See sein Leben, und Keike blieb bis an ihr Lebensende Witwe. Sie ernährte sich von ihrem kleinen Grundbesitz, auf dem sie einige Schafe hielt und einen Kartoffelacker hatte. Zeitweilig hatte sie auch eine Kuh und, wie andere auf der Insel, einige Bienenstöcke. Im Garten standen, damals eine Seltenheit, mehrere Obstbäume, die Früchte lieferten. Und eine weitere dürftige Erwerbsquelle waren ein Webstuhl und ein Spinnrad mit Fußbedienung. Keike Gerrets ging aber auch in die Dünen, um Strandhafer zu schneiden, aus dem Seile, Reepen, gedreht wurden. Und sie verstand es auch, aus Heidekraut Besen zu binden. Reependrehen und Besenbinden waren lange Zeit für arme Familien die fast einzigen Einkommensmöglichkeiten.

Aber auch im Nachbarshaus gab es eine Seemannswitwe. Hier wohnte um die Mitte des Jahrhunderts der Grönland-Commandeur Jacob Lorenz Engemann mit seiner Frau Sieke und fünf Kindern. Am 9. Dezember 1863 ertrank der Ehemann zusammen mit acht anderen Amrumern bei dem Versuch, zu einem auf Hörnum-Sand gestrandeten Schiff zu gelangen. Aber ein Legat, das aus Spenden gegründet wurde, sorgte für eine ausreichende Lebensgrundlage.

Die nächsten Bewohner in diesem Hause waren das Ehepaar Jens Peter Bork und Frau Josephine, geb. Frödden mit ihren sieben Kindern. Auch der Ehemann hatte als Kind die Not im Hause erfahren – der Vater, Friedrich Bork, starb als Kapitän an Gelbfieber in St. Thomas, Westindien, und wurde dort begraben. Jens Peter Bork war Mitglied der Mannschaft des Amrumer Rettungsbootes »Theodor Preußer«, das am 30. Oktober 1890 bei Hörnum kenterte, wobei zwei Männer, darunter der Erwähnte, ihr Leben verloren. Die Witwe erhielt aus der Versicherung und der Hinterbliebenenversorgung der Rettungsgesellschaft eine jährliche Unterstützung von etwa 560 Mark, so daß ihr ein gewisses Einkommen gesichert war. Trotzdem war ihr Los bei der großen Kinderschar nicht leichter als jenes der Nachbarin Keike. Oft aber nahmen Seemannswitwen

Die Seemannswitwe «Phine» Bork

aus Unkenntnis ihre Rechte nicht wahr. Typisch dafür ist der Fall der Witwe Meline Matzen aus Nebel, die in jenem Hause wohnte, das sich später der Schauspieler Peer Schmidt als Inseldomizil erwarb. Meline verlor im Jahre 1905 ihren Mann, den Schiffer Jan Peter Matzen, und versuchte jahrelang mit Kleinlandwirtschaft, Tagelohn und Gelegenheitsarbeiten sowie mit Reependrehen und Besenbinden für ihre Kinder und für sich den Lebensunterhalt zu bestreiten – bis eines Tages der Kapitän Julius Schmidt von den ärmlichen Zuständen im Hause Matzen erfuhr. Er regelte die Formularien bei der Seeberufsgenossenschaft, sorgte für eine Nachzahlung und jährliche Unterstützung und sicherte so der Witwe das Lebensminimum. Aber das war, gegen Ende der Seefahrerzeit, eine glückliche Ausnahme, die nicht darüber hinwegtäuscht, daß die Seemannswitwen jahrhundertelang unter heute unvorstellbaren Bedingungen ihr Dasein fristeten – in einer Zeit, die gleichzeitig auch als »Goldene« galt, weil neben der Armut auch relativer Wohlstand zu verzeichnen war, in Häusern nämlich, deren Väter und Söhne Commandeure und Kapitäne waren.

Inselleben im Zeichen der Seefahrt

Das Bild der Dörfer und Häuser erhielt durch das Einkommen aus der Seefahrt ein anderes Gesicht. Die Friesenhäuser, deren Wände im 17. und 18. Jahrhundert noch teilweise aus Heide- oder Kleisoden und innen mit Holz verkleidet waren, erhielten rundum Ziegelsteinmauern, die anfangs haubenartigen Dächer den heute noch so charakteristischen Giebel. Wenn die Seefahrer von Holland oder aus anderen Hafenstädten nach Hause kamen, brachten sie Fliesen (Kacheln) mit, um die Stuben zu schmücken. Fast alle Seefahrerhäuser hatten damals solche Fliesenwände oder -Ecken im »Pesel« oder im »Dörnsk«, in der guten Stube. Dort stand auch der Beilegerofen aus Eisenplatten mit biblischen Szenen. Heute ist von dieser Pracht nur noch weniges vorhanden, etwa in Nebel in den Häusern Ide und Landsmann. Im ersteren Hause befindet sich im Flur ein Fliesentableau aus 56 Kacheln mit einer Walfangszene und der Inschrift: »Durch Schipfahrt und durch Walfischfangst unterhält Gott viel Leut und Land«. Dieses Tableau soll aus Amsterdam nach Amrum gekommen sein. Im gleichen Hause befindet sich auf einer durchgehenden Fliesenwand auch das Tableau eines Schmackschiffes, – ein Schiff, mit dem die Walfänger und Handelsfahrer damals zu den Ausgangshäfen befördert wurden und mit dem inselfriesische Schiffer eigene Frachtfahrten betrieben. Eine andere Seefahrerstube wird im Hause Landsmann liebevoll gepflegt. Ein Fliesentableau über dem Beilegerofen zeigt ebenfalls ein Schmackschiff, die »Frouw Pöpke« der langjährigen Schifferfamilie Wögens.

Neben allerlei Mitbringseln aus fernen Ländern waren es dann vor allem sogenannte »Kapitänsbilder«, Ölgemälde von Segelschiffen, die einst an den Wänden der Seefahrerstuben hingen und noch lange Zeit nach dem Ende der Seefahrt die Erinnerung wachhielten und Gedanken und Träume über die Ozeane der Welt schweifen ließen. Fast alle Kapitäne, aber auch Schiffer, ließen sich in Hafenstädten ihr Schiff von einem dortigen Marinemaler auf die Leinwand verewigen und von einem barocken Rahmen umfassen. Heute ist nur noch ein Dutzend dieser »Kapitänsbilder« auf Amrum vorhanden. Viele, zu viele sind von späteren, beziehungslosen Generationen an durchreisende Antiquitätenhändler – sogar noch in den 1960/70er Jahren – verkauft worden, andere in Museen gewandert, etliche auch von ausgewanderten Insulanern nach Amerika verbracht und dort früher oder später in die Anonymität verschwunden. Eine Vielzahl heutiger, oft ohne Beziehung zu einem bestimmten Kapitän gemalter

Schiffsbilder in Amrumer Stuben entstand jedoch erst in jüngerer Zeit und ist dem in Süddorf lebenden Schiffszimmermann Gerhard Martens zu verdanken. Gerhard Martens war ein Sohn des Grönland-Commandeurs Marten Martens. Er wurde 1855 geboren, aber erst als alter Mann begann er nach wechselvoller Seefahrerlaufbahn zu malen, wobei ihm die genaue Kenntnis der Segelschifftypen und der Takelage zugute kam. Seine Bilder haben keinen großen Kunstwert, aber sie vermitteln uns doch eine in ihrer Art großartige Zeit, die heute nur noch Erinnerung ist.

Es gab in der Seefahrerzeit auch eine Vielfalt kostbarer und bunter Frauentrachten auf den Inseln und Halligen, insbesondere auf Sylt und Föhr, die in Beziehung zur Seefahrt standen. Beispielsweise gab es sowohl Trachten für die »Abwesenheit des Ehemannes«, wie auch für die »Heimkunft von der Seefahrt«, und natürlich eindrucksvolle »Trauertrachten« mit ganz schwarzem, aber auch eine mit schwarzem und weißem Tuch. Denn weiß, nicht schwarz, war die Farbe der Trauer auf den Nordfriesischen Inseln. Und diese Tracht sah man in der Seefahrerzeit – bedingt durch die hohe Todesrate unter den Seefahrern – oft in der Kirche. Die auf Amrum bis etwa um 1800 vorhandenen Trachten waren südländisch bunt und offenbar auch von dorther durch die Seefahrer beeinflußt. Die Trachtenvielfalt ging im Gefolge der Napoleonischen Kriegswirren und des schwindenden Wohlstandes Anfang des 19. Jahrhunderts zugrunde, und erst in den 1830er Jahren bildete sich eine neue Tracht auf Föhr und Amrum heraus – die heutige »Friesentracht«, von der noch an anderer Stelle die Rede sein wird.

Die seefahrenden Männer allerdings kannten keine besondere Festkleidung. Sie trugen Arbeitszeug und Sonntagsanzüge, wie sie damals allgemein üblich waren, ohne besondere inselfriesische Note. Aber auch die hohe Grabsteinkultur stand unter dem Zeichen der Seefahrt. In Holland und England und in den anderen Hafenstädten Europas sahen die Seefahrer Grabplatten und -stelen, und einheimische Steinmetze setzten das Gesehene in der Heimat zu den kunstfertigen Totendenkmälern auf den Friedhöfen von Föhr und Amrum um.

Grabsteine im »Hafen der Ewigkeit«

Heute gehören diese Grabplatten und Stelen, da anderes verschwunden oder selten geworden und der Öffentlichkeit nur teilweise zugänglich ist, zu den eindrucksvollsten Zeugen der Seefahrerzeit. Und es war noch um die Mitte des 19. Jahrhunderts ein überwältigendes Bild, wie es Gemälde und älteste Fotografien verraten: die Grabsteine im schlichten Rasengrün des Friedhofes in ihrer Wirkung besonders betont. Und auf den Giebeln dieser Steine eine Flotte von Schiffen, umrahmt vom Findlingswall des Friedhofes, dem »Hafen der Ewigkeit«.

Die ältesten großen Grabplatten lagen vorwiegend auf den Grabstellen der Amrumer Grönland-Commandeure. Sie stehen heute aufgereiht an der Süd- und Ostwand der St. Clemens-Kirche. Leider sind einige dieser Steine hinsichtlich ihrer Wirkung beeinträchtigt, weil sie anderweitige Verwendung fanden. Die Grabplatte des Commandeurs Jacob Flor lag lange Zeit als Bodenbelag in der Kirche, und aus der großen Platte des Commandeurs Jung Rörd Ricklefs sind die ursprünglichen Medaillons herausgeschlagen, um einer späteren, primitiven Grabinschrift Platz zu machen. Eine weitere Platte, jene des Landmannes Carsten Har Tage und seines Sohnes, des Grönland-Commandeurs Boh Carstens, wurde erst 1928 in der Friedhofserde wiedergefunden – traurige Zeugnisse dafür, daß mit dem Ende der Seefahrt nicht nur der Wohlstand, sondern auch der gute Geschmack zugrunde ging. Zu den wohlhabenden Einwohnern der Insel Amrum gehörten aber nicht nur Commandeure und Kapitäne, sondern auch Müller und Ratsleute. Zwei große Grabplatten in der Nordwestecke des Friedhofswalles, den Familien Klemt und Hark Rörden gesetzt, zeigen plastisch herausgemeißelte Bockmühlen, Evangelisten-Medaillons, das Symbol der ablaufenden Lebensuhr und Familienwappen. Diese ganz alten Grabplatten aus den letzten Jahrzehnten des 17. Jahrhunderts und aus der Anfangszeit des 18. Jahrhunderts tragen zum Teil noch niederdeutsche Inschriften. Erst um die Wende zum 18. Jahrhundert erfolgte der Übergang zum Hochdeutsch.

Nach der Neuordnung des Friedhofes in den 1870er Jahren fanden die einzeln im Rasen oder gesammelt auf Familiengräbern stehenden Stelen ihren Platz am westlichen und nördlichen Friedhofswall und einige besonders schöne Steine als Einrahmung des Ehrenplatzes. Neben den 8 Liegeplatten sind rund 60 alte, denkmalwürdige Stelen und knapp 20 Grabfliesen erhalten. Da sicherlich der größte Teil der wertvolleren Grabdenkmäler erhalten ist, wird – gemessen an der Gesamtzahl der Toten in der Zeit dieser hohen Grabkultur von 1672 bis etwa um 1830/40 – deutlich, daß sich nur wohlhabende Familien solche Denkmäler leisten konnten. Die anderen Toten bekamen nur eine schmucklose Rotsandsteinfliese mit kargen Lebens- und Todesdaten auf ihr Grab.

Wie bei den großen Liegeplatten, so sind auch die meisten Stelen den Schiffsführern gesetzt. Nicht weniger als 25 zeigen in den Giebeln Schiffe als Berufssymbole, vom damals typischen Schmackschiff für die Seefahrt auf Nord- und Ostsee über Galioten, Tjalks und Kuffschiffen bis hinauf zum dickbauchigen Walfänger und zur bewaffneten Handelsfregatte. Etliche dieser Schiffe sind abgetakelt, symbolisch für das Ende der Lebensfahrt. Andere segeln mit geblähten Segeln in die Ewigkeit, und einige kämpfen in bewegter See, umrahmt von Allegorien und Schnörkeln des Barock. Nicht weniger sehens- und lesenswert sind die Inschriften auf diesen Steinen, die von den Toten und deren Taten erzählen. Neben den üblichen Daten über Geburt, Heirat, Eheleben, Kinderzahl und Tod sind oft ausführliche Lebensläufe aufgezeichnet worden, manchmal unter Verwendung auch der Rückseiten der Stelen. Und obwohl Amrum damals zum Königreich Dänemark gehörte und die Inselbevölkerung nahezu geschlossen Friesisch sprach, wählte man doch deutsch für die Inschriften, so daß diese auch für den Inselbesucher lesbar sind. Gelegentlich wurde vermutet, daß eine Anzahl dieser kunstvollen Grabsteine von den Seefahrern auf ihren langen Reisen selbst angefertigt sind. Wahr ist aber nur, daß die inselfriesischen Seefahrer das Material dieser Steine nach der Heimkehr aus Häfen der südlichen Nordseeküste mitbrachten, aber auch eigens Frachtschiffe ausgesandt wurden, um das Material zu holen. Fast alle Steine stammen aus dem Weser-Wiehengebirge aus der Gegend von Oberkirchen. Vielleicht sind auch einige Steine aus dem Räthsandstein im schwedischen Schonen, und vier bestehen aus Kalkoolith, der zum oberen Silur auf Gotland paßt.

Mit Ausnahme der großen Liegeplatten, die von auswärtigen, professionellen Steinmetzen geschaffen sein dürften, sind fast alle anderen, darunter auch die besonders schönen Steine, von inselfriesischen Meistern angefertigt. Bei den Steinen auf dem Amrumer Friedhof machten sich vor allem Tai Hinrichs (1718–1759) von der Hallig Nordstrandisch-Moor, Jens Payen (1711–1787) und Arfst Hanckens (1735–1826) von Föhr und der Amrumer Jan Peters (1768–1855) einen Namen.

Tai Hinrichs schuf die Grabstelen von Oluf Jensen und dessen Sohn Hark Olufs, die schon an anderer Stelle genannt sind. Im Grabsteingiebel des Vaters segelt eine Fregatte in wilder See unter dem Spruch:
»Gottes Hand, die alles regiert
Hat auch in sichern Hafen geführt«
Die Inschrift erzählt, daß der »Schiffer Oluf Jensen aus Süddorf, welcher Ao. 1672 den 8. Sept. geboren ist« sich Ao. 1705 zum ersten Male in den Ehestand begab, mit Marret Harken, Tochter des Ratsmannes Hark Rörden »und mit derselben gezeuget 2 Söhne. 1708 starb die junge Mutter – wie damals oft üblich, im Kindbett – und der Witwer heiratete 1713 zum zweitenmal, »die anjetzo noch lebende, tiefbetrübte Witwe Marrets Olufs«. »Anno 1724 ward sein Schiff, die HOFFNUNG genannt, worauf Rickert Flor Vizeschiffer war, nebst seinem Sohn und zwey seiner Brüder Söhnen von den Türcken genommen und zu Algier aufgebracht. Sie sahen aber nach einer 12jährigen Gefangenschaft ihr Vaterland wieder. Ao. 1750, den 19 May, hat er nach dem Willen Gottes das Zeitliche mit dem Ewigen verwechselt und sein ganzes Alter gebracht auf 77 Jahr 8 Monat und 11 Tage«. Die Rückseite des Steines zeigt eine durch Wolken brechende Sonne unter dem Spruchband:
So wenig Gottes Wort kann lügen
So wenig kann die Hoffnung trügen
und der Vers darunter nimmt noch einmal Bezug auf den Raub des Sohnes und dessen glückliche Heimkehr.

Der Grabstein des Sohnes Hark Olufs zeigt im Giebel Türkenhelm und Türkensäbel, darumherum das Spruchband:
Hier liegt der große Kriegesheld
ruht sanft auf Amroms Christen Feld
Die Inschrift erzählt von seiner Gefangenschaft und seiner Freilassung und Heimkehr im April 1736. »Und hat sich also Ao. 1737 in den Stand der heiligen Ehe begeben mit Antje Harken, so sich nun mit 5 Kindern in den betrübten Witwenstand befindet... Somit ihr alle den Tod des Vaters fühlen müssen, da er gestorben ist Ao. 1754 d. 13. October und sein Leben gebracht auf 46 Jahr und 13 Wochen«. Auch hier ist die Rückseite für Spruch und Vers verwendet.

Seine Frau Antje Harken, Tochter des Steuermannes Lorenz Wögens, lebte 44 Jahre im Witwenstand und starb am 22. April 1798. Ihr separater Grabstein ist viel bescheidener und von Jan Peters gemacht.

Der schönste Stein aber ist wohl jener des schon erwähnten Kapitäns Harck Nickelsen, dessen kunstvoll erhabene Inschrift auf beiden Steinseiten einen ungewöhnlichen Lebenslauf erzählt. Der barocke Giebel zeigt, eingerahmt von den Sprüchen:

»Durch viel Beschwerden zu großen Ehren«
und:
»Durch Creutz und Leiden,
zur Himmels-Freuden«
eine plastisch herausgemeißelte Handelsfregatte mit dem Namen »Der brandende Berg«. »Waise, dürftig und Sklave zu sein, war in der Jugend mir gegeben«, berichtet ein Vers auf der Rückseite, aber dort steht auch »Gott segnete seinen Beruf so erwünscht, daß er in seinem besten Alter schon hinglänglichen Vorrat für die Zukunft hatte, welche er in einer vergnügten Ehe... mit der tugendhaften Frau Mattie Harcken sich in einem christlichen Wandel zunutze machte...« Mattie (Marret) war die Tochter des vorgenannten Oluf Jensen. Harck Nickelsen starb 1770, seine Frau zehn Jahre später und erhielt einen eigenen Stein, wie jener ihres Mannes ebenfalls aus der Meisterhand von Arfst Hanckens aus Oevenum auf Föhr. Solche getrennten Grabsteine für Mann und Frau entstanden vor allem dann, wenn zwischen dem Tod der beiden größere Zeiträume lagen. Ansonsten bemühte man sich, beide auf einen Stein zu verewigen. Aber öfter heiratete ein überlebender Ehepartner erneut und fand sich dann auf einem ganz anderen Grabstein wieder. Ein Beispiel dafür ist der Kapitän Sönk Girres, der von 1744 bis 1827 lebte. Als seine Frau Anna, geb. Quedens, »eine 45jährige getreue Gattin und zärtliche Mutter von 5 Kindern« 1815 im Alter von 69 Jahren starb, ging der Kapitän – wie damals oft üblich aus Gründen der praktischen Altersversorgung – eine zweite Ehe mit Maike, geb. Knudten, aus Dunsum auf Föhr ein. Schon zu Lebzeiten hatte sich der Kapitän für sich und seine erste Frau einen Grabstein mit abgetakeltem Handelsschiff im Giebel von Jan Peters anfertigen lassen und nach dem Tode seiner Frau ausreichend Platz für seine Daten reservieren lassen. Aber dann kam er doch durch seine Wiederheirat auf einen schlichten, kunstlosen Stein zusammen mit seiner zweiten Frau, und der Platz auf dem schönen Seefahrer-Grabstein blieb leer.

Ein rundes Dutzend von Grabstelen ist den Schiffern gesetzt worden, und fast alle zeigen im Giebel Schmackschiffe, Galioten und Tjalks unter vollen Segeln. Bemerkenswert ist der hohe Stein des Schiffers Andres Fink und seiner Frau Marret Andresen. Der Giebel auf der Vorderseite zeigt das Ehepaar mit neun Kindern unter dem gekreuzigten Christus, der Giebel der Rückseite eine Tjalk und darunter den Spruch:

Vor Schiffer hab ich gefahren
viel Jahr und lange Zeit
Mit Volck, auch Kaufmanns-Waren
Auf der Elbe, Weser und Anderwelt

Dabey auch ausgestanden
viel Sorge Tag und Nacht
in See und auch auf Stranden
Zur Ruh mich Gott hat gebracht.

Andres Fink, geboren 1678, starb 1740, überlebt von seiner Frau, deren Sterbedaten auf dem Stein offen geblieben sind. Jens Payen von Föhr hat diesen eindrucksvollen Stein gestaltet.

Ein weiterer Stein, mit karger Inschrift, aber einer plastisch herausgemeißelten Galiot, die fast die Hälfte des Steines ausfüllt, stand auf dem Grab des Schiffers Willem Claasen. Richtig hieß er Wögen Knudten, hatte aber wie alle anderen Seefahrer seinen Namen hollandisiert. Ein breites Spruchband über dem Schiff verkündet:

Ich reise nach dem Himmel zu
allwo ich ewig habe Ruh.

Und der weitere Text macht deutlich, daß nicht nur die Seefahrerfrauen ständig mit dem Tod ihrer Männer rechnen mußten, sondern daß auch heimkehrende Seefahrer oft an der Totenbahre oder am schon geschlossenen Grab ihrer Frauen standen, die im Kindbett gestorben waren. Willem Claasen (Wögen Knudten) war infolgedessen nicht weniger als viermal verheiratet, einer seiner Söhne sogar sechsmal! So ist auch der abschließende Spruch auf dem obigen Grabstein verständlich:

Nun gute Nacht, du Erdensand
mir ist ein besser Vaterland
in jenem Himmels-Reich bekannt.

Über das Schicksal einer anderen Schiffer-Familie berichten die beiden Stelen des Schiffers Boy Quedens und seiner Frau Tadt. Boy Quedens, geboren 1738, wurde im Ehestand mit 6 Söhnen und einer Tochter gesegnet. Er starb auf einer Berufsreise nach Husum Ao. 1785, »da er in dieser Sterblichkeit gelebet hatte 47 Jahre und 21 Tage«.

Erst 37 Jahre später starb seine Frau Tadt, und in gedrängten Sätzen erzählt ihr Grabstein über die Nöte der Familie:

...»Von ihren 7 Kindern ist der älteste Sohn Georg R. Quedens, alt 58 Jahr, als Schiffs-Capitain zu Batavia gestorben. Der 2te, Rauert Quedens, alt 25 Jahr, Schiffs-Capt., fand seinen Tod auf dem Meere. Den 3ten, Jens Quedens, alt 20 Jahre, traf ein gleiches Schicksal...« Der Ehemann und drei Söhne auf See verunglückt und gestorben – ein Schicksal, wie es in jener Zeit nicht selten war!

Aus den Reihen der Seefahrer-Grabsteine fallen einige durch ganz andere Berufe und Berufssymbole in den Giebeln auf. Der Stein mit dem plastischen Relief einer Holländer-Mühle erinnert an den Seefahrer und

Grabstein des Schiffers Andres Finck mit Familie   *Rückseite des Grabsteines Andres Finck*

späteren Müller Erk Knudten (1733–1801), »der in jungen Jahren als Seemann und die letzten 3 als Schiffer gefahren. Ao. 1771 ließ er eine graupen Mühle bauen, welcher er 21 Jahre als Müller vorgestanden. Er und seine getreue Gattin lebten miteinander verehelicht 46 Jahre und zeugten elf Kinder. Ao. 1801 ist der Vater im 67sten und die Mutter 1824 im 92. Jahre ihres Alters seelig entschlafen...« Jan Peters hat diesen Grabstein gefertigt, aber eine plattdeutsche Sockelinschrift verrät, daß der Stein zum zweiten Mal verwendet und damit leider der ältere, vorherige zerstört worden ist.

Ein anderer Grabstein zeigt im Giebel einen Mann im Sonntagsrock, den Küster Harck Knudten, und darüber steht der Vers:

Ich habe gesungen von der Gnade des
Herrn mein Leben lang.

Harck Knudten lebte von 1709 bis 1775 und zeugte mit seiner Frau Mattje, geb. Rauerts, 8 Kinder. Ein Sohn und einige Enkel änderten später ihre Familiennamen und nannten sich nach dem Beruf des Vaters bzw. Großvaters Cöster.

Grabsteine von Frauen sind oft verziert mit Blumen als Symbol eines erfüllten Lebens, aber mit gebrochenen Blüten bei frühzeitigem Tod. Ein schönes Beispiel dafür ist die Stele von Kerrin Quedens, einer Tochter des Müllers Erk Knudten.

Wie die Blume bald vergehet
So ist unser Leben, sehet

steht im Giebel, und die Inschrift verrät, daß Kerrin sich 1797 mit dem »Captain Georg Hinrich Quedens jun. verehelichte, und starb den 20. Febr. des nächstfolgenden Jahres im Wochenbette, nachdem sie 8 Tage vorher von einem jungen Söhnlein entbunden geworden war. Ihr junges Leben dauerte nur 26 Jahre«.

Schwindender Wohlstand, sicherlich aber auch ein Mangel an gutem Geschmack, führten in den ersten Jahrzehnten des 19. Jahrhunderts dazu, daß nur noch wenige Grabsteine im Stile der alten Zeit angefertigt wurden. Mitte des Jahrhunderts war die Grabsteinkultur endgültig zugrunde gegangen, abgelöst durch immer primitiver werdende Gestaltung der Totendenkmäler bis hin zu den Allerweltsgrabsteinen und dem Gräberkitsch der Gegenwart, wie sie auf allen Friedhöfen allgemein geworden sind.

Fischfang und Austernstrich

Die Geschichte des Walfanges im Eismeer und der weltweiten Seefahrt wirft die Frage nach Erwerbstätigkeiten in den eigenen Heimatgewässern auf. Die Heringsfischerei im 15. und 16. Jahrhundert als einzige größere Epoche der Berufsfischerei wurde schon erwähnt. Fischfang hat in späteren Jahrhunderten auch noch eine gewisse Rolle gespielt, ging aber selten über den Eigenbedarf der Inselbevölkerung hinaus, zumal sich auch in unmittelbarer Nachbarschaft keine Absatzmärkte boten. Fraglich ist, ob neben der Heringsfischerei auch der Schellfischfang im ausgehenden Mittelalter auf Amrum eine Rolle gespielt hat. Ida Christine Matzen berichtet in ihrem Buch »Kinder Frieslands« über Stationen von Fischkuttern am Strand bei der Satteldüne und dem Skalnastal im Schutze des damaligen Kniephafens, allerdings ohne etwaige Zeitdatierung: »Pastor Mechlenburg suchte und fand im Skalnastal die ganz alten Schellfischhaken, dieselben, wie sie Bruder Johannes Matzen an der Saterdüne entdeckte...« Knudt Jungbohn Clement erwähnt aber in seiner »Lebens- und Leidensgeschichte der Frisen...«, daß der Schellfischfang erst 1805 begann.

Von größerer Bedeutung war der Rochenfang, der auf Sylt sogar als landesherrliches Regal in Anspruch genommen und mit einer »Rochensteuer« belegt wurde – eine Steuer, die man dort bis 1864 zahlte, obwohl der Rochenfang seit Beginn des 19. Jahrhunderts keine Rolle mehr spielte. Über den Rochenfang lesen wir auch im »Missale« in den Randnotizen von Pastor David Monrad die eine und andere Mitteilung. Beispielsweise heißt es Anno 1684, »daß der Fischfang allhie beim Lande so schlecht gewesen, daß nur ein einziger Rochen gefangen ist«. Aber Ao. 1685 und 1686 »war der Fisch- und Rochenfang von Gott reichlich gesegnet...« Und K. J. Clement berichtet im vorerwähnten Buch aus dem 18. Jahrhundert, »daß der Rochenfang von Anfang April bis in den Juni hinein oft sehr ergiebig war, manchmal 1000 Stück an einem Tag...« Aber Anfang des 19. Jahrhunderts »ließ man diesen Erwerb ganz fahren...«, versuchte um 1830 noch einmal, den Rochenfang wieder zu aktivieren, gab aber das Vorhaben bald wieder auf.

Aus dem 19. Jahrhundert ist bekannt, daß etliche Austernfischer nach der Austernsaison ihre Kutter zum Schollen- und Schellfischfang benutzten, und die Familien-Chronik Quedens berichtet, daß Volkert Martin Quedens einen gestrandeten Ewer zum Fischen ausrüstete und – damals noch ungewöhnlich – mit einem Motor versah, um elbaufwärts den Blankeneser Segelkuttern zuvorzukommen, damit er zuerst auf dem Hamburger Markt war und bessere Preise erzielte. Aber von einer regelrechten Berufsfischerei der Amrumer Bevölkerung konnte – von Einzelfällen abgesehen – keine Rede sein. Bedeutender war da schon das Erscheinen von Blankeneser Fischern seit den 1830er Jahren im Seebereich von Amrum, die mit ihren Kuttern bei Unwetter nach Steenodde einliefen, Bekanntschaften mit Insulanerinnen machten und hier einheirateten. Meyer, Grönwoldt, Breckwoldt, Tiemann, Paulsen und andere wurden auf Amrum seßhaft, gründeten Familien und betrieben ihren Beruf von Amrum aus. Und in den 1920er Jahren begann der von Pellworm eingewanderte Meinhard Boyens mit der Fischerei, sowohl von Plattfischen und Rochen, die es im Frühsommer im Bereich der Amrum-Bank noch gab, als auch von Krabben und von Seemoos – letzteres seinerzeit als Zierstrauch von einigem Wert.

Im übrigen aber wurde auf vielfältige Weise durch Jahrhunderte bis heute von den Insulanern Fischfang für den Tagesverbrauch betrieben. Beispielsweise setzte man in flachen Prielen im Frühjahr sogenannte »Fischgärten«, Zäune in Form eines offenen Dreiecks, deren Spitzen in eine Reusenanlage mündeten. Hornfische, Plattfische (Flundern, Goldbutt, Steinbutt, Sandschollen) und Aale wurden mit der abfließenden Ebbe an den Zäunen entlang in die Reuse geleitet und bei Niedrigwasser eingesammelt. Plattfische fing man auch im Frühjahr und Herbst mittels bei Ebbe an den Prielrändern ausgelegter Grundleinen, den »Hukern«, deren 30–50 Angelhaken mit Wattwürmern beködert wurden. Mit der Flut kamen die Fische, und bei Ebbe wurde der Fang geborgen sowie anschließend die Haken neu beködert. Auch Aale und Aalmuttern gingen zeitweise an diese »Huker«. Der Fang begann im Frühjahr und endete, wenn die Strandkrabben aus der tieferen Nordsee auf das Watt zurückkehrten und vor den Fischen die Köder abfraßen, und er dauerte im Herbst, bis es anfing zu frieren und die Fische draußen in der Nordsee blieben. Auch »Pregen«, siebenzackige Schollenstecher befanden sich früher in jedem Inselhaus. Mit diesen Stechern watete man sommertags durch die Priele und spießte die im Sand ruhenden Plattfische auf. Im Winter hingegen trat der »Elger«, der Aalstecher, in Tätigkeit. Im Kniephafen und an anderen Örtlichkeiten, wo Aale in Scharen im Sand verborgen ihren Winterschlaf hielten, wurden diese herausgestochert. Aale fing man auch durch das Abschleppen von Prielen mit Schleppnetzen, ebenso mittels Pilker. Im Hochsommer war Makrelenzeit. Damals zogen noch Scharen dieser wendigen Raubfische dicht an der Küste vorbei, so daß man sie vom Lande aus mit Zugangel und Fischköder fangen konnte. Heute fahren die Amrumer mit ihren Booten weit hinaus, bis außer Landsicht, und bringen nicht selten Hunderte, ja Tausende täglich auf die Insel zurück, wo sie geräuchert oder gebraten auf den Speisekarten der hiesigen Restaurants erscheinen.

Eine große Rolle aber spielte jahrhundertelang die Austernfischerei bzw. der »Austernstrich«. Sie wurde während der Wintermonate betrieben, wenn die Walfänger, anfangs auch noch die Handelsseefahrer, zu Hause waren. Die Bewirtschaftung der Austernbänke im nordfriesischen Wattenmeer geht zurück bis auf den dänischen König Knud der Große (Regierungszeit 1014 bis 1035), von dem es heißt, daß er die Austernbänke habe anlegen lassen. Gemeint ist aber wohl eher deren systematische Pflege und Nutzung, denn die Auster war ja bereits seit der Vorzeit im Küstengewässer vorhanden und war als Nahrungsmittel von Bedeutung, wie Ausgrabungen von stein- und bronzezeitlichen »Kökenmöddingern«, Muschelabfallhaufen, beweisen.

Vermutlich sind die Austernbänke schon damals als Regal des Landesherren in Anspruch genommen worden, mindestens aber seit dem 4. Februar 1587 nach einem entsprechenden Rescript des dänischen Königs Friedrich II. Diese Inanspruchnahme bedeutete, daß niemand – außer Beauftragte des Königs – Austern fischen oder bei tiefer Ebbe sammeln durfte. Bei diesen Beauftragten handelte es sich um Pächter, die Schiffer von Sylt und Amrum engagierten, um die Austernbänke zu bewirtschaften, und an diesem Verhältnis hat sich bis zum Ende der Austernfischerei Anfang des 20. Jahrhunderts nichts geändert. Die Bänke wurden in der Regel jeweils für 20 Jahre verpachtet, wechselweise an Unternehmer und Kaufleute aus Hoyer, Tondern, Flensburg und zuletzt an Firmen aus Hamburg und Lübeck. Für eine längere Zeit, von 1819 bis 1879, waren auch einige Sylter Kapitäne, insbesondere aus der Familie Bleicken, als Pächter und Leiter beteiligt.

Schiffer von Sylt und Amrum fischten mit eigenen Booten im Auftrage der Pächter auf Lohn- bzw. Mengenbasis, mußten aber auch alljährlich ohne Bezahlung »Deputat-Austern« für die Landesherrschaft von den Bänken streichen, beispielsweise im Jahre 1795 80 Tonnen für den Hof in Kopenhagen und 10 Tonnen für den Grafen zu Schackenburg. Immer wieder gab es auch Schwierigkeiten mit den Lohnzahlungen der Pächter. Und als dieser 1740 wieder einmal in Rückstand geriet, schieden alle Sylter Kutter aus der Austernfischerei aus und überließen diese den 18 Booten von Amrum und den 14 Booten von Römö. Erst ab 1819 nahmen auch die Sylter mit etwa 12 Kuttern wieder teil. In jener Zeit wurden im nordfriesischen Wattenmeer noch rund 50 Austernbänke gezählt, nämlich 20 östlich von Sylt, 14 bei Amrum, 11 im Bereich der Halligen und einige bei Föhr.

Waren Walfänger und Seefahrer nicht zu Hause, halfen auch Frauen beim Austernstrich, vor allem, wenn wenig Wind war und die Segel nicht die entsprechende Kraft entfalteten, um die vom Kutter ausgeworfenen Streicheisen über den Meeresboden zu ziehen. Dann warfen die Kutter an der Luvseite der Austernbänke Anker, ließen sich an langen Trossen über die Bank treiben und wurden mitsamt den Streicheisen gegen den Wind wieder aufgezogen. Die im Bereich von Amrum gestrichenen Austern wurden auf Steenodde verpackt und von Spezialschiffen, später von Blankeneser Kuttern zum Festlande oder gleich bis nach Hamburg befördert. In alten Berichten ist zu lesen, daß von jeder Tonne zwei Austern für den Inselpastor zurückgelegt wurden, damit er das Gelingen der Austernfischerei in seine Gebete einschloß.

Immerhin gab die Austernfischerei jahrhundertelang durchschnittlich einem Dutzend Familien Brot. Und im Jahre 1824 schrieb Marret Tückes an ihren Verlobten, den späteren Pastor Lorenz Friedrich Mechlenburg: »Heute, am 4. Mai, ist der letzte Tag des Austernfischens. Diese Fischerei ist im letzten Jahr außerordentlich geglückt, es sind beinahe 2000 Tonnen gefischt. Wäre nicht dieser Verdienst – es wäre eine armselige Insel…« Um 1850 aber notierte Knudt Jungbohn Clement: »Das Austernfischen bringt keinen Wohlstand, stillt nur eben den Hunger…«

Ein langjähriger Austernfischer war der 1834 geborene Roluf Wilhelm Peters, der als junger Mann einige Jahre als Goldgräber in Australien war und sich nach der Heimkehr auf der Werft in Wyk einen Kutter bauen ließ, den er »Hotspur« nannte, nach jenem Segler, mit dem er von Australien nach Haus zurückgekehrt war. 1863 wurde er zum Vorfischer ernannt und mußte dazu vor dem Birkvogt in Nieblum auf Föhr einen Eid ablegen. Roluf W. Peters hat ein umfangreiches Tagebuch hinterlassen, gefüllt mit Ereignissen auf der Insel, aber auch mit dem täglichen Wetter und dem Ablauf der Austernfischerei. Als er 1911 starb, hinterließ er ein nicht unbeträchtliches Vermögen – Beispiel dafür, daß sich für ihn der Austernstrich gelohnt hatte. Die Fangsaison begann Ende August und endete Anfang April.

| Carmen Sylva | Aurora | Renner | Hotspur | Jordsand | Hornum |
| J. Peters. | G. Jannen. | C. Tönnissen. | G. Peters. | P. Rinken. | E. Prott. |

Die Flotte der Sylter und Amrumer Austernkutter um 1900

Schon im Laufe des 19. Jahrhunderts machte sich jedoch – auch verschuldet durch die überhohen Pachtforderungen der Landesregierung – ein zunehmender Raubbau an den Bänken bemerkbar. Die Austernpächter mußten, um den Ertrag zu sichern, laufend Saataustern importieren und erhebliche Mittel zur Pflege der Bänke aufwenden. Eiswinter bewirkten ein Übriges. Das Ende der Amrumer und Sylter Austernfischer aber verursachte der Fortschritt. Die Pächterfirma Kuhnert & Söhne ließ im Jahre 1910 einen Austerndampfer bauen und benötigte nun die inselfriesischen Segelkutter nicht mehr. 6 Kutter, je drei von beiden Inseln, waren bis dahin noch im Dienst – von Amrum Gustav Jannen mit »Aurora«, Christian Tönissen mit »Renner« und Gerret Peters mit der »Hotspur« seines Onkels Roluf Wilhelm Peters.

Der Einsatz eines Dampfers aber begünstigte erst recht den Raubbau an den Bänken, und in den 1920/30er Jahren bestand die Austernwirtschaft nur noch durch Kulturen auf einigen Bänken und in Bassins in List auf Sylt.

Erst Ende der 1970er Jahre gab es auch wieder Austern aus dem Watt von Amrum. Mit Unterstützung der Bundesforschungsanstalt für Fischerei richtete der Lehrer Jochen Seitz zunächst im Gebälk der alten Wittdüner Brücke, dann am Priel bei Steenodde eine Austernzuchtanlage ein. Die Setzlinge aus einer Austernbrutstätte an der schottischen Westküste wurden in Netzen und Kisten, später in speziellen Containern deponiert und erreichten nach zwei bis drei Jahren mit etwa 100 Gramm Gewicht ihre Marktreife. Es handelte sich bei diesen Austern jedoch nicht um die einheimische, nahezu ausgestorbene Art Ostrea edulis, sondern um die aus dem nördlichen Pazifik stammende Crassostrea gigas, die mit den Klima- und Wasserverhältnissen an der Nordseeküste besser zurechtkommt. Anfang der 1980er Jahre konnten aus der Amrumer Austernanlage schon jährlich 8000–10000 Austern geerntet und an die hiesige Gastronomie sowie zum Festlande verkauft werden. Dann jedoch machte die Folge von drei Eiswintern 1985–1987 mit strengen Frösten und Eisgang der Anlage ein Ende. Zur Zeit (1990) wird die Austernzucht im Bereich des nordfriesischen Wattenmeeres im großen Stil nur noch bei List auf Sylt betrieben.

Aus dem Jahre 1749 berichtet Pastor Lorenz Lorenzen von der Hallig Nordmarsch, dem heutigen westlichen Teil von Langeneß, über die Krabbenfischerei der Bewohner. Und noch aus den 1920er Jahren sind Fotos vorhanden, die Halligfrauen voll bekleidet bis zum Bauch im Wasser zeigen, wo sie mit kescherähnlichen Schiebenetzen den Krabben nachstellen.

Aus dem alten Amrum liegen keine gleichartigen Nachrichten vor, obwohl auch hier anzunehmen ist, daß die Massen der Krabben (richtig: Garnelen) in der einen oder anderen Form genutzt wurden, wobei es jedoch nur um die Selbstversorgung ging. Erst in den 1880er Jahren entwickelte sich die Krabbenfischerei – vor allem von Büsum aus – zu einem Gewerbe und dehnte sich über die Nordseeküste aus. Büsumer Fischer machten auch auf Amrum Station, und insbesondere nach dem Zweiten Weltkrieg lagen während der sommerlichen Fangsaison nicht selten 60–70 Krabbenkutter im Seezeichenhafen bei Wittdün. Einer dieser Büsumer Fischer, Heinz Domscheidt, wurde schließlich auf Amrum seßhaft. Aber erst in jüngster Zeit, seit 1986, sind junge Insulaner als Krabbenfischer dazugekommen und haben den Grundstock einer eigenen kleinen Flotte Amrumer Krabbenfischer gelegt. Nach wie vor aber stammt das Gros der im Seebereich von Amrum fischenden Kutter von auswärtigen Häfen, neben Büsum von Friedrichskoog und sogar von Ostfriesland. Vor Amrum liegen aufgrund des ausgedehnten Flachwassers bis weit vor der Küste die besten Fanggründe, und die Statistik weist hier drei- bis viermal höhere Fangergebnisse aus als an anderen Küstenbereichen. Die Amrumer Krabbenfischer fahren in der Regel in den frühen Morgenstunden aus und laufen um die Mittagszeit oder am Spätnachmittag wieder ein. Die Fänge werden an hiesige Fischhandlungen geliefert, direkt vom Kutter verkauft oder kistenweise mit der WDR-Fähre zum Festlande befördert, wo eine umgehende Verarbeitung der Fänge erfolgt.

Etwa ein halbes Jahrhundert lang, vom Ende des 19. Jahrhunderts bis zum Zweiten Weltkrieg, hatte auch die Seemoosfischerei von Amrum aus eine gewisse Bedeutung. Seemoos und das ähnliche Korallenmoos sind handgroße Büschel von Hydroitpolypen, trotz ihrer Pflanzenerscheinung also Tierstöcke, die fast rasenartig in tieferen Prielen gedeihen. Sie wurden mit Stacheldrähten vom Boden gerissen – nach Sturmfluten auch am Strande gesammelt – und präpariert und grün eingefärbt in den Handel gebracht. Als Ziersträucher in Wandvasen waren sie in Europa, aber auch in Amerika lange Zeit beliebt, bis sich die Mode Mitte unseres Jahrhunderts verlor. Immerhin wurden um 1930 noch 3 Mark für ein Kilo Seemoos bezahlt. Heute findet man Hydroitpolypenbüschel nur noch selten am Strande, offenbar ist der Bestand durch die Schleppnetze von Krabben- und Miesmuschelkuttern reduziert.

Schiff auf Strand!

»Strandungsfälle, Strandvögte und Strandgänger haben in der Geschichte der nordfriesischen Inseln, namentlich von Sylt und Amrum, eine große Rolle gespielt«, schrieb der Sylter Chronist Christian Peter Hansen 1877 in seiner »Chronik der friesischen Uthlande«. Und tatsächlich gehörten Strandungsfälle in früheren Jahrhunderten zu den aufregendsten Ereignissen im Inselleben – nicht nur wegen der Dramatik solcher Vorfälle, bei denen es nicht selten um Tod und Leben ging, sondern auch, weil große Werte auf dem Spiele standen und für die Insulaner Gewinn bedeuteten – legalen durch die Bergungsprämien, verbotenen in Form von Strandräuberei. Und so lange wie Segelschiffe fuhren – noch bis Anfang des 20. Jahrhunderts, gab es kaum ein Jahr ohne Strandungsfall im Bereich der Amrumer Küste oder auf den vorgelagerten Sänden. Schiffe, die aus dem Kanal kommend nach Bremen oder Hamburg oder zur Ostsee und nach Norwegen bestimmt waren, wurden bei Westwindstürmen in den Bereich der nordfriesischen Inseln getrieben und hatten fast keine Möglichkeit, hier in einen sicheren Hafen zu segeln. Insbesondere der Seebereich vor Amrum war wegen seiner Untiefen und aufragenden Sände für die Seefahrt gefährlich.

Die – im wahrsten Sinne des Wortes so zu nennende – Wertschätzung von Strandungsfällen ergibt sich aus deren Notierung in Tagebüchern und Familien-Chroniken des alten Amrums, wohingegen andere, wichtige Ereignisse, beispielsweise von politischer Bedeutung, viel weniger beachtet wurden. Mit Strandungsfällen verbanden sich aber auch zahlreiche »amtliche« Protokollarien, von der »Verklarung« bzw. vom »Protest« der gestrandeten Kapitäne über ihre Reise und die Umstände des Unglückes vor einer Behörde – im Falle von Strandungen bei Amrum vor der Birkvogtei in Nieblum auf Föhr – bis hin zu Bergungsaktionen und zur Strandauktion über die geretteten Werte.

Beispielsweise umfaßt die Akte des Strandungsfalles des schwedischen Schiffes »Concordia« im Jahre 1796 nicht weniger als 850 Seiten, weil es – nicht nur in diesem Falle – oft Streitigkeiten mit den Bergern über die Höhe des Bergungslohnes, sondern auch mit den Behörden über die Anwendung der »Strandgesetze« gab. Umfangreiche Protokolle waren auch nötig, um Bestand und Wert der geborgenen Ladung zu erfassen. Jedenfalls sind die Akten in den verschiedenen deutschen und dänischen Archiven über Strandungsfälle auf Amrum das weitaus umfangreichste Archivmaterial zur Geschichte dieser Insel, die ansonsten nicht viel an »Geschichte« vorzuweisen hat.

Der Strand aber gehörte dem Landesherren, und schon Anno 1241 regelte das »JydskeLov« die Abwicklung von Strandungsfällen. Herrenlos antreibendes Gut, »dem niemand nachkommt«, gehörte dem König. Aber im Falle einer Schiffsstrandung bestimmte der Artikel 63 den Schutz der Schiffbrüchigen und die Verpflichtung der Behörden und Küstenbewohner zur Hilfeleistung: »Wird jemand schiffbrüchig, und die Leute kommen lebendig zu Lande, so darf niemand, auch der Vogt nicht, sich den schiffbrüchigen Gütern nähern, solange und alldieweile sie selbst oder durch Leute, die sie dazu gewonnen haben, ihr Gut zu retten...« in der Lage sind.

Im 15. und 16. Jahrhundert und auch später, so zeitweilig im 18. Jahrhundert, unterstand Amrum aber dem Schleswig-holsteinischen Strandgesetz, und dieses zeichnete sich durch eine bemerkenswerte Rücksichtslosigkeit gegenüber den schiffbrüchigen Eigentümern von Schiff und Ladung aus. Bei einem Strandungsfall nämlich fiel ein Drittel vom Auktionswert auf Schiff und Ladung ohne weiteres an den Landesherren, ein weiteres Drittel an die Berger und das letzte Drittel an die Eigentümer. Mit diesem Gesetz hatten sich die schleswigschen Herzöge praktisch zu »Strandräubern« gemacht, und seit mindestens Ao. 1444 wurden Strandvögte eingesetzt, um die »Raubrechte« der wechselnden Landesherren durchzusetzen. Ao. 1661 wurden die reichsdänischen Enklaven, darunter auch die Westerharde mit Westerlandföhr und Amrum, für einige Zeit erblich an den Grafen Hans Schack verkauft, und nun galt die »Schackenburger Strandgerechtigkeit«. Im März 1668 wurde der Zollverwalter A. Thomesen von Ballum zum Inspektor über die Strandungsfälle im Bereich der Westerharde bestellt. Ao. 1683 kam diese wieder unter die Oberhoheit des dänischen Königs, und im März 1705 erließ König Friedrich IV. eine neue »Verordnung des Strand-Rechts«, das sich unter mehreren Ziffern – »weil der König zu seinem Bedauern erfahren habe, daß Schiffbrüchige an den Küsten des Reiches der Beraubung ausgesetzt sind« – mit dem Schutz gestrandeter Seeleute befaßte. Falsche Merkzeichen am Strand und Feuer in der Nacht oder das Versetzen von Baken, um Strandungsfälle herbeizuführen, wurden mit dem Tode bestraft, ebenso die Körperverletzung und die Ermordung von Schiffbrüchigen. Aber am 29. März 1797 wurde die Westerharde erneut dem Schleswig-Holsteinischen Strandrecht unterworfen, bis endlich der dänische König Christian VII. am 30. Dezember 1803 eine Strandordnung erließ, deren humane Grundsätze im Prinzip noch heute gültig sind. Das 44 Paragraphen umfassende Gesetz regelt den Einsatz des Strandvogtes, »welcher die Bergung mit Hilfe der von ihm angestellten Leute zu besorgen hat, wofür ihm und den Bergern ein bestimmter Bergelohn zusteht« – die Hilfeleistung und die Rettungsmaßnahmen sowie die Bergung, die nicht erfolgen darf »solange der Schiffer oder Steuermann keine Hilfe verlangt…« und den Bergelohn »der bei einem gestrandeten Schiff, sofern Überlebende vorhanden sind, 1/3 des Wertes von der geborgenen Ladung nicht übersteigen darf und in Ansehung der Mühe und Gefahr, die mit der Bergung verbunden sind, von der Obrigkeit bestimmt wird…« Die Grundsätze dieser Strandverordnung finden sich dann auch in der »Reichsstrandordnung des Deutschen Reiches vom 1. Januar 1875 wieder.

Sand- und Strandvögte

Der Amrumer Strand war seit jeher, soweit sich die Unterlagen zurückverfolgen lassen, in drei Distrikte mit entsprechenden Strandvögten eingeteilt: Norddorf, Nebel und Süddorf (später Wittdün). Bezeichnenderweise werden die Strandvögte über eine längere Periode im 18. Jahrhundert »Strandpächter« genannt, und es ist zu vermuten, daß ihnen gegen eine jährliche Abgabe die Einnahmen aus den Bergungserlösen bzw. Strandauktionen zufielen. Einer dieser »Strandpächter« war Hark Olufs aus Süddorf.

Weil die Obrigkeit den Strandvögten, die Einheimische aus den Inseldörfern waren und oft im Zwiespalt zwischen Gesetzen und örtlicher oder gar verwandtschaftlicher Rücksichtnahme standen, aufgrund mannigfacher Erfahrungen mißtraute, wurden zusätzliche Aufsichtsmänner über die Strandvögte eingesetzt. Auf Sylt beispielsweise amtierte der frühere Grönlandcommandeur Lorens Petersen de Hahn. Und auf Amrum wurde im Jahre 1808 auf Vorschlag des Birkvogtes Hildebrandt der Küster Paul Feddersen berufen. »Dies scheint mir angebracht auf einer von Beamten sonst ganz entblößten Insel«, schrieb der Birkvogt an die Obrigkeit. Bei ihrer Einsetzung hatten alle Strandvögte nebst Assistenten einen feierlichen Eid zu leisten, »Gott allein bei ihrem Tun vor Augen zu haben«. Darüber hinaus aber erforderte das Strandvogtamt auch Energie und Durchsetzungskraft«, denn immer wieder gab es Auseinandersetzungen mit »Strandräubern«, die eine eigene und andere Auffassung von Strandgut und Strand-»recht« hatten. Auf der anderen Seite war dieses Amt in finanzieller Hinsicht so attraktiv, daß man sich bemühte, das einmal erlangte Amt in der Familie zu behalten.

Einen besonderen Namen machte sich in dieser Hinsicht durch fast 180 Jahre die auf Steenodde, in Süddorf und zuletzt auf Wittdün wohnende Familie Quedens. Am Anfang dieser Strandvogt-Dynastie steht der 1769 geborene Volkert Hinrich Quedens, zunächst Schiffer und Austernkommissar und ab 1808 Sandvogt, in allen Ämtern ein forscher Mann, wie Akten aus jener Zeit beweisen. Beispielsweise kreuzte er in der Zeit des englisch-dänischen Krieges (1807–1814) mit dem Kaperschiff »Carosse« als Königlicher Kaperkapitän und lauerte auf Prisen. In seinem Übereifer kaperte er im Oktober 1808 widerrechtlich eine ostfriesische Tjalk und mußte sich eine langwierige Untersuchung gegen seine Person gefallen lassen. Trotz seiner illegalen Operation wurde ihm auf Vorschlag des Birkvogtes unter bemerkenswerten Umständen das Amt eines Sandvogtes zugesprochen. Es hatten sich nämlich die seinerzeitigen Strandvögte Knudt Girres aus Norddorf, Urban Wögens aus Nebel und Knudt Tückes jun. aus Süddorf beschwert, daß nahezu alle Männer von Amrum eigenständig als Berger von Schiffsgütern und Schiffen handelten und damit den amtlich bestellten Strandvögten der Bergerlohn gemindert wurde. Daraufhin schlossen sich die Männer unter Führung von Volkert Hinrich Quedens zusammen und verteidigten mit scharfen Eingaben ihre Bergertätigkeit. Das Resultat war, daß die Regierung neben den genannten Strandvögten noch einen Sandvogt für die vorgelagerten Seesände ernannte, und dieser hieß Volkert Hinrich Quedens. Die Seesände aber waren besonders interessant, weil hier die meisten Schiffe strandeten.

Tonnen für Steuer- und Backbord

Seite 117 *Der Amrumer Leuchtturm*
Seite 118/119 *Im Seezeichenhafen bei Wittdün*

Kuppel mit Lampen und Optik im Amrumer Leuchtturm

Die Farbsektoren des Quermarkenfeuers

Der Amrumer Seenotkreuzer im Einsatz

Strandauktion

Seite 124 »Es ist noch eine Ruhe vorhanden« – auf dem Amrumer Heimatlosenfriedhof

Nach der Sturmflut – der Strandvogt ist unterwegs

Über den Sohn und – von einer kurzen Unterbrechung abgesehen – über den Enkel Volkert Martin Quedens wurden beide Ämter, mittlerweile auch das des Strandvogtes, für den Bezirk Amrum-Süd weitergeführt, und insbesondere der Letztgenannte machte sich einen Namen in der Inselgeschichte. 1844 geboren, fuhr er zuerst zur See, wurde dann aber nach dem Tod seines Vaters und seines Bruders von der Mutter nach Amrum zurückgerufen, um wichtige Ämter und die Landwirtschaft zu übernehmen. Volkert Martin Quedens hatte die Eigenschaften seines Großvaters geerbt und baute energisch seinen Ruf als Schiffsberger bis hinauf nach Sylt und bis hinunter zum Süderoogsand auf. Als solcher hat er in der Zeit von etwa 1870 bis um 1906 an die 50 gestrandete Segelschiffe und Frachtdampfer wieder flott gemacht, dabei den Versicherungen Millionenwerte erspart, aber selbst auch viel Geld verdient. Ohne großen technischen Aufwand, oft nur mittels seemännischer Kenntnisse und Fähigkeiten, wurden die Schiffe wieder »abgebracht«. Erst später, als er älter geworden war, arbeitete Volkert Martin Quedens gelegentlich mit Bergerfirmen und deren Schleppern zusammen. Bei seiner Tätigkeit verstand er auch, den Ellenbogen zu gebrauchen, so im Jahre 1894, als die norwegische Bark »Roma« ohne Besatzung vor Amrum trieb, der Amrumer Strandvogt aber die schon zwecks Bergung an Bord geenterten Landsleute vom Ruder vertrieb und selbst das Kommando übernahm, um die Bark nach Cuxhaven und Hamburg zu bringen.

Neben diesen aufregenden Unternehmungen war er gleichzeitig noch Kapitän eigener und Hamburger Dampfer und gründete im Jahre 1889 durch ein erstes Hotel den Badeort Wittdün auf der Amrumer Südspitze gleichen Namens. Ebenso war er lange Zeit Vormann des Rettungsbootes der Station Süd. Am 1. März 1918 starb dieser bemerkenswerte Mann an Herzversagen, nachdem er am Vortage in seiner Eigenschaft als Strandvogt noch ein geborgenes Faß Rotwein versteigert hatte. Sein Sohn Carl Quedens setzte die Tradition als Strandvogt und Schiffsberger fort und lieferte ein Meisterstück 1925 mit der Bergung des kieloben auf Kniepsand angetriebenen Motorschoners »Hermina«, in dessen Rumpf man zwei Skelette fand. Auch sein Sohn, Volkert Philipp Quedens, war Strandvogt. Aber für aufregende Taten boten Stürme und Strand keine Gelegenheit mehr. Die Zahl der Strandungsfälle ging nach der Umstellung von Segel- zu Dampfschiffen stark zurück, und wenn ein Schiff in Seenot geriet oder strandete, waren Bergungsunternehmer mit ihren Geräten zur Stelle – so, wie es auch heute noch ist.

Strandvögte mußten sich, entsprechend den Strandgesetzen, regelmäßig, insbesondere bei Stürmen, am Strande zeigen, lose antreibende Güter bergen und bei einem Strandungsfall die entsprechenden Maßnahmen für die Rettung der Besatzung und der Ladung leiten. Wenn ein Schiff gestrandet und wrack geworden war, erfolgte die öffentliche Auktion über Schiffstrümmer, Masten, Takelage und über die geborgenen Güter. Letztere wurden bis zur Auktion in den Scheunen der Strandvögte aufbewahrt und während der Nacht bewacht. Um möglichst viele Interessenten aufzubieten und gute Auktionserlöse zu erzielen, erfolgte die Publikation in Blättern, die in Husum, Hamburg und Altona erschienen sowie durch Verlesung von den Kanzeln der Kirchen auf Amrum und Föhr. Ohnehin sprach sich ein solches Ereignis schnell in der Inselwelt und auf dem Festlande herum, so daß aus nah und fern Neugierige und Kaufinteressierte herbeiströmten. Bot sich doch oft ein regelrechter Warenmarkt, auf dem man preiswert einkaufen konnte, insbesondere, wenn die Ware leicht beschädigt war und Reederei und Ladungsinteressenten das Strandgut möglichst an Ort und Stelle verkaufen wollten, um teure Transportkosten zu sparen. In einer Zeit, als es nur Kramläden mit wenigen Waren des täglichen Bedarfs auf Amrum gab, kamen so doch alle Genußmittel, Gewürze, Tücher, Seiden, Alkoholika, Kolonialwaren und sonstige exotische Dinge laufend durch Strandungsfälle und über den Inselstrand in die Dörfer.

Strandräuber

Zu den wiederkehrenden Erscheinungen im Zusammenhang mit Strandungsfällen gehörte aber auch die Strandräuberei. Ebenso, ja noch mehr als die Strandvögte, waren die Insulaner bei Tag und bei Nacht am Strande unterwegs, um angetriebene Strandgüter zu bergen und heimlich in ihre Hütten zu befördern. Schon im 16. und 17. Jahrhundert wird Klage über das »Unwesen der Stranddiebe« geführt, und etliche Paragraphen der wechselnden Strandgesetze beziehen sich auf Verbote und Strafen für die Strandräuberei. Für einfachen Diebstahl oder für die Unterschlagung von Strandgut wurden noch im Strandgesetz von 1803 Zuchthausstrafen von 6 Monaten bis zu zwei Jahren, im Wiederholungsfalle von zwei bis fünf Jahren angedroht. Und wer falsche Signale gab, um Schiffe zu Strandungen zu verleiten, Feuerbaken und Lichter auslöschte oder auf andere Weise Strandungen herbeiführte, sollte mit Zuchthaus von 5 Jahren bis lebenslänglich bestraft werden.

Aber Strafandrohungen und die Aufsicht der Strandvögte änderten wenig an der Strandräuberei, die nach den eigenen, ungeschriebenen »Gesetzen« des Inselrechtes betrieben wurde. Insbesondere in Notzeiten und für arme Inselbewohner spielte der Strandgang eine große Rolle. Mit Wrackholz konnte man heizen und Hütten bauen, aber es trieben ja laufend auch wertvolle Güter an, und manches Faß Wein oder Rum wurde dem Strandvogt vor der Nase weggerollt, auch noch im Laufe des 20. Jahrhunderts. Der Verfasser hat es noch selbst erlebt, wie in den Jahren des Zweiten Weltkrieges und in den Nachkriegsjahrzehnten die Zeit der Strandräuber wieder auflebte, und er hat selbst neben Planken und Holzkisten wertvolle Treibgüter im Schutze der Dunkelheit nach Hause getragen, beispielsweise eine Tonne mit Schmalz und eine Büchse mit Bohnenkaffee – unschätzbare Werte in einer ernährungskritischen Zeit! Zu keiner Zeit galt die Strandräuberei in der Inselbevölkerung als »unehrenhaft«.

Nach Aussage des Sylter Chronisten Christian Peter Hansen (1877) trieben es die Strandräuber »ärger als je zuvor« auf der Sylter Südspitze Hörnum – voran die Amrumer, für welche Hörnum über die kurze Seestrecke schneller und leichter erreichbar war als für die Rantumer, denen die Südspitze gehörte. Gerade auf dem damals unbewohnten Hörnum – eine Besiedlung erfolgte erst Anfang des 20. Jahrhunderts – strandeten viele Schiffe, und mancherlei Strandgut wurde legal oder heimlich nach Amrum entführt. 1839 kam es zu einem regelrechten »Krieg« zwischen Syltern und Amrumern, als letztere aus einem gestrandeten Bremer Schiff die Tabakladung bargen und unter Aufbietung von »Alle Mann« der Sylter vertrieben werden mußten.

Wenn aber Strandräuber gefaßt wurden und Strandvögte und die Obrigkeit energisch durchgriffen, folgten drakonische, Exempel statuierende Strafen. Besonderes Aufsehen erregten die Ereignisse um die englische Brigg »Emoulous«, Kapitän Watson, die 1816 auf dem Kniepsand strandete und deren Ladung unter Leitung der Strandvögte und der Oberaufsicht des Küsters Paul Feddersen mit Hilfe von Fuhrwerken geborgen werden konnte. Der Ladungswert betrug etwa 200 000 Mark Courant, wofür ein Bergelohn von 45 000 M. C. vereinbart wurde. Bei einem Vergleich der geborgenen und der verkauften Güter stellte Kapitän Watson jedoch das Fehlen etlicher Waren fest. Es wurde eine strenge Untersuchung eingeleitet und in deren Gefolge neben einigen ungetreuen Besatzungsmitgliedern nicht weniger als 27 Männer von Amrum wegen Strandräuberei zu Gefängnisstrafen verurteilt. Angesichts »der großen Zahl von Delinquenten und der Not, in welche die Familien bei längerer Abwesenheit ihrer Ernährer gerathen«, beschränkte sich die Strafe aber auf zwei bis vier Wochen Gefängnis. Aber auch die Kosten der monatelangen Untersuchung mußten von den Straffälligen getragen und ebenso der in wochenlanger Arbeit erworbene Bergelohn zurückgezahlt werden. Schwerwiegender für die Betroffenen gestalteten sich jedoch die Vorfälle nach der Strandung einer russischen Galeasse namens »Hoopets Ankere« im Juli 1833. Das Schiff war mit Teerfässern beladen, die zum Teil geborgen wurden, ehe das Schiff auseinanderbrach und die restliche Ladung ins Treiben geriet. Einige dieser Fässer wurden heimlich von Amrumer Bootsschiffern geborgen und zu Hause versteckt. Aber bald verbreitete sich eine entsprechende Meldung, und die Birkvogtei veranlaßte eine Hausdurchsuchung auf Amrum. Dabei wurden einige Fässer gefunden und deren Berger zur Anzeige gebracht. Die Strafe war hart. Vier Männer wurden zu Zuchthausstrafen von einem Jahr bis zu anderthalb Jahren verurteilt, obwohl der Birkvogt – in genauer Kenntnis der Verhältnisse und Anschauungen auf Amrum – für eine wesentlich mildere Bestrafung plädiert hatte. Aber das Ober-Criminalgericht im Schlosse Gottorf zu Schleswig setzte sich über alle Bedenken hinweg. Einer der Verurteilten, der erst 36jährige Martin Martinen, starb dann im Zuchthaus, ob aus Gram über die Strafe und Schande durch Freitod oder durch andere Umstände, geht aus den Akten nicht hervor. Jedenfalls »resolvierte Ihre Majestät, König Frederik VI. allerhöchst« schon am 19. Juli 1834, »daß die Züchtlinge am nächstbevorstehenden Krönungstage aus der Strafanstalt entlassen werden...« Sicherlich hat der Tod eines Familienvaters diese Begnadigung beschleunigt. Aber auch in späteren Jahren hat es immer wieder Gefängnis- und Geldstrafen für Strandräuberei gegeben, so im Jahre 1873, als zwei Frauen aus Norddorf nach der Strandung des norwegischen Schiffes »Felix« mehrere Planken auffischten und nach Föhr verkaufen wollten, dabei aber dem Strandvogt Friedrich Erichsen über den Weg liefen. »Die Verbrecher erhielten ihre Strafe«, einige Wochen Gefängnis in der Arrestzelle in Nieblum, notierte der Strandvogt. Aber gerade er erkannte auch, »daß dieses Amt mit der Ungerechtigkeit Hand in Hand geht und vieles verlangt, was nicht mit meinem Inneren harmoniert...« Friedrich Erichsen quittierte deshalb 1882 sein Amt.

Etliche weitere Fälle wurden in späterer Zeit noch »gerichtsnotorisch«, etwa als 1926 sechs Kisten mit Hunderttausenden von Rasierklingen antrieben und nicht nur Dutzende von Strandgängern, sondern auch

»Strandräuber« bei der Beuteverteilung – hier eine Kiste mit hunderttausenden Rasierklingen

Der Strandvogt beim Bergen von Strandgut

Strandvögte, Zoll- und Polizeibeamte mobil machten. Aber neben diesen Fällen schweigt die Geschichte von all den wertvollen Dingen, die durch Jahrhunderte heimlich bei Nacht und Nebel aus der Brandung gefischt und durch die Dünen nach Hause getragen wurden – vorbei an Strandvögten und Obrigkeit.

Ganz überraschend und ohne öffentliches Aufhebens wurden dann am 30. Juni 1990 durch eine Mitteilung vom Amt für Land- und Wasserwirtschaft in Husum die Strandvögte entlassen und die Strandvogteien aufgelöst. Ein etwa 750jähriges Amt mit großer Tradition verschwand aus der Inselgegenwart. Die letzten Amrumer Strandvögte waren Volkert Quedens, Wittdün (gestorben 1988), Boy Jensen in Nebel, in vierter Generation Strandvogt, und Detlef Boyens in Norddorf. Zuständig für die Bergung und Behandlung von Strandgütern sind nun Amts- und Gemeindeverwaltung, nachdem die Bergung von Strandleichen bereits seit etlichen Jahren in die Zuständigkeit der Behörden kam.

»Gott segne unseren Strand«

Ein besonderes Kapitel in der dramatischen Geschichte der Strandungsfälle im Bereich der Insel Amrum war die Gründung und Unterhaltung des »Strand-Legates« seit 1820. Es könnte auch unter dem Titel des angeblich früher gesprochenen Kirchengebetes stehen:
»Gott segne unseren Strand«.

Im Jahre 1820 wandte sich der Birkvogt Dahl-Nielsen an die Regierung und machte den Vorschlag, 5% von den Bergungsprämien in eine Kasse der St. Clemens-Gemeinde einzuzahlen. Der Birkvogt beschrieb die ärmlich gewordenen Verhältnisse auf Amrum nach der kriegsbedingten langen Unterbrechung der Seefahrerzeit, und »daß nur einige wenige vermögende Leute sämtliche Lasten der Communeausgaben zu tragen haben«, in den letzten 6 Jahren aber insgesamt 54000 Reichsbanktaler an Bergelohn von den Assekuranzen, den Versicherungen gestrandeter Schiffe bzw. der Ladungsinteressenten gezahlt worden sind. Unmittelbarer Anlaß dieses Vorschlages war die erneute Strandung eines Hamburger Schiffes namens »Juno« mit Weizenladung, für dessen Bergung demnächst die Abrechnung und Auszahlung des Bergelohnes in Aussicht stand.

Die Regierung ging auf diesen Vorschlag ein, und am 15. Dezember 1820 reiste der Birkvogt nach Amrum, um in der Schule eine diesbezügliche Versammlung abzuhalten. Das »Strand-Legat« wurde gegründet, und 61 bergungsfähige Männer der Insel unterschrieben und verpflichteten sich, zukünftig, beginnend mit dem Schiff »Juno«, 5% des Bergungserlöses an die St. Clemens-Gemeinde zum Wohle der ganzen Insel abzugeben. Bezeichnenderweise wurden Pastor Lorenz Friedrich Mechlenburg und Küster Paul Feddersen die Vorsitzenden des Legates. Weitere Vorstandsmitglieder waren die Kapitäne Paul Brodersen, Volkert Quedens und J. Wögens. Der Bergelohn für das Hamburger Weizenschiff betrug etwa 6000 Mark Cour., der Anteil für das »Strand-Legat« knapp 300 Mark Courant.

Merkwürdigerweise blieben die folgenden vier Jahre ohne Verzeichnis von Strandungsfällen und Bergelöhnen, obwohl solche im Bereich der Insel Amrum vorkamen, vielleicht, weil es noch Unstimmigkeiten über die 5%ige Abgabe gegeben hat. Aber dann ging es Schlag auf Schlag. Am 2. Dezember 1824 strandete auf Kniepsand das Handelsschiff »Maria«, von Cadiz nach Hamburg bestimmt, beladen mit Südfrüchten und Wein. Der Kapitän war ein Sylter namens Dircksen. Der Bergelohn betrug 15000 M. C. Nur zwei Tage später strandete die Brigg »Herkules«, beladen mit Stückgütern für Omoa/Mexiko. Bergelohn 37195 M. C. Und wiederum zwei Tage darauf, am 28. Dezember 1824 scheiterte die englische Brigg »The Vine« auf der Reise von Hull nach Hamburg mit Manufacturwaren. Bergelohn 36885 M. C. Strandungsfall reihte sich an Strandungsfall im umfangreichen Protokollbuch des Legates, aber dann entstand von 1843 bis 1869 eine erneute Lücke, die sich wiederum nur durch die Weigerung von Zahlungen seitens der Berger erklärt. Denn an Strandungsfällen fehlte es nicht. Erst 1869 setzen sich die Einnahmen fort – bis zum Jahre 1899. Um diese Zeit bemühte sich der Vorstand des Legates um eine Neufassung der Statuten, entsprechend den inzwischen eingetretenen Veränderungen. Noch während die diesbezüglichen Korrespondenzen zwischen Amrum und der preußischen Provinzialregierung hin- und hergingen, strandete bei Knudshörn der Dampfer »Stettin«. Er konnte von Volkert Martin Quedens und Genossen geborgen werden, wofür ein Bergelohn von 17000 Mark zu zahlen war. Als nun das Legat die üblichen 5% kassieren wollte, wurde die Zahlung von Volkert Martin Quedens abgelehnt. Der Vorstand des Legates setzte den Landrat in Tondern von dieser Verweigerung in Kenntnis, und dieser eröffnete den Bergern, daß die Forderung rechtens sei. Der Vorfall ging zur Entscheidung an das Landgericht in Flensburg, und dieses wies am 18. April 1899 die Klage ab. Das Gericht erkannte, daß die am 15. Dezember 1820 getroffene Vereinbarung über die Zahlung von 5 % der zukünftigen Bergelöhne nur für die damaligen Unterzeichner, nicht aber für deren Nachkommen gelten könne. Im April 1900 verfügte der Regierungspräsident, daß die Abgabe bis auf weiteres zu unterbleiben hat.

Das war das Ende eines bemerkenswerten Legates, das sich auf den merkwürdigen Tatbestand begründete, daß eine ganze Inselgemeinde – die kirchliche und die politische Gemeinde waren weitgehend identisch – an Strandungsfällen verdiente, ja diese erhoffen mußte, um aus den Einnahmen allgemeine Gemeindelasten zu tragen! Das Vermögen des Legates betrug bei der gerichtlichen Entscheidung 21 860 Mark, die bei der Inflation 1923 völlig entwertet wurden. Kennzeichnend für die Arbeitsweise des Legates blieb die Tatsache, daß bei erfolgreichen Bergungsaktionen wohl die Abgabe kassiert, bei Unglücksfällen aber eine Hilfe für die Hinterbliebenen versagt wurde.

Beispielsweise verunglückte im Jahre 1843 der Schiffer Knudt Knudten bei einem Bergungsversuch mit seinem Schiff im Rütergat. Aber die Witwe, die mit fünf Kindern in Not geriet, erhielt auf besondere Bitte nur zwei Jahresraten à 25 Mark Courant aus dem Legat. Möglicherweise war dies der Grund für Amrumer Berger, weitere Zahlungen an das Legat zu verweigern.

Noch größer war ein Unglück am 9. Dezember 1863. Bei dem Versuch, zu einem auf Hörnum-Sand gestrandeten Schiff zu gelangen, das keine Besatzung mehr an Bord hatte und deshalb eine besonders hohe Bergungsprämie versprach, ertranken 9 Amrumer, die in Norddorf und Nebel Familien mit insgesamt 25 Kindern hinterließen. Und wieder fühlte sich das »Strand-Legat« nicht zur Hilfe aufgerufen. Die Not der Hinterbliebenen wäre wohl unvorstellbar gewesen, wenn nicht im Heimathafen des gestrandeten Schiffes »Horus«, in Rostock sowie in Hamburg, wo sich der Reeder Sloman höchstselbst mit einem Spendenaufruf an die Öffentlichkeit wandte, soviel Geld gesammelt worden wäre, daß ein Unterstützungs-Legat für die Betroffenen gegründet werden konnte. Rund 14000 Mark – für damalige Inselverhältnisse eine unvorstellbar hohe Summe – wurden gespendet. Aber das Verwaltungs-Komitee des »Horus«-Legates knauserte dann doch mit der Auszahlung, weil offenbar befürchtet wurde, daß die Witwen angesichts des Geldsegens zu Leichtsinnigkeiten verleitet würden. So wurde nur eine spärliche, vierteljährige Unterstützung gewährt, im übrigen aber mit dem Spendenkapital eine lebhafte Aktienspekulation getrieben, »die zum Glück für die Spekulanten gut ausfiel«, wie später der Amrumer Amtsvorsteher Martin Mechlenburg dem Landrat berichtete. So blieb das Kapital auf der Höhe des ursprünglichen Spendenaufkommens, und erst als die Witwen gestorben und die versorgungsberechtigten Kinder der Verunglückten auf eigenen Füßen standen, wurde die Summe ganz ausgezahlt – 1902, vierzig Jahre nach dem Unglück.

Die Bake mit Rettungsraum auf Seesand

Das Seezeichenwesen im Seebereich von Amrum

Die gefährlichen Untiefen und Sände im Seebereich von Amrum blieben lange Zeit nur unzureichend durch Seezeichen markiert. Erste Nachrichten dazu datieren aus dem Jahre 1565, als Herzog Adolf der Stadt Husum das Privileg zur Auslegung von Seetonnen erteilt. Zunächst wurde nur die Hever als Einfahrt nach Husum gekennzeichnet, später aber auch die Schmaltiefe, das Fahrwasser von der Nordsee zu den Inseln Amrum und Föhr. Für diese Betonnung kassierte die Stadt von den Frachtschiffern, aber auch von den Seeleuten entsprechend ihrer Ränge ein jährliches Bakengeld, und darüber entwickelte sich ab 1742 ein langwieriger Streit zwischen Husum und den beiden Inseln. Insbesondere nach dem Unglück des Föhrer Schmackschiffers Pay Melffs, der im Oktober 1744 mit über 100 heimkehrenden Walfängern und Seefahrern vor Amrum verun-

129

glückte, versuchte man von Amrum und Föhr aus das Seezeichenwesen für die Schmaltiefe in die eigene Regie zu bekommen – vergeblich.

Die dänische Regierung ließ dann im Jahre 1801 auf dem hohen Seesand südlich von Amrum eine große, schwarzgeteerte Bake als Sichtmarkierung errichten. Später erhielt dieses Balkengerüst auf halber Höhe einen Notraum für Schiffbrüchige, versehen mit Trinkwasser, Nahrungsmitteln und Signalfahnen. Diese Bake ist dann im Laufe des 19. Jahrhunderts zahlreichen Schiffbrüchigen eine Zufluchtsstätte geworden. Der Seesand wurde jedoch immer kleiner und flacher, und als nach einer Sturmflut im Jahre 1890 die Bake umstürzte, wurde sie nicht wieder aufgebaut.

Im wesentlichen beschränkte sich das Seezeichenwesen im Seebereich von Amrum zunächst nur auf die Markierung der Schmaltiefe, unverändert in Regie der Stadt Husum. Beispielsweise verrät eine Akte im Kreisarchiv dieser Stadt, daß am 28. Oktober 1801 »Volkert Quedens auf Amrum und der Kaufmann Lorentz Johann Lorentzen auf Föhr zum Einnehmen der Seetonnen- und Bakengelder aus der Schmaltiefe in Eid und Pflicht genommen sind...«, wobei auf die 1757 erlassene Husumsche Tonnen- und Baaken-Verordnung hingewiesen wird. Eine Zusammenstellung der Einnahmen und Ausgaben in der Zeit von 1838 bis 1842 ergibt eine Einnahme von 2976 Reichsbanktalern und eine Ausgabe von knapp 1800 Rb.Talern. Akten aus den Jahren 1840 und 1845 wiesen aus, daß das Amt des Gebühreneinnehmers in der Familie Quedens geblieben und vom Vater auf den Sohn übertragen worden ist. Ebenso gehörte dazu die Betreuung der erwähnten Seesand-Bake. Die Aufsicht über das »Baakenwesen an der Westküste der Herzogthümer« unterstand aber auf Anordnung der dänischen Generalzollkammer seit 1840 dem Zollkreuzinspektor, in diesem Falle dem Leutnant Donner. Und eine »Bekanntmachung für Seefahrer« vom 28. Februar 1846 verrät, daß in der Neuen Schmaltiefe und deren Umgebung insgesamt 13 Seetonnen auslagen.

Fortlaufende Strandungsfälle im Bereich der Insel Amrum, oft mit Totalverlust des Schiffes und der Ladung und nicht selten auch verbunden mit dem Tod von Seeleuten, beunruhigten aber weiterhin die Seefahrt. Deshalb richtete der Wyker Konsul, Lloyds-Agent, Reeder und Werftbesitzer Nommen F. Nommensen mit Datum vom 23. August 1842 ein »Supplicatium« an »Seine Königliche Majestät« mit der Bitte, auf Amrum einen Leuchtturm zu erbauen. Eine ähnliche Forderung erhob auch der von Amrum gebürtige Historiker Knudt Jungbohn Clement in öffentlichen Schriften.

Aber die Regierung begnügte sich mit dem Bau von Leuchttürmen im Jahre 1856 bei Kampen und auf dem Ellenbogen von List auf Sylt. Erst nach dem Kriege von 1864 und der Einverleibung in Preußen kam neue Bewegung in das Seezeichenwesen, ausgelöst durch Strandungsfälle im Jahre 1868 bei Amrum und entsprechende Presse-Publikationen. 1869 kam der Oberlotse Wiechers nach Amrum und peilte den Standort eines Leuchtfeuers 1. Ordnung aus, aber der Bau verzögerte sich durch anhaltende Einwendungen des Husumer Nautischen Vereines, der einen Leuchtturmbau auf Süderoogsand oder die Auslegung eines Feuerschiffes bei der Amrum-Bank vorschlug.

Der Amrumer Leuchtturm

Aber ungeachtet dieser Einwände erhielt der Wasserbauinspektor Matthiesen von der Kgl. Regierung zu Schleswig den Auftrag, einen Bauentwurf vorzulegen, und im April 1873 entschied das Ministerium in Berlin endgültig, daß auf Amrum ein Leuchtfeuer 1. Ordnung errichtet wird. Noch im gleichen Sommer wurde am Fuße der vorgesehenen Leuchtturmdüne das Wärterhaus – ausreichend für drei Leuchtturmwärter – errichtet, und Anfang April 1874 begann der Bau des Leuchtturmes. Zu diesem Zweck wurde von der Hafenbucht Steenodde, wo die Schiffe mit dem Baumaterial landeten, eine Lorenbahn zur Baustelle verlegt und die Bauwagen mit Pferden hin- und herbefördert. Viele Amrumer Handwerker und Tagelöhner fanden Arbeit beim Leuchtturm, für die Inselbewohner ein aufregendes Werk. Aber die Begeisterung auf Amrum hielt sich doch in Grenzen. Jedem Insulaner war klar: Wenn der Leuchtturm brennt und die Schiffe vor den gefährlichen Sänden bei Amrum warnt, geht es mit Strandungsfällen und Bergelöhnen zu Ende.

Im August 1874 war der eigentliche Turmbau vollendet und erhielt nun seine Krönung, den Prismenkorb mit der Optik – eine Arbeit des Berliner Zivilingenieurs Veitmeyer, nach dem System des französischen Ingenieurs Fresnel. Die Gesamtkosten des Leuchtturmbaues einschließlich Landerwerb, Wärterhaus und Prismenkorb betrugen knapp 321 000 Mark und blieben um 89 Mark unter dem Voranschlag von 106 500 Talern. Als erster Leuchtfeuermeister wurde der Oberbootsmaat Krietsch eingestellt, ebenfalls zwei weitere Wärter. Das mit einer sechsdochtigen Lampe betriebene und mit Petroleum bzw. Rüböl gespeiste Feuer mußte während des nächtlichen Betriebes ständig bewacht werden. Die wachhabenden Wärter wohnten in einer Stube unter der Kuppel. Ebenso mußte der Umlauf des Prismenkorbes täglich neu aufgezogen und das 1876 errichtete Unterfeuer für die Amrumer Hafenbucht gewartet werden. Erst 1936 wurde die Lichtquelle durch elektrischen Strom aus zwei Diesel-Wechselstrom-Generatoren ersetzt und damit der Leuchtfeueroberwärter überflüssig. Statt dessen wurde eine Maschinistenstelle ausgeschrieben. 1947 erfolgte der Anschluß an das Stromnetz der Schleswag, aber die alten Dieselmotoren blieben als Notaggregate stehen. Schließlich erhielt auch der Umlauf des Prismenkorbes im Jahre 1952 elektrischen Antrieb und im gleichen Jahre der Leuchtturm ein anderes, äußeres Bild. Der anfangs einfarbig dunkelrot gestrichene Turm wurde mit zwei breiten weißen Binden versehen.

Leuchtturmwärter kamen und gingen. Der erste Leuchtfeuermeister Krietsch fand seine Ehefrau auf Amrum, übernahm dann aber 1888 die Stellung eines Hafenmeisters in Tönning. Andere Wärter, Johannes Krückenberg und Nicolai Nissen heirateten auf der Insel ein und gründeten hier Familien. Einer der letzten Leuchtturmwärter war der aus Nebel stammende Arthur Kruse, der in der Einsamkeit der Leuchtturmwache empfindsame Verse zu friesischen Liedern schrieb. Aber 1984 ging der »Fortschritt« auch über das Personal des Amrumer Leuchtturmes hin. Am 5. Dezember des genannten Jahres wurden das Haupt-, das Quermarken- und die Leit- und Unterfeuer in die Automatisierung und Fernüberwachung des Wasser- und Schiffahrtsamtes Tönning mit einbezogen.

Neben dem Hauptfeuer 1. Ordnung und dem Unterfeuer am Hafen wurde zur weiteren Sicherung des Fahrwassers im Seebereich von Amrum im Jahre 1906 am Strande südlich von Norddorf ein Quermarkenfeuer erbaut, dessen Betrieb der in Norddorf wohnende Gustav Nahmens überwachte. Viele Jahre lang eilte der Wärter durch die Dünen hin und her, bis auch hier der Anschluß an ein Stromkabel erfolgte. Weitere Feuer, so im ehemaligen »Kurhaus« auf der Südspitze von Wittdün, bei Wriakhörn, auf »Ual Hööw« bei Steenodde, am Haus »Leitfeuer« über der Wittdüner Strandpromenade und an der Schule Nebel vervollständigten im Laufe der Zeit das Leuchtfeuerwesen entsprechend den ständigen Veränderungen durch wandernde Sände im Seebereich von Amrum. Beispielsweise erfolgte ein Wechsel des Hauptfahrwassers von der Schmaltiefe zum Rütergatt. Und 1988 wurde am Fuße des »großen« Leuchtturmes ein zusätzliches Oberfeuer für die Hafeneinfahrt errichtet.

Die Aufzählung des Leuchtfeuersystemes im See- und Sichtbereich von Amrum wäre aber unvollständig ohne Erwähnung des Feuerschiffes »Amrum Bank«, das hier von 1911 bis 1939 auf Seeposition lag und damit eine langjährige Forderung aus Schiffahrtskreisen befriedigte. Dem sechswöchigen Dienst der Besatzung auf diesem Feuerschiff folgte jeweils ein dreiwöchiger Urlaub an Land.

Tonnenleger von Generation zu Generation

Einen ganz besonderen Akzent in der Geschichte des Amrumer Seezeichenwesens aber setzte die Familie Ricklefs von Steenodde. Mitte der 1850er Jahre wurde das Amt dieser Familie übertragen, und am Anfang einer nun folgenden, langjährigen Tradition stand der Schiffer Gerret Ricklefs (1794–1862), der das Amt um 1860 seinem Sohn, dem Kapitän auf Großer Fahrt, Hinrich Philipp Ricklefs vererbte. Derselbe hatte in den 1850er Jahren von Hamburg und Altona aus Schiffe geführt, darunter das Auswandererschiff »Sir Isaak Newton« der Reederei Sloman. 1863 erbaute er sich auf Steenodde ein Haus und betätigte sich als Tonnenleger und Austernkommissar. Bald aber kamen bewegte Zeiten, zuerst der Krieg zwischen Dänemark und Preußen/Österreich im Jahre 1864 und dann der Krieg zwischen Preußen und Frankreich 1871. Beide Male mußten sämtliche Seetonnen eingeholt werden, um feindlichen Schiffen keine Markierungen zu bieten. Im letztgenannten Krieg wurde sogar die Seesand-Bake niedergebrannt, weil sich angeblich französische Schiffe vor den Inseln gezeigt hatten. Die Inventarliste des Jahres 1870 weist 59 Holztonnen, eine aus Eisen, 11 Treibbaken und 13 Eisbojen auf. Diese Seezeichen lagerten in einem eigens dazu errichteten »Tonnenhaus« auf Steenodde. Erst 1928 wurden die Seezeichen zum heutigen Seezeichenhafen verlegt. Nachfolger von Hinrich Philipp Ricklefs war 1887 dessen Sohn Gerret geworden. Dieser, 1852 geboren, widmete sich zuerst der Seefahrt, ehe er das Amt des Tonnenlegers übernahm und zu diesem Zweck ein neues Schiff auf der Kremer-Werft in Elmshorn bauen ließ – die »Anna«. Nicht weniger als 68 Jahre, bis 1959, hat dieses Schiff seinen Zweck erfüllt. Gerret Ricklefs schied 1913 aus dem Amt und legte dieses in die Hände seines 1884 geborenen Sohnes Hinrich Philipp Ricklefs, blieb jedoch als Gehilfe noch lange an Bord. Er starb 1943 im 91. Lebensjahr.

Wie seine Vorfahren, so war auch Hinrich zunächst zur See gefahren und machte sein Examen als Kapitän auf Großer Fahrt. Somit hatte er für die Weiterführung des Tonnenleger-Amtes alle Voraussetzungen in der

Tasche. Bis ins hohe Alter von 75 Jahren versah er diesen Dienst und gab dann 1959 das Amt und das neue Tonnenlegerschiff »Hildegard« an die nächste Generation, an den 1918 geborenen Sohn Hinrich Christian Ricklefs weiter. Auch dieser war noch auf Segelschiffen der Reederei Laeisz sowie auf Dampfern der HAPAG zur See gefahren und kehrte mit den entsprechenden Patenten in die Heimat zurück, als der 2. Weltkrieg die Seefahrerlaufbahn unterbrach.

Und noch einmal folgte der Wechsel vom Vater auf den Sohn – 1978 von Hinrich Christian auf den Sohn Hinrich William Ricklefs. Aber dann ging 1983 eine über 130jährige Tradition durch sechs Generationen zu Ende. Das Wasser- und Schiffahrtsamt stationierte ein modernes Tonnenlegerschiff, die »Johann Georg Repsold« im Seezeichenhafen und nahm den jungen Ricklefs als Steuermann an Bord.

Mit dem Rettungsboot hinaus

Die Vielzahl der Strandungsfälle im Bereich der Deutschen Bucht, insbesondere die Strandung eines Auswandererschiffes bei den Ostfriesischen Inseln mit zahlreichen Toten im Jahre 1854, bewegten seit dieser Zeit die Öffentlichkeit, verbunden mit der Forderung, nach englischem Vorbild Rettungsstationen an der deutschen Küste einzurichten. Als Ergebnis dieser Bestrebungen wurde im Jahre 1865 in Kiel die »Deutsche Gesellschaft zur Rettung Schiffbrüchiger« gegründet, die alsbald begann, von Bremen aus das Rettungswerk an Nord- und Ostsee aufzubauen. Zu den ersten Stationen der DGzRS gehörte Amrum. Schon 1865, Amrum war gerade deutsch geworden, kam eine Kommission, um die hiesigen Verhältnisse in Augenschein zu nehmen. Wenig später wurde am Strande von Nebel, etwa dort, wo heute die Strandhalle steht, ein Bootsschuppen errichtet und mit einem Ruderrettungsboot versehen. Die Mannschaft bestand aus Freiwilligen des Dorfes Nebel. Das Rettungsboot stand auf einem hochrädrigen Wagen und wurde mit dessen Hilfe über den Strand in das Wasser des damals noch tiefen Kniephafens befördert. Von hier aus ruderte man um die Spitze des Kniepsandes herum zum Strandungsort. Doch schon bald machte sich die von Südwesten her voranschreitende Versandung des Kniephafens bemerkbar, und die Station mußte nordwärts verlagert werden, zuerst bis eben unterhalb des Inselbogens »Hörn«, dann nördlich davon bei »Baatjesstich«. Diese Station gehörte nunmehr zu Norddorf, und bei einem Einsatz mußten die Rettungsmänner kilometerweit durch die Dünen laufen, um die Station zu erreichen. Aus diesem Grunde wurde 1886 querab von Norddorf eine weitere Station mit dem Ruderrettungsboot »Theodor Preußer« eingerichtet. Zunächst wurde das Boot über eine lange Ablaufbahn aus dem Bootsschuppen heraus ins Wasser gerollt, aber als dann auch hier der Kniephafen versandete, mittels eines Lafettenwagens und eines Pferdegespannes in die Brandung gebracht.

Das Ruderrettungsboot »Theodor Preußer« spielte in der Geschichte des Rettungswesens eine tragische Rolle, als die Amrumer Mannschaft am 29. Oktober 1890 durch eine Depesche aus Westerland zu einem Strandungsfall vor Wenningstedt gerufen wurde, weil von Sylt aus keine Hilfe möglich war. Unter Führung des Vormannes Volkert Flor arbeitete sich das Rettungsboot bis eben westlich von Hörnum. Aber gerade, als man dachte, das Schwierigste überwunden zu haben und Kurs Nord gehen wollte, lief eine hohe Grundsee quer gegen das Boot und brachte es zum Kentern.

Die Besatzung wurde herausgeschleudert und trieb mit ihren Korkwesten im Wasser, bis auf zwei Mann, die im Boot geblieben waren. Infolge des auf den Grund schlagenden Mastes richtete sich das Rettungsboot aber wieder auf, und nach und nach konnten die Männer in das Boot zurückgelangen – bis auf zwei. Der eine, Jens Peter Bork, trieb ganz in der Nähe, rührte sich aber nicht mehr. Er war offensichtlich von dem kenternden Boot erschlagen worden. Der andere, Theodor Flor, ein Bruder des Vormannes, war so weit weggetrieben, daß er gegen Wellen und Strömung nicht mehr ankam. Nur zwei Riemen waren noch vorhanden, mit deren Hilfe es dann in stundenlanger Bemühung gelang, durch die Brandung den Strand von Hörnum zu erreichen. Die beiden Verunglückten trieben später bei Nörre-Vorupör in Nordjütland an und wurden dort ehrenvoll beerdigt. Ihr gemeinsamer Grabstein ist noch heute vorhanden. Das Rettungsboot konnte wieder repariert werden und blieb noch bis 1902 auf der Station Nord. Dann folgte ein neugebautes, 11 m langes Boot namens »Emilie Robin«, benannt nach dem verdienstvollen, in Paris lebenden französischen Förderer des Rettungswerkes.

Von 1869 an wurde auch auf Steenodde und seit 1882 auf der damals noch unbesiedelten Amrumer Südspitze Wittdün ein Ruderrettungsboot stationiert. Als ein Sturm im Jahre 1904 die Station zerstörte, legte die DGzRS das gedeckte Segelrettungsboot »Picker« in die Hafenbucht. Als es 1909 einen Motor erhielt, war es das seinerzeit modernste Rettungsboot an der schleswig-

Das Ruderrettungsboot der Station Nord wird über eine Slipanlage zu Wasser gebracht

holsteinischen Westküste. 1912 folgte das Motorrettungsboot »Hermann Freese« auf der Station Süd. Die Station Nord mußte hingegen 1938 aufgegeben werden, weil der Kniephafen völlig versandete und es schwierig war, das dortige Ruderrettungsboot zu Wasser zu bringen. Seit dieser Zeit gibt es auf Amrum nur noch die Station Süd im 1916 erbauten Seezeichenhafen. Der »Hermann Freese« folgte ein neueres Boot gleichen Namens, dann – seit Ende des Zweiten Weltkrieges – die »Bremen«, »Matthias Müller«, »Geheimrat Sartori«, »Rickmer Bock« und seit 1961 die neue »Bremen«, das erste Boot mit dem heute für Rettungsboote so charakteristischen Turmaufbau. Seenotkreuzer »Ruhr-Stahl« seit 1965 und »Eiswette« seit 1987 sind die Namen der Boote in jüngster Zeit, beide mit sogenannten Tochterbooten in der Heckwanne. Die Besatzung aber besteht schon seit Kriegsende nicht mehr aus Freiwilligen, sondern aus fest Angestellten, in der Regel früheren Seeleuten.

In den Berichten der Vormänner der verschiedenen Amrumer Rettungsstationen sind die zahlreichen Übungsfahrten und Rettungseinsätze vermerkt. Sie füllen Bücher. Beispielsweise strandete am 21. August 1889 im Morgengrauen der englische Schoner »Persian«, Kapitän Cooksley, mit Kohlen von England nach Hamburg bestimmt. Der Vorsitzende des Ortsausschusses der DGzRS, Kapitän Julius Schmidt, alarmierte die Rettungsmannschaften, die mit Pferdefuhrwerken zur Station Nord fuhren und durch die Dünen nach »Batjesstieg« eilten. Beide Rettungsboote, »Chemnitz« und »Theodor Preußer«, waren im Einsatz und arbeiteten sich bei schwerem Westnordwest-Sturm an das gestrandete Schiff heran, das in hochgehender Brandung bei Norderkniep aufgelaufen war. Unter großen Schwierigkeiten wurden 5 Mann der Besatzung geborgen und an Land gebracht. Aber der Kapitän erklärte, sein Leben noch eine Nacht zu riskieren und auf dem Schiff zu bleiben, so daß eines der beiden Rettungsboote an der Strandungsstelle blieb. In der Nacht aber nahm der Sturm an Heftigkeit zu, das gestrandete Schiff begann heftig in der Brandung zu arbeiten, und der Kapitän mußte das Rettungsboot rufen. Der gestrandete Schoner konnte später wieder abgebracht werden, wurde aber als Wrack nach Wyk verkauft und dort durch den Konsul Heymann wieder aufgetakelt und für Kohlenfahrten nach England eingesetzt. Aber schon im folgenden Jahre, im November 1890, ging die »Persian« bei Helgoland zugrunde.

Am 22. September 1899, abends gegen 9 Uhr, kam vom Leuchtturmwärter die Nachricht, daß südwestlich

Erzfrachter »Pella«, am 31. Juli 1964 westlich von Amrum gestrandet und total verloren gegangen

von Amrum Notsignale zu sehen seien. Es war aber während der Nacht wegen des schweren Südweststurmes unmöglich, mit dem Rettungsboot in See zu gehen. Mit Anbruch des Tages ging das Rettungsboot »Elberfeld« von der Station Süd und kreuzte gegen Sturm und hohe Wellen zum Strandungsort, der gegen 10 Uhr erreicht wurde. Heftige Brandung schäumte über das gestrandete Schiff, dessen Großmast schon gefallen war und das alle Boote verloren hatte. Endlich gelang es mit großer Mühe, heranzukommen und die aus 9 Mann bestehende Besatzung, die völlig erschöpft war und nur das bloße Leben rettete, an Bord zu nehmen und die Rückfahrt anzutreten. Die Schiffbrüchigen wurden in einem Wittdüner Hotel untergebracht und aufs beste verpflegt. Bei dem gestrandeten und total verlorenen

Schiff handelte es sich um den österreichischen Schoner »Istro«, Kapitän Kreeglich, mit Stückgütern von Hamburg nach Rio de Janeiro bestimmt.

Ebenso erfolgreich war ein Rettungseinsatz am 28. August 1902. Morgens gegen 10 Uhr wurde vom Leuchtturmwärter gemeldet, daß nahe Holtknob eine Bark gestrandet und Notflagge zeige. Sofort rief der Vormann die Mannschaft der Station Nord zusammen, die mit dem neuen Rettungsboot »Emile Robin« auslief und sich gegen den schweren Sturm zur Strandungsstelle kämpfte. Das Vorderteil des quer zur Brandung liegenden Schiffes wurde ständig von hohen Seen überschüttet, nur das Hinterteil lag noch hoch, und hierhin hatte sich die Besatzung gerettet. Schließlich gelang es mittels einer Leine Verbindung herzustellen und die elfköpfige Besatzung zu übernehmen. Mit nun insgesamt 21 Menschen an Bord lag das Rettungsboot aber gefährlich tief im Wasser, und auf der Rückfahrt mußte ständig Öl ins Wasser gegossen werden, um die See zu beruhigen. Bei dem gestrandeten Schiff handelte es sich um die russische Bark »Delta«, Kapitän Behrsin, mit Asphalt von Trinidad nach Hamburg bestimmt.

Aber nicht alle Rettungseinsätze waren vom Erfolg gekrönt. Nur ein Jahr später, am 22. November 1903, meldete der Leuchtturmwärter die Strandung eines Schiffs auf Kapitäns-Knob südlich von Amrum. Wegen der Dunkelheit und des Sturmes konnte das Rettungsboot die Strandungsstelle aber nicht erreichen und kehrte wieder um. Erst im Morgengrauen gelangte man an das Schiff, fand es aber durchgebrochen und total wrack. Von der Besatzung war keine Spur mehr vorhanden. Später trieben dann insgesamt 9 Leichen an, die in der Nordwestecke des Nebeler Friedhofes begraben wurden. Bei dem verunglückten Schiff handelte es sich um die norwegische Bark »Ilma«, Kapitän Andersen, von Christiania.

Immer wieder wurden die Amrumer Rettungsboote zu Strandungsfällen gerufen, auch in jüngster Zeit. Beispielsweise wurde am 2. August 1964 die 25köpfige Besatzung des unter libanesischer Flagge fahrenden Erzfrachters »Pella« vom Amrumer Rettungsboot »Bremen« geborgen. Der mit Eisenerz beladene Frachter war zwei Tage vorher bei mäßigem Sturm westlich der Insel aufgelaufen und brach dann infolge Unterspülung auseinander, so daß ein Totalverlust des über 7000 BRT großen Frachters verzeichnet werden mußte.

Rettungseinsätze zu gestrandeten Schiffen, Hilfeleistungen für havarierende Kutter, Begleitung von Segelregatten und immer wieder Einsätze für leichtsinnige Wassersportler gehören zum Tätigkeitsbereich des Amrumer Rettungskreuzers, ebenso aber auch Krankentransporte nach Wyk auf Föhr, Versorgungsfahrten zu abgeschnittenen Halligen, insbesondere im Winter, und Eishilfe, wenn bei entsprechender Eislage weder Fähr- noch Versorgungsschiffe Fähranleger und Hafen erreichen können.

Der »Heimatlosenfriedhof«

Die Darstellung der Ereignisse am Amrumer Strand und im Seebereich rund um die Insel wäre aber nicht vollständig ohne Erwähnung auch des Heimatlosenfriedhofes auf der Geesthöhe neben der Mühle von Nebel. Hier haben, umsäumt von einem Findlingswall und von windgezausten Fliederhecken, ertrunkene Seeleute ihre letzte Ruhestätte gefunden – ausschließlich solche, deren Name und Herkunft nicht mehr zu ermitteln war. Ein erster Namenlosenfriedhof war im Jahre 1854 bei Westerland auf Sylt auf Anregung des dortigen Strandinspektors Wulf Hansen Decker eingerichtet worden, »um solchen Berufsbrüdern und Christenmenschen ein angemessenes Begräbnis zu gewähren«. Zwar regelte das Strandgesetz die Behandlung von Strandleichen, aber oft wurden sie doch aus Bequemlichkeits- und Kostengründen einfach dort vergraben, wo man sie fand, so auch auf Amrum. Erfolgte eine ordnungsgemäße Beerdigung, so fand diese in der Nordwestecke des St. Clemens-Friedhofes statt, allerdings ohne besondere Kennzeichnung. Auch mit ertrunkenen Schiffbrüchigen von Strandungsfällen bei Amrum, deren Namen bekannt waren, wurde in gleicher Weise verfahren.

Im Jahre 1906 aber stiftete der aus Nebel gebürtige Kapitän Carl Jessen einen Platz auf dem hohen Geestrücken neben der Mühle für die Einrichtung eines Heimatlosenfriedhofes. Die erste Bestattung fand am 23. August 1906 statt, und seitdem haben hier 31 »namenlose« Tote, ertrunkene Seeleute, angetrieben am Inselstrand, ihre letzte Ruhe gefunden – auf den schlichten Holzkreuzen nur das Datum des Fundtages.

Sturmfluten und Küstenschutz

Landverluste

Reste von steinzeitlichen Findlingsgräbern in der flachen Nordsee nordwestlich von Amrum weisen darauf hin, daß der Geestkern einmal größer war und durch das Meer abgetragen wurde. Ebenso weisen zeitlich undatierbare Sommerdeiche in der Norddorfer Marsch – vermutlich aus dem Mittelalter – darauf hin, daß die damaligen Bewohner ihre Heuernte gegen Sturmfluten schützen wollten. Ansonsten aber gibt es keine weiteren Zeugen dafür, daß die Insulaner in früheren Jahrhunderten in der Auseinandersetzung mit der Nordsee standen, um die Inselküste oder landwirtschaftliche Flächen zu verteidigen. Offenbar haben die großen Sturmfluten des Mittelalters, die »Rungholtflut« des Jahres 1362 und die große Flut im Oktober 1634, die zu verheerenden Verlusten von Menschen, Land und Vieh im Bereich des heutigen nordfriesischen Wattenmeeres führten, die Insel Amrum kaum berührt. Denn keine Chronik berichtet von irgendwelchen dramatischen Ereignissen. Während schon mindestens seit dem ersten Jahrtausend unserer Zeitrechnung der Sylter Geestblock durch die ansteigende und vordringende Nordsee abgebaut wird, im 14. Jahrhundert Alt-Wennigstedt und Alt-List untergingen, Anfang des 15. Jahrhunderts auch Eidum als Vorläufer von Westerland und das alte Rantum, und auf Föhr gegen Ende des 15. Jahrhunderts rund um die Marsch ein 23 km langer Deich errichtet wurde, baute die Nordsee von sich aus Schutzwälle vor Amrum auf – riesige Sandbänke, Vorläufer der Dünen und des heutigen Kniepsandes. Sie bezogen nahezu die gesamte Westküste der Insel in ihren Brandungsschutz ein. Erst durch die große Sturmflut in der Nacht vom 3. zum 4. Februar 1825 bahnte sich infolge umfangreicher Dünenabbrüche vor der Norddorfer Marsch im Flurbereich von Risum eine Gefährdung der im Dünenschutz liegenden Wiesen an. Doch erfolgten in dänischer Zeit keine staatlichen Maßnahmen. Solche wurden erst im Rahmen der umfassenden Küstenschutzvorhaben unter den neuen, preußischen Staatsverhältnissen durchgeführt. Die Gemeinde Amrum kaufte 1875 für Zwecke des Küstenschutzes vor der Risum-Lücke das übersandete und wertlos gewordene Land, aber eine Regierungskommission sah zunächst keine Gefahr, obwohl jede hohe Flut die Norddorfer Marsch unter Wasser setzte. Erst ab 1894 wurde der Bau von Buhnen in Angriff genommen, aber den eigentlichen Schutz lieferte dann die Nordsee selbst. Der Kniepsand wanderte nach Norden und legte sich vor diesen Durchbruch. Trotzdem mußte hier 1914 noch ein Deich gebaut werden, um den Schienendamm der Inselbahn zu schützen. Als aber der Kniepsand weiterwanderte und der Kniephafen versandete, bildete sich bald vor dem Deich ein Dünenwall, dessen Wachstum an Höhe und Breite noch heute andauert.

Bald nach der Jahrhundertwende geriet auch die Amrumer Südspitze Wittdün in Gefahr. Als man 1890 auf dem hohen Dünenwall über dem Strande Hotels errichtete, bestanden offenbar keine Bedenken hinsichtlich der Sicherheit. Die Dünenkante, sanft abfallend und mit Strandhafer dicht bewachsen, schien stabil, zumal der Strand relativ hoch und breit war. Dann aber begann die unberechenbare Nordsee mit dem Abbau des Strandes, und als Sturmfluten gegen den Wittdüner Dünenwall brandeten, bildete sich schnell eine steile Abbruchkante. Bei einer Sturmflut am 5./6. November 1911 wurde stellenweise soviel Sand weggespült, daß die Westwand des Hotels »Nordseehallen« auf den Strandfuß stürzte. Nun mußte, da auch die anderen Hotels gefährdet waren, gehandelt werden. Das Wasserbauamt, zuständig für den Küstenschutz, legte einen Plan über den Bau einer Strandmauer vor, deren Errichtung nach einigem Hin und Her über die Finanzierung im März 1914 in Angriff und Anfang Juni, rechtzeitig vor der Saison abgeschlossen werden konnte. Die zunächst 900 Meter lange Mauer wurde mit 255 000 Mark veranschlagt, wozu der Kreis Tondern 10 000 Mark und die Gemeinde Wittdün 40 000 Mark beisteuerten. Als

Nebenresultat dieser Strandmauer erhielt Wittdün die Strandpromenade.

Aber schon im Herbst des Jahres 1914 kam es im Gefolge einer Sturmflut zu einer erheblichen Beschädigung der offenbar zu schwach gebauten Strandmauer, und diese mußte ungeachtet des inzwischen ausgebrochenen Weltkrieges mit einem Kostenaufwand von 205 000 Mark repariert und verstärkt werden. Die Nordsee gab aber keine Ruhe und riß die äußerste, flach auslaufende Südspitze, etwa 150 Meter, mit der Rettungsstation ab, so daß die Strandmauer im März 1919 um die Südspitze herum erweitert werden mußte. Gleichzeitig wurde das Buhnensystem unterhalb der Strandmauer ergänzt, um die Strömung vom Fuß der Mauer fernzuhalten. Aber auch am Nordstrande hatte sich eine Abbruchkante entwickelt, so daß 1921 auch hier auf einer Teilstrecke die Errichtung einer Strandmauer notwendig wurde.

Deichbau und Landgewinnung

Die Amrumer Marschenflächen, bei Norddorf und zwischen Steenodde und Wittdün, waren seit jeher unbedeicht geblieben – abgesehen von den erwähnten mittelalterlichen Sommerdeichen in der Norddorfer Marsch. Infolgedessen wurden die Wiesen bei Westwindsturm überflutet, das Heu weggespült und das Vieh gefährdet. Ebenso ließen die Erträge auf den Salzwiesen zu wünschen übrig. Deshalb faßten die Eigentümer der Wittdüner Marsch schon 1895 den Entschluß zur Bedeichung. Aber die Kosten waren so hoch, daß sie in keinem Verhältnis zu der kleinen Marschenfläche standen. 1928 wandten sich auch die Landbesitzer der Norddorfer Marsch an den Landrat mit der Bitte, »die fruchtbaren Wiesen gegen Überflutungen zu sichern«. Aber auch hier erwiesen sich die Kosten zu hoch, so daß der Plan nicht ausgeführt werden konnte. Doch schon wenige Jahre später, im Oktober 1932, als im Gefolge der Weltwirtschaftskrise im Deutschen Reich eine unvorstellbare Arbeitslosigkeit herrschte und Mittel zur Arbeitsbeschaffung bereitgestellt werden mußten, ergab sich die Möglichkeit, durch den Freiwilligen Arbeitsdienst sowohl die Marsch von Norddorf wie auch jene bei Wittdün zu bedeichen.

In beiden Gemeinden wurden im Januar 1933 die noch heute bestehenden Deichverbände gegründet. Nach Einrichtung der Unterkünfte begannen die Arbeiten am Norddorfer Deich im Frühjahr 1933 mit dem Einsatz von fast 200 Männern des Arbeitsdienstes unter Aufsicht des Kulturbauamtes Flensburg. Gearbeitet wurde zunächst wie in historischer Zeit mit Schubkarren. Doch zeigte sich bald, daß mit dieser Methode der veranschlagte Zeitplan nicht zu erfüllen war, so daß Loren und Pferde eingesetzt werden mußten. Der 1,7 km lange Deich kostete einschließlich der Seitengräben und Schleuse 146 000 Mark, wovon der Deichverband 39 000 Mark aufzubringen hatte. Insgesamt war eine Belastung von reichlich 80 Mark je Hektar zu verzeichnen. Im Herbst 1933 konnte der Norddorfer Deich vollendet werden.

Im Sommer 1933 begannen auch die Arbeiten am Deich zwischen Wittdün und Steenodde. Hier waren rund 150 Mann beschäftigt. Doch waren die finanziellen Verhältnisse ungünstiger als in der Norddorfer Marsch. Bei fast gleicher Deichlänge, 1,6 km – mußten die Kosten auf eine Fläche von nur knapp 40 Hektar umgelegt werden, so daß bei den Gesamtkosten von 76 000 Mark vom Deichverband die Summe von 30 000 Mark aufzubringen war. Im März 1935 wurde der Deich vollendet.

Schon im folgenden Jahr mußten beide Deiche ihre Bewährungsprobe bestehen, als am 18. Oktober 1936 eine schwere Sturmflut gegen die Nordseeinseln raste und der Pegel am Hafen Wittdün 2,78 m über das Mittlere Hochwasser stieg. Eine zweite Flut am 27. Oktober erreichte eine Höhe von 2,67 m über MTHW, und die Amrumer Feuerwehren mußten alarmiert werden, um den Deich bei Steenodde gegen Einsturz und Bruch zu bewahren.

Aber in der Orkanflut in der Nacht vom 16. zum 17. Februar 1962 stieg die Flut so hoch, daß über beide Deiche Wellen schlugen und der Deich zwischen Seezeichenhafen und Steenodde auf einer Länge von etwa 60 Metern und jener bei Norddorf auf über 100 Metern bis auf den Grund brachen. Die Auswirkungen dieser Orkanflut werden an anderer Stelle beschrieben. Der Norddorfer Deich wurde auf gleicher Linie durch den heutigen Asphaltdeich ersetzt, der etwa einen Meter höher ist als der vorherige Rasendeich. Und auch die besonders gefährdete Deichstrecke des Deiches zwischen Seezeichenhafen und Steenodde wurde verstärkt und 1988 zusätzlich erhöht, so daß die Deichkrone nun reichlich 4 Meter über Mittelhochwasser liegt.

Während die flachen Strandwallzonen der Amrumer Ostküste relativ stabil bleiben, wurde an den steilen, streckenweise meterhohen Kanten des Marschenbodens ein langsamer, aber doch steter Abbruch verzeichnet. So auch vor dem Norddorfer Deich, an deren Fuß die Abbruchkante im Laufe der 1940er Jahre immer näher heranrückte. Dieser Umstand machte von 1951 an den Bau eines Lahnungsfeldes vor der gesamten Deichlänge notwendig. Innerhalb des Buhnensystemes, das Strömung und Wellenschlag beruhigt, erfolgt eine stetige Sedimentation von Schlick und sonstigen organischen und anorganischen Stoffen aus der täglich auflaufenden und die Lahnungsfelder füllenden Flut. Zusätzliche Grüppelarbeiten, zunächst von einer Kolonne des Küstenschutzamtes (damals Marschenbauamt, heute Amt für Land- und Wasserwirtschaft, ALW) in Handarbeit, seit Anfang der 1980er Jahre mit Grüppelbaggern durchgeführt, beschleunigte den Anwachs, so daß die unmittelbar vor dem Norddorfer Deich liegenden Wattenflächen nach wenigen Jahrzehnten bis über Mittelhochwasser aufwuchsen und sich mit einer dichten Decke von Andelgras und anderen Salzpflanzen begrünten. Dieser sichtbare Erfolg führte dann Ende der 1970- Anfang der 1980er Jahre zum Vorbau eines weiteren Lahnungsfeldes und zu einer Erweiterung nach Norden und Süden, zumal auch hier empfindliche Abbrüche an den Salzwiesen zu verzeichnen waren und die Landeigentümer in Regelmäßigkeit die Zäune ihrer Viehkoppeln zurücksetzen mußten, weil diese im Wattenmeer standen. Für einen weiterführenden Lahnungsbau bis unter die Salzwiesen von Nebel fehlten jedoch die Mittel, obwohl gerade dort erheblicher Küstenabbruch zu verzeichnen war und das Ufer dem Dorf immer näher kam. Hier hat deshalb die Gemeinde in Zusammenarbeit mit der Amtsverwaltung Amrum durch Eigeninitiative in den Jahren 1988/89 Lahnungen gebaut – ungeachtet des Umstandes, daß Küstenschutz generell eine Staatsaufgabe ist.

Ein weiterer Schwerpunkt des Küstenschutzes auf Amrum war und ist die Amrumer Nordspitze. Dieser, einmal aus dem Meere gebildete Nehrungshaken, war früher viel breiter und ist seit Anfang unseres Jahrhunderts zunehmenden Angriffen durch die See ausgesetzt. Einige Zementblöcke am Strandfuß der Seeseite kennzeichnen noch heute eine Stelle, an der bis um 1950 eine hohe Düne stand, rund 200 Meter vom Strand entfernt. Im 2. Weltkrieg befand sich, auf diesen Zementblöcken stehend, ein hohes Balkengerüst als Peilmarkierung für die Flak auf Hörnum.

Schon bei den großen Sturmfluten im Jahre 1936 hatte es vor »Gäärsdääl« einen Durchbruch durch den dort schmalen Dünenwall gegeben, und über die Wiesen von »Eer« hin hatten sich Nordsee und Wattenmeer verbunden, dabei die Nordspitze von der übrigen Insel abtrennend. Es gelang aber, durch Sandfänger in den folgenden Jahren wieder einen Dünenwall zu bilden und den Durchbruch zu schließen. Aber 1955 räumten zwei große Fluten am 16. Januar und am 23. Dezember den Dünenwall wieder weg, und erneut bahnte sich die Gefahr einer Abtrennung der Nordspitze an. In dieser Situation entschloß sich das Marschenbauamt, die entstandene Lücke durch einen Deich zu verschließen. Der Deich, etwa 270 Meter lang, ein Sandkern mit Asphaltüberguß nach einem ganz neuen Verfahren, wurde 1956 gebaut und bewährte sich sowohl bei der Orkanflut 1962 wie auch bei der hohen Flut im November 1965. Die Gefahr aber verringerte sich in dem Maße, wie der Kniepsand nordwärts wanderte und sich, breiter und höher werdend, dem Strand vorlagerte. Heute ist der Asphaltdeich zwischen »Gäärsdääl« und Nordspitze ganz unter neu enstandenen Dünen begraben.

Es zeigte sich aber während der letzten Jahrzehnte, daß immer dort, wo der Kniepsand gegen die Küste ausläuft, Strömung und Brandung am stärksten einwirken und den Küstenverlauf zurücksetzen. Entsprechend der Kniepsandwanderung verlagerte sich die Gefahrenstelle zum »Haustal« mit dem Häuschen des Vogelwärters. Hier kam es zum ersten Male bei einer Sturmflut am 23. Dezember 1954 zum Durchbruch des schmal gewordenen, seeseitigen Dünenwalles.

Buschzäune und Strandhaferpflanzungen führten in den folgenden Jahren wieder zur Bildung eines Strandwalles, aber bei der Orkanflut 1962 wurde dieser auf eine Länge von etwa 300 Metern völlig weggerissen, und die Flut durchbrach auch den Dünenwall an der Wattseite, so daß das »Haustal« auf beiden Seiten offen zu den Meeren lag. Wieder sorgten Sandfänger und Planierraupen für schützende Dünenwälle, aber am 2. November 1965 brach die Nordsee erneut in das »Haustal« ein und verband sich mit dem Wattenmeer. Dann aber wanderte der Kniepsand zügig an dieser Gefahrenstelle vorbei und legte sich schützend vor den Durchbruch. Sehr schnell konnte nun wieder ein – heute hoher und stabiler – Dünenwall gebildet werden.

Mit der Nordwärtswanderung des Kniepsandes verlagerte sich der Angriffspunkt der Nordsee längs der Nordspitze. Mitte der 1960er Jahre wurden die hohen Dünen vor der sogenannten »Sahara« abgetragen und Sturmfluten brachen in das Tal ein. Anfang der 1970er Jahre erfolgte der Abbruch des Dünenwalles vor dem »Grat Bakerdääl«, dem ehemaligen Seeschwalbental, und die beiden Sturmfluten vom 3. und 20./21. Januar 1976 rissen eine Lücke von rund 150 Metern ein. Das ganze große Tal war überflutet, und das Wasser strömte an der Wattenseite wieder hinaus und bildete auch hier einen tiefen Geländeeinschnitt. Planierraupen und Sandfänger mußten neue Wälle aufschieben und aufsanden, was auch gelang, während sich gleichzeitig die Hoffnung des Küstenschutzamtes auf die Nordwärtswanderung des Kniepsandes richtete. Und diese Hoffnung hat nicht getrogen. Der Kniepsand fand, breiter und höher werdend, Ende der 1980er Jahre Anschluß an die breite Kiesfläche vor der äußersten Nordspitze. Unverändert aber gilt die Aufmerksamkeit des Küstenschutzes der Amrumer Odde, und seit Jahrzehnten werden hier an der Seeseite durch ständiges Setzen von Reisigzäunen und dem Pflanzen von Strandhafer Schäden von winterlichen Sturmfluten mittels des sommerlichen Sandfluges ausgeglichen und neue Dünenwälle gebildet.

Orkanfluten

Von den großen Sturmfluten der letzten Jahrhunderte haben nur jene vom 3./4. Februar 1825 und die Orkanflut am 16. Februar 1962 einen bleibenden Platz in der Inselgeschichte gefunden. Die Flut von 1825 blieb bis heute im Raume Nordfriesland eine der höchstgemessenen aller großen Sturmfluten. Auf den Halligen ertranken damals 74 Menschen, und von den dortigen 330 Häusern blieben nur 27 bewohnbar. Auf Föhr brach der Deich, die ganze Marsch wurde überflutet, und rund 6000 Schafe verloren ihr Leben. Auf Amrum wurde – wie erwähnt – der Dünenwall vor der Norddorfer Marsch weggerissen und rund einhundert Jahre lagen die Wiesen zur Seeseite hin offen. Über die Salzwiesen bei Steenodde und durch die Niederung »Guskölk« strömte die Flut fast bis Süddorf und zerstörte hier ein außerhalb des Dorfes liegendes Haus. Ebenso standen Teile des Dorfes Nebel in der Flut.

Die Orkanflut 1962 entwickelte sich aus insgesamt sehr stürmischen Wintermonaten. Bis Mitte Februar hatten die Halligen schon 14mal »Land unter« gemeldet. Das Orkantief entstand bei Neufundland, zog am 15. Februar nach Island und erhielt durch Zustrom von Warmluft aus einem Azorenhoch mit einem Kerndruck von 1045 Millibar zusätzliche Energien. Im Laufe des folgenden Tages schwenkte das Orkantief nach Südosten und vertiefte sich auf 952 Millibar. Diesem ungewöhnlich niedrigen Luftdruck stand noch immer das Azorenhoch mit 1045 Millibar gegenüber, und weil das Orkantief diesen tiefen Kerndruck über 24 Stunden behielt, dauerte der Orkan so lange und staute die Flut entsprechend hoch auf.

Am Vormittag des 16. Februars drehte der Wind von West auf Westnordwest und steigerte sich mit Einbruch polarer Kaltluft bis Mittag zum Orkan, der gegen Abend Windgeschwindigkeiten bis 42 m/sec. erreichte, was etwa 151 km/Stunde entspricht. Bäume brachen und Dachziegel flogen durch die Luft. Mit voller Stärke wehte der Orkan über die gesamte Flutzeit und staute Flut und wehte Wellenhöhen auf, wie man sie bis dahin an der deutschen Nordseeküste noch nie gemessen hatte. Das Vormittagshochwasser lag bei Amrum bereits bis 1,80 Meter über dem Mittelhochwasser. Gegen den Druck des Windes setzte nur mäßiger Ebbestrom ein, und bei Niedrigwasser lag der Wasserstand noch mehr als einen halben Meter über dem Mittelhochwasser – ein überdeutliches Anzeichen für die Ereignisse der kommenden Nacht. Niedrigwasser war im Bereich Amrum gegen 17 Uhr. Mit Wiedereinsetzen der Flut begann das Wasser dann rasch zu steigen. Gegen 23 Uhr, etwa eine Viertelstunde vor Hochwasser, war das Wasser fast so hoch wie die Deichkronen der Deiche bei Norddorf und zwischen Steenodde und Wittdün. Jede gegen den Wind anlaufende Welle schlug nun weißschäumend und in breiter Front über den Deich – bei wolkenlosem Vollmondlicht von den Bewohnern der Dörfer gut zu beobachten. Die überschlagenden Wassermassen rissen beide Deiche an den Binnenseiten auf, wo die Kleidecke weniger stark als auf der Außenseite war. Der Kleischicht beraubt, kam der Sand des Deichkernes schnell ins Fließen. Beide Deiche sackten zusammen und die nun hindurchschießenden Flutmassen sprengten am Norddorfer Deich eine Lücke von über 100, am Deich nahe Steenodde von etwa 60 Metern weg. Zugleich kolkte sich die durch die Lücken schießende Flut tief in den Boden ein. Wenige Minuten später waren die Marschen überflutet, und Häuser am Marschenrande von Norddorf wie auch von Steenodde und Wittdün wurden von der Flut erreicht. Doch kam es in den Häusern nur zu mäßigen Überschwemmungsschäden, ebenso in Nebel, wo die Nordsee über die niedrigen Salzwiesen hin in tiefere Dorfgebiete eindrang. An der Amrumer Nordspitze riß die Brandung den breiten, schützenden Dünenwall weg, und die Flut strömte durch das »Haustal«, wo das Haus des Vogelwartes bis zu den Fenstern hoch im Wasser stand. Erhebliche Abbrüche waren auch am Kliff »Ual Aanj« zwischen Nebel und Steenodde zu verzeichnen. Der Weg auf der Kliffkante war nahezu völlig verschwunden. Im Seezeichenhafen waren alle Seezeichen von den Stellagen gespült, lagen gestrandet am Wittdüner Nordstrand und im Gebälk der Brücke oder waren hinaus in das Wattenmeer getrieben. Auch einige Schiffe, eine Schute des Wasser- und Schiffahrtsamtes sowie ein Frachtschiff der ASAG trieben aus dem Seezeichenhafen weg und strandeten unter dem »Lenzheim« bei Wittdün.

Nahezu völlig zerstört wurde die Wittdüner Brücke.

Teile des Balkenwerkes waren auseinandergebrochen und – bis auf den Brückenkopf – einige Meter hoch aus dem Boden herausgehoben – ein eindrucksvolles Beispiel für die Kraft des Wellenganges dieser Orkanflut. Überwältigend aber auch das Naturschauspiel an der Wittdüner Strandpromenade, wo Orkan und Sturmseen an der Steilmauer den größten Widerstand fanden und Brandungsgischt haushoch aufspritzte. Das Dröhnen der anschlagenden Wellen mit einem Gewicht von reichlich 20 Zentner pro Kubikmeter, übertrug sich bis zur Mittelstraße. Unterhalb des Hotels »Vierjahreszeiten« brach die Strandmauer schließlich auf einer Länge von etwa 30 Metern ein. Aber dieser Vorgang ereignete sich eben vor Hochwasser, und die Flut fiel dann sehr schnell wieder zurück. Erst im Morgengrauen des nächsten Tages, am 17. Februar, erreichte die Flutwelle über die Elbe Hamburg, wo reichlich 300 Menschen ertranken.

Gefährlicher in ihrer Grundtendenz war dann die Sturmflut vom 3. Januar 1976, obwohl der Sturm weniger stark war als bei der Orkanflut 1962. Aber diese Flut traf hinein in die Springflutzeit und bedingte deshalb einen ungewöhnlich schnellen und hohen Anstieg. Hochwasser sollte gegen 15 Uhr sein. Aber schon eine Stunde nach dem Einsetzen der Flut stand die Brandung gegen die Strandmauer von Wittdün. Um die Mittagszeit schlugen die Wellen schon auf die Strandpromenade und rauschten an den Treppen hinauf. Am Badekabinenhaus wurden die Platten weggerissen und im unbefestigten Strandbereich kam es zu erheblichen Dünenabbrüchen. Die Fährbühne hing zertrümmert in ihrer Verankerung an der Wittdüner Brücke. Aber die Deiche hielten dieser Flut stand. Auf den Deich zwischen Steenodde und Wittdün wurden Sandsäcke gelegt, und der Deich vor der Norddorfer Marsch hatte noch einen Spielraum von etwa einem Meter. Die Häuser am Wattufer von Nebel standen wieder in der über das Watt hereinrauschenden Schlammflut. Aber um die Mittagszeit fiel die Windstärke von 10 zurück auf 5–6, und die Flut blieb auf etwa gleicher Höhe wie 1962 stehen. Zwei ähnlich hohe Fluten wurden dann noch in der Nacht vom 20. zum 21. Januar 1976 sowie am 21. November 1981 verzeichnet. Die Schäden blieben jedoch dank des verstärkten Küstenschutzes in Grenzen.

Seite 141 Lahnungsfeld mit Neulandbildung am Wattufer bei Norddorf
Seite 142 Sturmsee an der Wittdüner Strandpromenade
Seite 142 Buhnenbau für die Neulandgewinnung im Amrumer Watt
Seite 143 Der Teerdeich bei Norddorf, gebaut nach der Orkanflut 1962 anstelle des Sommerdeiches

Hilda und Fiede Scheer, als sie noch Landwirtschaft betrieben

Seite 144 Schafe in der Marsch
Seite 144 Mähdrescher an der Mühle
Seite 145 Feldmark zur Zeit der Heuernte bei Süddorf
Seite 148 Die Mühle hinter wogendem Getreidefeld

Die Amrumer Mühle zwischen Tag und Nacht

Landwirtschaft

Die Feldgemeinschaft

Funde und Spuren aus der Vor- und Frühzeit weisen auf Ackerbau und Viehzucht der damaligen Bevölkerung hin. Und noch heute findet man im Bereich der Amrumer Dünen überall dort, wo der Dünensand bis auf den Geestboden abgeblasen ist, die Einteilung von Ackerbeeten und von Pflugfurchen, ebenso Spuren von Vieh, die darauf hinweisen, daß noch im Mittelalter Landwirtschaft in großem Stile betrieben wurde und die vermutlich bedeutendste Erwerbsquelle der damaligen Inselbewohner war. Entsprechend den damaligen Landschaftsverhältnissen – beispielsweise noch bis in das 17. Jahrhundert hinein mit umfangreichen Marschenflächen vor der heutigen Amrumer Westküste, wo unter der Fläche des Kniepsandes und stellenweise vor dem Nebeler Strand noch Kleischichten zu finden sind – hatte offenbar auch die Viehhaltung eine große Bedeutung.

Die Zerstörung dieser Marschenflächen und deren Versandung durch den darüber hin wandernden Kniepsand sowie die Entstehung der Dünen längs der Amrumer Westküste und deren Wanderung über die Inselgeest, reduzierten die landwirtschaftliche Nutzfläche erheblich, und Fischerei und Seefahrt traten als Lebensgrundlagen stärker in den Vordergrund. Im Jahre 1763 berichtete Pastor Friedrich Marstrand Mechlenburg: »Die beste Nahrungsquelle für die Insulaner ist die Seefahrt, aber wer dazu tauglich ist, hat einiges Land in Feste«. (»Feste« – eine Art Erbpacht von früherem Kirchenland, das nach der Reformation säkularisiert, d. h. vom König eingezogen wurde, deren Pachtzahlungen aber weiterhin an die Kirche gezahlt wurden.) »Die Ernte auf den hohen dürren Sandhöhen ist gering und man hat häufig nicht einmal Samen, wenn wie gewöhnlich Dürre ist. Die Weiber ernten, so gut sie das Land zu bestellen wissen, etwas Hafer, Gerste, Roggen und Erbsen... Hier bestehen keinerlei Priesterzehnten. Deshalb haben die Priester den achten Teil der Äcker, Wiesen und Gräsung des (nutzbaren) Landes...« Wenn man bedenkt, daß nach der Reformation, die sich in Nordfriesland in den Jahren 1522–24 durchsetzte, ein erheblicher Teil des Kirchenlandes säkularisiert wurde, der Kirche bzw. dem Pastor dennoch ein Achtel der landwirtschaftlichen Nutzfläche verblieb, dann muß in katholischer Zeit der Landbesitz des Klerus enorm gewesen sein.

Auch nach der Reformation mußte sich der Pastor – wie an anderer Stelle erwähnt – auf den Pastoratsländereien als Landwirt betätigen bzw. einen Teil des Landes verpachten, um seinen Unterhalt durch Naturalien und Geld zu bestreiten.

Erst nach dem Ende der dänischen Zeit und nach dem Tode von Pastor Lorenz Friedrich Mechlenburg im Jahre 1875 erfolgte die feste Besoldung des Pastors. Aber der unverändert große Grundbesitz der Kirche blieb bis heute unangetastet.

Wenn der Bericht des Jahres 1763 verrät, »daß die Weiber ernten, so gut sie das Land bestellen können«, so ist damit der Hinweis gegeben, daß die männliche Bevölkerung zur See fährt und die Landwirtschaft nur soweit betrieben wird, wie es die Zeit neben der Haushaltung und Kindererziehung erlaubt. Nach der Überlieferung war um diese Zeit die Heide über die halbe Inselgeest, vom Dünenrand bis zum alten Kirchweg (dem heutigen »Wirtschaftsweg«) zwischen Norddorf–Nebel–Süddorf verbreitet. Und auch noch im Jahre 1797, als die Vorarbeiten für die Aufhebung der »Feldgemeinschaft« begannen, meldete der Norddorfer Bauernvogt Knudt Girris, »daß der Hauptnahrungszweig der Amrumer die Seefahrt ist. Daneben wird Getreide, hauptsächlich Roggen und Gerste, in solchen Mengen angebaut, daß es für die Bedürfnisse der Einwohner ausreicht. Dagegen ist die Heuernte so gering, daß zum Winterfutter für das Vieh Heu von anderen Örtern herangeholt werden muß...«. Heuernte war nur auf den Flächen des Marschenlandes bei Norddorf, im Annland, auf einem schmalen Streifen längs des Wattufers sowie in der Marsch bei Steenodde möglich. Aber das Marschenland war unbedeicht, trug eine vorwiegende Salzvegetation und wurde bei jeder

Sturmflut überflutet, wobei nicht selten das Heu wegtrieb. Nur ein Teil der Norddorfer Marsch wurde zu einem nicht mehr bekannten Zeitpunkt mit einem niedrigen Sommerdeich versehen, dessen Reste und Verlauf noch heute teilweise zu erkennen sind.

Neben diesen landschaftlichen Mängeln, der geringen Bodenqualität der Inselgeest und der Überflutungsgefahr der Marschenwiesen, wurde die Landwirtschaft aber noch durch einen weiteren, organisatorischen Mangel belastet – durch die Feldgemeinschaft. In der Agrarverfassung der Feldgemeinschaft gab es – vom Hausgrundstück (»Staven«), vom »Feste«-Land und von einigen wenigen weiteren, fest abgegrenzten Eigentumsländereien abgesehen – nur ideelle Anteile am Land. Diese mehr oder weniger umfangreichen Anteile, geerbt oder erworben, wurden in zeitlicher und jahreszeitlicher Regel auf verschiedenen Ländereien immer wieder neu verlost.

Die Anteile (»Lose«) an der Feldgemeinschaft waren übrigens breit verteilt. Fast jeder Einwohner der Insel hatte mehr oder weniger großen ideellen Landbesitz, allerdings oft in kleinen Anteilen breit verstreut auf Feldmark und Weide- und Heuland. Es gab allerdings auch arme Leute ohne nennenswerte Anteile, ebenso wohlhabende Commandeure und Kapitäne, die für die Landwirtschaft keinerlei Interesse hatten. Andererseits waren aber – mit Ausnahme des Pastors – auf Amrum in jenen Jahrhunderten keine eigentlichen Bauern zu finden, die ausschließlich von der Landwirtschaft lebten.

Trotzdem darf die Bedeutung der Landwirtschaft nicht verkannt werden. Sie war immerhin weitgehend Grundlage der Nahrungsversorgung auf der abgelegenen Insel. Und auch die Bezeichnungen »Bauernvogt« für die Dorfvorsteher oder das friesische »naibüür« für den Nachbarn sowie die Dorfverfassungen, die »Bauernbeliebungen«, weisen darauf hin.

Die landwirtschaftliche Nutzfläche der Insel war in vier Nutzungsarten eingeteilt: Das »Tägliche« Ackerland – das »Wunge- oder Wechselland« – die »Meede« (Marschenland) - und das Gräsungsland. Die Bearbeitung dieser Landabteilungen, wozu noch Eigentumsland und Festeländereien kamen, erfolgte nach den uralten, komplizierten Regularien der Feldgemeinschaft, deren Befolgung durch die Bauernschaften der Kommunen Nebel mit Süddorf und Norddorf geregelt und überwacht wurden. Hinsichtlich der Meede bestand auf der Insel eine gemeinsame Bauernschaft, während für die Nutzung der übrigen Landabteilungen getrennte Bauernschaften der Dörfer Nebel und Norddorf agierten.

Das »Tägliche« Land

Das »Tägliche« Land war das Geestland besserer Qualität, das in Gewanne (friesisch »tjüügen«) eingeteilt war und ständig unter dem Pfluge lag, wobei in der Regel eine Fruchtfolge von Sommergerste, Winterroggen und Sommerroggen oder Hafer folgten. Auf dem besten Land wurden auch Erbsen angebaut. Im gleichen dreijährigen Rhythmus erfolgte auch die Düngung mit Stallmist, Heideplaggen oder mit Seegras (»song«), das in Massen angespült am Wattufer lag. Die einzelnen Anteile der Interessenten an den »tjüügen« blieben hinsichtlich ihrer Lage unverändert und waren entsprechend markiert. Infolge der Realteilung durch Erbschaft waren die Anteile aber oft nur wenige Meter breit und nicht selten kaum größer als Hausgrundstücke. Da die Wegeerschließung sehr dürftig war und die starke Zerstückelung kaum eine Bearbeitung eines Anteiles ohne Beeinträchtigung der Nachbaranteile möglich war, mußten alle Interessenten eines Gewannes gleichzeitig pflügen, säen und ernten, wozu der Bauernvogt die entsprechenden Termine anordnete.

Nach der Getreideernte aber wurde das »Tägliche« Land in die gemeinschaftliche Weise einbezogen, aber nur die zur Dorfbauernschaft gehörenden Gräsungs-Teilhaber hatten das Recht zur Weide. Hatte also der Eigentümer am »Täglichen« Land nicht zugleich auch Gräsungsanteile, so konnte er nicht eigenmächtig sein Ackerland beweiden. Es stand ihm aber frei, dieses durch Tausch, Verkauf, Vererbung oder Verpachtung aus der Hand zu geben.

Das »Wunge- oder Wechselland«

Als solches wurde Geest- und Heideland bezeichnet, das von minderer Güte war und keinen ständigen Getreideanbau zuließ. Es wurde deshalb nur zwei Jahre hintereinander mit Roggen besät und blieb dann 18 Jahre zur Weide liegen.

Die Anteile am Wungeland wurden in »Ammerland« bemessen, wobei bis heute nicht klar ist, nach welchen Kriterien ein »Ammerland« bemessen wurde. Die in der Literatur lange vertretene Auffassung, daß ein »Ammerland« (friesisch »amer« = deutsch Eimer) eine so große Fläche war, die mit einem Eimer Getreidesaat besät werden konnte, ist durch die Untersuchungen von Brar C. Roeloffs eindeutig widerlegt. Zu unterschiedlich waren die Größenflächen von Dorf zu Dorf, ja selbst auf gleichwertigem Land. Vermutlich entspricht dieses uralte inselfriesische Landmaß eher einer

Fläche, die einen Eimer – welcher ursprünglichen Größe? – Getreide als Ernte erbrachte. Der Norddorfer Strandvogt und Landwirt Boy Heinrich Peters bezifferte im Jahre 1886 die »alten Amrumer Flächenmaße« wie folgt:

    1 Ammerland = ca. 533,33 qm
    1 Läästaal = ca. 1066,66 qm
    1 Demat = knapp 5000 qm

Die Interessenten des Wungelandes besaßen keine abgeteilten und markierten Stücke wie auf dem »Täglichen« Land, sondern ihre Ammerlandanteile entsprachen einer bestimmten Flächenquote in den jeweiligen »tjüügen«, den Gewannen. Diese wurden unmittelbar vor dem Pflügen verlost und galten dann für die zweijährige Nutzung mit Roggensaat.

Aber das Wungeland wurde nicht gedüngt, weil es nach zwei Roggenernten wieder als Weideland von den dafür berechtigten Interessenten genutzt wurde. Keiner hatte deshalb ein individuelles Interesse an der Bodenverbesserung, weil nach Ablauf von 18 Jahren Weide niemand wußte, welche Flächen ihm diesmal durch das Los zufielen.

Die Weidegerechtigkeit stand wiederum nur jenen in der Bauernschaft zu, die »Beltrings«-Inhaber waren, und diese mußten nicht mit den »Ammerland«-Inhabern identisch sein. Wie mager der Boden des Wungelandes war, beweist ein Bericht aus dem Jahre 1835. Schon nach 6–8jähriger Weidezeit begann er sich »ganz mit Heide zu überziehen«. Aber auch die Heide spielte auf der Insel eine große Rolle. Sie diente als Stalleinstreu, für Düngergewinnung, vor allem aber als Brennmaterial. Das Recht zum Heideschlagen hatten aber wiederum nur die Inhaber der »Ammerland«-Anteile. Aber es gab auf Amrum genügend Heide außerhalb der Feldmark – zum Beispiel in den Dünentälern – die allen zugänglich waren.

Das Gräsungs- oder Weideland

Maßgabe für die Teilhabe an der Gräsung waren die »Beltringe«. Auch die Bedeutung dieses Wortes, ebenso das Kriterium der Flächengröße, ließen sich bis heute nicht klären. Die bisherige Deutung, daß ein »Beltring« jene Fläche sei, die von einer Kuh pro Tag benötigt wurde, trifft nach Feststellungen von Brar C. Roeloffs nicht zu, ebensowenig die Annahme, daß die Bezeichnung von »Belt« (deutsch = Gurt) abgeleitet ist. Die Kühe bzw. das übrige Vieh standen nämlich nicht angegurtet (getüdert) auf der Weide, sondern liefen frei herum, unter Aufsicht von Hirten. Ebenso wie die Maße des »Ammer«-Landes waren auch jene der »Beltringe« sehr unterschiedlich. Roeloffs nimmt deshalb an, daß ein »Beltring« nichts anderes ist als eine Quote am Gräsungsland der jeweiligen Bauernschaft, entstanden in uralter Zeit bei der erstmaligen Verteilung des Weidelandes unter jenen Familien, die beim Zeitpunkt der Verteilung im Dorfe ansässig waren. Bemerkenswert ist, daß im »Annland« bei Norddorf noch aus der katholischen Zeit »Beltringe« zur damaligen St. Annen-Vikarie an der Kirche St. Johannis bei Nieblum gehörten. Sie waren an Amrumer Familien »verfestet« worden, aber das Festegeld wurde noch bis zur Aufhebung der Feldgemeinschaft im Jahre 1800 nach drüben gezahlt.

Über die Beweidung und Viehhaltung hat Knudt Jungbohn Clement die folgenden Nachrichten vermittelt: »Die Eigen-Gräsung war in Lose verteilt und mit Grenzsteinen (»dulstianer«) gekennzeichnet. Die Verlosung unter den Gräsungsleuten erfolgte jedes Jahr. Die Lose, kleine Papierchen mit Nummern, trug der Bauernvogt in seinem Hut und jeder (der Beltringsinhaber) griff seines heraus. Wer ein volles Los hatte (entsprach dem Weiderecht auf 9 Beltringen) galt als vermögend und griff sein Los selbst heraus. Wo aber mehrere zusammen an einem Los waren, nahm jener die Nummer heraus, der den größten Anteil an dem Los hatte…

Die »dulstianer« blieben Jahr für Jahr stehen, aber die Lose und damit auch das Land wechselten jedes Jahr…«

»Für den Bullen war ein Stück Land abgelegt (ausgewiesen) und der (Schaf) Bock wechselte um, Haus bei Haus. Ein Jahr hatte einer den alten und der andere den jungen Bock. Der jeweilige Halter erhielt 1 Fuder Heu für den alten und ein halbes Fuder für den jungen Bock. Auch der Bulle ging um. Wer ihn hatte, erhielt 5–6 Fuder Heu und auch Korn und konnte dabei eine Kuh mitfüttern. Den Bock nahm man lieber als den Bullen, weil er leichter zu halten war. Für den Gebrauch der beiden Tiere mußte nichts bezahlt werden… Das Vieh lief auf Allgemeingrund (des Weidelandes), auf der Heide (des Wongelandes, mit Ausnahme der beiden Jahre, wo diese mit Roggen besät waren) und vor und in den Dünen, und zwar unter dreierlei Hirtenaufsicht für Kühe, Schafe und Lämmer. Jeden Abend jagte der Lammhirt seine Lämmer in die Dünen und ließ diese in einem Dünental übernachten. Sein Amt wechselte unter den Dorfleuten nach der Zahl der Lämmer, welche jeder hatte… Vormittags weideten die Lämmer zusammen mit den Kühen. Kuhhirt konnte werden, wer wollte. Von März bis Oktober–November wurde so geweidet: Im Sommer erscholl morgens um 3 Uhr das Horn, und wer dann nicht mit seinen Kühen (zum Austreiben) fertig war, mußte dem Hirten nachlaufen. Der Schafhirte ging mit seinen Schafen vormittags mit den Kühen auf die Heide (gemeint ist hier die Gräsung des Wungelandes, die Heide selbst bot Kühen und Schafen keine Nahrung). War viel Gras gewachsen, so weideten die Kühe auch vormittags auf den Außendeichwiesen. Nachmittags gingen dann die Schafe auf die Heide und über Feld und kamen gegen Abend wieder hinunter zum Dorf, wo sie alsdann mit dem Hund oder einer Blase mit Erbsen hinauf (zum Haus ihrer Eigentümer) getrieben wurden, wozu eine Person vom Hause verpflichtet war... Nach Allerheiligen paßte jeder selbst auf seine Schafe auf. Die Pferde waren vor der Heu- und Kornernte am Seil (getüdert) und liefen nachher lose. Meist hatten zwei ein Pferd zusammen, und am 11. Februar war Pferdewechsel (»Hingster-Skaften«), und nun mußte der andere das Pferd füttern... Auch die Schweine hatten ihr Gras, wo sie am Seil weideten...«

Mitten im Dorf Nebel, auf dem heutigen Parkplatz vor der Kirche, ist noch heute der Ortsname »Swingäärs« (Schweinegras) bekannt und auf der Heide am Dünenrande sind noch heute die Tränkekuhlen zu sehen, zu denen damals die Hirten ihr Vieh getrieben haben. Arme Leute ohne Anteile an den Beltringen konnten sich gegen eine Geldgebühr eine Kuh oder die entsprechende Anzahl von Schafen halten. Der insgesamt zulässige Viehbestand wurde ebenfalls durch die Bauernschaft unter Leitung des Bauernvogtes festgelegt. Anstelle einer Kuh konnten auch zwei Quien oder 4 Schafe oder 8 Lämmer ausgetrieben werden. Eine Viehzählung des Jahres 1794 ergab für Amrum 158 Kühe, 42 Pferde und 230 Schafe.

Das Meede- oder Wiesenland

Auf dem Meedeland (Mahd- und Marschenland) wurde das für die Winterfütterung nötige Heu gewonnen. Die Anteilsrechte der einzelnen Interessenten wurden in »Läästaal« bemessen. »Läästaal« = Lastzahl, war die Heumenge, die ursprünglich auf einem Heuwagen geladen werden konnte. Wie das »Tägliche« Akkerland waren auch die Meeden durch die Realteilung in Erbfällen stark zerstückelt und durch kleine Gräben bzw. Grüppel gegeneinander abgegrenzt. Auch die Heumahd mußte wegen dieser Zustände und dem damit verbundenen Zwang, bei der Arbeit die Flächen anderer Interessenten zu überqueren, gemeinschaftlich erfolgen. Heumahd und Heuernte wurden entsprechend vom Bauernvogt bestimmt.

Das Meedeland war weitgehend identisch mit den Marschen- und Salzwiesen. Ein Teil davon in der Norddorfer Marsch war – wie erwähnt – zu einer nicht mehr feststellbaren Zeit zum Schutze gegen Überflutungen mit einem kleinen Sommerdeich versehen worden. Diese Fläche, »die trocken genug lag, um zur Heugewinnung benutzt zu werden, war schon vor der Landaufteilung (Aufhebung der Feldgemeinschaft) unter den Interessenten verteilt worden, während sie ursprünglich alljährlich verlost wurde. Doch waren keine besonderen Wege angelegt, die Heuernte mußte daher, damit nicht einer des anderen Heu ruiniert, zu gleicher, festgesetzter Zeit vorgenommen werden...«, verrät der genannte Bericht des Jahres 1835 über die Landwirtschaft auf Amrum vor 1800.

»Das übrige Marschland war gemeinschaftliche Weide, an der jeder Interessent nach Zahl seiner Beltringe partizipierte. Beltring war eine ideelle Quote, da es weder auf eine bestimmte Weidefläche noch auf eine bestimmte Anzahl Weidevieh lautete. Vielmehr gab die Zahl der Stücke Vieh, mit der eine bestimmte Fläche beschlagen werden sollte, dividiert durch die Zahl der betreffenden Beltringe erst in jedem einzelnen Falle an, wieviel Stück Vieh auf einen Beltring fielen...«

An dieser kurzgefaßten und vereinfachten Darstellung der Amrumer Landwirtschaft zur Zeit der Feldgemeinschaft wird deutlich, wie kompliziert dieselbe nach heutigem Verständnis war. Und doch hat sie mit ihren Regeln über Jahrhunderte, sicherlich seit dem Mittelalter bis zum Jahre 1800, funktioniert. Als die Feldgemeinschaft dann aufgehoben wurde, richtete der Amrumer Historiker Knudt Jungbohn Clement schwere Anklagen gegen die Behörden, gegen die Landmesser und einige größere Landanteiler auf der Insel und beschuldigte diese der Manipulation zu Lasten ärmerer Leute. Gleichzeitig wurde der Untergang des Gemeinsinns bedauert, weil nun die Gemeinschaft der Feldarbeit aufgehoben war und jeder für sich selbst und zu seinem Vorteil auf dem individuell zugemessenen Landbesitz wirtschaftete.

Clement hat sich aber geirrt, wie die noch vorhandenen, umfangreichen Akten über die »Landverteilung« auf Westerlandföhr und Amrum beweisen. Die Landmesser ermittelten sorgfältig die bisherigen Eigentumsrechte und die Bodengüte (Bonität) und führten ihre Arbeit unter wiederkehrenden Beratungen mit den Betroffenen aus.

Das Ende der Feldgemeinschaft

Die Aufhebung der Feldgemeinschaft, im folgenden kurz »Landverteilung« genannt, obwohl diese Bezeichnung nicht ganz zutreffend ist, erfolgte auf Westerlandföhr und Amrum in den Jahren 1799/1800. Schon vorher, 1788, war die Landverteilung auf Osterlandföhr erfolgt, und die dortigen Erfolge der nun von allen Fesseln gelösten individuellen Landwirtschaft bestärkten die Regierung, auch in der Birk Westerlandföhr–Amrum eine gleiche Maßnahme anzuordnen.

Aber der Widerstand war erheblich. Von wenigen Ausnahmen weitsichtiger Einwohner abgesehen, lehnte die betroffene Bevölkerung die Aufhebung der Feldgemeinschaft ab oder war zumindest völlig uninteressiert. Als beispielsweise im Jahre 1794 der Kapitän Riewert (Rauert) Cöster bei der Regierung die Aufteilung der Norddorfer Feldmark beantragte, erhoben die »Eingesessenen Peter Richards (Ricklefs) und Consorten« sofort Einspruch bei der Königlichen Rentekammer. Da die Westerharde zum Königreich gehörte, aber hinsichtlich Verwaltungssachen seit 1771 dem Amt Tondern zugeordnet war, forderte die Rentekammer sowohl das Tondernsche Amtshaus wie auch jenes in Ribe zur Stellungnahme auf. Diese lief darauf hinaus, die Einkoppelungsordnung für das Herzogtum Schleswig auch für die Westerharde anzuwenden.

Am 22. Juni 1794 erschien eine Landkommission auf Westerlandföhr und Amrum, um die Gegebenheiten an Ort und Stelle zu erkunden. Wie in den Dörfern von Westerlandföhr, so stießen die Herren der Kommission auch auf Amrum vorwiegend auf Ablehnung. In Norddorf sprachen sich nur der erwähnte Kapitän Riewert Cöster sowie der dortige Bauernvogt Knudt Girres für die Landverteilung aus. In Nebel waren die Eindrücke ähnlich, wobei besonders »Alte und Frauenspersonen sehr widersetzlich erschienen...«.

Aber ungeachtet dieser Beobachtungen ordnete die Königliche Rentekammer am 13. Januar 1798 die Aufhebung der Feldgemeinschaft auf Westerlandföhr und Amrum an und gab der Schleswig-Holsteinischen Landcommission den Auftrag, »damit im bevorstehenden Frühjahr den Anfang zu machen«.

Die Vorarbeiten dazu dauerten aber noch über ein Jahr. Insbesondere war es zeitraubend, die verzweigten Eigentumsverhältnisse der Landinteressenten zu ermitteln und ihre Besitzansprüche durch entsprechende Dokumente oder durch Zeugen zu belegen. Grundlage der Landverteilung war dann das am 11. August 1800 in Schleswig, Schloß Gottorf, gedruckte »Regulativ für die Vertheilung der Marsch- und Geestländereien auf Westerlandföhr und Amrum« mit 15 Paragraphen. Das Regulativ bestimmte den Vorgang der Vermessung, die Anlage von Wegen und Sielen, die Behandlung des Kirchen- bzw. Pastoratlandes sowie die Regelung von Streitfragen. Im §11 wurden die Interessen der »Unvermögenden« hinsichtlich der Gräsung und der Gewinnung von Heide und Lehm, ersteres zum Brennen, letzteres zum Bauen, geregelt. Und im §13 geruhte Se. Königliche Majestät, »zur Beförderung der guten Sache allergnädigst«, die Festeländereien den gegenwärtigen Inhabern mit »allen Bonden- und Eigenthumsgerechtsamen zu überlassen« und hinsichtlich der Contributation in die übliche »Ummärkung« als Grundlage der Steuerzahlung miteinzubeziehen.

Die Vermessung der Insel Amrum wurde in den Jahren 1799/1800 durchgeführt, die Fläche der Gemeinde Norddorf durch H. Lund, die Fläche der Gemeinde Nebel mit Süddorf und Steenodde durch Friedrich Feddersen. Beide Landmesser legten für ihre Arbeit die holsteinische Rute zu 8 Ellen zugrunde, jedoch rechnete Lund mit der holsteinischen Elle (0,5731 m) und Feddersen mit der tondernschen Elle (0,5813 m). Zunächst ging es in einer umfangreichen Vorarbeit darum, die ermittelten Eigentumsansprüche der Insulaner auf die landwirtschaftliche Nutzfläche umzurechnen sowie die verstreut liegenden Nutzungsrechte möglichst großflächig zusammenzufassen. Neben der Flächengröße (»Quantite«) galt es, auch die verschiedensten Bodenwerte (»Bonite«) zu berücksichtigen. Die Ergebnisse dieser Arbeit – die durch ständige Kontaktnahme mit den Betroffenen verhandelt wurden – fanden ihren Niederschlag in den »Erdbüchern« von Norddorf und Nebel-Süddorf. Beide weisen – entgegen späterer Kritik – eine sorgfältige und planvolle Bestandsaufnahme auf. Neben der Vermessung und Zusammenfassung von Nutzungsrechten ging es aber auch darum, die Nutzflächen durch ein Wegesystem besser zu erschließen und in der Norddorfer Marsch sowie im »Guskölk« bei Süddorf die Entwässerung durch neue Gräben zu regeln. Ebenso mußten gemeinsame Viehtränkstellen und eine Fläche auf der Westerheide »für die Unvermögenden zum Heideschlagen«, für die Brennmaterialgewinnung, ausgewiesen werden. Unvermessen aber blieben die Dünen, die keinen landwirtschaftlichen Nutzwert hatten und sich noch heute im Gemeindebesitz befinden. Die Kosten dieser fast zweijährigen Arbeit waren jedoch so hoch, daß die Amrumer diese zunächst nicht vollständig bezahlen konnten und sich die Restsumme beim damaligen Hebungsbeamten der Birkvogtei, Johann Petersen, gegen übliche Zinsen leihen mußten.

Für die Bewohner der Insel Amrum kam die Aufhebung der Feldgemeinschaft und die feste Zumessung und Zusammenfassung der landwirtschaftlichen Flächen gerade zur rechten Zeit. Denn wenige Jahre später geriet der Haupterwerbszweig, die Seefahrt, infolge der Napoleonischen Kriegswirren in eine Krise und wurde schließlich von 1807 an durch den Krieg zwischen England und Dänemark für Jahrzehnte völlig lahmgelegt. Nun kam es darauf an, den relativ unfruchtbaren Inselboden intensiver zu bearbeiten und die Grundlagen zur Ernährung der Bevölkerung auf der eigenen Insel zu schaffen. Dieses Vorhaben wurde durch die nun individuelle Arbeit und den Anreiz zur Verbesserung der Bodenverhältnisse auch erreicht, wenn auch nicht mit dem gleichen Erfolg wie auf der benachbarten, fruchtbaren Geest- und Marscheninsel Föhr. Es gab auf Amrum auch keine eigentlichen Großbauern – abgesehen vom Pastor, der über eine Fläche von insgesamt rund 75 Hektar verfügte. Nur einige wenige Inselbewohner hatten Landflächen um 15 Hektar, meist solche, die als Kapitäne ihr Vermögen in Land angelegt hatten. Dazu gehörten in der ersten Hälfte des 19. Jahrhunderts der Kapitän Boy Diedrich Urbans in Norddorf, die Schiffer Urban Wögens in Nebel und Volkert Quedens auf Steenodde sowie der Müller Hans Tychsen. Sie waren zugleich auch die größten Steuerzahler der Insel. Im übrigen aber war der Landbesitz breit verstreut, und zu fast jedem Haus gehörte in Form von Vieh und Landbau eine gewisse Grundversorgung. Auch arme Leute hatten in der Regel wenigstens einige Schafe. Dieser Zustand der Kleinlandwirtschaft blieb im ganzen vorigen Jahrhundert gültig. Nur ganz wenige Bauern produzierten über den Eigenbedarf hinaus.

Anläßlich der Aufhebung der Feldgemeinschaft waren rund 1835 Demat, etwa 900 Hektar, in die Landvermessung einbezogen worden. Ein großer Teil dieser Fläche bestand aber aus Heide. Nach Aussagen von Chronisten des 19. Jahrhunderts (Christian Johansen 1862, Ida Matzen 1914) reichte die Heide vom inneren Dünenrand bis an den alten Kirch- und Hauptweg von Norddorf nach Nebel und Süddorf, so daß zunächst eine umfangreiche Rekultivierung notwendig war. Etliche Landbesitzer ließen sich um ihre Ländereien von Tagelöhnern kleine Wälle aufwerfen, die noch heute hier und da auf der Feldmark zu sehen sind. Ein weiterer Aspekt der intensiver werdenden Landnutzung war die Einwanderung von jütischen Landarbeitern und Müllergehilfen im Laufe des 19. Jahrhunderts.

Aber die zunächst rationalen Besitzverhältnisse nach der Landvermessung änderten sich bald durch die

»Für die Unvermögenden« wurde eine Heidefläche zwecks Gewinnung von Brennmaterial ausgewiesen

praktizierte Realerbteilung, die schon in der nächsten Generation die zusammengelegten Landstücke wieder zersplitterte, entsprechend der Kinderzahl im Erbfall. Schon 1828 wies Pastor Lorenz Friedrich Mechlenburg bedauernd auf diesen Zustand hin und notierte, daß viele der Einwohner Seefahrer und nicht am Zusammenhalt des Grundbesitzes interessiert seien. »Permanierende Bauernhöfe gibt es auf Amrum überhaupt nicht.« Zu den wenigen Bauernstellen von Bedeutung gehörte allerdings der Pastor höchstselbst. Entsprechend dem umfangreichen Landbesitz der Kirche bzw. des Pastorates als Einkommensgrundlage für den Pastor, verfügte dieser über 152 Demat (61 Demat Acker-, 49 Dt. Heide, 25 Dt. Weide- und 16 Dt. Wiesenland), nach heutigen Flächenmaßen rund 75 Hektar. Davon konnte der Pastor aber nur einen Teil selbst bearbeiten, während das übrige Land an andere Landwirte und Interessenten verpachtet wurde.

Der Pastor als Bauer

Pastor Mechlenburg war ein akkurater, fast pedantischer Mann, der die Einzelheiten seiner Landwirtschaft in einem umfangreichen Tagebuch festhielt und einen umfassenden Einblick in die Landwirtschaft auf Amrum in der Zeit von 1827, dem Jahr seines Amtsantrittes, bis in die 1850er Jahre vermittelt. Bei der Gründung einer eigenen Haushaltung Anfang April 1828 übernahm Pastor Lorenz Friedrich Mechlenburg von seinem Vater und Vorgänger 4 Kühe, deren weiterer Lebenslauf bis zum Schlachten oder Verkauf genau beschrieben wird. Ebenso ist ein Schwein im Stall des Pastorates, aber von Schafen, dem Charaktertier der Insel, ist keine Rede. Ebenso detailliert wie die Angaben »über mein Vieh« sind auch die Notizen über Aussaat und Ernte. Beispielsweise kaufte Pastor Mechlenburg im Jahre 1828 zwei Tonnen und vier Scheffel Roggen für die Aussaat und erntete davon 21 Tonnen, die Tonne zu 200 Pfund. Auf eine Tonne kamen 8 Scheffel. Neben Roggen wurde auch Gerste und Hafer sowie in geringen Mengen Buchweizen ausgesät. Die Ernte wurde zu entsprechenden Teilen zum Brotbacken, zur nächsten Aussaat, zum Füttern von Schweinen, als Hühnerfutter und zum Verkauf verwendet. Der Pastor baute auch Kartoffeln an, 1828 beispielsweise 12 Tonnen, die einen Ertrag von 106 Tonnen erbrachten. Ebenso wurden auch Erbsen ausgesät, im Jahre 1830 zwei und ein halber Scheffel.

Ausführlich, mit Nennung der einzelnen Wiesen, wurde gleichfalls die Heuernte zu Papier gebracht. 1828 und in den folgenden Jahren wurden durchschnittlich 39–40, im Jahre 1833 aber sogar 129 Fuder in die Pastoratsscheune eingefahren. Selbstverständlich hatte der Pastor Pferde und Fuhrwerke und »Knechte«, wie man die landwirtschaftlichen Gehilfen lange Zeit nannte. Jens Bork, der Knecht von Pastor Mechlenburg, war wie andere aus Jütland eingewandert und begründete später auf Amrum eine verzweigte Familie. Neben der Landwirtschaft spielte die Gewinnung von Brennmaterial auf dem umfangreichen Heideland des Pastorates eine Rolle. Wie erwähnt gehörten nicht weniger als 49 Demat, etwa 24 Hektar, zum Pastorat. Darauf ließ der Pastor im Jahre 1829 12 Fuder schlagen und nach Hause fahren, während die restlichen Flächen »verheuert«, verpachtet wurden.

Verständlich, daß der Pastor als größter Bauer die Entwicklung und die Hantierung in der Landwirtschaft auf Amrum prägte und auch im wesentlichen das Preisgefüge bestimmte.

Im Jahre 1867 zählte man in der Amrumer Landwirtschaft 22 Pferde, 174 Stück Hornvieh und 505 Schafe. 1924 lauteten die Zahlen: 52 Pferde, 242 Stück Hornvieh, 257 Schafe und 170 Schweine. Bemerkenswert ist auch die Menge der Bienenstöcke, im Jahre 1913 nicht weniger als 195. Im übrigen aber deckte die Landwirtschaft nach Auskunft des damaligen Lehrers Knudsen (1927) nicht den eigenen Bedarf, wobei aber sicherlich der Verbrauch der Sommergäste mit einberechnet ist.

Kennzeichnend für die Landwirtschaft der Insel ist die relative Unfruchtbarkeit der Geest, deren Sande keine Feuchtigkeit halten und trotz des feuchten ozeanischen Klimas in trockenen Sommern immer wieder Dürreschäden verursachten. Die Mäßigkeit der Erträge wird deutlich durch die Bodenwertzahlen, die auf der Geest im Mittel zwischen 27 und 32, auf der Heide in Dünennähe sogar unter 10 Punkten liegen. Nur in der Marsch erreichen sie bis zu 45 Punkte. Aber die Marschenflächen der Insel sind – verglichen mit den rund 50 Quadratkilometern der Nachbarinsel Föhr – nur klein. Die Marsch zwischen Wittdün und Steenodde zählt 37, die Norddorfer Marsch rund 80 Hektar. Bis 1934/35 waren beide Flächen nicht eingedeicht und wurden bei jeder Sturmflut überflutet, so daß sie eine vorwiegende Salzvegetation trugen.

Landwirtschaft in jüngerer Zeit

So war es kein Wunder, daß immer, wenn sich andere Erwerbszweige boten, die Landwirtschaft eingeschränkt oder nur als Nebenerwerb betrieben wurde, insbesondere nach Gründung der Seebäder im Jahre 1890 und dem aufblühenden Fremdenverkehr. Nur in den unmittelbaren Jahren nach dem 1. und 2. Weltkrieg wurde die Landwirtschaft als Ernährungsgrundlage wieder intensiviert und in fast allen Inselhäusern in der einen oder anderen Form betrieben. Beispielsweise wurden im Jahre 1949, also noch im Gefolge des 2. Weltkrieges, in den Gemeinden Nebel und Norddorf (in Wittdün gab es keine Landwirte) 156 Betriebe gemeldet, aber schon 1960 waren es nur noch 75. In beiden Zahlen sind sozusagen alle Haushaltungen berücksichtigt, die mit Kleinst- und Nebenerwerbslandwirtschaft eine gewisse Hausversorgung betrieben und sei es auch nur mit einem Schwein, einigen Schafen oder ein, zwei Kühen und Kartoffelanbau für den Wintervorrat. Dazu bot der breit verstreute Landbesitz der Inselbevölkerung die beste Voraussetzung. Es gab aber immer nur wenige wirkliche Bauern auf Amrum, selten mehr als ein Dutzend, die vom Umfang ihres Betriebes mit Land, Hof, Scheunen, Ställen und entsprechender Ausrüstung als solche gelten konnten.

So, wie sich dann der Fremdenverkehr seit den 1960er Jahren weiter verstärkte, reduzierte sich rasch die Zahl der Kleinst- und Nebenerwerbslandwirte. Scheunen und Ställe wurden für eigene Wohnzwecke während der Sommersaison genutzt, um die eigenen Wohnräume an Kurgäste zu vermieten, oder bald darauf zu »Ferienwohnungen« umgestaltet. 1982 wurden auf Amrum nur noch 9 Betriebe notiert und auf 576 Hektar Landwirtschaft betrieben, davon 79 Hektar Acker und 497 Hektar Grünland. Bemerkenswert ist die Anzahl von reichlich 100 Pferden, für die entsprechende Weiden und Heuwiesen bewirtschaftet werden. Die Pferde dienen allerdings dem Reitsport und haben mit der Landwirtschaft nur mittelbar zu tun.

Um 1990 präsentierte sich die Amrumer Landwirtschaft nur noch mit zwei Betrieben in Süddorf, einem in Nebel und zwei in Norddorf. Unter den Süddorfer Landwirten betreibt Iark Martinen auf rund 80 Hektar ausschließlich Getreideanbau, vor allem Roggen. In Nebel hält Boy Jensen 60 Rinder, darunter 20 Milchkühe, und bestellt 15 Hektar mit Getreide, Hafer und Roggen als Futtererzeugung für seine Viehzucht. Kartoffeln werden nur noch für den Eigenbedarf angebaut. Daneben wird eine Pferdezucht mit Holsteinern sowie ein Reiterhof als wirtschaftliches Standbein im Fremdenverkehr betrieben.

Auch in Norddorf bauen die beiden dortigen Landwirte Karl-Heinrich Schult und Berthold Andresen mit 10 bzw. 5 Hektar Getreide nur für Futterzwecke des Viehbestandes an, Schult zusätzlich einen Hektar mit Kartoffeln – früher die charakteristische Feldfrucht auf Amrum – für den Eigenbedarf und für den Verkauf zur Einkellerung im Winter auf der Insel. Auf etwa 30 Hektar Grünland hält Schult 35 deutsche und schottische Aberdeen-Mutterkühe, während Andresen auf etwa 32 Hektar Grünland rund 35 Deutsch-Angus-Mutterkühe und etwa 25 Schafe hält. Die Lämmer werden auf Amrum vermarktet. Daneben besteht noch eine Pferdezucht. Aber auch die beiden Norddorfer Betriebe haben Standbeine im Fremdenverkehr durch Zimmervermietung an Kurgäste. Für diesen Zweck ist das ehemalige Stall- und Scheunengebäude der Familie Schult vollständig ausgebaut. Beide Norddorfer Landwirte haben heute ihre landwirtschaftlichen Gewese in der Feldmark außerhalb des Dorfes. Und hier wie in Nebel ist mit nachwachsenden Söhnen auch die Nachfolge gesichert. Alle Betriebe sind aber reine Familienunternehmen und beschäftigen keine Gehilfen.

Bockmühle auf dem Grabstein des Ratmannes und Müllers Hark Rörden

Die Daten aber beweisen, daß die Landwirtschaft auf Amrum wirtschaftlich gesehen keine große Rolle spielt und eher von Kleinbauern die Rede sein muß. Daneben gibt es noch etliche »Hobby«-Landwirte mit Schafherden, schottischen Hochlandrindern und sonstigem Vieh.

Mühlen auf Amrum

Kennzeichnend für die Bedeutung der Landwirtschaft im alten Amrum zwecks Selbstversorgung der Inselbewohner war auch das Vorhandensein von Mühlen bei Norddorf und Nebel, die in einem umfangreichen »Feldbuch« (dänisch Markbog) des Jahres 1683 genannt werden. Im erwähnten Jahre hatten Königliche Landmesser den Viehbestand gezählt und die Ländereien in der Westerharde vermessen sowie Häuser und Hauseigentümer nach ihrem bäuerlichen Stand aufgeschrieben.

Grabsteingiebel des Müllers Erk Knudten

Über die Mühle bei Norddorf heißt es, daß es eine schon alte »Wettermühle« (dän. Vejermölle) ist, die den Brüdern Clemment und Hark Rörden gehört. Von beiden sind in der nordwestlichen Ecke des Friedhofswalles noch die großen Grabplatten vorhanden, und beide zeigen neben anderen Symbolen auch die Bockmühle, die den Brüdern zu eigen war. Der Mühlenbesitz muß so einträglich gewesen sein, daß sich beide Familien eine künstlerisch gestaltete Grabplatte leisten konnten, wie man sie sonst nur auf den Gräbern von Grönland-Commandeuren fand. Die Windmühlen auf Westerlandföhr und Amrum hatten zunächst – wie allgemein üblich – dem Landesherren gehört und waren an die Betreiber nur verpachtet. Aber bei Neuordnung des Steuerwesens Anno 1665 hatte Graf Schackenburg die Mühlen den Betreibern als Eigentum überlassen.

Die Norddorfer Bockmühle stand noch bis um Anno 1830. Sie gehörte derzeit Feder Girris, einem Schwager des Nebeler Müllers Martin Erken. Letzterer verleitete Feder Girris anläßlich einer Zecherei, ihm die Mühle zu verkaufen, und gab ihm gleich die Geldsumme mit. Aber als dieser nach Hause kam, schickte ihn seine Frau Sieke zurück, um den Handel rückgängig zu machen. Einige Wochen später wiederholte sich jedoch der Verkauf, und gleich am nächsten Morgen begann Martin Erken, die Mühle seines Schwagers abzubrechen. Offenbar wollte der Nebeler Müller eine Konkurrenz ausschalten, aber diese Aktion brachte nur noch den Nachfolgern Gewinn. Martin Erken starb schon im Januar 1831.

Das »Feldbuch« des Jahres 1683 erwähnt eine weitere Bockmühle südwestlich von Nebel, etwa dort, wo sich der heutige Erdholländer befindet. Als Eigentümer werden die in Süddorf wohnenden Jens Frödden und Nahmen Brodersen genannt.

Die heutige Windmühle auf dem hohen Geesthügel bei Nebel wurde im Jahre 1771 errichtet. Der Grabstein des Mühlenerbauers Erk Knudten steht auf dem St. Clemens-Friedhof und berichtet, daß dieser zuerst

Seefahrer war und in den letzten drei Jahren als Schiffer fuhr, vermutlich mit eigenem Frachtschiff im Bereich der Nordsee bis hinauf nach Norwegen und hinunter nach Holland. Bei dieser Mühle handelte es sich um einen Erdholländer zum Graupenmahlen, zum Entschälen der Gerste, damals die vorrangige Getreideart auf dem Inselboden. 21 Jahre betrieb Erk Knudten seine Mühle und übergab sie dann seinem Sohn, dem schon genannten Martin Erken. Angeblich konnte Martin seinen Schwestern aber nicht die Erbanteile auszahlen, so daß die Mühle von seiner Schwester übernommen wurde. Diese war verheiratet mit dem damals größten Landbesitzer auf Amrum, mit dem Kapitän Boy Diedrich Urbans, richtig Boh Erken heißend. Deren Tochter Antje heiratete 1825 den Müller Hans Tychsen aus Tondern, und über dessen zweite Ehefrau Anna, die 1848 als 38jährige Witwe den 21jährigen Müllergesellen Thomas Jensen Christensen ehelichte, kam die Mühle in den Besitz der Familie Christensen.

Der letzte Müller, Hans Kristensen, hat mit Hilfe der aufkommenden Technik etliches an der Mühle verändert. Um 1920 wurde der »Steert«, ein von der Kappe zum Boden reichendes Balkengestell, mit dessen Hilfe man die Kappe mit den Flügeln in den Wind drehen konnte, durch eine Windrose ersetzt, die seitdem im ständigen Windspiel die Kappe gegen die wechselnden Windrichtungen dreht. Gleichzeitig erhielten die Flügel verstellbare Holzjalousien anstelle der bisherigen Segelbespannung. 1922 wurde die Mühle unterkellert sowie ein Motor- und Arbeitsraum – das heutige Museum – angebaut. Ein Benzin-, später ein Rohölmotor, sorgten dafür, daß die Mühle auch bei windstillem Wetter betriebsfähig blieb.

Wie schon erwähnt, hatte die Mühle ursprünglich nur eine »Pillerey« aus Kalksandstein zum Schälen der Gerste. Mitte des 19. Jahrhunderts aber wurde ein härterer Stein zum Feinmahlen eingebaut.

Infolge des Rückganges der Landwirtschaft seit den 1950er Jahren sowie des Wechsels von Pferden zu Traktoren in den wenigen verbliebenen bäuerlichen Betrieben geriet auch die Mühle in eine Existenzkrise. Der Verkauf von Futterkorn fiel aus, und die Amrumer Bäcker bezogen ihr Brotmehl vom Festlande. So stand die Mühle 1964 zum Verkauf, und es gelang dem damaligen Inselpastor Erich Pörksen, einen Verein zur Erhaltung der Windmühle zu gründen und die Mühle zu erwerben. Hans Kristensen, der letzte Amrumer Müller, erlebte noch die Einrichtung des Heimatmuseums und der Ausstellungsräume, ehe er im September 1964 plötzlich starb. Die Mühle aber ist bis heute im Originalzustand geblieben und wäre – vom Mühlenverein ständig gewartet und renoviert – unverändert in der Lage, Getreide zu mahlen. An manchen Tagen drehen sich noch die Flügel zur Freude der Inselbesucher, und wenn auf Amrum jemand gestorben ist, stehen die Flügel bis zur Stunde nach der Beerdigung im »Kreuz«.

Die Mühle bei Süddorf ist jüngeren Datums. Hier wurde zunächst im Jahre 1893 auf dem Hügelgrab Redenhuug durch Volkert Quedens eine Bockmühle aufgestellt. Dieselbe stammte von List. Sie wurde gerade abgebrochen, als der Amrumer Schiffer vorbeifuhr, kurz entschlossen landete und das Material kaufte, um es dann zur Heimatinsel zu transportieren. Wenig später kaufte der von Föhr stammende Müller Heinrich Andresen, verheiratet mit Anna Johanna geb. Fink aus Süddorf, die Mühle und ließ sie bald durch eine auf dem Festlande erworbene Holländermühle ersetzen. Sie erhielt aber keine Windrose, sondern mußte zeit ihres Betriebes mit Hilfe eines »Steertes« gegen die Windrichtung gedreht werden. 1922 wurde die Mühle unterkellert, und dabei stieß der Müller inmitten einer großen Steinsetzung auf einen Baumsarg mit dem Skelett eines männlichen Leichnams und einem Bronzeschwert auf den Überresten.

Die Süddorfer Mühle war aber nur bis 1942 in Betrieb. Der einzige Sohn des Müllers Heinrich Andresen fiel im 2. Weltkrieg. Nach Kriegsende begann die Mühle zu verfallen, wurde dann aber 1952 durch die Hamburger Architekten Rechtern und Landsmann erworben, die das äußere Bild wiederherstellten und das Innere zu Wohnzwecken umgestalteten.

Dörfer und Menschen auf Amrum

Königliche Landmesser auf der Insel

Ausschachtungsarbeiten für Brunnen oder Keller haben im Untergrund der Inseldörfer immer wieder Spuren vor- und frühzeitlicher Besiedlung zutage gefördert – Dörfer unter den Dörfern. Aber die heutigen Orte der Insel sind offenbar viel jüngeren Ursprungs, worauf nicht zuletzt die Namen hinweisen, die zunächst niederdeutsch und etwa seit dem 17. Jahrhundert hochdeutsch geschrieben werden. Die Dorfnamen stehen damit im Gegensatz zu jenen auf Föhr und Sylt, die fast alle auf -»um« = friesisch »ham« = hochdeutsch »heim« enden.

Norddorf hieß ursprünglich »Nortorp« und Süddorf »Sudertorp«. Beide sind die ältesten Dörfer – soweit bisher ermittelt, frühestens im Jahre 1463 im Kapitelregister genannt. Norddorf ist mit 10 sol. Sterling, Süddorf mit 13 sol. lübsch Landgeld veranlagt. Nebel (= Neue Bohle) wird noch nicht erwähnt. Erst 1662 erscheint dieser Ort und wird Anno 1682 von Pastor David Monrad in dessen Randbemerkungen im »Missale« als »Mitteldorp« bezeichnet. Die »Königlichen Landmesser« allerdings, »die hier im Sommer 1683 gewesen und alle Örter und Ländereien, wie breit und wie lang in Ellen aufgemessen haben«, haben Nebel als »Nebbel« geschrieben. Unter dem verschnörkelten Titel »Riber Stift – Ammerum Land – Westerland Föers Birk – Sancte Clemens Sogn (Sogn = Kirchspiel) werden für Norddorf 32, für Nebel 41 und für Süddorf 24 Häuser mitsamt deren Eigentümern genannt. Im weiteren Bericht über die Spezifikation der Ländereien folgt dann die Mitteilung, daß sowohl außerhalb von Norddorf als auch von Süddorf »Vejer Möller«, Windmühlen, liegen. Erstere gehört den Brüdern Harck Rörden und Clemt Rörden, letztere Jens Frödden und Nahmen Brodersen.

Die weiteren, sehr umfangreichen Aufzeichnungen nennen die vermessenen Landflächen und deren Eigentümer sowie, »daß einiges Land zur St. Clemens-Kirche und etwas zur St. Johannis-Kirche auf Föhr gehört«. »Einiges« bedeutete damals viel, und tatsächlich waren der Kirche und dem Pastorat insgesamt nicht weniger als 162 Demat Land (rund 80 Hektar) »zugelegt«. Dieser umfangreiche Grundbesitz hat sich bis heute nur unwesentlich verringert.

Im Jahre 1629 starben auf der Insel 147 Menschen, alte und junge, an der Pest, und nur etwa 80 Inselbewohner blieben am Leben. So stand der geringen Bevölkerung im 17. Jahrhundert eine große Landfläche zur Verfügung, und es dürfte, weil ganze Familien an der Pest zugrundegingen, zu einem erheblichen Eigentumswechsel gekommen sein. Die Inselbevölkerung blieb auch in den nachfolgenden Jahrhunderten relativ gering, weil der hohen Geburtenrate jener Zeit eine ebenso hohe Kinder- und Müttersterblichkeit gegenüberstand, ebenso eine hohe Todesrate unter den Walfängern und Seefahrern. Anno 1706 werden für Amrum 606 Einwohner, Anno 1801 aber nur noch 533 und erst 1840 wieder 585 gemeldet. Dabei ist das Verhältnis von 325 weiblichen Personen gegenüber nur 260 männlichen Ausdruck der Verluste von Männern auf See. Gegen Ende des 19. Jahrhunderts wurde der Bevölkerungszuwachs dann wieder durch eine anhaltende Auswanderung nach Nordamerika reduziert, und erst mit der Einwanderung und Einheirat von Saisonpersonal und Handwerkern nach Gründung der Badeorte kam es zu einem raschen Anstieg der Bewohnerzahl. Im Jahre 1905 wurden rund 990, im Jahre 1939 rund 1225, im Jahre 1960 etwa 1770 und 1988 rund 2200 Einwohner gemeldet. Die eigentlichen »Ureinwohner« bilden heute aber nur noch eine Minderheit.

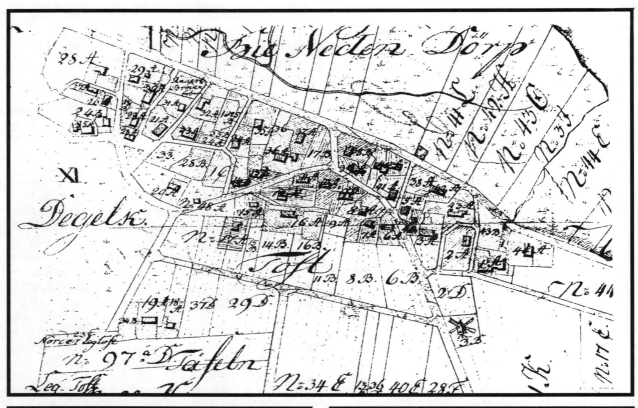
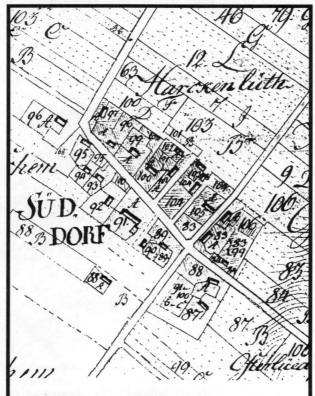
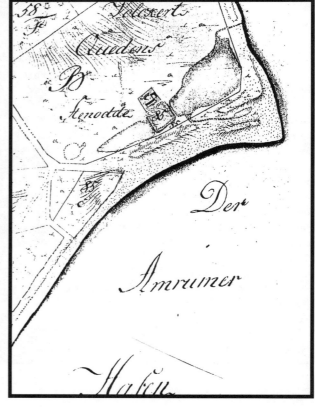

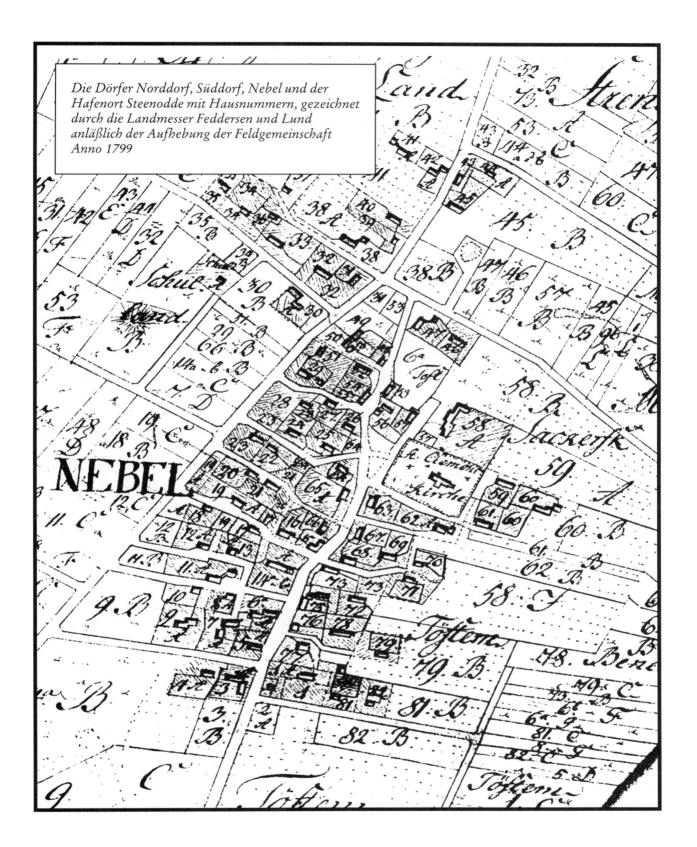

Die Dörfer Norddorf, Süddorf, Nebel und der Hafenort Steenodde mit Hausnummern, gezeichnet durch die Landmesser Feddersen und Lund anläßlich der Aufhebung der Feldgemeinschaft Anno 1799

Patronymische Familiennamen

In der Abgeschiedenheit früherer Jahrhunderte bildeten die Insulaner hinsichtlich der Einwohnerstruktur eine Art großer »Familie«, in der fast jeder mit jedem auf irgendeine Weise verwandt war oder doch auf einen gemeinsamen Stamm durch Vater oder Mutter verweisen konnte. Es gab früher aber auch immer eine bedingte Einwanderung, vor allem von Männern, was der permanente Frauenüberschuß auf der Seefahrerinsel bewirkte. Kennzeichnend für diese Einwanderung sind die heute noch vorhandenen Familiennamen Flor, Schmidt, Quedens oder Schult. Sogar ein Schiffbrüchiger, Carl Korsemann von Schweden, blieb auf der Insel hängen, und bemerkenswert ist auch die Einheirat etlicher Blankeneser Fischer wie Meyer, Schuldt, Grönwoldt, Breckwoldt oder van Ehren, deren Namen im 19. Jahrhundert auf der Insel verbreitet waren oder heute noch vorhanden sind. Eine gewisse Rolle spielte auch die Einwanderung von dänischen Arbeitskräften, vor allem aus dem Raum um Ribe (Ripen). Beispielsweise haben die Familien Bork, Kristensen und Jensen – letztere durch Generationen Strandvögte – jütische bzw. dänische Vorfahren. Andere Namen sind im Laufe der Zeit wieder ausgestorben oder durch Auswanderung von der Insel verschwunden.

Charakteristisch aber für die Bewohner im alten Amrum waren die Vor- und Stammnamen, die sich auf die damals im ganzen germanischen Norden – allerdings auch bei anderen Völkern der Welt – gebräuchliche patronymische Namensgebung gründeten. Aus dem Vornamen des Vaters bildete sich grundsätzlich der Stammname der Kinder. Hieß ersterer Erk, Knudt, Sönk, Tay, Rörd oder Jan, so trugen die Kinder als Stammnamen Erken, Knudten, Sönken, Tayen, Rörden oder Jannen. Aber auch die Ehefrau erhielt den gleichen Nachnamen. Heiratete beispielsweise ein Erk Rörden eine Marret Knudten, so hieß diese nach der Hochzeit Marret Erken. Diese patronymische Namensbildung beschränkte aber die Auswahl der Vor- und damit auch der Stammnamen. Familien, die beispielsweise Sönken hießen, mußten nicht miteinander verwandt sein. Ihre Stammnamen verrieten nur, daß sie einen Vater namens Sönk hatten. Da Söhne grundsätzlich nach den Vätern des Elternpaares genannt wurden, kehrte der Stammname in der Regel in der übernächsten Generation wieder – ein einfaches Verfahren, das auf der Insel von jedermann verstanden wurde.

Für die Behörden auf dem Festlande allerdings bot die patronymische Namensgebung bei Erbschafts- und sonstigen Fällen ein unbegreifliches Durcheinander. Hatte beispielsweise ein Erk Knudten fünf Söhne namens Nickels, Peter, Martin, Knudt und Arfst, so hießen diese mit Stammnamen Erken. Aber schon in der nächsten Generation bildeten sich aus den Vornamen der Söhne die Familien Nickelsen, Peters, Martinen, Knudten und Arfsten. Zwecks Erleichterung für die Behörden untersagte deshalb die dänische Regierung Anno 1771 im Herzogtum Schleswig die patronymische Namensgebung. Auf Westerlandföhr und Amrum aber blieb diese bis in die 1830er Jahre gültig. Und vereinzelt wurden noch in den 1840er Jahren geborene Kinder durch Pastor Mechlenburg auf patronymische Namen getauft, zuletzt noch in der Familie des Grönlandfahrers und Goldgräbers Friedrich Erken (= deutsch Erichsen) und des 1843 geborenen, späteren Kapitäns Carl Boyen, dessen Vater Boy Nahmens hieß. Ursprünglich lautete der Vorname Boy – Boh, und der patronymische Stammname war Bohn.

In der Literatur, die mit der patronymischen Namensbildung nicht vertraut ist, wird oft darauf hingewiesen, daß Petersen oder Jensen soviel wie Peters Sohn bzw. Jens' Sohn bedeutete. Dies ist natürlich Unsinn, denn auch Mädchen und Ehefrauen hießen ja so. Tatsächlich ist das »-sen« eine Bezeichnung für »sein« (Sohn) oder »seine« (Tochter, Ehefrau). Auf Amrum, aber auch auf Föhr und Sylt, wurde diese »Besitzangabe« in der Regel auf »en« (Sönk-en) oder »s« (Peters) verkürzt.

Nach der Aufhebung der patronymischen Namensgebung fiel der Zwang, sich auf die altfriesischen Vornamen zu beschränken, aus denen sich ein Stammname bilden ließ. Bald wimmelte es von Heinrich, Peter, Hans, Jacob oder Johann, und die Mädchen hießen nicht mehr Gundel, Ing, Thur, Kerrin, Krassen, Wehn oder Marret, sondern Henriette, Frederike, Wilhelmine, Josephine und Georgine. In wenigen Jahrzehnten waren die alten Namen selten geworden und bis zur Jahrhundertwende fast völlig verschwunden. Erst in der Gegenwart werden wieder altfriesische Namen gebräuchlich, wobei es sich aber auch um eine »Mode«erscheinung handeln mag.

Auswanderung nach Amerika

Eine besondere Rolle in der Demographie der Inselbevölkerung spielt die Auswanderung nach Nordamerika. Ausgelöst wurde die Auswanderung nach allen vorliegenden Daten erst nach dem Staatswechsel 1864, als den jungen, durch Jahrhunderte im Königreich Dänemark kriegsdienstbefreiten Männern plötzlich die harte preußische Militärpflicht drohte und durch strenge Verordnungen die seemännische Laufbahn erschwert wurde. Vor 1864 hatte es zunächst nur eine Handvoll Männer gegeben, die für längere Zeit oder dauernd die Heimat verließen, um in Australien nach Gold zu graben. Bei anderen, wenigen Auswanderern noch in dänischer Zeit handelte es sich vorwiegend um solche, die mit dem Gesetz oder den Anstandsregeln der in sich geschlossenen Inselbevölkerung in Konflikt geraten waren oder wirtschaftliche Schwierigkeiten hatten.

Aber eben vor 1870 füllen sich die Tagebücher von einigen Insulanern, so des Norddorfer Lehrers Johann Martensen, des Austernvorfischers Roluf W. Peters und seines Bruders, des Kojenmannes Cornelius Peters, sowie des Strandvogtes Boy Heinrich Peters mit den Daten von Auswanderern. Einzelpersonen und ganze Familien reisen nun vorwiegend über Hamburg nach Amerika und ziehen bald andere Insulaner nach, wobei neben der zunächst politischen Motivation zunehmend wirtschaftliche Erwägungen und Hoffnungen in den Vordergrund treten.

Leider ist – im Gegensatz zur Nachbarinsel Föhr – die Auswanderung von Amrum noch nicht detailliert untersucht, zeigt aber gleiche Parallelen. Schwerpunkt war New York, aber auch in anderen US-Staaten, etwa Illinois und Kalifornien, sind Amrumer zu finden. Vor und nach der Jahrhundertwende verringerte sich die Auswanderung offenbar unter dem Eindruck der aufblühenden Wirtschaft im Deutschen Reich sowie des neuen Erwerbszweiges Fremdenverkehr. Aber nach dem verlorenen Ersten Weltkrieg und der Inflation im Jahre 1923 verstärkte sich die Auswanderung und erreichte bis Mitte der 1920er Jahre Rekordhöhen. Um diese Zeit wurde vermutet, daß mehr Föhrer und Amrumer nebst ihren Nachkommen in Amerika leben als auf den Inseln selbst – eine Annahme, die sich nach genauerer Untersuchung sicherlich mit Zahlen belegen läßt. Eine weitere, letzte Auswanderungswelle entwickelte sich dann nach dem Zweiten Weltkrieg, als erneut keine wirtschaftlichen Perspektiven im geschlagenen und von Ostflüchtlingen übervölkerten Deutschland zu erkennen waren. Diese letzte Auswandererzeit dauerte bis etwa 1960, wobei allerdings schon viele Amrumer mit dem Ziel nach Amerika fuhren, dort nur einige

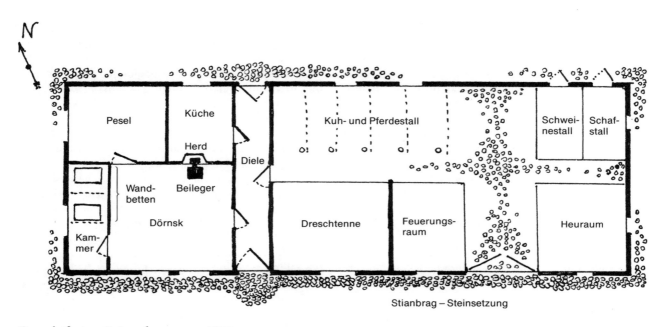

Grundriß eines Friesenhauses um 1850

Jahre zu bleiben, um die nötigen Dollar für eine Existenz auf der Heimatinsel zu verdienen, eine Absicht, die durch den damals günstigen Umrechnungskurs des Dollar zur Deutschen Mark von 1 zu 4 gefördert wurde. Aber viele sind dann doch nicht wiedergekommen und inzwischen fest als Staatsbürger in ihrer neuen Heimat etabliert.

Die konzentrierte Auswanderung löste natürlich über Jahrzehnte eine ständige Nachahmungssehnsucht auf der Insel aus, zumal sich die zunächst Daheimgebliebenen Wunderdinge von der neuen Welt versprachen – eine Hoffnung, die sich dann allerdings nur bei einer Minderheit erfüllte. Die meisten Insulaner mußten hart arbeiten und richteten ihr Bestreben in der Regel darauf, ein eigenes Store zu betreiben, was auch durchweg gelang.

Ebenso wurde die Auswanderung durch die Tatsache gefördert, daß fast jeder Amrumer vom Ende des vorigen Jahrhunderts an bis heute irgendwelche nahen oder fernen Verwandten in Amerika hatte und hat und die Fragen der Bürgschaft, der Wohnung und des Arbeitsplatzes schon vor Antritt der Reise geklärt waren.

Der in Norddorf wirkende Lehrer Heinrich C. Hinrichsen hat anhand der Schulabgänger für Norddorf die Auswanderung in der Zeit von 1882 bis 1951 ermittelt. Von insgesamt 203 Knaben wanderten 76 = rund 37 % nach Amerika aus. Von 198 Mädchen gingen 51 = 26 % den gleichen Weg.

Kritische Kenner der Inselbevölkerung weisen darauf hin, daß vorwiegend die »Elite« der Inselfriesen, die Wagemutigen und Unternehmungsfreudigen, ausgewandert sind. Bedenklich bleibt aber, daß einige hundert Insulaner in der Zeit von 1870 bis etwa 1960 ihre Heimat verließen, gleichzeitig aber Auswärtige einwanderten, auf der Insel sehr wohl einen Platz und durch den Fremdenverkehr auch eine Existenzmöglichkeit fanden und die durch Jahrhunderte geschlossene Einwohnerstruktur von Friesen aufgelöst haben. Früher kannte jeder jeden, heute sind die Namen vieler Inselbewohner – etwa im Telefonbuch – fremd, und als Umgangssprache dominiert deutsch, nicht mehr friesisch.

Das Friesenhaus im Wandel der Zeit

Geschlossen wie die Familien und ihre Namen waren auch die Dörfer auf der Insel. Ohne eigentliche Planungen und Vorschriften bestachen sie durch ihre architektonische Harmonie – noch unberührt von den verschandelnden Bauwerken späterer Zeit.

Grundsätzlich dominierte das Friesenhaus, dessen Ursprung sich bis in die Frühzeit zurückverfolgen läßt. Prinzip des Friesenhauses, auch Utlandehaus genannt, war das Ständerwerk, ein Balkengerüst, welches das Dach trug. Die Außenwände, im Mittelalter aus Heidekrautsoden oder Schilf, mit Klei verputzt, erst etwa seit dem 17. Jahrhundert aus Ziegelsteinen aufgemauert, standen frei ohne Trägerfunktion. Auch der Giebel, Merkmal des heutigen Friesenhauses, wurde erst im 18. Jahrhundert dem Dach eingefügt, und zwar auf Anordnung der Regierung aus Brandschutzgründen. Stand nämlich ein Reetdach in Flammen, so teilte der Giebel die bei solchen Anlässen vom Dach herunterfallenden brennenden Reetgarben, und die Hausbewohner konnten aus der Tür unter dem Giebel ins Freie flüchten. Der Dachboden diente anfangs keinen Wohnzwecken, sondern der Lagerung des Heus für die winterliche Viehfütterung. Durch relativ kleine Luken wurde das geerntete Heu mittels Forken vom Heuwagen direkt auf den Dachboden befördert und bildete dort eine ausgezeichnete Isolierschicht gegen die Kälte.

Generell war auch die Zweiteilung der inneren Funktion des Hauses, geteilt durch einen Flur zwischen der Haustür unter dem Giebel und einer kleineren Tür an der Hinterseite des Hauses als Ausgang zum Garten oder Hofplatz. Die eine Hälfte diente als Viehstall oder anderen wirtschaftlichen Zwecken, die andere zum Wohnen. Entsprechend den bescheidenen Ansprüchen bestand der Wohnteil in der Regel nur aus Küche, Wohnstube (»Dörnsk«), Pesel und ein oder zwei Schlafkammern. Letztere waren aber – da sie nur zum Schlafen dienten – sehr klein und enthielten Wandbetten. Nicht selten befanden sich aber auch noch in der Wohnstube Wandbetten, mit Gardinen oder Luken tagsüber verschlossen, so daß sich der Eindruck von Schränken bot. Die Fußböden waren noch im 19. Jahrhundert nur teilweise aus Holz oder Stein, sondern aus gestampftem Lehm, der sonntags mit weißem Dünensand bestreut wurde.

Der Pesel wurde nur für besondere Feiern – wozu allerdings auch eine Beerdigung gehörte – benutzt. Beide, Pesel und Dörnsk, waren entsprechend dem Einkommen des Hausvaters, insbesondere bei Kapitänen und Kommandeuren, mit holländischen Fliesen, Schiffstableaus, englischen Standuhren und zugehörigem Mobiliar, aber auch mit bunt bemalten Truhen für Zeug und Wäsche ausgestattet. Heizbar war aber nur die gute Stube, der Dörnsk. Hier stand ein gußeiserner Beilegerofen, der vom Küchenherd an der anderen Wandseite mit Heizmaterial belegt wurde. Kernstück

Seite 165 Nebel – Friesenhausdorf am Wattenmeer
Seite 166 Hochgewachsene Ulmen, gepflanzt um die Jahrhundertwende,
           hüllen das Dorf und sein Häuser ein

Bauernhof der Familie Jensen in Nebel

Wohnhaus mit Stall aus der Zeit der Kleinbäuerei in Süddorf

Eldag – alte Herdstelle im Friesenhaus *Friesenhausfenster mit »Porzellanhunden«*

Raiffeisenbank Amrum – Beispiel inselgerechten, schönen Bauens in der Gegenwart

Giebel eines Friesenhauses in Süddorf… …und in Norddorf

Ein Friesenhaus wird mit Reet gedeckt

Seite 170 Die Mühle, das Wahrzeichen von Süddorf
Seite 171 Die Westerheide – Sommerhaus- und Neubaugebiet

Menschen auf Amrum –

Wilhelm Martinen, Bauer

Magdalene Nommensen, Bäuerin

Tücke Martinen, Tischler

Pauline Jessen, Witwe in ewiger Trauertracht

Seite 174 Blick über die Hafenbucht auf Wittdün
Seite 175 Wittdün – Badeort auf der Amrumer Südspitze
Seite 175 Die Strandpromenade – Uferschutz und Wanderweg

Philipp Peters, Vogelwärter und Bernsteinsucher

Friedrich Paulsen als Wattenfischer

Ole Quedens, Friesenkind

Victor Quedens, Wattenschiffer und Strandläufer

Seite 176 Steenodde – der alte Hafenort von Amrum
Seite 178 Das neue Norddorf mit Zentrum und Fußgängerbereich
Seite 178 …und das alte Norddorf im »Uasteraanj«
Seite 179 Norddorf – zwischen Geesthöhen und Marsch
Seite 180 Die Teestube »Haus Burg« auf dem Wikingerhügel am Watt

Brücke und Panorama von Steenodde

Der »Lustige Seehund«, 1721 als Zollhaus erbaut

der Küche war der »Eldag«, eine offene Feuerstelle mit Koch- und Backeinrichtungen. Die Zimmerdecken mit den Dachbodenbalken, diese oft mit biblischen Sprüchen verziert, waren niedrig und die Wohnräume auch in wohlhabenden Häusern relativ klein, und zwar aus Gründen des Energiesparens. Mit einem Stück Strandholz oder einigen Büscheln Heidekraut ließ sich eine kleine Stube schnell beheizen und warmhalten. Heidekraut war jahrhundertelang das dominierende Brennmaterial auf Amrum. Es wurde auf den dazu eingeteilten und verlosten Heideflächen oder in den Dünentälern geschlagen und mit Fuhrwerken oder als Bündel auf dem Rücken nach Hause getragen und in einem speziellen Verschlag, dem »Hiashok«, innerhalb des Wirtschaftsteiles gelagert.

Die vorwiegende Farbe von Türen und Fenstern war grün. An der Giebelfront befanden sich nicht selten schmiedeeiserne Namensinitialen der Erbauer oder späterer Bewohner des Hauses, ebenso Jahresdaten und auch Hausmarken, die zur Markierung des Viehs noch lange gültig und im Buch des Bauernvogtes aufgezeichnet waren.

Rund um die äußeren Hausmauern lag eine Brücke (»Stianbrag«) aus faustgroßen Feldsteinen, ebenso am Hauseingang. Das Hausgrundstück war mit einem Wall umgeben, der aus Findlingen und Feldsteinen in Grassoden und Erde aufgesetzt war. So bot das Friesenhaus draußen und drinnen eine harmonische Einheit, gebaut nach den praktischen Erfordernissen, aber auch mit traditionellem Gefühl für die Harmonie von Formen und Farben.

Als im Laufe des 19. Jahrhunderts die Landwirtschaft größere Bedeutung gewann, wurde der Wirtschaftsteil erweitert – durch einfache Verlängerung des Hauses oder durch einen zurückgesetzten Stall- und Scheunenteil, wie es heute noch an etlichen Friesenhäusern auf Amrum zu sehen ist. In einigen Fällen erfolgte die Erweiterung auch durch einen quer angesetzten Anbau.

In den 1870er Jahren wurden die – vorerst – letzten Häuser des alten Stiles gebaut. Von da entstanden dann Häuser, wie man sie auf dem Festland bzw. im Deutschen Reiche kannte, Häuser, deren Erdgeschoß ein meterhoher Drempel aufgesetzt wurde, so daß das Dach eine ganz andere Neigung erhielt und auch der Giebel seine aufragende Wirkung verlor. Diese Proportionen taten dem Auge weh, aber die wesentlichste Verschandelung war die Dachbedeckung mit Teerpappe. Solche Häuser entstanden zuerst in Nebel, dann in ähnlicher Form auch in Norddorf als Logierhäuser für den aufkommenden Fremdenverkehr. Bald mischten sich weitere Stilrichtungen in die alten Dorfbilder, insbesondere in die Neubaugebiete an den Ortsrändern, und sehr bald verloren die Dörfer ihr ursprüngliches Gesicht. Insbesondere an der Norddorfer Strandstraße entfaltete sich ein unästhetisches Stilchaos inselfremder Bauwerke, während Wittdün von Anfang an – losgelöst von allen Traditionen – als reiner Badeort mit wilhelminischen Hotels, Logierhäusern und Jugendstilvillen aufgebaut wurde.

Die optische Umwelt- und Heimatzerstörung durch eine stil- und ziellos gewordene inselfremde Architektur rief wenige Jahre nach der Jahrhundertwende anderswollende Männer auf den Plan. Durch die Initiative des Landrates im Kreise Tondern, Friedrich Rogge, und des Kieler Architekten Carl Voß entstand im Jahre 1908 der Verein »Baupflege«, dem sich bald Gleichgesinnte anschlossen. Der Erste Weltkrieg und die Abstimmung im deutsch-dänischen Grenzraum beendeten jedoch die Arbeit des Vereins, dessen Ideen aber noch bis in die 1930er Jahre hineinwirkten. Einen erheblichen Rückschlag hatten diese Bestrebungen im Sommer 1925 erhalten, als am 17. August das reetgedeckte Ambronenhaus in Norddorf in Brand geriet und in der Windrichtung nach Osten neun Friesenhäuser dem Feuer zum Opfer fielen. Vergeblich bemühten sich die Feuerwehren der Insel, den Brand zu löschen. Infolge des trockenen Sommers waren die »Brandkuhlen« fast leer. Und weil gerade Ebbe war, befand sich auch kein Seewasser in den Marschengräben. In der gleichen Nacht brannten auch in Boldixum auf Föhr sechs Friesenhäuser ab, und diese Ereignisse brachten das Reetdach zunächst in Verruf. Es wurden dann aber doch in der Folgezeit Häuser gebaut – so auch beim Wiederaufbau der abgebrannten Norddorfer Häuser –, die hinsichtlich der Proportionen dem Friesenhaus angepaßt waren – allerdings nun in wirtschaftlicher Hinsicht für die Unterbringung von Kurgästen konzipiert wurden.

Erst in der Gegenwart werden wieder im Zuge wachsenden Wohlstandes und stilistischen Architekturempfindens Friesenhäuser neu gebaut. Den Anstoß dazu gaben aber nicht Einheimische, sondern Auswärtige, denen man auch bescheinigen muß, daß sie durch den Kauf alter Häuser, insbesondere in Nebel, und durch die Zahlung von oft weit überhöhten Liebhaberpreisen, den Bestand vieler alter Friesenhäuser gerettet haben, die sonst in der Zeit des Modernisierungswahnes in den 1950–70er Jahren sicherlich abgebrochen und durch einen Zweckbau für die Zimmervermietung ersetzt worden wären. Heute sind gerade Friesenhäuser mit entsprechendem Komfort für den Fremdenverkehr attraktiv. Aber auch Zweckbauten – wie etwa die Amtsverwaltung in Nebel oder das Gebäude der Raiffeisenbank – beweisen, daß sie als inselgerechte Bauwerke ihre Funktion erfüllen.

Ausverkauf und Überbebauung

Nach dem Zweiten Weltkrieg breitete sich eine weitere, stil- und weitgehend auch ziellose Bebauung auf Amrum aus, wobei das bislang noch weitgehend konzentrierte Bebauungsgebiet der alten Inseldörfer (Wittdün wird hier als Sonderfall hinsichtlich der Entwicklung, Architektur und Bevölkerungsstruktur nicht mit einbezogen) über die Dorfgrenzen hinaus, über Feldmark und Heide sowie hinein in die Dünen wucherte. Dabei blieb eine bedenkliche Landschaftszersiedlung, besonders im Bereich von Nebel und Süddorf, nicht aus. Ursache dieser Entwicklung war zunächst ein Nachholbedarf für jüngere Generationen infolge der vollständigen Bauruhe während der Kriegs- und ersten Nachkriegsjahre. Auch ging es darum, Bauland für Flüchtlinge und Heimatvertriebene zu erschließen. Im Februar 1945, Monate vor Kriegsende, war eine erste Flüchtlingswelle aus dem Bereich Ostpreußen und Warthegau auf die Insel Amrum gekommen, der nach Kriegsende weitere Massen aus den von Polen und Sowjets in Besitz genommenen deutschen Ostgebieten folgten. Insbesondere Wittdün und Norddorf wurden mit Flüchtlingen belegt, weil hier dank des Fremdenverkehrs eine relativ umfangreiche Bausubstanz zur Unterbringung vorhanden war. Schließlich gab es auf Amrum im Jahre 1947 rund 1640 Flüchtlinge und Heimatvertriebene gegenüber etwa 1240 Einheimischen. Weil nahezu alle Voraussetzungen in Wirtschaft und Arbeit für erstere fehlten, und zudem – durch die Belegung der Räumlichkeiten – auch den Einheimischen der Erwerb durch den Fremdenverkehr genommen wurde, erfolgte nach der Währungsreform 1948 eine Umsiedlung der Heimatlosen in andere Teile der 1949 gegründeten Bundesrepublik. Aber etliche Familien blieben auf der Insel.

Verständlich, daß in dieser Situation Fragen des Baustils und der Landschaftspflege keine Rolle spielten. So wurden die Grundlagen einer planlosen Zersiedlung gelegt, die sich verstärkten, als die Insel von auswärtigen Amrum-Liebhabern entdeckt wurde.

Die nachstehenden Tabellen vermitteln eine Übersicht über die Besiedlungsentwicklung vom 17. Jahrhundert bis zur Gegenwart.

Die Einwohnerzahl der Insel

Jahr	Norddorf	Nebel*)	Wittdün	Amrum gesamt
1628				ca. 230
1787	169	396	–	565
1801	157	376	–	533
1834	140	440	–	580
1850	163	462	–	625
1860	174	477	–	651
1885	–	–	–	657
1905	188	665	137	990
1924	225	492	224	941
1939	383	570	272	1225
1950	604	831	540	1975
1960	560	754	455	1769
1970	620	842	494	1956
1988	557	933	612	2102

*) Nebel mit Süddorf und Steenodde

Die Häuserzahl der Inseldörfer

Jahr	Norddorf	Nebel	Süddorf	Steenodde	Wittdün
1686	32	41	24	–	–
1743	53	76	24	1	–
1800	46	82	24	1	–
1834	44	82	18	1	–
1862	40	80	20	2	–
1890	41	94	28	5	2
1906	52	101	31	11	39
1924	62	92	30	10	54
1945	119	121	32	12	79
1960	143	164	41	16	118
1970	186	217	66	18	149
1990	287	336	124	29	271

(Alle Zahlen von Nebel ohne den Bereich Kurklinik Satteldüne. Alle Zahlen von Süddorf ohne Gewerbegebiet, aber einschließlich der Siedlung am Leuchtturm.

Steenodde wurde erst im Jahre 1721 mit einem ersten Haus des Zollbevollmächtigten Friedebeck bebaut, Wittdün erst im Jahre 1890 mit zwei Hotelbauten gegründet.)

Die Zahlen zeigen, daß sich im Laufe des 19. Jahrhunderts die Bevölkerungszahlen kaum veränderten, weil Kinder- und Müttersterblichkeit sowie der Seemanstod die Bevölkerung »regulierten«. Nach der Gründung der Badeorte im Jahre 1890 erfolgte ein rascher Anstieg durch die Einwanderung von Auswärtigen. Der Bevölkerungsrückgang des Jahres 1924 erklärt sich durch eine erneute umfangreiche Auswanderungswelle von Amrumern nach dem Ersten Weltkrieg und in den Inflationsjahren, während der Zuwachs bis 1950 durch Ostflüchtlinge und Vertriebene bewirkt wurde, ebenso das Absinken der Bevölkerung nach 1950 durch deren Umsiedlung.

Die Zahlen der 1960–1980er Jahre werden getrübt durch das Hin und Her der Anmeldungen von Saisonpersonal und von Auswärtigen, die auf Amrum ihren 1. Wohnsitz angemeldet haben, um als »Einheimische« einen entsprechenden Preisnachlaß für den Transport ihres Autos auf den WDR-Fähren zu erhalten. Erst durch die »Volkszählung« 1988 und entsprechende Gesetze über den »Lebensmittelpunkt« erfolgte eine Bereinigung der Bevölkerungszahl.

In den ersten Jahrzehnten des Fremdenverkehrs, von 1890 an bis zum Zweiten Weltkrieg, hatten sich nur wenige Auswärtige auf der Insel ein Sommerdomizil erbaut, etwa der Geheime Regierungsrat Förster in den Dünen am Norddorfer Strand, der Kieler Werftbesitzer Howaldt auf einer Düne nahe der Satteldüne, Dr. Thilo auf dem historischen Burghügel »Borag« am Wattufer bei Norddorf und einige weitere Fabrikanten und Unternehmer auf der Westerheide bei Nebel (Wegener), auf der Geesthöhe von Steenodde (Mantel) und am Strande von Wittdün (Jochow, Nadler).

Seit den 1950er Jahren aber verstärkte sich plötzlich der Andrang von Auswärtigen mit dem Wunsch, auf Amrum Haus- und Grundbesitz zu erwerben. Waren es zunächst die typischen »Amrumfreunde«, in langen Urlaubsjahren der Insel verbunden, so folgten als zweite, stärkere Welle jene, die im wachsenden Fremdenverkehr eine Rendite durch einen Hausbau sahen, und schließlich offensichtliche Spekulanten, die besonders in Wittdün den Baugrund für ihre Vorhaben fanden.

Die Gemeindevertretungen förderten diese Entwicklung durch eine – im Verhältnis zur eigenen, hiesigen Bevölkerungszahl – übermäßig große Ausweisung von Baugelände. Dabei stand zunächst die Absicht der Arbeitsbeschaffung im Baugewerbe im Vordergrund, aber wenig später schon die individuelle Vorteilnahme. Ein wesentlicher Teil des neuen Baulandes, vor allem die Westerheide bei Nebel und Süddorf, war landwirtschaftlich wertlose Heide, die sich nun durch Ausweisung zu Bauland »vergolden« ließ. Und in mehreren Fällen waren Gemeindevertreter, die entsprechende Beschlüsse faßten, identisch mit den Besitzern dieser Ländereien. Über einen Wert von wenigen Pfennigen stiegen die Preise nun schnell auf eine Mark – damals viel Geld –, auf zehn, auf hundert und schließlich zweihundert Mark für den Quadratmeter. Nebel und Süddorf, in geringerem Maße auch Norddorf, wuchsen in wenigen Jahrzehnten weit über ihre historischen Ortskerne hinaus. Norddorf vergrößerte sich seit Kriegsende 1945 bis 1990 von 119 auf 287 Häuser, Nebel von 121 auf 336 und Süddorf von 32 auf 124 Häuser! (Vgl. Tabelle »Häuserzahl«) Erst Ende der 1970er Jahre wurde die Gefahr der Landschaftszerstörung erkannt, und die Landesregierung erließ entsprechende Verordnungen, deren Ergebnis ein Stopp weiterer Ausweisung von Bauland war. Wirtschaftlich blieb die überschwengliche Erweiterung der Inselorte bis heute fragwürdig. Höhere Steuereinnahmen der Gemeinden wurden unentwegt von der erforderlichen Erweiterung der Infrastruktur – Straßenbau, Kanalisation und Klärwerke, Wasserversorgung, Müllabfuhr, Verwaltung usw. – kompensiert.

Ein Sonderfall dieser baulichen Entwicklung blieb Wittdün. Als ausschließlicher Badeort 1890 gegründet, bestimmten von Anfang an inselfremde Großbauten, wilhelminische Hotels, Logierhäuser und Jugendstilvillen den Charakter des Ortes. Sie haben über ein halbes Jahrhundert das Ortsbild geprägt und wurden dann in der Zeit von etwa 1970 bis 1985 durch Großbauten mit Eigentumswohnungen ersetzt. Erst in den letzten Jahrzehnten entwickelte sich Wittdün zu einem geschlossenen Ortsbild, bis dahin standen die Häuser und Hotels noch teilweise einsam und verstreut in Dünentälern und auf Dünenhöhen. Nur in der Hauptstraße hatte sich ein kleinstädtisch anmutendes Bild von dicht an dicht geschlossenen Häuserzeilen präsentiert.

Bald nach Ende des Zweiten Weltkriegs waren an der Straße zwischen Wittdün und dem Leuchtturm Nissenhütten für Ostflüchtlinge errichtet worden. Sie standen jahrelang und wurden dann durch Häuser von Wittdüner Neubürgern ersetzt. Ebenso entwickelte sich in den 1970/80er Jahren am Schwimmbad ein mehr oder weniger aufgelockerter neuer Ortsteil. Und zuletzt konzentrierte sich seit Anfang 1980 eine dichte – überdichte – Bebauung auf der Amrumer Südspitze Wittdüns, dort, wo vorher das erste Hotel des Badeortes und das noble »Kurhaus« gestanden hatten – am Anfang der Geschichte von Wittdün.

Eigentümlich wie die Architektur des Badeortes Wittdün war und ist auch die Bevölkerungsstruktur. Abgesehen von dem Amrumer Gründer Volkert Martin Quedens und seiner Familie nahmen nur wenige andere Eingesessene am Aufbau Wittdüns teil oder siedelten sich dort später an. Von Anfang an war Wittdün ein

Ort von Hochdeutschen, eingewandert aus allen Teilen des Deutschen Reiches. Und weil das Wohl und Wehe des Ortes – zunächst völlig und einseitig – vom Fremdenverkehr abhängig war und auch mancher »Glücksritter« in Wittdün sein Glück versuchte, bedingten die wechselnden Konjunkturen ein häufiges Hin und Her der Bevölkerung. Noch heute, hundert Jahre nach der Gründung des Ortes, lassen sich die Familien, die in der dritten oder vierten Generation in Wittdün leben, an den Fingern beider Hände abzählen. Zwangsläufig fehlte es auch lange Zeit an verwandtschaftlichen Beziehungen zwischen Wittdün und den anderen Inseldörfern, so daß eine gewisse »Fremdheit« und Distanz unvermeidlich war. Erst in den letzten Jahrzehnten sind solche Beziehungen zustandegekommen, und es haben sich Junginsulaner aus allen Dörfern in Wittdün als Wohn- und Arbeitsplatz niedergelassen.

Inseltrachten im Wandel der Zeit

Als im Jahre 1597 Heinrich Ranzau eine ausführliche Beschreibung des »Cimbrischen Chersones«, der Herzogtümer Schleswig und Holstein vorlegte, waren darin auch die Kleidertrachten jener Zeit aufgezeichnet – nicht jene der Höfe und Edelleute, sondern die des einfachen Volkes. Und im Rahmen dieser Darstellung spielten besonders die Trachten der Nordfriesischen Inseln eine große Rolle – offenbar, weil es hier schon damals eine Fülle verschiedenster Trachten zu Feiern in Familie und Kirche gab. Ranzau ließ diese mit allen Einzelheiten zu Papier bringen. Allerdings wurde der »Cimbrische Chersones« erst 1739 von E. J. Westphalen als 1. Band seiner »Monumenta inedeta« gedruckt. Auch spätere Publikationen, so von Braun und Hogenberg, Jansonius und Piscator gehen auf die Darstellungen Ranzaus zurück.

Neben Nordstrand und Sylt ist vor allem Föhr mit Männer- und Frauentrachten stark vertreten, so daß hier infolge der unmittelbaren Nachbarschaft und der politischen Zusammengehörigkeit auch Parallelen zu Amrum gezogen werden können. Schon vor Ranzau, im Jahre 1579, hatte der Stadtphysikus Cornelius Hamsfort in Odense eine Trachtenbeschreibung erarbeitet und darin bemerkt, »daß die Inselfriesen von Föhr, Sylt, Strand, Helgoland usw. außerordentlich zäh am Alten haften. Sie benützen keine Seide und ausländischen Kleidersachen, sondern hausgemachte Stoffe, Webbe genannt, und sind stolz auf ihre Lämmerfelle, Wollfäden, Binden, Schwänze, Schleier, Haarflechten, Fibeln, Münzen... nach Art der urältesten Völkerschaften. Ich halte diese Zeichen hohen Altertumes in den Trachten der inselfriesischen Frauen und Männer für würdig des Andenkens und der Abbildung«.

Spätere Zeugnisse inselfriesischer Trachten zeigen fünf Trachtenpuppen, die im Jahre 1741 dem Waisenhaus in Halle an der Saale von dem Schüler Andreas Wedel geschenkt wurden. Dieser war ein Sohn des Amrumer Pastors Bartholomäus Laugesen Wedel, der von 1716 bis 1727 an der St. Clemens-Gemeinde amtierte und offenbar die Anfertigung dieser Puppen in Auftrag gegeben hat. Zwei zeigen Sylter, drei Föhrer Trachten. Aber auch hier dürfen wir wieder eine Identität mit Amrum voraussetzen, denn unter dem Begriff »Föhr« fiel, wie oben schon erwähnt, in der Regel auch Amrum. Weitere Trachtenbilder des 18. Jahrhunderts vermittelt der »Danske Atlas« von Erich Pontoppidan aus dem Jahre 1769. Und in eben dieser Zeit datiert auch eine genaue Beschreibung der Amrumer Frauentracht, die uns Knudt Jungbohn Clement 1845 in seiner »Lebens- und Leidensgeschichte der Frisen« vermittelt. Entsprechend dem Einkommen durch Walfang und Seefahrt, aber auch durch die Berührung mit nordeuropäischen Hafenstädten und den von dort ausgehenden Einflüssen, stand im Laufe des 18. Jahrhunderts die Trachtenvielfalt auf den Inseln im höchsten Flor. Beispielhaft dafür ist auch, daß immer wieder Gruppen von Frauen in ihrer Tracht zu dänischen Königen und anderen Hochheiten nach Flensburg, Tondern oder Wyk bestellt wurden.

Aber auch für Trachten galt und gilt die Veränderung durch neue Moden oder durch besondere Umstände. Beispielsweise wurde Mitte des 18. Jahrhunderts ein weißes Kopftuch »modern«, einfach infolge des Umstandes, daß bei Amrum ein Schiff mit entsprechendem Leinenzeug gestrandet war. Und auf gleiche Weise dürften auch andere Kleiderstoffe und Farben Eingang in die insulare Trachtenvielfalt gefunden haben.

Es war ein glücklicher Zufall, daß gerade um 1800 die Schweizer Portraitmaler und Kupferstecher Johannes Senn und J. Rieter das Königreich Dänemark und die unter ihrer Oberhoheit stehenden Herzogtümer aufsuchten, um die Festtrachten mit Feder und Farbe festzuhalten. Dazu boten die Inseln ein reiches Arbeitsfeld, insbesondere Sylt und Föhr. Aus der 1806 in Kopenhagen erschienenen Serie von 72 Stichen hat der Begründer des Friesenmuseums in Wyk, Dr. Carl Häberlin, im Jahre 1909 einen Band veröffentlicht, der zwanzig inselfriesische Trachten des 18. Jahrhunderts enthält. Drei davon stammen von Amrum. Deutlich ist aber, von einigen Übereinstimmungen abgesehen, die auch

Knudt Jungbohn Clement betont, daß jede Insel ihre eigenen Trachten hat.

Schon wenige Jahre nach der bildlichen Dokumentierung dieser Trachtenvielfalt ging dieselbe infolge der Napoleonischen Kriegswirren und der jahrzehntelangen Unterbrechung der Seefahrt so schnell und vollständig zugrunde, daß bald keine Spur mehr davon im Inselleben zu finden war.

Erst in den 1820er Jahren entwickelte sich eine neue, ganz andersartige Tracht auf Föhr, die uns zuerst durch Gemälde von Oluf Braren vermittelt wird. Es scheint, daß diese Tracht, insbesondere hinsichtlich des Brustschmuckes, ihr Vorbild in der alten Tracht der Halligfrauen hat, und das ist kein Wunder. Immer wieder zogen Halligbewohner nach Sturmfluten, zuletzt noch in großer Zahl im Jahre 1825, nach Föhr, um sich in Wyk oder Nieblum anzusiedeln. Und von dort breitete sich die Tracht über die Insel sowie nach Amrum aus, während sie auf den Halligen selbst zunächst weitgehend verschwand.

Bilder und zuletzt auch Fotografien zeigen aber, daß die heute so genannte »Friesentracht« während des 19. Jahrhunderts keineswegs einheitlich war und sich öfter und individuell veränderte, so die Kopfhaube, die mal als buntbestickter Hut, dann als schwarzes, rundgelegtes Tuch und erst gegen Ende des Jahrhunderts als feste Haube erscheint. Auch der Silberschmuck mit seinen Filigranketten und -knöpfen war zunächst sehr viel spärlicher, ehe er sich zum heutigen Umfang entwickelte. Hier hat sicherlich die Eitelkeit der Insulanerinnen, aber auch der Drang, den Nachbarn den höheren Verdienst, vielleicht des Ehemannes als Kapitän, zu zeigen, dazu geführt, daß aus den wenigen Knöpfen des Brustschmuckes schließlich auf Föhr deren zehn oder zwölf wurden, während man sich auf Amrum mit 8 allerdings größeren Knöpfen begnügte.

Die heutige »Friesentracht« besteht aus folgenden Kleidern und Schmuckstücken:

Kopftuch (fries. hoodnöösduk) – Das Kopftuch ist ein etwa 1,30 × 1,30 großes schwarzes Tuch, aus Wollmuselin für die bessere Haftung am Haar. Dieses Tuch wird durch das Zusammenfalten und -rollen kranzartig verkleinert und über der Stirn durch eine Einlage aus Pappe oder Stoff haubenförmig erhöht. Eine Seite des Kopftuches ist mit einem Samt- oder Seidenband mit Blumenstickereien sowie mit Fransen verziert. Kopftuch- und Haarnadeln mit Ketten und kleinen Filigranköpfen vervollständigen die Zier der »hoheitlich« wirkenden Kopfhaube zur Friesentracht. Die eigentliche Haube (fries. hüüw) aber besteht aus einem roten Tuch mit schwarzen Stickereien, das auf dem Haar der verheirateten Trachtenträgerin liegt, während bei unverheirateten Frauen die rundumgewundenen Zöpfe zu sehen sind. Wo entsprechend den heutigen modernen Frisuren die Flechtung von Zöpfen nicht mehr möglich ist, liegt eine Zopfperücke den Haaren auf.

Entsprechend der Reihenfolge des Anziehens folgen dann als weitere Trachtenteile die Ärmel (fries. sliawen) aus schwarzem Brokat, früher auch aus Samt oder Seide, mit Leibchen versehen. Die Ärmel sind am Handgelenk mit weißen oder schwarzen Spitzen sowie mit je zwei Filigranknöpfen, am Oberarm mit gehäkelten oder geklöppelten schwarzen Spitzenborden verziert.

Der Rock (fries. pei) ist eine Art Kleid mit ärmellosem Oberteil, dem »aploot« und dem eigentlichen, auf der Rückseite gefalteten Rock. Der dunkelblaue, aus Wolltuch bestehende Rock reicht fast bis zum Boden und wird an der sichtbaren Außenseite durch ein hellblaues Seidenband (fries. snuur), nach innen mit einem rotkarierten Baumwollband markiert und ganz unten zum Schutze des Tuchrandes mit einer schwarzen Kordel (Stoßband) abgeschlossen. Das »aploot« ist aus Samt geschneidert und wird heute an der Brustseite mit einem Reißverschluß geschlossen. Früher überdeckten sich die Vorderseiten und wurden – entsprechend dem Brustumfang der Trachtenträgerin – mit entsprechend plazierten Haken und Ösen geschlossen. Eingenähte Löcher oder Ösen im »aploot« dienen dazu, die 4 Filigranknöpfe der Sonntagstracht oder den Brustlatz (fries. brastlaap) für die Knöpfe der Festtracht in ihrer jeweiligen Anordnung aufzunehmen.

Das Halstuch (fries. halsnöösduk) ist ein großes dreieckiges Seidentuch – heute auch oft aus Brokat – das mit etwa 100 Nadeln gefaltet und am Oberteil des »aploot« befestigt wird. Es trägt rundum am unteren Rand fünffach geknüpfte schwarze Fransen. Die Farbe des Tuches bleibt dem Belieben der Trägerin überlassen, sie muß aber mit dem bestickten Samtband des Kopftuches harmonieren. Es dominieren die Farben blau, grün und rot mit eingewebten dunklen Blumenmustern.

Die Festtracht wird vervollständigt durch eine weiße Schürze (fries. skortelduk), welche der an sich sehr dunkel und ernst wirkenden Tracht ein freundlicheres Aussehen verleiht. Sie scheint ursprünglich auf Amrum nicht Teil der Tracht gewesen zu sein, denn erst eben nach der Jahrhundertwende wird die Schürze auf Fotografien sichtbar. Die Schürze besteht aus Trevira, ist gefaltet und mit eingearbeiteten Stickereiborden verziert. Sie wird zur Festtracht aber nur von jüngeren Frauen getragen, nach der Silbernen Hochzeit, also nach dem »Mittelalter« der Trägerin, abgelegt.

Gilt die heutige Föhr-Amrumer »Friesentracht« schon hinsichtlich ihres Schnittes, ihrer Farben und Stickereien als eine der schönsten Trachten Nordeuropas, so wird die optische Wirkung noch um wesentliches verstärkt durch den Silberschmuck (fries. salwertjüch). Und hier ist es vor allem die »Panzerkette« mit ihren vier Gliedern, dem Medaillon mit den Symbolen »Glaube, Liebe, Hoffnung«, den angehängten Ketten und dem Halbrund von 8 Knöpfen – alles aus Silberfiligran. Der Brustschmuck wird an den schon genannten »Brustlatz« befestigt.

Filigranknöpfe an den Ärmeln, Halskette und Ringe vervollständigen den Schmuck zur »Friesentracht«. Und die Schürze wird am Rücken mit einer handtellergroßen, meist ovalen Filigranbrosche, dem »haks«, geschlossen.

Neben der Festtracht (fries. ambakt) gibt es auf Amrum noch unverändert die etwas einfachere Sonntagstracht (fries. apredet), die nach ungeschriebenen Regeln von Mädchen vor der Konfirmation und bei weniger großen Anlässen (fries. huuchhaiden) getragen wird. Statt des Halstuches mit den Fransen wird ein dunkles, besticktes Dreieckstuch getragen, passend zum Samtband des Kopftuches, vorne und hinten verknotet. Der Schmuck beschränkt sich auf eine Brustbrosche aus Filigran und auf die 4 Knöpfe, die an der Sonntagstracht aber zu je 2 links und rechts auf dem »aploot« angeordnet sind. Früher war es nach ungeschriebenen Regeln nicht üblich, zur Sonntagstracht eine weiße Schürze zu tragen, heute wird sie aber doch bei öffentlichen Trachtentänzen angelegt, um dem dunklen Tuch und den jungen Mädchen das Witwenhafte zu nehmen.

Neben Fest- und Sonntagstracht wurde noch bis in die ersten Jahrzehnte des 20. Jahrhunderts auch die »Arbeitstracht« von fast allen Inselfrauen regelmäßig getragen. Sie hatte den gleichen Schnitt, bestand aber aus einfachem, strapazierfähigem Tuch mit blauer Schürze und war bar jeglicher Verzierung und jeden Schmucks. In dieser Tracht wurden alle Arbeiten, auch draußen in der Landwirtschaft auf dem Felde, ausgeübt. Die zunehmende Einwanderung von auswärtigen Frauen als Saisonpersonal für den Fremdenverkehr bedingte aber sehr bald, daß sich die inselfriesischen Frauen »altmodisch« fühlten und sich der allgemeinen Mode anpaßten. Die letzten Insulanerinnen, die ständig »Öömrang«, ob Sonntags- oder Arbeitstracht bis zu ihrem Tode trugen, waren in Norddorf Ida Jannen (gestorben 1970) und Christine Bork (gestorben 1968), die beide über 90 Jahre alt wurden, sowie in Nebel Martha Heinemann (gestorben 1970) und Pheline Arpe (gestorben 1968), auch diese beiden hochbetagt, geboren und aufgewachsen in einer Zeit, als das alte Amrum von auswärtigen Einflüssen noch fast unberührt war.

Die »Friesentracht« ist heute noch oder wieder in nahezu allen ureinheimischen Familien, aber auch bei zahlreichen in jüngerer Zeit zugezogenen Frauen zu finden, nicht zuletzt, weil sie seit den 1970er Jahren eine Art Renaissance durch ein neu erwachendes Bewußtsein erlebte, allerdings auch im Zusammenhang mit dem Fremdenverkehr: durch Trachtentänze vor Inselgästen und sonstige öffentliche Auftritte. Die Stoffe zur Tracht sind unverändert käuflich und auch der Silberschmuck ist zu haben. Er wurde noch lange Zeit von Goldschmieden auf Föhr hergestellt und wird neuerdings durch die hiesigen Juweliere aus portugiesischen Werkstätten geliefert. Die Gesamtkosten einer Tracht betragen gegenwärtig etwa 5000 DM.

Allerdings hat die Tracht ihre Tücken. Die Festtracht läßt sich in der Regel nur mit Hilfe einer Anzieherin anlegen, und bei Festlichkeiten in warmen Sälen kann die Fülle des Tuches den Trachtenträgerinnen schon physische Beschwerden bereiten.

Amrum als Nordseebad

Die rentabilitäts- und kriegsbedingte Krise des Walfanges und der Seefahrt an der Schwelle des 19. Jahrhunderts bedingte auf den nordfriesischen Inseln eine Orientierung auch zu anderen Erwerbsquellen. Beispielsweise wandte man sich auf der von fruchtbaren Marschen gesegneten Insel Föhr zunehmend der Landwirtschaft zu, und auch auf Amrum wurde dieselbe intensiviert, obwohl die Voraussetzungen infolge der geringen, uneingedeichten Marschen und des sandigen, halb von Dünen bedeckten Geestbodens hier sehr viel ungünstiger waren als auf der Nachbarinsel.

Schon im 18. Jahrhundert waren im Gefolge der zunehmenden Industrialisierung und der gesundheitlichen Beanspruchung an der englischen Südküste Seebäder zu Erholungszwecken gegründet worden, und die Kurerfolge und Erkenntnisse der Meeresheilkunde lenkten die Aufmerksamkeit bald auch auf die Nord- und Ostseeküste. Hier machte Norderney im Jahre 1797 den Anfang. Wenig später folgte Cuxhaven. Und auf den nordfriesischen Inseln hieß das erste Seebad Wyk – gegründet 1819 in einer krisenhaften Zeit, weil die lange Ruhepause der Seefahrt den Flecken Wyk mit Hafen, Packhaus und anderen Einrichtungen für die Seefahrt besonders traf. Auf Helgoland erfolgte die Einrichtung einer Badeanstalt 1826. Aber dann dauerte es doch noch bis 1856, ehe Westerland auf Sylt entdeckt wurde und dort eine stürmische Entwicklung begann. Amrum aber blieb von dieser Entwicklung zunächst unberührt. Und als dann im Jahre 1885 eine erste Initiative auf den Tisch des Gemeinderates gelegt wurde, erfolgte eine einstimmige Ablehnung des Vorschlages. Auf Amrum dachte niemand daran, mit »fremden Leuten Geld zu verdienen«, infolgedessen kam der Anstoß auch von einem Auswärtigen, einem eher zufälligen Inselbesucher, der als Kurgast in Wyk weilte und eigentlich nur nach Amrum gekommen war, um neue Motive für seine Freizeitmalerei zu skizzieren. Hauptberuflich war der »Entdecker« Amrums, L. Schulze aus Waldhausen bei Hannover, Architekt. Er richtete am 1. September 1885 einen Antrag an die Gemeindevertretung von Amrum – damals eine Gesamtgemeinde – und beantragte die »Badekonzession« zur Anlage eines Badeortes auf der bis dato noch unbewohnten Amrumer Südspitze, »wo man die ganze Schönheit der Natur mit Leichtigkeit genießen kann«. Schulze pries die Vorteile einer solchen Anlage, »daß Handel und Wandel sich heben, Arzt und Apotheke herbeigeführt werden und bei dem außerordentlich biederen Sinn der Insulaner wohl kaum zu befürchten sei, daß größerer Wohlstand die hiesigen Sitten verderben könne...«

Die Gemeindevertretung aber hatte Bedenken: »Zwar gibt es keine reichen Leute auf der Insel, aber auch keine Armen, die aus öffentlichen Mitteln unterhalten werden müssen... In beschränkten Verhältnissen lebende Einwohner würden sich verleiten lassen, mit Schulden Logierhäuser einzurichten, um dann auf eine anscheinend bequeme Art leben zu können. Luxus würde zunehmen, altgewohnte Arbeit vernachlässigt und für manche Armut statt Wohlstand zur Folge haben. Namentlich in moralischer Hinsicht würden die Nachteile gegen etwaige Vorteile schwer ins Gewicht fallen... es würden die guten hiesigen Sitten und die einfache Lebensweise durch steigende Bedürfnisse und neue Moden zurückgedrängt, so daß ein Bad für die Insel kein dauernder Segen sein kann«. Damalige Gemeindevertretungen und deren Beschlüsse wurden geprägt von der Welterfahrenheit ehemaliger oder noch aktiver Kapitäne und Steuermänner Großer Fahrt, die genau wußten, wie es in der Welt zuging. Und fast prophetisch haben sie in ihrer ablehnenden Stellungnahme Erscheinungen und Entwicklungen vorausgesagt, die dann auch tatsächlich eintrafen.

L. Schulze – Waldhausen, aber blieb aktiv, kaufte das Wirtshaus »Zum lustigen Seehund« auf Steenodde und organisierte eine Versammlung von Einwohnern, die bereit waren, an »Badeleute« Zimmer zu vermieten oder für deren Beköstigung zu sorgen. Sicherlich waren es dann die wirtschaftlichen Verhältnisse auf Amrum – und hier hatten die Gemeindevertreter auf Grund ihrer eigenen Positionen reichlich optimistisch gezeichnet –

die den Königlichen Landvogten von Hollesen in Wyk auf Föhr veranlaßten, gegen den Gemeinderatsbeschluß zu verfügen, die »Badekonzession« an eine namhaft zu machende Person zu erteilen oder die Entwicklung eines Bades selbst in die Hand zu nehmen. Die Gemeindevertretung stimmte letzterem zu, blieb aber zunächst völlig passiv. Die Idee einer Badeanlage auf Amrum zog jedoch Kreise. Und während sich in der Gemeindeverwaltung die Anträge von Spekulanten um Grunderwerb auf der Insel häuften und finanzkräftige Interessenten Amrum in Augenschein nahmen, ob und mit welcher Rendite ihre oft kühnen Vorhaben zu verwirklichen seien, richtete der damalige Inselpastor Wilhelm Tamsen, »beseelt von dem innigen Wunsche, auf Amrum ein christliches Bad zu errichten, um die einfachen Sitten und den Vaterglauben zu erhalten«, einen Hilferuf an den Landesverein der Inneren Mission in Schleswig-Holstein.

Über Pastor Braune wurde eine Beziehung zu Pastor Friedrich von Bodelschwingh in Bethel bei Bielefeld vermittelt – und was auf Amrum vermutlich niemand erwartet hatte, geschah: Der durch seine sozialen Werke im Deutschen Reich bekannte westfälische Pastor besuchte mit seiner Familie im August 1888 Amrum und beschloß dann, nördlich von Norddorf, »dort, wo der Wellenschlag am kräftigsten ist«, ein christliches Seehospiz zu errichten. Die Gemeindevertretung stimmte diesem Vorhaben sofort zu und verpflichtete in einem entsprechenden Vertrag den Landesverein bzw. Pastor Bodelschwingh, »die moralischen und sittlichen Interessen der Inselgemeinde thunlichst zu berücksichtigen, insonderheit den Sonntag frei und eigentliches Wirtshausleben fern zu halten. Der Vertrag erlischt, wenn das christliche Hospiz unter Verletzung der christlichen Grundsätze ein Weltbad werden sollte«. Während aber einerseits ausgerechnet Pastor Bodelschwingh zur Frömmigkeit ermahnt wurde, verkaufte die Gemeindevertretung andererseits auf der Amrumer Südspitze sowie an der Satteldüne bei Nebel an offensichtliche Spekulanten und Glücksritter hektarweise Gelände für Bebauungszwecke und leistete dort gerade jener Entwicklung Vorschub, die man

Das erste Hotel auf der Südspitze Wittdün, aus Fertigteilen von Wellblech

Pastor Wilhelm Tamsen

Pastor Friedrich von Bodelschwingh

eigentlich verhindern wollte. Offenbar hat hier einmal mehr der verhängnisvolle Hang der Friesen zum Gelde eine Rolle gespielt – ein Fehler, der nach dem Zweiten Weltkriege durch die überflüssige Ausweisung umfangreicher Baugebiete wiederholt wurde. Aber damals waren die Insulaner sprachlos über die »Dummheit« der Käufer, die für offenbar wertloses Dünengelände unvorstellbare Summen zahlen und Häuser bauen wollten, wo weder Bäume noch Blumen wuchsen.

Das Augenmerk der auswärtigen Spekulanten richtete sich vor allem auf die Amrumer Südspitze Wittdün, wohl wegen der großartigen Lage zum Wattenmeer, Halligmeer und zur Nordsee. Denn die Strandverhältnisse waren im Bereich Wittdün weniger gut. Unmittelbar am flachen Strand, wo nur zur Flutzeit Wasser war, fehlte ein kräftiger Wellenschlag. Dieser war eines der Hauptkriterien für ein Seebad, weshalb Bodelschwingh für sein Hospiz den Norden der Insel wählte, wo seinerzeit noch der Kniepsand fehlte und Nordseebrandung unmittelbar am Strande zu finden war.

Wittdün – ein Badeort auf Dünensand

Auf Wittdün machte dann aber keiner der auswärtigen Spekulanten, sondern der einheimische Kapitän und Strandvogt Volkert Martin Quedens den ersten Zug. Wohlhabend geworden als Berger gestrandeter Schiffe – wovon an anderer Stelle bereits berichtet wurde –, erwarb Volkert Martin Quedens 7 Hektar Dünenland auf der äußersten Spitze und ließ im Frühsommer 1889 ein erstes »Logierhaus« errichten. Es wurde von einer Berliner Firma aus Fertigteilen von Wellblech zusammengebaut und verunstaltete die ganze Gegend. Aber mit 29 Zimmern wurde noch im Sommer die erste Saison auf Amrum eröffnet. Unmittelbar darauf entstand ein zweites Hotel durch den Helgoländer Kapitän Paul Köhn. Es wurde am Nordstrande nahe dem heutigen Seezeichenhafen mit jugendstiligen Fassaden erbaut und hieß »Strandhotel«.

Nun erst wurde auch die Gemeindevertretung wieder aktiv, faßte den Beschluß, die Badekonzession zu

Heinrich Andresen und die »AGWA«

Dieser gründete eine Aktiengesellschaft, die nun im großen Stile auf Wittdün zu bauen begann. Noch im gleichen Jahre 1892 entstanden das für Amrumer Verhältnisse überdimensionale »Kurhaus« und der architektonisch ähnliche, aber kleinere »Kaiserhof«, ebenso ein hochgeschossiges Verwaltungsgebäude, das heutige Haus »Daheim«. Grund und Boden Wittdüns wurden parzelliert, und weitere Interessenten aus dem Deutschen Reiche siedelten sich an, um Logierhäuser, Hotels und Villen zu errichten. So schoß in wenigen Jahren ein kompletter Badeort aus den Dünen. Mit Ausnahme aber des Gründers Volkert Martin Quedens, der im Laufe der folgenden Jahre weitere Villen und Logierhäuser für seine Familie oder als Verkaufsobjekte errichten ließ, beteiligten sich nur wenige andere Amrumer am Badeort Wittdün. Derselbe war mit seiner Architektur als inselfremde Erscheinung geboren, und Wittdün blieb inselfremd auch von der Bevölkerungsstruktur her. Hier tummelten sich vor allem Eingewanderte aus allen Teilen des Deutschen Reiches, versuchten ihr Glück und gingen oft wieder, ohne eine Spur zu hinterlassen. Auch heute noch lassen sich nur wenige Wittdüner Familien durch drei, vier Generationen nachweisen.

Heinrich Andresen

beantragen und sandte eine Abordnung zur Provinzialregierung in Schleswig. Im Mai 1890 erfolgte die offizielle Erteilung dieser Konzession, und die zugehörigen Rechte und Pflichten wurden auf den Gründer Wittdüns, auf Volkert Martin Quedens sowie auf Paul Köhn, für den Norden der Insel auf den Landesverein für Innere Mission bzw. Pastor Bodelschwingh übertragen. Aber fast gleichzeitig entstand auch an der Satteldüne bei Nebel ein fashionables Hotel, das »Kurhaus«, von einer Aktiengesellschaft aus Wandsbek errichtet. So kam es an drei Stellen auf der Insel Amrum zu Gründungen von Badeanlagen. Die Gründung Wittdüns blieb dabei ein Sonderfall. Alle anderen Bäder an der Nordseeküste hatten sich aus vorhandenen Ortschaften heraus entwickelt, in den einsamen Dünen von Wittdün aber wurde ein Badeort geboren, der – ohne anderen wirtschaftlichen Rückhalt – ausschließlich vom Fremdenverkehr existierte und deshalb besonders anfällig für Krisen war. Das sollte die Geschichte Wittdüns bald beweisen. Zunächst aber bahnte sich zwei Jahre nach der Gründung eine ganz andere Entwicklung an. Der Gründer Wittdüns, Volkert Martin Quedens, verkaufte 1892 sein Hotel und seine Badegerechtsame an den Hotelier Heinrich Andresen aus Tondern.

Wittdün aber startete unter der Regie von Heinrich Andresen zu einem Höhenflug. Vier Schiffslinien, von Hamburg, Bremerhaven, Wyk und Husum fuhren während der Badesaison fast täglich nach Wittdün. Zum Kniepsande wurde eine Spurbahn gebaut, um den Gästen den Badegenuß in hoher Brandung zu bieten und damit das landschaftliche Manko des flachen, gezeitenabhängigen Strandes unter den Hotels auszugleichen. Es entstand eine Holzpromenade entlang des gesamten Südstrandes, ein Warmbadehaus, und in den noblen wilhelminischen Hotels und Villen, im »Kurhaus«, im »Kaiserhof«, in »Germania«, »Victoria«, »Hohenzollern«, »Vierjahreszeiten« und «Ägirshall« entfaltete sich – umrahmt von den Klängen einer täglich konzertierenden Musikkapelle – ein wilhelminisches Gesellschaftsleben, wie es in anderen Modebädern üblich war. Kurzeitungen weisen als Gäste Militärs, Adel, Fabrikanten, höhere Beamte und andere Betuchte aus. Aber die Direktion der Aktiengesellschaft versuchte auch, über eine Seesparkasse ein minderbemitteltes Publikum anzusprechen.

1895 besuchten knapp 2600 Gäste den jungen Badeort Wittdün, aber die Saison dauerte damals nur wenige Sommermonate, zu kurz, um die laufenden Kosten der aufwendigen Anlagen ständig abzudecken. Insbesondere die Bahn und die Badeanlagen auf dem Kniepsand

Die »Villenkolonie« Wittdün um 1898

bedingten fortwährende Investitionen infolge von Sturmflutschäden. Ausdruck auch der Unrentabilität etlicher Hotels und Logierhäuser war der ständige Wechsel der Pächter sowie ein häufiger Besitzwechsel. Zusätzlich zu diesen Belastungen übernahm die Aktiengesellschaft im Jahre 1895 noch das große »Kurhaus« an der Satteldüne von der in finanzielle Schwierigkeiten geratenen Wandsbeker Gesellschaft, weniger, weil man sich davon Gewinn versprach, sondern um eine Konkurrenz-Anlage in die eigene Regie zu nehmen.

Die »AGWA« nannte sich nun »Aktiengesellschaft Nordseebäder Wittdün und Satteldüne auf Amrum«.

Eine neue, finanzaufwendige Situation entwickelte sich dann am Ende der 1890er Jahre. Die bisherige Hauptverbindung nach Wittdün, die ab Hamburg über Helgoland fahrende »Nordseelinie«, wurde durch den Direktor Albert Ballin nach Sylt verlegt. Dort hatte die Reederei in den Jahren 1899/1900 auf der Südspitze Hörnum eine Brücke und eine Inselbahn bis Westerland gebaut, und die nach Amrum reisenden Gäste mußten in Hörnum auf einen kleineren Dampfer um-

steigen und zeitaufwendig nach Wittdün befördert werden. Heinrich Andresen beschloß daraufhin, eine kürzere Zwischenverbindung zwischen Hörnum und Norddorf einzurichten und als Landverbindung von Wittdün bis Norddorf eine Bahn anzulegen, wobei es zunächst anhaltende Aversionen der einheimischen Bevölkerung zu überwinden galt. Die Gemeindevertretung aber stimmte schließlich zu, und so entstand aus der ursprünglichen Kniepsandbahn für Wittdüner Badegäste in den Jahren 1900/1901 die »Inselbahn« als Verkehrsträger zwischen Nord und Süd mit Bahnstationen in Norddorf, Nebel, an der Satteldüne, westlich von Süddorf, am Leuchtturm und in Wittdün.

Aber wiederum standen die Investitionen in keinem Verhältnis zum Nutzen, und im Jahre 1906 ging die Aktiengesellschaft konkurs. Heinrich Andresen versuchte zwar, von Flensburg aus eine Nachfolgegesellschaft zu gründen, deren unsolider Charakter aber sehr bald zutage trat und im damaligen Landrat einen scharfen Kritiker fand. Dank ihrer Hypotheken wurden etliche Banken, vor allem die Hildesheimer Bank und die Hamburger Gewerbebank, unfreiwillige Besitzer der großen Hotels, während andere Teile der Hinterlassenschaft an verschiedene Käufer veräußert wurden. Beispielsweise übernahm eine Gesellschaft aus Düsseldorf das Warmbad sowie die Inselbahn. Diese Gesellschaft hatte – noch von Heinrich Andresen engagiert – in Wittdün ein E-Werk errichtet und stellte nun, um ihr Werk besser zu nutzen, die ebenfalls übernommene Inselbahn auf elektrischen Betrieb um. So fuhr von 1909 bis 1919 durch die Amrumer Landschaften und zu den Badeanlagen auf dem Kniepsande eine elektrische Straßenbahn! Gleichzeitig wurden die Dörfer Nebel und Norddorf über die Oberleitung mit Strom versorgt.

Trotz der Konkurswirren und der Besitzwechsel blieb in den folgenden Jahren eine gewisse Konsolidierung der Wittdüner Verhältnisse unverkennbar. Im Dezember 1912 konnte die bisherige »Kolonie« Wittdün gegenüber der Gemeinde Amrum die Selbständigkeit durchsetzen und im folgenden Jahre im »Kurhause« als Gast die Gemahlin von Prinz Heinrich, Prinzessin Irene Heinrich von Preußen mit Gefolge begrüßen – für das Renomee des Badeortes von allerhöchster Wichtigkeit. Prinzessin Irene weihte das Kindererholungsheim des Vaterländischen Frauenvereines, später des Deutschen Roten Kreuzes, ein. Immer noch prägte das wilhelminische Gesellschaftsleben die Badesaison in Wittdün.

Dann aber griffen neue Schicksalsschläge nach dem Badeort auf der Amrumer Südspitze. Als Wittdün gegründet wurde, lag der Südstrand so hoch, daß man unbedenklich auf der Dünenkante Hotels und Logierhäuser sowie unten am Strande Warmbadehaus und Bahnhof für die Kniepsandbahn errichten konnte. Nun aber räumten Sturmfluten die hohe Strandzone weg, und die Brandung begann, an den Dünen zu nagen. Bei einer schweren Sturmflut im November 1911 stürzte ein Teil der »Nordseehalle« infolge Unterspülung auf den Strandfuß, und die Frage einer Schutzmauer wurde immer dringlicher. Im Frühsommer 1914 wurde diese Schutzmauer mit aufliegender Strandpromenade errichtet, wozu die junge Gemeinde Wittdün sowie die Grundstücksanlieger einen hohen Beitrag zahlen mußten.

Schwerer aber wog der Ausbruch des 1. Weltkrieges, der in den nächsten fünf Jahren folgende völlige Verdienstausfall des ausschließlich vom Fremdenverkehr lebenden Badeortes sowie nach Kriegsende das Verschwinden der wilhelminischen Gesellschaft, auf dessen Besuch Wittdün ausgerichtet war. Abenteuerlich sind die Ereignisse in der Nachkriegszeit. Neue Konkurse folgten, und die noblen Hotels gingen von Hand zu Hand. Zeitweilig gehörte einem Kopenhagener Kinobesitzer und anderen Dänen halb Wittdün, weil man bei der bevorstehenden Abstimmung 1920 mit einem Votum für Dänemark rechnete. Als es dann anders kam, wurden die Gebäude schnell wieder »abgestoßen«, gerieten teilweise in die Hände deutscher Spekulanten oder wurden schließlich »sozialisiert« – gelangten in den Besitz von Sozialträgern und wurden in Kindererholungsheime umgewandelt. Nur einige Hotels behielten ihren Status und retteten sich über diese Zeit. Das große »Kurhaus«, sozusagen das »Flaggschiff« Wittdüns, wurde vom Gewerkschaftsbund der Angestellten übernommen. Nur kurz war die Konsolidierungsphase bis zum 2. Weltkrieg, in dessen Gefolge sich etliche Ereignisse wiederholen: Sieben Jahre Ausfall aller Einnahmen, die Belegung der Häuser mit Ostflüchtlingen und Heimatvertriebenen und dann – weil eine Grundrenovierung bei Wiederbeginn des Fremdenverkehrs den meisten Besitzern aus finanziellen Gründen nicht möglich war – die Umwandlung weiterer Hotels in Kinderheime. In den 1950/60er Jahren wies Wittdün fast doppelt so viele Betten in Kinderheimen als für Kurgäste auf. An Hotels waren nur »Bellevue« und »Vierjahreszeiten« geblieben.

Aber wieder änderten sich die Zeiten, und wie aus der Geschichte gewohnt, in Wittdün radikaler als andernorts. Die Kindererholung, nach Kriegs- und Nachkriegsjahren von hochrangiger Bedeutung, trat wieder in den Hintergrund, und die großen Heime wurden vor neue Existenzfragen gestellt. Einige standen jahrelang leer und starben, Ruinen werdend, vor sich hin. Dann aber ging eine Entwicklung über die Inselbäder hin, die für Wittdün geradezu prädestiniert war. Es wurde für Leute in den Städten modern, an der See eine Eigentumswohnung zu besitzen, und dazu boten sich die großen Heime an. Auswärtige Baugesellschaften, insbesondere die aus Nürnberg stammende »Strandwohnungsbau« GmbH, kauften mehrere der stillgelegten Kinderheime, brachen diese ab und bauten – versehen mit den entsprechenden Rechten – neue Gebäude mit Eigentumswohnungen und Geschäften. Über ein Jahrzehnt prägte die Bautätigkeit der SWB die bauliche Entwicklung in Wittdün, gefördert von der Gemeinde, die 1971 ein kostspieliges Meerwasserschwimmbad errichtet hatte und hoffte, über eine steigende Bettenkapazität die Kosten und laufenden Defizite abzudecken – ein Irrtum, wie sich bald erwies. 1984 mußte das große Außenbecken stillgelegt werden. Im gleichen Jahre aber ging auch die SWB – nachdem die Nachfrage nach Eigentumswohnungen stagnierte – auf fragwürdige Weise konkurs, und wieder blieben die Geldgeber-Banken mit zahlreichen Wohnungen sitzen.

Auch das große »Kurhaus«, der Charakterbau Wittdüns, war 1974 abgebrochen worden. Aber es gelang doch, das Gelände im Gemeindebesitz zu behalten und dort später Bauplätze für Einheimische auszuweisen.

Insgesamt aber entwickelte sich, auch durch Bauaktivitäten von Wittdüner Bürgern sowie der Gemeinde, aus der Abbruchstimmung der 1960er Jahre ein architektonisch geschlossener Ort und endlich auch – nach dem öfteren Auf und Ab – ein finanziell gesundes Gemeinwesen, das zum Mittelpunkt des Amrumer Geschäftslebens wurde. Der Bau eines modernen Kurmittelhauses 1988 war der bislang letzte Höhepunkt auf dem Sektor Fremdenverkehr.

Bodelschwingh und Hüttmann

Während auf der Amrumer Südspitze mit der Gründung und dem Aufbau des dortigen Badeortes aufregende Geschichte und »Geschichten« geschrieben wurden, entwickelte sich im Norden der Insel, in Norddorf, der Gästebesuch durch die zunächst alleinige Führung von Pastor Bodelschwingh in ruhigen Bahnen. Im Frühjahr 1890 kam ein Schiff von Norwegen mit dem Fertigmaterial für das erste Seehospiz, das von einer Handwerkerkolonne der Lieferfirma und mit Hilfe Amrumer Arbeiter bald aufgebaut und am 4. Juli eingeweiht wurde. Pastor Tamsen erlebte noch den glücklichen Anfang des Werkes seiner Initiative, ehe er im Oktober 1891 starb, erst 39 Jahre alt.

Im Eröffnungsjahr wurde das Seehospiz von 102 Gästen besucht. Nicht alle Anfragen konnten berücksichtigt werden, so daß schon im nächsten Jahr eine Erweiterung notwendig wurde. Gleichzeitig begann das Seehospiz, Zimmer in den Friesenhäusern des Dorfes in die Vermietung mit einzubeziehen und damit den Insulanern eine neue, zunächst noch ganz ungewohnte Einnahmequelle zu erschließen.

Aber die Gemeindevertretung von Amrum stand weiterhin unter dem ständigen Druck von Anfragen und Kaufangeboten einheimischer und auswärtiger Interessenten, die für Logierhäuser bei Norddorf Gelände erwerben wollten. Um einer solchen »weltlichen« Konkurrenz vorzubeugen, erwarb Bodelschwingh auch das Gelände am Dünenrande zwischen Norddorf und dem Strand. Und hier entstand, aufgrund der steigenden Gästeanfragen, schon 1893 das umfangreiche Seehospiz II mit Gästezimmern und einem geräumigen Speisesaal, der lange Zeit auch Gottesdiensten diente. In einer Niederschrift jener Tage heißt es: »Wir wollen auch dieses Haus mit einer entschieden christlichen Hausordnung versehen, so daß ein Pastor hier im Sommer Wohnung nimmt. Nur so können wir Norddorf und unsere Hospize vor weiterer Versumpfung schützen«. Der große Speisesaal ermöglichte die Erweiterung der Bettenbelegung im Dorf, und bald waren hier fast alle damals vorhandenen 38 Friesenhäuser dem Hospiz angeschlossen. Schließlich machte der anhaltende Anstieg der Besucherzahlen schon 1895 den Bau eines dritten Hospizes notwendig. Es wurde nahe am Dorfrand errichtet und war mit seinem Speisesaal ganz auf die Versorgung der im Dorfe untergebrachten Hospizgäste ausgerichtet. Aber erst 1905 konnte Bodelschwingh sein ursprüngliches Vorhaben verwirklichen, ein viertes Hospiz ganz speziell für die Erholung der Diakonissen zu bauen.

Es gelang Bodelschwingh aber nicht, die Entwicklung des alten Friesendorfes ganz in seinem Sinne zu lenken. Schon 1892 nämlich etablierte sich ein weiterer Interessent in Norddorf – der aus Altona stammende Eisenbahnsekretär Heinrich Hüttmann. Derselbe, wegen eines Sprachleidens von einem Arzt zu einer langwierigen Erholung an die Nordsee gesandt, erkannte die Zeichen der Zeit und beschloß, sich auf Amrum eine Bleibe zu verschaffen. Er kaufte das gerade aufgegebene alte Schulhäuschen im Zentrum des Dorfes und richtete hier durch Teilung des Klassenzimmers vier Räume für die Vermietung ein. Und dann entfaltete sich in den folgenden Jahren eine zunächst noch unorganische, rastlose Bautätigkeit, bis schließlich das heute noch vorhandene Hotelgewese mit der großen Dependance entstand. Im Gemeinderatsprotokoll ist allerdings erst 1897 der Name Hüttmann zu finden, mit dem Antrag, am Norddorfer Strand ein Stück Land zu kaufen, wo dann eine Strandhalle errichtet wurde. Heinrich Hüttmann hat also offenbar das alte Schulhaus von der St. Clemens-Gemeinde erworben, die für das Schulwesen zuständig war.

Zwischen Hüttmann und Bodelschwingh entstand unvermeidlich eine Konkurrenzsituation. Denn auch Hüttmann bemühte sich nach dem Bau des geräumigen Speisesaales um die Belegung von Betten in den Dorfhäusern, und etliche Neubauten vor und nach der Jahrhundertwende kamen erst zustande, nachdem die Bauherren von Heinrich Hüttmann eine Belegungsgarantie erhalten hatten. So steht sowohl der Bau des Seehospizes III wie auch noch 1911 des »Ambronenhauses« – nach Bodelschwinghs Tod am 2. April 1910 – in unmittelbarem Zusammenhang dieser Auseinandersetzung. Aber es gab noch einen dritten Konkurren-

193

ten für das Seehospiz: Hugo Jannen, ein Amrumer, der eben nach 1900 in der Ortsmitte das »Seeheim« mit Speise- und Tanzsaal erbaute und das zugehörige Gelände von der Gemeinde erworben hatte. Nun gab es das, was die vorherige Gemeindevertretung und natürlich auch Pastor Bodelschwingh hatten verhindern wollen, nämlich »eigentliches Wirtshaustreiben« mit Musik und Tanz und Trunk sowohl im »Hotel Hüttmann« wie auch im »Seeheim«. Das »Seeheim« aber ging durch leichtfertige Geschäftsführung bald konkurs und wurde schnell vom Seehospiz gekauft und »trockengelegt«. Eben vor dem 2. Weltkrieg kam dann dieses Gebäude in den Besitz der Gemeinde Norddorf.

Das Seehospiz aber bewahrte sich seine Dominanz auch über den Tod von Pastor Bodelschwingh hinaus, ja verstärkte diese durch vielfältige Initiativen bis zur Gegenwart. 1911 war das große »Ambronenhaus«, zunächst auf der Basis einer Art Aktienteilhabe interessierter Dorfbewohner, entstanden. Es wurde dann nach dem Großbrand 1926 ganz von den Seehospizen übernommen. 1929 konnte durch einen wesentlichen Beitrag von Sarepta das Gemeindehaus in Norddorf errichtet werden, trotz der Größe ein architektonisch gelungenes Bauwerk, das mit Buchhandlung, zunächst auch mit Lesesaal, und dem Saal für Gottesdienste, Vorträge und Konzerte unverändert kultureller Mittelpunkt des Nordseebades Norddorf ist. Das Seehospiz war auch Initiator und Erbauer des Kurmittelshauses im Jahre 1956 sowie der umfangreichen Erweiterung dieses Hauses im Jahre 1986/87. Mit dem Kurmittelhaus erhielt Norddorf den Status »Nordseeheilbad«.

Um so überraschender kam dann 1990, im Jubiläumsjahr des hundertjährigen Bestehens, der Beschluß der Westfälischen Diakonissenanstalt Sarepta, die Seehospize nebst Kurmittelhaus, Wohngebäuden und dem umfangreichen Grundbesitz für die erstaunlich niedrige Summe von 12 Millionen DM zu verkaufen, obwohl in den vorangegangenen Jahren noch umfangreiche Investitionen und Neubauten durchgeführt worden waren. Begründet wurde dieser Beschluß mit dem Hinweis auf die steigenden Defizite, insbesondere beim Kurmittelhaus, und auf die Entwicklung bei den Diakonissen, wo praktisch keine Neuaufnahmen mehr zu verzeichnen sind und den nur noch etwa 160 aktiven Schwestern die Versorgung von 600 »Feierabend-Schwestern« gegenübersteht.

Der Käufer, ein deutschgebürtiger Schwede namens Siegfried Dath, gründete zusammen mit seinen Söhnen die »Wiking Hotel- und Kursanatorium Gesellschaft« und übernahm das umfangreiche »Hospiz-Gewese« am 1. April 1991.

Aber Heinrich Hüttmann und sein Hotel konnten sich durch Zeit und Zeitenwechsel behaupten. Als der Gründer 1925 nach einem rastlosen Arbeitsleben starb, übernahmen Tochter Anna und Schwiegersohn Max Reese das Gewese, das, über zwei Weltkriege und Inflationen hinweggerettet, 1965 an die dritte Generation, Erich Koßmann und Frau Lene, geb. Reese, und 1985 an die vierte Generation, Peter Koßmann und Frau Barbara, weitergegeben wurde. Die Letztgenannten haben mit Millionenaufwand das Hotel von innen grundlegend modernisiert und von außen das alte historische Bild wiederhergestellt.

Norddorf – Ein Friesendorf wird Nordseebad

Natürlich merkten bald nach Beginn des Fremdenverkehrs auch die Dorfbewohner, die zunächst noch mit einer Mischung von Erstaunen, Neugier und Ablehnung die im Dorfe und am Strande lustwandelnden Fremden betrachtet hatten, daß man eben mit diesen Fremden viel mehr Geld verdienen kann als mit den sonst üblichen Tätigkeiten, wozu unter anderem die Kleinlandwirtschaft gehörte. Den sandigen Strandweg hinauf und hinunter entstanden Pensionen und Logierhäuser, und ebensolche Neubauten drängten sich hinein in die Dünen und südwärts über Feldmark und Heide. Leider wurde damals, aus dem Deutschen Reiche kommend, eine Architektur populär, deren Proportionen dem Auge noch heute weh tun. Aber erst durch den Brand am 17. August 1925 verlor das Friesendorf sein altes Gesicht. Der Brand, ausgelöst durch unvorsichtige Hantierung am Küchenherd im damals noch reetgedeckten Ambronenhaus, breitete sich über die große Dachfläche schnell aus, und dann sprang das Feuer, getrieben vom Westwind, von Haus zu Haus bis zum »Uasteraanj«, dem Osterende des Dorfes. Neben dem Ambronenhaus fielen neun Friesenhäuser, der Kern des alten Dorfes, dem Großbrand zum Opfer. Ein Teil dieser Häuser wurde aber, dank des Sylter Architekten Christiansen, im Friesenstile wieder aufgebaut, wenn auch mit Hartdach versehen. Im gleichen Jahre 1925 löste sich Norddorf auch aus der seit 1874 bestehenden Gemeinde Amrum und erreichte seine erneute Selbständigkeit. Ausgelöst wurden diese Bestrebungen durch die Unzufriedenheit über Beschlüsse der von Nebelern dominierten Vertretung sowie der Dominanz des Seehospizes und den sich daraus ergebenden Ein-

Das »Kurhaus« an der Satteldüne

schränkungen eigenständiger Entwicklung. Denn Badekonzessionen und Fremdenverkehr wurden bis dato fast ausschließlich von den beiden Kontrahenten Seehospiz und Hüttmann beherrscht.

1925 erschien ein eigener kleiner Prospekt des Fremdenverkehrsvereines, aber erst 1936 ging das »Bad« mit der Konzession für den Badestrand an die Gemeinde Norddorf über, wobei es naturgemäß zu Auseinandersetzungen mit den bisherigen Inhabern kam. Grundlage der gemeindeeigenen Badeanstalt war die vom Freiwilligen Arbeitsdienst hinterlassene Wohnbaracke, die nördlich vom Seehospiz I aufgestellt und mit Umkleidekabinen und Badewärter versehen wurde. Unverändert spielte sich dort, beiderseits der Seebrücke für den HAPAG – Zwischenverkehr mit Hörnum, das Badeleben ab, und die Kurgäste von Norddorf konnten mit der Inselbahn vom Bahnhof am Südrand des Dorfes direkt bis zum Badestrand fahren. Erst in den 1950er Jahren verlagerte sich das Baden nach entsprechender Veränderung des Kniepsandes zur heutigen Stelle. Das Badeleben in Norddorf trug übrigens, dank dem Einfluß des Seehospizes und der damaligen Moralvorstel-

lungen, noch am längsten die ursprünglichen Züge. Es gab bis zum 2. Weltkrieg Damen- und Herrenbad und erst seit 1928 das Familienbad, dessen Einführung auf scharfe Proteste von Hospizgästen gestoßen war. Umgekehrt entfaltete sich dann Anfang der 1950er Jahre am Norddorfer Strand zuerst das FKK-Badeleben – sowohl inoffiziell wie offiziell Jahre vor Sylt. Die große Strandstrecke und die Kniepsandweite ließen ein störungsfreies Nebeneinander zu.

Norddorf überstand die Jahre des 2. Weltkrieges sehr viel leichter als Wittdün. Wohl wurden auch hier in allen Häusern Ostflüchtlinge und Heimatvertriebene einquartiert und ruhte der Fremdenverkehr vom Ausbruch des Krieges an bis zur Währungsreform 1948 und der anschließend erfolgten Umsiedlung der Flüchtlinge und Vertriebenen. Aber die Norddorfer hatten ungeachtet des Fremdenverkehres immer ein »Standbein« in der Landwirtschaft behalten. Erst in den 1950/60er Jahren wurde die Klein- und Nebenerwerbslandwirtschaft fast ganz aufgegeben, Scheunen und Ställe für Wohn- und Vermietungszwecke ausgebaut, verschwanden die letzten Handwerksbetriebe aus dem Dorf. Heute ist das Erwerbsleben in Norddorf noch mehr als in Wittdün – das mit Handel und Handwerk wesentlich besser strukturiert ist – ganz einseitig auf den Fremdenverkehr ausgerichtet. Nur zwei Landwirte sind (1990) noch im Dorfe vorhanden. Andererseits hat sich Norddorf in den bewegten Nachkriegsjahrzehnten keinen auswärtigen Baugesellschaften »verschrieben«, sondern durch entsprechende Gemeinderatsbeschlüsse und Bebauungspläne den sogenannten »Baulöwen« immer entgegengewirkt und die Entwicklung in eigener Hand behalten. Lediglich der Bau des defizitären, nur von wenigen Prozenten der anwesenden Kurgäste gewünschten und besuchten Meerwasserschwimmbades mag als »Ausrutscher« in der geschichtlichen Tradition gelten, ein ruhiges Nordseebad ohne mondäne Erscheinungen zu sein. Aber damals, um 1970, konnte sich auch die Gemeindevertretung von Norddorf nicht der allgemeinen Schwimmbad-Euphorie im Lande und der Vorstellung entziehen, den »Zug der Zeit« zu verpassen. Erst die spätere Entwicklung hat dann gezeigt, daß der alte Weg an der Seite des Seehospizes der richtige war.

Nebel – auf ruhigen Wegen zum Fremdenverkehr

Geschichte und Gegenwart haben fast vergessen, daß gleichzeitig mit der Gründung Wittdüns und dem Bau des ersten Hospizes oben in Norddorf auch in der Inselmitte eine »Badeanlage« errichtet wurde – das »Kurhaus Satteldüne«, ein für Amrumer Verhältnisse überdimensionaler Hotelbau im sogenannten Schweizerstil. Als Bauherr und Betreiber trat eine Aktiengesellschaft aus Wandsbek, vertreten durch den Rechtsanwalt Fülscher und den Fabrikanten Riese, in Erscheinung. Nach umfangreichem Landerwerb an der Satteldüne – wobei die Gemeindevertretung von Amrum wieder einmal zugunsten des Geldes alle guten Grundsätze zurückstellte – wurde das Kurhaus 1890 errichtet und diente zunächst dem Offiziersverein der Wandsbeker Husaren als Erholungsheim. »Das Publikum gehört zu den besten Klassen, wie denn auch große Sorgfalt darauf gelegt wird, alle jene Elemente fernzuhalten, welche den guten Ton mißstimmen könnten… Bald ist ein gewisser Corpsgeist unter den Badegästen zu erkennen…«, schrieb ein Prospekt jener Zeit.

Aber schon 1895 ging die Aktiengesellschaft in Liquidation, und das »Kurhaus Satteldüne« wurde von der Aktiengesellschaft Wittdün – Amrum übernommen, um eine Konkurrenzentwicklung zum eigenen Badeort unter Kontrolle zu bekommen. Das »Kurhaus« an der Satteldüne war nun aber Teil des Wittdüner Unternehmens und teilte in den Folgejahren dessen Schicksal – Konkurs 1906, Weiterbetrieb durch die Gläubigerbanken, vor allem der Hildesheimer Bank, auf Verpachtungsbasis, und schließlich das Ende des feudalen Hauses, als im Gefolge des 1. Weltkrieges die zugehörige Gesellschaft der »besseren Klassen« verschwand.

Nach vorübergehendem Besitz einer Wyker Spekulationsgesellschaft, die das Haus »ausschlachtete«, wurde es 1923 von der Provinzialfettstelle Kiel erworben und als Kindererholungsheim eingerichtet. Das Gedeihen der »Kinderheilstätte Satteldüne« ist dann vor allem zwei resoluten Damen zu danken, der Oberin Grothe und Dr. Hilda Schoenecke. 1942 übernahm die Landesversicherungsanstalt das Haus, und nach dem 2. Weltkrieg entfaltete sich eine rege Umbau- und Neubautätigkeit, deren vorläufiges Endstadium schließlich der Abbruch des ursprünglichen Hotelgebäudes und die Errichtung der heutigen Kinderfachklinik war.

Durch diese Entwicklung seit 1895 aber blieb die »Satteldüne« eine von Nebel weitgehend isolierte Badeanlage, deren Dasein das Friesendorf kaum tangierte und vor weiteren Großbauten verschonte. Allein durch diesen Umstand bewahrte Nebel seinen ursprünglichen Charakter. Erst 1898 wurde durch das von Nieblum auf Föhr zugezogene Ehepaar Mathilde und Hinrich Friedrichs durch den Bau eines landschaftsfremden, zweigeschossigen Hotels ein erster Fremdkörper in das Dorf gesetzt (heute Fischrestaurant Friedrichs), und der Anschluß an die Inselbahn im Jahre 1900 führte zum Bau des »Bahnhofshotels«. Aber es blieben Einzelerscheinungen ohne Breitenwirkung. Nebel bewahrte sich die Gemütlichkeit. Auch das im Jahre 1905 vom Sanitätsrat Johannes Ide errichtete »Sanatorium« (heute »Haus des Gastes« mit Gemeinde- und Kurverwaltung) blieb ein Gewese für sich. Es gelang dem Sanitätsrat – der vom Seehospiz als Badearzt nach Amrum gerufen war – nämlich nicht, umliegende Dorfhäuser in die Zimmerbelegung mit einzubeziehen. »Lieber noch eine Kuh mehr im Stall als Kurgäste im Haus«, sagte der Kapitän Martin Conrad Simons, und andere Dorfbewohner dachten ebenso.

Natürlich gab es einzelne Hausbesitzer, welche die Zeichen der Zeit erkannt hatten und mit »Badeleuten wirtschafteten«. Auch das »Cafe Nautilius« des Bäckermeisters Nautilius Schmidt oder das »Honigparadies« von Julius Theodor Schmidt waren auf Gästebesuch eingestellt. Aber erst, als anläßlich des Großbrandes von Norddorf im August 1925 etliche der anwesenden und angemeldeten Kurgäste in Nebel untergebracht werden

Seite 197 Möwen und Menschen am Amrumer Strand
Seite 198 Badeleben in der Brandung
Seite 198 Bohlenwege führen durch die Inselnatur

Seite 199 Der Kniepsand als Bade- und Burgenstrand
Seite 200 Das Seehospiz I, von Bodelschwingh erbaut
Seite 200 In Erwartung der Badesaison

Das Seebad Amrum auf alten Postkarten:
– der »Lustige Seehund« auf Steenodde

Flaggenfreudiges Badeleben am Wittdüner Strand

Kleinstädtische Architektur in Wittdün

Die Strandstraße von Norddorf um 1906

Dampfer »Silvana« der Nordsee-Linie

Die elektrische Straßenbahn 1909–1921

mußten, weil ihre Quartiere in Norddorf bzw. im »Ambronenhaus« abgebrannt waren, lernten die Nebeler, mit Kurgästen Geld zu verdienen und überwanden ihre Vorbehalte. Einen endgültigen Durchbruch zum Fremdenverkehr vermittelte dann die Belegung des Dorfes mit Gästen der nationalsozialistischen Urlaubsorganisation »Kraft durch Freude« (KDF). Inzwischen war auch die Gemeinde aktiv geworden, brachte einen kleinen »Führer des Nordseebades Nebel« heraus und erhielt am 6. Mai 1938 die Konzession zur Strandbenutzung, nachdem der Landrat des Kreises Südtondern festgestellt hatte, »daß sich Nebel in den letzten Jahren zu einem stark besuchten Badeort entwickelt hat«. Der 2. Weltkrieg allerdings unterbrach dann bald diese Entwicklung. Aber um so intensiver folgte nach Kriegsende die geografische und wirtschaftliche Hinwendung zum Fremdenverkehr. Die Wege zum Strand wurden von Nebel und Süddorf ausgebaut, und das Dorf breitete sich mit zahlreichen Neubauten über die Westerheide aus, die Nähe zum Strand suchend.

Allerdings war diese Entwicklung verbunden mit einem – in der Rückschau kaum noch erklärbaren – Ausverkauf des Landes, vorrangig an Auswärtige. Noch um 1960 annoncierte die Gemeinde Nebel im Badeprospekt den Verkauf von Grundstücken auf der Westerheide für 30 Pfennige pro Quadratmeter! Und entsprechend waren die Beschlüsse der Gemeindevertretung jener Zeit, die ohne Weitblick für den Bedarf eigener Möglichkeiten und mit fröhlicher Unbekümmertheit von Gemeindevertretern erfolgten, die ihre relativ wertlosen, nur als Schafweide zu nutzenden Heide- und Ödländereien per Beschluß in wertvolles Bauland verwandelten. Gleichzeitig erfolgte auch im Dorfe ein lebhafter Besitzwechsel der alten Friesenhäuser, die zu überhöhten »Liebhaberpreisen« an Auswärtige verkauft wurden. Heute gehört Nebel zusammen mit Süddorf zu jener Fremdenverkehrsgemeinde mit dem größten, nahezu bei 50 % liegenden Fremdbesitz an Häusern und Grundstücken. Zunächst waren es jedoch vor allem Inselfreunde, die sich auf Amrum ein Stück Heimat begründeten und oft in vielfältiger Weise zum Wohle der Insel wirkten – zumal manche Prominenz darunter war. Erst später kamen dann steuersparende »Bauherren« mit ihren Modellen und »Baulöwen« dazu, mußten sich allerdings infolge rechtzeitig erlassener Bebauungspläne hinsichtlich der Bebauungsgrößen beschränken. Immerhin, was in Wittdün in die Höhe ging, ging in Nebel und Süddorf in die Breite! Auf der anderen Seite hat die Gemeinde Nebel sich in Zeiten euphorischer Bauwut von Schwimmbädern und Kurzentren in anderen Nordseebädern solchen Vorhaben verschlossen und deshalb seine architektonische Harmonie behalten.

Süddorf verzeichnet eine ganz ähnliche Entwicklung wie Nebel. Aber der dritte, zur Gemeinde gehörende Hafenort Steenodde, ist genaugenommen der erste Badeort auf Amrum. Denn von Steenodde aus agierte der »Entdecker« Amrums, L. Schulze aus Hannover-Waldhausen, seit 1885. Und als er mit seinen Wittdüner Plänen nicht zum Zuge kam, kaufte er die Gastwirtschaft »Zum lustigen Seehund« und gründete einen Vermieterverein, dem sich etliche Interessenten aus den alten Inseldörfern anschlossen. Aber 1893 starb Ludolf Schulze, und die Entwicklung des Badelebens auf Amrum ging, wie gelesen, einen ganz anderen Weg. Steenodde bewahrte seine Urtümlichkeit mit Hünengräbern, Hafenplatz, Helling und Seezeichenhaus, und nur dann und wann wurde ein Haus gebaut. Noch um 1950 zählte der Ort nur ein Dutzend Häuser. Und als sich dann hier einige Auswärtige und weitere Insulaner ansiedelten, geschah dies weitgehend unter Berücksichtigung des traditionellen Stiles, so daß Steenodde heute – auch dank seiner Lage am Wattufer und auf den ansteigenden Geesthöhen – zu den schönsten Orten der Insel gehört.

Seite 202 Die Fähren der WDR beherrschen den Inselverkehr
Seite 202 Am Fähranleger Wittdün
Seite 203 Auf dem Wattenweg zwischen Amrum und Föhr
Seite 204 Ausritt über Amrum

Verkehr zu Wasser und zu Lande

Als Seefahrer fuhren die Amrumer über alle Meere der Welt. Ein regelmäßiger Schiffsverkehr mit der eigenen Insel wurde erst sehr spät, ab Mitte der 1880er Jahre, eingerichtet. Bis dahin mußten Reisende von oder nach Amrum zunächst nach Wyk auf Föhr gelangen, um dann von dort aus über das Watt bei Utersum oder mit einem eher zufälligen Segelboot nach Amrum zu kommen bzw. umgekehrt von Wyk aus ein Linienschiff nach Dagebüll oder Husum zu erreichen. Viel öfter fuhren Insulaner mit Frachtschiffen direkt nach Husum oder gar Hamburg und ebenso von dort zurück. Aber das Reisen war mit tagelangem Warten auf solche Gelegenheiten verbunden. Auch die Post kam lange Zeit bei Ebbe über das Watt von Föhr, von Amrumer Postläufern geholt. Erst nach dem Staatswechsel 1864 begann die preußische Regierung die Postverbindung zu perfektionieren, und von Steenodde aus fuhren regelmäßig Schiffer nach Wyk, um die Post, aber auch Passagiere zu befördern.

Ein regelmäßiger Dampferverkehr mit Amrum kam erst 1885 zustande. In Wyk war die »Wyker Dampfschiffs-Reederei« gegründet worden und bezog die Nachbarinsel Amrum in ihren Linienverkehr mit ein, ebenso die Postbeförderung, nachdem die zugehörige »Konzession« dem Amrumer Schiffer Christian Tönissen abgekauft worden war. Reisende waren noch Mangelware in jener Zeit. Das mußte auch der hiesige Kapitän Volkert Martin Quedens erleben, der 1884 mit den Raddampfern »Vorwärts« und »Friese« von Hamburg über Helgoland nach Wyk fuhr und auch bei Bedarf seine Heimatinsel Amrum bediente. Es gab keine Anlegebrücke auf Amrum, und die Passagiere mußten ein- und ausgebootet werden – auch jene, die mit den kleinen Dampfern der WDR zur Insel kamen oder von hier abreisten. Volkert Martin Quedens wurde bald durch die starke Konkurrenz des Hamburger Werfteigners Blohm verdrängt, der den Raddampfer »Freia« ab 1885 von Hamburg über Helgoland nach Wyk-Föhr einsetzte und bei Bedarf vor Amrum ankerte, wo Passagiere ausgebootet wurden. Die »Ballin'sche Dampfschiffs-Reederei« hieß ab 1897 »Nordsee-Linie«.

Erst durch die Gründung der Badeorte und -anlagen auf Amrum stieg plötzlich der Bedarf und die Notwendigkeit, die Verkehrsverbindungen auszubauen. Am Wittdüner Nordstrand wurde 1889 als Bedingung für die Erteilung der Badekonzession an Volkert Martin Quedens eine Brücke »zum Anlegen für die großen Hamburger Dampfer« gebaut, und 1895 erfolgte auch die Errichtung einer gemeindeeigenen Brücke bei Steenodde. Der Ausbau des Inselverkehrs war dann vor allem dem Direktor der Wittdüner Aktiengesellschaft, Heinrich Andresen, zu verdanken, der sehr bald erkannte, daß das Gedeihen eines Badeortes in erster Linie davon abhängt, bequem erreichbar zu sein. So heißt es in einem Prospekt jener Tage: »Wir haben nicht Kosten noch Mühe gescheut, um besonders gute Verkehrsverbindungen zu schaffen... Wittdün ist das einzige Nordseebad, an das nicht nur kleine Wattenschiffe, sondern auch die großen Hamburger und Bremer Passagierschiffe unmittelbar herankommen«.

Dampfer von Hamburg und Bremen

Die zunächst wichtigste Schiffsverbindung mit Amrum war die »Ballin'sche Dampfschiffs-Reederei« des Direktors Albert Ballin. Während der Saison fuhren die Luxusdampfer dieser Linie, »Silvana«, »Prinzessin Heinrich« oder »Cobra« fast täglich ab Hamburg über Helgoland nach Wittdün und Wyk. Eine Seereise gehörte damals zum guten deutschen Ton, und entsprechend war das Passagieraufkommen zu den Inselbädern. Im Jahre 1900 richtete sich das Interesse von Albert Ballin nach Sylt bzw. auf Westerland. Auf der noch unbewohnten Sylter Südspitze Hörnum wurde eine Brücke und durch die Dünen eine Inselbahn angelegt. Damit wurde der Direktverkehr nach Wittdün aufgegeben und nur noch eine Weile mittels eines kleinen Dampfers im Zwischenverkehr aufrechtgehalten. Die Wittdüner Aktiengesellschaft wurde gezwungen, bis Norddorf eine Bahn zu bauen, um von dort aus eine möglichst kurze Zwischenverbindung nach Hörnum einzurichten. Die Nordsee-Linie, die 1905 mit der HAPAG fusionierte, setzte zwischen Hörnum und Norddorf die Raddampfer »Sylt« und später »Westerland« ein, bis im Jahre 1922 diese Zwischenlinie von der WDR übernommen wurde. Diese Verbindung blieb bis zum Ausbruch des 2. Weltkrieges bestehen, und vom Norddorfer Badestrand aus bot sich täglich das schöne Bild der vorbeiziehenden weißen HAPAG-Dampfer »Cobra« oder »Königin Luise« und das anschließende Hin und Her des qualmenden WDR-Dampfers. Aber die Brücke an der Seeseite bei Norddorf war nicht unproblematisch. Infolge der Wanderung des Kniepsandes mußte die Brücke zweimal abgebrochen und nach Norden versetzt werden, was auch eine Verlängerung der Inselbahn zur Folge hatte. Im strengen Eiswinter 1940/41 fror die Brücke ein und wurde im Frühjahr, als das Eis in Bewegung kam, erheblich beschädigt. Aber

Dampfer »Cobra« um 1900 an der Wittdüner Brücke

nach Kriegsende wurde die Zwischenlinie ohnehin nicht wieder aufgenommen, weil sich der Reisestrom auf die Eisenbahn und auf die WDR-Linie Dagebüll-Föhr-Amrum konzentriert hatte.

Die HAPAG nahm dann 1926 noch einmal mit dem Dampfer »Seeadler« die Verbindung nach Wittdün auf, stellte diese aber 1935 wieder ein. Eine gewisse Bedeutung in der Anfangszeit des Bäderverkehrs gebührte auch dem Norddeutschen Lloyd, der ab Mitte der 1890er Jahre bis 1908 während der Saison ab Bremerhaven über Helgoland bis Wittdün und Wyk fuhr, vor allem mit dem Luxusdampfer »Seeadler«. Von 1908 an mußten Lloyd-Passagiere jedoch in Helgoland auf einen HAPAG-Dampfer umsteigen, und das bedeutet erneuten Umstieg für Amrumer Gäste in Hörnum, so daß diese Linie, weil zeitraubend und umständlich, für die Insel bald ihre Bedeutung verlor.

Mit der Nachbarinsel Sylt gibt es seit 1960, seit Stilllegung der HADAG-Linie von Hamburg nach Hörnum, nur noch den Ausflugsverkehr mit den Schiffen der WDR und der Nordstrander Reederei Paulsen.

Die Husum-Linie

Drei Schiffslinien fuhren in den Jahren vor und nach 1900 nach Amrum. Aber das genügte dem Direktor des Badeortes Wittdün, Heinrich Andresen, noch nicht. Seine Aktiengesellschaft richtete von 1897 an eine eigene Verbindung zwischen Husum und Wittdün ein, möglicherweise, weil die Verlegung der »Nordseelinie« zu dieser Zeit schon im Gespräch war, aber auch, um von der Wyker Dampfschiffs-Reederei unabhängiger zu werden. Denn Wyk und Wittdün empfanden sich damals als Konkurrenten um Kurgäste.

Die Linie Husum-Wittdün nannte sich »Andresen'sche Dampfschiffs-Reederei« und setzte nacheinander die Dampfer »Hai«, »Kaiser«, »Unterweser« und schließlich den Schnelldampfer »Amrum« ein. Die Fahrt dauerte etwa drei und eine halbe Stunde. Aber 1906 bereiteten zwei Ereignisse dieser Linie ein Ende. Die »Aktiengesellschaft Nordseebäder Wittdün und Satteldüne« ging konkurs, und zwischen Nordstrand und dem Festlande wurde ein Damm gebaut, so daß der Dampfer einen Umweg machen mußte. Mit einem neuen Dampfer, »Jörn Uhl«, hatte die Aktiengesellschaft noch vor dem Konkurs versucht, dieses Manko auszugleichen, vergebens. Ein Jahr lang ruhte die Direktverbindung Husum-Wittdün, und wurde dann von einem Konsortium Husumer Kaufleute und der Gemeinde Amrum neu aktiviert. Aber sie hatte mit dem Dampfer »Hannover« nur bis 1910 Bestand und wurde aus Kostengründen wieder eingestellt.

Die WDR

Reedereien und Dampfernamen tauchten auf und traten wieder ab. Aber die »Wyker Dampfschiffs-Reederei«, die als erste einen kontinuierlichen Linienverkehr, auch im Winter, nach Amrum durchführte, konnte sich behaupten – obwohl sie in den Anfangsjahren des Fremdenverkehrs den anderen Linien, insbesondere der »Nordseelinie«, die Beförderung der Badegäste hatte überlassen müssen. Aber die WDR war von Anfang an die Linie der Insulaner. Sie fuhr auch nicht ab Dagebüll über Wyk nach Wittdün, sondern nach Steenodde, und zwar noch bis zum Jahre 1912. Begünstigt wurde die WDR durch den Ausbau des Eisenbahnsystems auf dem Festlande, darunter auch die Eröffnung der Kleinbahn zwischen Niebüll und Dagebüll im Jahre 1895. Mehr und mehr orientierte sich nun der Reisestrom zu den Inselbädern auf die schnellere und von Seekrankheiten freie Landverbindung, und die Reichsbahn setzte während des Sommers in den deutschen Großstädten »Badezüge« ein.

Die Bedeutung der WDR stieg in dem Maße, wie die anderen Reedereien ihre Linien nach Wittdün (und Wyk) aufgaben oder reduzierten. Nach dem 1. Weltkrieg übernahm die WDR auch noch die Zwischenverbindung von Norddorf-Seebrücke bis Hörnum-Sylt, und als dann die HAPAG nach einer Zwischenepisode 1926–1935 auch keinen Dampfer mehr nach Wittdün sandte, war der Seeverkehr nach und von Amrum ganz in Händen der WDR. Zusätzlich hatte die Wyker Reederei 1931 mit dem Erwerb der Inselbahn auch den Verkehr zu Lande übernommen und damit ihre Monopolstellung ausgebaut.

Diese Stellung hat die WDR bis heute behalten. Lediglich in der Zeit von 1960 bis 1971 erwuchs der WDR eine Konkurrenz durch die ASAG (»Amrumer Schiffahrts AG«), die aus der Halligreederei Jakobs entstand und ihre anfängliche Zustimmung vor allem aus einer Art Protesthaltung der Amrumer gegenüber der WDR bezog, weil man sich hinsichtlich der Verkehrsanbindung vernachlässigt fühlte. Aber die ASAG begann sofort mit roten Zahlen und kam, da sie wegen notorischer Unpünktlichkeit schnell das Wohlwollen verlor, auch nicht wieder aus dem Defizit heraus. 1971 wurde sie, praktisch konkurs, von der WDR übernommen. Die Wyker Reederei baute dann ihre Flotte zügig aus und stellte ab 1972 Autofähren in den Dienst, damit einer unvermeidlichen Entwicklung Rechnung tragend. Aber die unvorbereitete Insel Amrum wurde mit Autos überflutet – ein Problem, das bis dato aktuell geblieben ist.

Nach Einstellung der Inselbahn 1939 und der weltkriegsbedingten Verkehrsruhe behielt die WDR die Verkehrskonzession zu Lande und beförderte auf der seit 1948 ausgebauten, asphaltierten Straße sowohl Frachtgüter wie auch Passagiere unter der Firmierung »Föhr-Amrumer Kraftverkehrs GmbH«, bis dann der großzügig angelegte Busverkehr blieb. Die WDR war auch Eigentümer der Wittdüner Brücke, ehe – als eines der letzten großen Daten der Amrumer Dampferverkehrsgeschichte – 1976 der heutige Fähranleger gebaut wurde und in die Trägerschaft der Amtsverwaltung Amrum kam.

Frachtschiffer

Steenodde aber hatte zu dieser Zeit seine Bedeutung als Hafenort schon verloren. Jahrhundertelang landeten hier Schiffe, mit Reisenden und Fracht, fuhren einfach bei Flutzeit auf den sandigen Strand und wurden bei Ebbe mit Hilfe von Pferdefuhrwerken entladen. Passagiere wurden bis zum Bau der Brücke ausgebootet oder von kräftigen Matrosen an Land getragen, darunter auch Ihre Majestäten, die Könige von Dänemark, die Mitte des vorigen Jahrhunderts Amrum einige Male besuchten. Ebenso hatte Steenodde bis Anfang des 20. Jahrhunderts große Bedeutung für die Verschiffung der im nordfriesischen Wattenmeer gestrichenen Austern. Alle Massengüter, Baumaterialien, Brennstoffe und anderes kamen dann seit 1895 über die Brücke an Land, von Husum oder Hamburg von dortigen oder hiesigen Schiffern befördert.

Die letzten Frachtschiffer von Amrum waren Johannes Grönwoldt und Meinert Breckwoldt, die gemeinschaftlich ab 1928 mit ihren Schiffen »Taube«, »Käthe Marie« und »Preciosa« zwischen Husum und Steenodde fuhren. Peter Breckwoldt, ein Sohn von M. Breckwoldt, übernahm um 1960 die »Preciosa« und führte den Frachtverkehr, zuletzt mit der »Catarina«, bis 1971 weiter. Wenige Jahre, von 1958 bis 1963, fuhr auch Harry Tadsen mit der »Johannes Emil« mit

Entladung von Frachtschiffen während der Ebbezeit

Fracht- und Stückgut zwischen Husum und Amrum. Dann aber bereitete die Indienststellung der Autofähren der WDR ab 1962 den Amrumer Frachtschiffern das Ende. Mehr und mehr gingen nun die Frachtgüter und Baumaterialien mittels Lastwagen auf diesen Fähren zur Insel. Heute kommt nur noch das Heizölschiff nach Steenodde, um dort die Bunker der Fa. Krause und der Raiffeisenbank zu füllen. Aber auch als Heimathafen der Linien- und Ausflugsschiffe der ASAG hatte die Brücke von Steenodde in der Zeit von 1960 bis 1971 eine letzte Bedeutung.

Fuhrwerke, Inselbahn und Straßenverkehr

Im gleichen Maße wie der Seeverkehr zur Insel Amrum entwickelte sich auch der Landverkehr erst nach Gründung der Badeorte. Bis dahin führte – abgesehen von den dürftigen Feld- und Wiesenwegen als Zuwege zur landwirtschaftlich genutzten Feldmark, Heide und zu den Marschenwiesen – eine einzige Verbindungsstraße durch die Insel. Diese mehr oder weniger gut unterhaltene, immerhin aber für Pferdefuhrwerke nutzbare Straße begann im Hafenort Steenodde und führte über Süddorf bzw. über die Kliffküste bei »Ual Aanj« nach Nebel und weiter nach Norddorf sowie durch die Marschenwiesen bis zu den ersten Dünen der Odde. Hier endete der Weg am Wattufer und setzte sich dann faktisch fort als Verbindungsweg bei Ebbezeit hinüber nach Föhr. Der ganze Südteil der Insel Amrum aber wies keine Straße auf, und als 1889 auf der Südspitze Wittdün ein Badeort gegründet wurde, bestand nicht einmal eine für Pferdefuhrwerke brauchbare Straße von den alten Inseldörfern dorthin. Auf Amrum selbst ging man bei Besorgungen oder zur Kirche ganz überwiegend zu Fuß – noch Anfang des 20. Jahrhunderts.

Der aufblühende Badeort Wittdün bedingte dann aber in den 1890er Jahren eine Straßenzuführung ab Süddorf über den Leuchtturm zwecks Versorgung mit landwirtschaftlichen Produkten. Und auch die weitere Verkehrserschließung ging von Wittdün aus. Zunächst entstand 1893 eine Bahn zu den Badeanlagen auf dem Kniepsand. Um 1900 wurde dann eine Verbindung zum Norddorfer Strand notwendig, um auf kürzestem

Seewege Anschluß an die »Nordseelinie« bis Hörnum zu behalten. Der Direktor der Aktiengesellschaft Nordseebäder Wittdün und Satteldüne, Heinrich Andresen, hatte keinen leichten Stand, dieses Vorhaben durchzusetzen. In den Dörfern Nebel und Norddorf entwickelte sich zunächst ein großer Widerstand gegen diese dann unmittelbare Verbindung mit Wittdün und der dortigen, als fremd empfundenen Gesellschaft. Auch fürchteten die Interessenten der Vogelkoje »Meeram« die Vertreibung der Enten durch den Bahnbetrieb, und die Aktiengesellschaft in Wittdün mußte in einem Vertrag zusichern, die mögliche Fangminderung durch Schadenersatzzahlungen auszugleichen. Tatsächlich wurde die Betreiberin der Inselbahn später mehrfach verklagt und zahlte Entschädigungen, obwohl der Bahnbetrieb keinen Einfluß auf den Enteneinflug hatte.

Nach etlichen Widerständen hatte die Gemeindevertretung mit knapper Mehrheit schließlich ihr Ja zur Bahn gegeben, und in den Jahren 1900/1901 erfolgte der Ausbau über den Leuchtturm, einer Haltestelle auf der Heide westlich von Süddorf, über das Kurhaus »Satteldüne« bis Nebel, wo ein Kopfbahnhof entstand und die Lokomotive gewendet wurde, und weiter bis Norddorf, zum »Hauptbahnhof« am Südrand des Dorfes und von dort durch die Dünen bis zur Seebrücke für den Zwischenverkehr mit Hörnum. Und unverändert gab es auch, zunächst durch die Wittdüner Dünen, dann ab Leuchtturm, eine Verbindung zu den Badeanlagen auf dem Wittdüner Kniepsand, so daß in der Zeit von 1893 an die Gäste dieses Badeortes und ab 1901 auch jene von Norddorf mit der Bahn direkt bis zum Badestrand fahren konnten, während sie heute, ein halbes Jahrhundert später, ungeachtet der Verkehrsentwicklung, laufen müssen.

Die Inselbahn blieb aber ein undankbares und defizitäres Unternehmen, und ihr Betrieb war wesentlich am Konkurs der Aktiengesellschaft im Jahre 1906 beteiligt. Die nun herrenlose, für die Verbindung der Inselbäder zu den Brücken aber unerläßliche Bahn, geriet zunächst in die Zwangsverwaltung der Eisenbahndirektion Altona, ehe sie 1909 von einer Düsseldorfer Gesellschaft übernommen wurde. Diese hatte – noch auf Initiative von Heinrich Andresen hin – im Jahre 1906 ein E-Werk errichtet. Und um dieses besser auszunutzen, wurde der Bahnbetrieb durch eine regelrechte Straßenbahn mit elektrischer Oberleitung ersetzt. So fuhr ab 1909 durch die Insel, durch Sommerblumenwiesen, durch Heide und Dünen und über den Kniepsand zum Meer eine Straßenbahn. Aber schon ein Jahr später, 1910, ging auch die Düsseldorfer Gesellschaft nach einem Brand im unterversicherten E-Werk konkurs, und ein Zweckverband der Insel Amrum mußte die Bahn übernehmen. Der 1. Weltkrieg und der jahrelange Einnahmeausfall führten aber nach Kriegsende zu der unglücklichen Entscheidung, die Bahn an ein Wyker Konsortium zu verkaufen, das aber nichts Eiligeres zu tun hatte, die wertvolle Kupferleitung abzubauen und als Altmetall abzusetzen. Damit war die Ära der Straßenbahn zu Ende, und die Dampflokomotive nahm ihren Dienst wieder auf.

Nach den Inflationswirren und dem kurzfristigen Besitz einer Hamburger Firma kam die Inselbahn in die Hände einer Gesellschaft aus Leipzig und Dresden, die unter der Bezeichnung »Amrumer Inselbahn AG« firmierte.

Aber die Inselbahn blieb ein Verlustgeschäft. Beispielsweise wies die Bilanz des Jahres 1929 bei einer Gesamtsumme von 97000 Mark einen Verlust von 6000 Mark aus. Unrentabilität, damit verbunden mangelnde Investitionsbereitschaft und Verkehrssicherheit und die ständigen Mängelrügen der Verkehrsaufsicht, begleiteten weiterhin den Betrieb der Bahn. Und 1931 stand die Inselbahn erneut zum Verkauf. Vergeblich versuchte der damalige Wittdüner Gemeindevorsteher Johannes Matzen, die Bahn wieder in den Besitz der Insel Amrum zu bringen. Der neue Eigentümer, der siebente und letzte, hieß »Wyker Dampfschiffs-Reederei«, die sich schon vorher durch Aktienbeteiligung ein Mitspracherecht gesichert hatte. Aber auch der neue Besitzer hatte keine Freude an seinem Erwerb. Die folgenden Jahre verzeichnen Unterschüsse von 6000 bis 28000 Mark, nur 1935 wurde ein Gewinn von 26 Mark und 3 Pfennigen erzielt! Als dann wegen der anhaltenden Betriebsmängel die Aufsichtsbehörde eine Grunderneuerung verlangte, die einige hunderttausend Mark gekostet hätte, erfolgte der Beschluß, den Bahnbetrieb aufzugeben und durch eine Busverbindung auf der Straße zu ersetzen. Eine solche Straße war aber noch gar nicht vorhanden. Es war nämlich, weil die Inselbahn rund 40 Jahre den Verkehr besorgte, bei dem bisherigen Grantweg, bestenfalls für Pferdefuhrwerke geeignet, geblieben. Nun wurde 1938 der Straßenbau in Angriff genommen, aber plötzlich wieder beendet, als der 2. Weltkrieg ausbrach. So entstand die kuriose Situation, daß einerseits der Bahnbetrieb stillgelegt und die Bahn abmontiert, andererseits aber keine richtige Straße auf Amrum vorhanden war. Der Ausbau der Straße mit einer Asphaltdecke gehörte deshalb zu den ersten Maßnahmen nach Kriegsende. Bis dahin tasteten sich Bus und Lastkraftwagen von Schlagloch zu Schlagloch über den alten Grantweg. Zeitweilig wurde der

Die Inselbahn (1900–1939) dampft durch die Dünen

Verkehr auch von Traktoren durchgeführt, allerdings ohne Konzession.

Die Konzession des Landverkehrs war durch die Inselbahn im Besitz der Wyker Dampfschiffs-Reederei übergegangen. Sie baute dann in den Nachkriegsjahrzehnten den Busverkehr zum heutigen Umfang auf. Der Ausbau des Straßensystems begünstigte allerdings auch das rasche Anwachsen des insularen Versorgungs- und Individualverkehrs. Noch um 1950 gab es nur fünf, sechs Autos auf Amrum. Eines davon gehörte dem Arzt, ein anderes dem Norddorfer Taxiunternehmer Johannes Quedens, zwei weitere, Bus und Lastwagen, der WDR und zwei Handwerks- bzw. Handelsbetrieben. Erst in den 1950/60er Jahren wurde die Insel »vollmotorisiert«. Vor einem anderen, lärmenden Verkehrsmittel aber blieb die Insel – abgesehen von einem Zwischenintermezzo – verschont, dem Flugverkehr. Zwar wurde 1928 auf der Heide südlich von Norddorf ein Flugplatz angelegt, »weil das Flugzeug unter allen Verkehrsmitteln eine führende Stellung einnehmen und für unser abseits liegendes Bad von großer Bedeutung sein wird…«, wie der Norddorfer Bürgermeister seinerzeit schrieb. Aber die Interessenten der Vogelkoje »Meeram«, die nun wirklich um den Entenfang fürchten mußten, verklagten die Betreiber und bekamen Recht. Die Benutzung des Flugplatzes wurde auf wenige Sommermonate bis zum 1. August beschränkt, und die Flugverbindung verschwand im Dunkel der Geschichte. Nach dem Weltkriege gab es noch einmal private Pläne für einen Flugplatz auf der Heide zwischen Nebel und Norddorf. Aber diesen Plänen fuhren Natur- und Landschaftsschutz in die Parade.

Inselnatur

Seevögel

Für den Inselbesucher, aber auch für die Amrumer selbst, die ihre Insel und Natur im Kreislauf des ganzen Jahres erleben, sind die Seevögel die auffälligste Erscheinung in der Insel- und Meereslandschaft. Seevögel – Möwen, Seeschwalben, Austernfischer, Regenpfeifer, Rotschenkel, Säbelschnäbler, Brandgänse und Eiderenten – sind auf Amrum mit derzeit über 5000 Brutpaaren nicht nur sehr häufig, sondern fallen auch im weitsichtigen Gelände und im hohen Himmel durch ständige Hin- und Herflüge sowie durch ihre Rufe auf. Zur sommerlichen Brutvogelwelt kommen dann im Herbst und Frühjahr einige zehntausend Durchzügler, vor allem nordische Limikolen und Wildgänse, und geben der Landschaft Leben und Stimmen. Auch ohne spezielle ornithologische Kenntnisse verspürt der Inselbesucher bald, daß diese Vögel Teil der Landschaft sind, während für die Inselbewohner Seevögel zur Heimat gehören, die den Wechsel der Jahreszeiten prägen und in verschiedenster Beziehung zum Leben auf der Insel stehen – früher insbesondere durch die Nutzung durch Jagd und Eiersammeln, für die Ernährung der Inselbevölkerung zeitweise von großer Bedeutung – heute aber als Attraktion für den Fremdenverkehr.

Für den forschenden Ornithologen aber ist die Vogelwelt von Amrum interessant, weil sie in einem, vom Festland abgesonderten, abgeschlossenen Raum lebt und sich Entwicklungen über die Zeit verfolgen lassen. Kein Geringerer als der Altmeister der Vogelkunde, Johann Friedrich Naumann, besuchte schon im Jahre 1819 mit einigen Begleitern die Insel Amrum und machte Notizen über die damalige Vogelwelt. Seine Beobachtungen wurden ergänzt durch den Gymnasial-Oberlehrer Joachim Rohweder, der in den 1870/80er Jahren einige Male die Nordfriesischen Inseln, darunter Amrum, bereiste. Beide, Naumann und Rohweder, interessierten sich vor allem für die Seevögel, die damals noch sehr eindeutig die insulare Vogelwelt prägten. Amrum war seinerzeit noch eine fast baumlose Insel, und die Zahl der Kleinvögel hielt sich in Grenzen. Nur typische Arten, die am Boden im offenen Gelände brüteten, waren vorhanden. Das hat sich dann erst durch vermehrte Baum- und Buschpflanzungen, insbesondere aber durch die Aufforstungen, im Laufe des 20. Jahrhunderts verändert. Heute ist die Artenzahl der Sing- und »Wald«vögel höher als jene der Seevögel, aber letztere dominieren nach wie vor durch ihre Mengen.

Aber auch die Artenmenge der Seevögel hat sich gegenüber dem vorigen Jahrhundert vermehrt. Wohl sind einige Arten als Brutvögel von Amrum verschwunden, so die Brandseeschwalbe, die Rosenseeschwalbe, der Alpenstrandläufer und der Kampfläufer. Dafür haben sich jedoch erst in diesem Jahrhundert Mittelsäger, Heringsmöwe und Lachmöwe, Flußseeschwalbe, Großer Brachvogel und Säbelschnäbler angesiedelt.

Veränderungen der Insellandschaften durch Mensch und Natur, so die Eindeichungen der Norddorfer und Wittdüner Marschen in den Jahren 1934/35, die Entstehung des großen Dünensees bei Wittdün-Wriakhörn, die Klärteiche bei Wittdün, Nebel und Norddorf sowie die Reduzierung der Landwirtschaft und die Bildung großer Schilfflächen, schufen Brutplätze und Lebensraum für Teich- und Blessrallen, für Zwergtaucher und für Rohrweihen. Die Aufforstung führte zur Ansiedlung von Turmfalken, Waldohreulen und Ringeltauben, von Elstern und Kleinvögeln. Schließlich wurden durch Jäger und Naturfreunde Fasane, Rebhühner und Graugänse eingebürgert.

Wesentlichstes Kriterium der Vogelwelt sind die Brutvögel, weil ihr Vorhandensein oder Fehlen den Zustand einer Landschaft kennzeichnet. Charakter- und sozusagen Wappenvogel der Insel Amrum ist die Eiderente, die auf Amrum zuerst »Grönlandsente« genannt wurde, weil Walfänger und Robbenschläger diese Art auf den Eismeerinseln in der Zeit der Grönlandfahrt gesehen hatten. Die Eiderente brütete zuerst nur auf dem Ellenbogen von Sylt, ehe Anfang der 1880er auch die Amrum-Odde besiedelt wurde.

Die Zahl der Brutpaare hielt sich jedoch zunächst in Grenzen, vor allem wohl deshalb, weil die Insulaner die Gelege sammelten und damit erfolgreiche Bruten verhinderten, weil Eiderenten kein Nachgelege machen. Auch noch in den 1930er Jahren brüteten nur wenige Paare auf der Amrum-Odde sowie im übrigen Inselgelände, vor allem in der Heide und in den Dünen. Erst seit Mitte des 20. Jahrhunderts begann ein deutlicher Anstieg des Bestandes. Um 1960 wurden insgesamt rund 250 Paare auf der Insel geschätzt, und in den 1970/80er Jahren wurden 800 bis 1000 Brutpaare registriert. Inzwischen kommt die Eiderente auch mit einigen Paaren auf den Halligen sowie im Bereich der Ostfriesischen Inseln vor, während diese Art von Sylt infolge der hier eingewanderten Füchse nahezu völlig verschwunden ist. Unverändert aber ist Amrum der einzige, ständige und nennenswerteste Brutplatz dieser nordischen Meeresente an deutschen Küsten und gilt mit Recht als »Insel der Eiderenten«. Eine jagdliche Nutzung über das Eiersammeln hinaus wurde jedoch nie, auch nicht in den Notjahren nach beiden Weltkriegen, betrieben, weil das Wildbret als zäh und tranig galt. Im benachbarten Dänemark hingegen werden jährlich an die 120 000 Eiderenten erlegt und in den Handel gebracht. Ebensowenig wurden auf Amrum die wertvollen Daunen eingesammelt.

Im Winterhalbjahr sichtet man nur kleine Scharen von Eiderenten im unmittelbaren Küstenbereich bzw. an den Stränden von Amrum. Erst eben vor Beginn der Brutzeit erscheinen sie in großen Mengen, über zehntausend Vögel, auf den Sandbänken im Watt und auf dem Kniepsand bei Wittdün, wo die Erpel noch unentwegt ihre Balzrufe »Ahuuo« hören lassen, obwohl schon fast alle verpaart sind. Von Ende April an wandern die Paare hinein in das Inselgelände oder fliegen zu Wasserkuhlen, um von dort aus ein Nistrevier zu suchen. Dabei legen sie nicht selten kilometerweite Wege zurück, die Ente voran, der Erpel hinterher. Die Nistplatzwahl scheint nach zufälligen Kriterien zu erfolgen. Sowohl im Dünenhalm wie in der Heide, auf kurzgrasigen Marschenwiesen wie im hohen Schilf, aber auch unter Bäumen im Inselwald bzw. in der Vogelkoje findet man brütende Eiderenten, wobei es gelegentlich zu kolonieartigen Konzentrationen kommt. Lediglich auf der Amrumer Feldmark sind Eiderentennester die Ausnahme.

Unmittelbar nach Beginn der Eiablage löst sich die Verpaarung auf, und die Erpel versammeln sich in größer werdenden Scharen in wachsender Distanz zur Inselküste, während die Enten vier Wochen das Gelege mit den 4–6 Eiern ausbrüten. Bei kurzfristigem Verlassen des Geleges zwecks Nahrungssuche und Gefiederpflege werden die unmittelbar vor Beginn der Brut ausgerupften Daunen über das Gelege gedeckt, um die Brutwärme zu halten. Obwohl Eiderenten, insbesondere gegen Ende der Brutzeit, fest auf dem Gelege sitzen, gehen zahlreiche Gelege durch Störungen von Menschen, Hunden und Vieh sowie durch Möwen und Krähen verloren. Die geschlüpften Jungen werden noch am Tage des Schlüpfens zum Wattenmeer geführt, wobei sie ohne Mühe die kilometerweiten Wege bewältigen. Im Watt versammeln sich in der Regel jeweils Dutzende von Eiderentenmüttern, um ihre Jungen gemeinsam in »Kindergärten« großzuziehen. Solche »Kindergärten« mit bis zu 500 Jungen sieht man im Juni–Juli vor allem am Wittdüner Strand, aber auch bei Steenodde. Die Todesrate unter den Jungvögeln ist allerdings sehr hoch. Bei heißem Wetter brechen oft Seuchen aus, bei kaltem Regenwetter verklammen die Jungen, und täglich holen sich auch Silbermöwen ihre Beute aus den schnell zusammenschrumpfenden Scharen der Jungen. Die Nachwuchsrate flügge werdender Jungen liegt auch in günstigen Jahren oft unter 10 %. Trotzdem hat sich die Eiderente in den letzten Jahrzehnten des 20. Jahrhunderts im Wattenmeer stark vermehrt und ihre Verbreitungsgrenze südwärts verlagert, begünstigt durch Zuzug aus nordischen Populationen, aber auch durch das hohe Lebensalter von 40–60 Jahren. Vielleicht wird diese nordische Meeresente auch durch die Anlage von Miesmuschelkulturen im Wattenmeer, insbesondere im Bereich Sylt, Föhr, Amrum und den Halligen, begünstigt. Denn Miesmuscheln sind die Hauptnahrung der Eiderente. Sie werden mitsamt der Schale gefressen, die von kräftigen Magenmuskeln zermahlen und als Kotklumpen von Muschelgrus wieder ausgeschieden werden.

Während die Jungen noch im unmittelbaren Küstenbereich der Insel heranwachsen, ziehen die Erpel, bis auf einige Ausnahmen, immer weiter hinaus aufs Meer, verlieren aber im Juli ihr Brutkleid und erscheinen nach einem scheckigen Übergangsstadium im nun fast einfarbig dunkelbraunen Ruhekleid ähnlich den Enten. Erst im Oktober zeigen sich die Erpel wieder im Prachtgefieder.

Wie die Eiderente, so ist auch die auf Amrum sehr häufige Brandgans ein Vogel des Salzwassers. Mit ihrem kontrastreichen, bunten Gefieder sind Brandgänse die Farbtupfer im grauen Watt. Sie fallen aber auch auf, weil sie sehr streitlustig sind und sich mit ihresgleichen immer wieder ins Gefieder geraten, wenn es darum geht, ein gewisses Gebiet für sich alleine zu beanspruchen. Brandgänse werden auch Brandenten genannt, aber die Lebensweise, der Zusammenhalt während der ganzen Brutzeit und vermutlich eine oft Jahre dauernde Verpaarung sowie die gemeinsame Betreuung der Jungen sprechen doch mehr für eine Gans als für eine Ente. Brandgänse sind Höhlenbrüter und finden auf Amrum entsprechende Bedingungen dank der vielen Wildkaninchen. Schon von Ende März, Anfang April an werden geeignete Höhlen in Augenschein genommen, doch ließ sich bis heute nicht beobachten, ob auch vom Wildkaninchen bewohnte Höhlen beansprucht und deren Besitzer von Brandgänsen vertrieben werden, oder ob die Brandgans vor allem solche Höhlen aufsucht, deren Bewohner der Jagd oder der Myxomatose zum Opfer gefallen, also leer sind.

Das aus 8–10 Eiern bestehende Gelege liegt ebenfalls in einem Daunenkranz zur Bewahrung der Brutwärme, wenn die Gans abwesend ist, und das ist bei jeder Ebbe der Fall. In einem bestimmten Revier im küstennahen Watt oder in einer Wasserkuhle, die vom Ganter ständig gegen Artgenossen verteidigt wird, geht die Gans eiliger Nahrungssuche und Gefiederpflege nach und wird dann vom Ganter wieder zum Brutplatz zurückbegleitet – ein für Amrum typisches Bild während der Brutzeit, die vom Watt zu den Dünen fliegenden Brandganspaare.

Kaum sind die Jungen in der Bruthöhle geschlüpft, werden sie von den Eltern zum Watt geführt – die kritischste Phase des gerade begonnenen Brandganslebens. Denn Silbermöwen und Krähen verfolgen die Familie und erbeuten zahlreiche Jungen, so daß etliche Brandganspaare nur mit ein, zwei Jungen das Watt erreichen, etliche aber auch sämtlichen Nachwuchs verlieren. Dieser Umstand erklärt, daß im Verhältnis zu den zahlreichen Brandganspaaren, die im Frühjahr das Watt und die Insellandschaften bevölkern, nur relativ wenige Paare mit Jungen ab Mitte Juni am Wattufer zu sehen sind. Im Wattenrevier, insbesondere im Lahnungsfeld am Norddorfer Teerdeich, dem Hauptaufzuchtgebiet der Brandgänse, sieht man dann schließlich nur noch wenige Paare mit Jungen, allerdings nicht selten mit Scharen von 30 bis 50, ja in Einzelfällen mit hundert und mehr. Diese eigenartige Erscheinung entwickelt sich durch die Streitlust der Brandganspaare, die möglichst große Distanz zueinander halten. Kommen sich aber Paare zu nahe, geraten sie in heftigen Streit, während die Jungen zu einer Schar zusammenschwimmen oder -laufen und sich nicht wieder auseinandersortieren lassen. Dominierenden Paaren wachsen so immer mehr Junge zu, ein allerdings durchaus arterhaltender Vorgang. Denn aus großen Scharen können Silbermöwen nur selten Jungvögel erbeuten, und in der Menge können sich die Jungen auch bei Kälte durch Bildung von »Wärmehaufen« schützen. Anfang bis Mitte August sind die Brandgänse mit Ausnahme der noch nicht selbständigen Jungen aus dem Amrumer Watt verschwunden. Sie sind zur Mauser an die Elbemündung geflogen und kommen erst im Spätsommer und Herbst wieder zurück.

An Süßwasserenten wurde auf Amrum in früheren Jahrhunderten nur die Stockente als Brutvogel registriert. Erst in jüngster Zeit sind durch Ausbreitung von Osteuropa her Reiherenten, Krickenten und einzelne Löffelenten eingewandert. Stockenten brüten gerne in den Dünen, im Heidekraut oder im Strandhafer, oft weit von Süßwasserteichen entfernt. Sie erscheinen schon sehr früh, ab Mitte April mit ihren Jungen auf den Kuhlen und Gräben in den Marschen bei Norddorf und Wittdün, auf den Vogelkojenteichen und im Dünensee Wriakhörn. Leider zeigen zahlreiche Amrumer Stockenten – wie andernorts auch – Merkmale von eingekreuzten Hausenten, die in der Landschaft herumvagabundieren. Reiherenten wurden erstmalig 1982 als Brutvögel auf dem Klärteich Wittdün registriert und sind inzwischen auch als Zugvögel im Frühjahr sehr zahlreich, oft zu Hunderten, auf den Klärteichen aller Inselorte zu beobachten. Die Krickente mag früher gelegentlich vereinzelter Brutvogel auf Amrum gewesen sein, Gelegefunde datieren aber erst seit 1978. Neben den Marschengewässern und dem Dünensee Wriakhörn sind auch das Feuchtgelände um die Vogelkoje »Meeram« sowie kleine Dünenteiche Brutplatz dieser kleinsten einheimischen Entenart, doch geht die Zahl der Brutpaare kaum über 3–5 hinaus. Die Löffelente ist nur mit zwei, drei Paaren vertreten, vorwiegend an den Gewässern der Wittdüner Dünenheide und im Dünensee Wriakhörn, aber auch in der Norddorfer Marsch.

Wenn eingangs auf die Besonderheit der Insel Amrum als fast einziger Brutplatz der Eiderenten an deutschen Küsten hingewiesen wurde, so ist sie noch für eine andere Art der zur Zeit einzige Brutort an der deutschen Nordseeküste – für den Mittelsäger. Der Mittelsäger ist mit den Entenarten verwandt, hat aber einen langen, dünnen Schnabel, mit feinen Zähnen besetzt. Er brütet seit etwa Mitte der 1960er Jahre auf der Amrumer Odde mit durchschnittlich 3–5 Brutpaaren. Die Nester liegen nach Entenart gut verborgen in dichtem Strandhafergebüsch. Merkwürdigerweise wandert das Sägerweibchen unmittelbar nach dem Schlüpfen der Jungen mit diesen hinüber nach Föhr und zieht dort auf den Baggerteichen und Marschengräben ihren Nachwuchs groß, vermutlich um den zahlreichen Silbermöwen der Odde zu entgehen, die dennoch einen

Teil der Jungen erbeuten. Es bleibt die Frage, warum Amrumer Mittelsäger nicht von vornherein auf Föhr brüten.

Ungewöhnlich und für eine Nordseeinsel ebenfalls einmalig ist auch das Vorhandensein einer starken Grauganspopulation auf Amrum, die sich aber aus zahmen, flugbehinderten Graugänsen entwickelt hat. 1972 wurden vier Graugänse zur Belebung der Vogelkoje »Meeram« ausgesetzt, wobei es sich zufällig um zwei Ganter und zwei Gänse handelte. Diese verpaarten sich und brüteten seit 1974 mit Erfolg im Kojengelände. Aus den Jungen dieser ersten Bruten baute sich dann in wenigen Jahren ein wachsender Bestand wildlebender Graugänse auf, der sich durch eine ausgeprägte Heimattreue auszeichnet. Von 1974 bis 1990 wurden auf Amrum etwa 530 Graugänse flügge. Obwohl eine Graugans nur 4–6 Eier legt, verzeichnet sie eine hohe Vermehrungsrate dank der intensiven Betreuung der Gössel durch Ganter und Gans. Kein Raubwild, keine Möwen und Krähen gefährden die jungen Gänse, so daß es nur selten zu Ausfällen kommt. Längst brüten Graugänse über die ganze Insel verstreut, in der Norddorfer Marsch im Schilffeld, von wo aus die Grauganspaare mit ihren Jungen zum Klärteich wandern, in den Heidetälern der Norddorfer Dünen und in der Feuchtheide der Wittdüner Dünen. Die hier brütenden Gänse ziehen zu den Teichen der Vogelkoje »Meeram« bzw. zur Wittdüner Vogelkoje und in die Niederung Guskölk, während die auf dem Dünensee Wriakhörn brütenden Gänse auf dem See verbleiben.

Dort, wo sie unmittelbar mit Menschen in Berührung kommen, am Dünensee Wriakhörn und in der Vogelkoje »Meeram«, haben die Graugänse durch die jahrelange Erfahrung ihre Vertrautheit bewahrt und lassen sich gerne füttern. Draußen im Gelände aber halten sie eine übliche Fluchtdistanz ein. Je nach Wetterlage erscheinen die Gänse, die lebenslang verpaarten Elternvögel noch mit ihren vorjährigen Jungen, ab Anfang bis Mitte Februar und ziehen nach Brut und Mauser ab Mitte Juli wieder ab. Für Amrum sind die Graugänse, die etwa 25–30 brütenden Paare und die rund 120–150 nichtbrütenden Vögel, eine nicht mehr wegzudenkende Naturerscheinung. Das Hin- und Herfliegen über Dörfer und Landschaften, der Lärm der streitlustigen Vögel um Brutreviere und die auf den Wiesen grasenden Alt- und Jungtiere sind Teil der Inselnatur geworden. Es darf aber nicht verschwiegen werden, daß die hiesigen Landwirte mit viel weniger Begeisterung das Anwachsen der Graugans-Population beobachten.

Möwen und Seeschwalben

Zu den bekanntesten und auffälligsten Vögeln der Nordseeküste gehören die Möwen. Auch auf Amrum sind sie eine allgegenwärtige Erscheinung, Amrum ist die von Möwen am stärksten besiedelte Insel der schleswig-holsteinischen Nord- und Ostseeküste. Nur einige ostfriesische Inseln weisen noch größere Bestände auf. Zugleich bietet Amrum die Besonderheit, daß sich hier mit etwa 500 Paaren der einzige bedeutende Brutplatz der Sturmmöwe an der deutschen Nordseeküste befindet. Die Sturmmöwe ist eigentlich die Charaktermöwe der Ostsee. Ebenso wurde Amrum seit 1967 als erste Nordseeinsel von der skandinavischen Rasse der Heringsmöwe besiedelt und ist gegenwärtig (1990) mit einem auf über tausend Brutpaare angewachsenen Bestand dieser Möwenart geradezu eine Insel der Heringsmöwen geworden, die insbesondere die großen Dünentäler am »Siatler« und im »Skalnastal« beherrschen und dort die Silbermöwe in den Hintergrund bzw. in die Randlagen verdrängt haben. Mit über 2000 Brutpaaren ist die Silbermöwe insgesamt aber unverändert der häufigste Brutvogel der Insel Amrum. Hingegen hat sich die im Binnenlande und auf anderen Nordseeinseln häufige Lachmöwe erst in jüngster Zeit auf Amrum angesiedelt.

Silbermöwen lernt der Inselbesucher schon auf der Überfahrt zur Insel kennen. Von Dagebüll oder Schlüttsiel an begleiten sie die WDR-Fähren, erbeuten das vom Schraubenwasser aufgewirbelte Seegetier oder lauern als Allesfresser auf Brot, das ihnen von den Schiffspassagieren zugeworfen wird. Aber sie streichen auch an der Reling entlang und picken hingehaltenes Brot unmittelbar aus der Menschenhand. Bei Ebbe bewegen sich Scharen von Möwen auf den Wattenflächen zwischen Amrum und Föhr, um hier ihre Hauptnahrung, Herzmuscheln, aus dem Boden zu treten, sind aber auch unterwegs, um Gelege und Jungtiere anderer Vögel zu erbeuten, folgen pflügenden Landwirten und fressen sich an Wühlmäusen voll oder vertilgen die auf den Autostraßen überfahrenen Wildkaninchen. Und ist am Strande ein toter Seehund oder Delphin angetrieben, sind sie rasch zur Stelle und machen sich über die Kadaver her. Silbermöwen können sich vielfältige Nahrungsquellen erschließen und gehören dank ihrer körperlichen Vorzüge – sie können gleich gut laufen, schwimmen und fliegen und erreichen ein Lebensalter von 35–45 Jahren – zu den erfolgreichsten Tieren der Erde. Mehr und mehr beherrschen sie das Bild der Vogelwelt auf der nördlichen Halbkugel, sehr oft auf Kosten anderer Arten, die von ihnen beraubt werden. Selbst aber haben Silbermöwen keine natürlichen Feinde, so daß nur das Eiersammeln und der Abschuß eine geringe Reduzierungsrolle spielen. Früher wurde der Möwenbestand vor allem durch strenge Winter reduziert. Heute aber fliegen die meisten Möwen im Herbst zu den Müllplätzen im Binnenlande und halten sich dort am Leben.

Die Silbermöwe dürfte von jeher Brutvogel auf Amrum gewesen sein, aber in den letzten Jahrzehnten des 19. Jahrhunderts verschwand sie von der Insel. Nach Berichten der Insulaner sollen Wiesel, die in einem strengen Eiswinter von Föhr oder dem Festlande nach Amrum gelangten, die Möwen verunsichert und vertrieben haben. Rohweder vermutet jedoch, daß das konzentrierte Eiersammeln Ursache der Vertreibung der Silbermöwen war. Damals nisteten sie in Mengen auf der noch unbewohnten Sylter Südspitze Hörnum, wo sie allerdings auch keine Ruhe vor den Amrumern hatten, die mit Booten hinübersegelten. Als dann eben nach der Jahrhundertwende Hörnum durch die HAPAG mit ersten Häusern und einer Inselbahn durch die Dünen nach Westerland sowie durch den Bau des Leuchtturmes im Jahre 1907 besiedelt wurde, kehrten die Silbermöwen nach Amrum zurück.

Silbermöwen unterstehen – wie andere Möwenarten – dem Jagdrecht, und noch lange Zeit spielte das Möweneiersammeln für die Jagdpächter eine gewisse Rolle, wenn sie auch oft Mühe hatten, ihr Recht gegen »frei« sammelnde Insulaner zu behaupten. Gesammelt wurde aber nur bis Anfang Juni, um aus den danach erfolgenden Nachgelegen eine gewisse Nachwuchsrate zu gewährleisten. Aber 1989 wurde der Verkauf und Verzehr von Silbermöweneiern verboten. Nach Untersuchungen des Lebensmittel- und Veterinäruntersuchungsamtes Neumünster sind auch die Möweneier von Amrum mit Schadstoffen, insbesondere mit PCB und Quecksilber, belastet und für den menschlichen Verzehr ungeeignet. Bemerkenswerterweise aber schlüpfen aus diesen Eiern offenbar gesunde Junge und tragen das Ihre zur weiteren Vermehrung der Möwen bei.

Silbermöwen brüten fast ausschließlich in den Dünen, sowohl auf der Odde wie auch im Naturschutzgebiet Amrumer Dünen. Dabei ist eine lokale und lockere Koloniebildung unverkennbar. Schon im März wird der Luftraum über dem Brutrevier bei schönem Wetter und während der Flutzeit »in Besitz« genommen. Von klangvollen Rufen begleitet, schweben die Silbermöwen hoch im Himmelsblau. Von Mitte April an werden die Brutgebiete, zunächst wiederum nur während der Flutzeit, besiedelt, wobei man davon ausgehen kann, daß die meisten Reviere von jenen Paaren besetzt werden, die dort auch schon in vorherigen Jahren brüteten. Wie viele andere Vogelarten bleiben auch Silbermöwen jahre-, vermutlich jahrzehntelang mit dem gleichen Partner verbunden. Die Eiablage erfolgt von der ersten Maiwoche an, und mit drei Eiern ist das Gelege komplett. Bei der nun folgenden vierwöchigen Brutzeit lösen sich Männchen und Weibchen ab, ebenso bei der Fütterung der Jungen, wobei ein Elternvogel immer am Brutplatz bleibt, um Eier und Jungvögel gegen »Kannibalen« unter den Silbermöwen zu beschützen. Gefüttert wird vorwiegend mit Herzmuscheln und Strandkrabben, und manche Dünenhügel und -täler sind regelrecht weiß von Muschelschalen. Aber wie schon erwähnt sind Möwen Allesfresser, und das Nahrungsspektrum reicht über Seetiere, Gelege, Jungvögel und Aas bis hin zu Krähenbeeren und Obst. Anfang August werden die Jungen flügge und machen sich nun überall in ihrem braungesprenkelten Jugendgefieder in Luft und Landschaft, insbesondere durch große Versammlungen auf dem Kniepsand, bemerkbar. Etliche Jungvögel aber sind nach dem Selbständigwerden nicht in der Lage, sich selbst zu ernähren. Sie lungern im Bereich menschlicher Anlagen herum und liegen dann eines Tages tot am Boden.

Neben den Silbermöwen beherrschen seit Ende der 1980er Jahre Heringsmöwen das Landschaftsbild der Insel Amrum. Auch sie brüten in den Dünen und bevorzugen hier die grasigen oder mit Heide und Kriechweide bewachsenen Täler. Im Skalnastal beispielsweise wurden 1990 rund 120 Brutpaare gezählt. Heringsmöwen kommen an nordeuropäischen Küsten in drei Rassen vor, wobei die Rasse Larus fuscus graellsii mit schiefergrauen Flügeldecken auf den britischen Inseln und auf den Ostfriesischen Inseln, vor allem auf Memmert, angetroffen wird. Auf Amrum brütet die skandinavische Rasse Larus fuscus intermedius, deren Flügeldecken samtschwarz sind. Bei Ringablesungen wurde – wie erwartet – die Herkunft von Norwegen bestätigt.

Ein erstes Paar siedelte sich 1967 auf der Odde an und brütete hier Jahr für Jahr an gleicher Stelle. Erst von 1975 an kamen weitere Paare dazu, und bald wurde die Heringsmöwe auch im Naturschutzgebiet Amrumer Dünen festgestellt. In den 1980er Jahren erfolgte dann ein derartiger Zuwachs, daß 1990 über tausend Brutpaare verzeichnet wurden. Diese Entwicklung steht offenbar im Zusammenhang mit einer Vermehrung der Fischfauna im Seebereich von Amrum, insbesondere mit dem Auftreten von Jungheringsschwärmen.

Denn anders als die Silbermöwe ist die Heringsmöwe ganz überwiegend ein Fischfänger, aber nur selten an Abfallplätzen oder an Aas zu sehen und bisher auch nicht als Gelege- und Jungvogelräuber in Erscheinung getreten. Auch Muscheln spielen keine Rolle.

Die Heringsmöwe ist von den einheimischen Möwenarten die einzige, die regelrechter Zugvogel ist. Sie fliegt bis hinunter zu westafrikanischen Küsten und kehrt erst im März / April zurück.

Die Sturmmöwe wird als Brutvogel weder im Jahre 1819 von Naumann und auch nicht in den 1880er Jahren von Rohweder erwähnt, aber der inselfriesische Name »Meew« und die Nennung durch Knudt Jungbohn Clement im Jahre 1845 deuten auf ein sicheres Brutvorkommen dieser Art auch auf Amrum hin. Sturmmöwen besiedeln vor allem die Randgebiete der Silbermöwenreviere, offenbar mit Distanz zu ihren größeren Verwandten, die nicht selten ihre Brut gefährden. Auch Sturmmöwen sind »Koloniebrüter«, und der zur Zeit größte Bestand befindet sich auf den Kniepsanddünen am Quermarkenfeuer. Einzelne Paare brüten aber auch immer wieder abseits, auf Bauschuttgelände oder auf den Buhnen der Landgewinnung, wo die Gelege aber fast immer durch höhere Fluten vernichtet werden.

Die Lachmöwe war noch bis um 1930 eine ausgesprochene Möwe des Binnenlandes, vor allem an Lachen und verlandenden Seen. Erst von da an wurde die Nordseeküste besiedelt, zuerst die Hallig Norderoog. Seit Mitte des Jahrhunderts aber hat die Lachmöwe fast alle Nordseeinseln mit oft großen Kolonien besetzt und ist lokal – z.B. auf Sylt und Föhr – die häufigste Möwenart. Auf der Amrumer Odde hat es 1942 Brutversuche gegeben, aber die Gelege wurden von Eiersammlern weggenommen. Seitdem kam die Lachmöwe nur als seltener Gastvogel vor, vor allem im Spätsommer, wurde dann seit den 1960er Jahren zunehmend ganzjährig angetroffen, ohne aber auf Amrum zu brüten – ein Phänomen, daß unerklärlich blieb. Erst 1983 erfolgte die Brut eines Einzelpaares in der Norddorfer Marsch, ehe es schließlich 1989 in der Feuchtheide in den Wittdüner Dünen zu einer nennenswerten Kolonie mit etwa 12 Brutpaaren und 1990 auf dem Vorlande am Teerdeich bei Norddorf zu einer regelrechten Koloniebrut mit etwa 70 Paaren kam.

Als weitere Möwenart muß die große Mantelmöwe genannt werden. Sie hat, wie die Heringsmöwe, schwarze Flügeldecken, aber keine gelben, sondern blaßrosa Beine. Früher nur Gastvogel, wurde sie seit 1990 zunehmend in den Amrumer Dünen während der Brutzeit beobachtet. Und im Zusammenhang mit einer Südwärtsausbreitung muß auch in absehbarer Zeit mit Brutvorkommen der Mantelmöwe auf der Insel gerechnet werden.

Mit den Möwen verwandt, aber nur immer wenige Sommermonate in ihrer nordischen Brutheimat verbringend, sind die Seeschwalben. Von den weltweit verbreiteten Arten brüten auf Amrum aber nur drei ständig, während weitere nur gelegentlich oder früher vorkamen. Zu diesen letzteren zählt die in Europa sehr seltene Rosenseeschwalbe, die Rohweder noch in den 1880er Jahren mit wenigen Exemplaren auf der Nordspitze fand, aber deren Verschwinden durch Eiersammeln, »das nirgends unvernünftiger betrieben wird als auf Amrum«, befürchtete, was dann auch bald geschah. Nach Berichten von Knudt Jungbohn Clement hat zumindest in den Anfangsjahren des 19. Jahrhunderts auch die Brandseeschwalbe noch auf der Insel gebrütet. 1989 wurde überraschend erneut eine kleine Kolonie auf der Kiesfläche der Odde entdeckt, aber es blieb eine Zufallsbrut, wie sie bei den unsteten Seeschwalben öfter vorkommt. Ebenso tauchten in den Jahren 1937–1939 einige Brutpaare der in Nordeuropa nur noch an wenigen Plätzen brütenden Lachseeschwalbe auf der Amrumer Odde auf.

Bis Anfang des 20. Jahrhunderts dominierte auf Amrum die Küstenseeschwalbe. Sie brütete nach Aussagen älterer Insulaner vor allem in den kurzgrasigen und geröligen Tälern auf der Odde und in den Dünen in beachtlichen Kolonien. Ebenso boten auch höhere Lagen des Kniepsandes ständige Brutplätze. Heute ist die Küstenseeschwalbe jedoch nur noch mit durchschnittlich 20–30 Paaren auf der Insel vertreten, mit kleinen Kolonien auf der Kiesfläche der Odde, auf dem Kniepsand und in Dünentälern, wo immer wieder auch Einzelpaare brüten. Die genannte Art hat an der Nordseeküste ihre südlichste Verbreitung, und es scheint, daß sie sich auf dem Rückzuge befindet. Dafür ist aber in den Anfangsjahrzehnten des 20. Jahrhunderts vom Binnenlande her die Flußseeschwalbe auf Inseln und Halligen eingewandert, und auch auf Amrum war diese Art schon in den 1930er Jahren eindeutig häufiger als die Küstenseeschwalbe. Beispielsweise wurden noch 1957 in den Tälern der Odde rund 1250 Brutpaare gezählt, wobei die Flußseeschwalben eindeutig dominierten. Die dortige große Kolonie, eine der größten an der deutschen Nordseeküste, löste sich dann aber binnen einiger Jahre vollständig auf – aber nicht durch Räubereien der benachbarten Silbermöwen, sondern durch Igel, die nachts durch das Brutgebiet streiften und Gelege und Jungvögel fraßen (P. Ruthke 1961). Die dort gestörten Seeschwalben haben sich aber nicht an anderen Stellen der Insel angesiedelt, sondern sind vollständig abgewandert. Und seitdem ist auch die Flußseeschwalbe auf Amrum nur noch mit etwa 50 Brutpaaren vertreten. Alle Seeschwalben sind unstete Vögel. Beispielsweise wurde im Jahre 1990 die zuletzt größte Kolonie in den Norddorfer Dünen mit etwa 80 Brutpaaren ohne ersichtlichen Grund aufgegeben. Auch hier können Igel oder jagende Sumpfohreulen die Ursache gewesen sein. Küsten- und Flußseeschwalben brüten vorwiegend in gemischten Kolonien, wobei in den Dünentälern die letztere Art überwiegt. Lediglich auf dem deckungslosen Kniepsand findet man Brutkolonien ausschließlich mit Küstenseeschwalben.

Beide Arten sehen sich sehr ähnlich. Das auffälligste Unterscheidungsmerkmal ist jedoch die schwarze Schnabelspitze der Flußseeschwalbe gegenüber dem rein karminroten Schnabel der Küstenseeschwalbe. Auch die Gelege lassen die beiden Arten erkennen. Die Küstenseeschwalbe legt oft nur ein oder zwei Eier in einer einfachen Sandmulde, während die Flußseeschwalbe in der Regel drei Eier legt und noch – Relikt ihrer binnenländischen Herkunft – ein richtiges Nest aus Halmen baut. Doch gibt es bei beiden Arten auch Ausnahmen von dieser Regel. Ein weiteres Unterscheidungsmerkmal ist die Angriffslust der Küstenseeschwalbe, die bei Störung im Brutgebiet den Menschen so heftig angreift, daß es zu schmerzhaften Kopfverletzungen kommt. Deshalb wird sie auf friesisch auch »Dollbaker«, die »Wütende« genannt.

Draußen auf dem Kniepsande und auf der Kiesfläche der Odde ist unverändert auch die zierliche Zwergseeschwalbe anzutreffen, die im weißen Sand und zwischen den Muschelschalen aber fast unsichtbar ist und sich nur durch ihre Rufe »Witt-witt« verrät. Ebenso gut ist das Gelege mit den drei Eiern getarnt, die im Durcheinander der Muscheln kaum auffallen. Leider werden die Bruten der Zwergseeschwalben oft durch Sturmfluten zerstört, so daß die Nachwuchsrate sehr gering ist und in manchen Jahren ganz ausfällt, wozu dann auch die Möwen ihren Teil beitragen.

Seeschwalben sind nur Sommergäste auf der Insel. Sie kommen spät, erst um den 10. April, und ziehen bereits im Hochsommer mit ihren gerade flüggen Jungen wieder davon. Letztere werden noch auf dem Wege zum Süden laufend gefüttert. Seeschwalben leben ausschließlich von Fischen, die stoßtauchend erbeutet werden. Etwa seit Anfang der 1980er Jahre folgen Fluß- und Küstenseeschwalben auch in großen Mengen den Fährschiffen der WDR, um das vom Schraubenwasser zur Oberfläche gewirbelte Seegetier zu erbeuten.

Obwohl die genannten Seeschwalbenarten ihre Nahrung im Meer finden und Schwimmhäute zwischen den Zehen haben, sieht man sie nur sehr selten auf dem Wasser schwimmen. Solche Beobachtungen liegen vor allem von Krabbenfischern vor, auf deren Beifang Seeschwalben ebenso warten wie Möwen. Die Küstenseeschwalbe ist unter allen Zugvögeln der Rekordhalter. Aus ihren Brutgebieten im Norden – noch nördlich von Thule auf Grönland gibt es Brutplätze – fliegen sie im Winterhalbjahr bis zum Eisrand der Antarktis und legen jährlich bis zu 50000 Flugkilometer zurück. Bemerkenswerterweise brüten sie aber nicht im Frühling der südlichen Halbkugel. Auch die anderen Arten ziehen weit nach Süden, bis zum Kap der Guten Hoffnung und, dieses umrundend, bis zur Ostküste Afrikas.

Austernfischer überall

Möwen bestimmen optisch das Landschaftsbild der Insel und der umliegenden Meere. Aber akustisch beherrscht ein anderer Vogel die Inselnatur – der Austernfischer. Dieser auffallend schwarzweiße Vogel mit dem orangeroten Schnabel ist sehr ruffreudig, und ob Sommer oder Winter, Tag oder Nacht, immer ist das Geschrei von Austernfischern zu hören. Mit etwa 450–500 Brutpaaren ist auch diese Art – über die ganze Insel verstreut – sehr häufig, und zu den Brutpaaren kommen fast ganzjährig noch Tausende von nichtbrütenden Alt- und Jungvögeln dazu. Der Austernfischer hat aber einen irreführenden Namen. Er kann keine Austern fischen, da er kaum schwimmen, geschweige denn tauchen kann. Gelegentlich frißt er aber Miesmuscheln, die im seichten Wasser geöffnet sind und deren Schließmuskel der Austernfischer durchbeißt. Vorwiegend jedoch lebt er von Bodengetier, Floh- und Schlickkrebsen, Wattwürmern, Regenwürmern und Insektenlarven, die er aus dem Wattboden und aus Wiesen, Feldmark und Dünensand stochert.

Austernfischer sind »Jahresvögel«, die mit Ausnahme sehr strenger Eiswinter ganzjährig im Bereich der Insel bleiben. Bei milder Witterung werden schon im Februar während der Flutzeit die Brutreviere besetzt, damit andere Paare nicht zuvorkommen. Und es sind in nahezu allen Revieren dieselben Paare, die über Jahrzehnte in Dauerehe leben. Hinsichtlich der Brutplätze ist der Austernfischer in fast allen Insellandschaften vertreten. Er meidet aber den Wald und das hohe Heidekraut, brütet aber an solchen sonderbaren Plätzen wie auf dem Kieselsteinbelag der Sporthalle, der Dörfergemeinschafts-Schule und auf einigen Hochhäusern von Wittdün, wo die Jungen nicht geführt, sondern regelrecht gefüttert werden. Abwechselnd fliegen die Elternvögel zum Watt, um Würmer zu holen. Auch auf Reetdachfirsten von Häusern an Dorfrändern brüten Austernfischer und wandern mit den vom Dach herabfallenden Jungen in die Feldmark. Die Jungen sind Nestflüchter, finden aber – anders als die jungen Kiebitze, Rotschenkel, Säbelschnäbler und Regenpfeifer – ihre Nahrung nicht selbst, sondern nur im Gefolge ihrer Eltern, die Bodengetier erstochern und ihren Jungen vorhalten. Da Austernfischer drei Eier, manchmal auch vier legen, haben in der Regel aber nur zwei Junge, je eines für das Elternpaar, die Chance, flügge zu werden. Wo zwei Junge einem Elternvogel bei der Nahrungssuche folgen, geraten erstere untereinander in ständigen Streit, bis der schwächere Jungvogel das Nachsehen hat und verhungert.

Wie schon erwähnt, sind Austernfischer ungewöhnlich »reviertreu«. Auch wenn sich dort die Landschaft verändert, etwa durch Bebauung, brütet das Austernfischerpaar unbeirrt zwischen Schuppen, Hühnerställen und Baumaschinen. Eingedrungene Artgenossen werden mit den sogenannten »Trillertänzen« empfangen und vertrieben. Diese »Trillertänze« erlebt man aber auch außerhalb der Brutreviere und zu allen Jahreszeiten, auch in Form von »Trillerflügen« von vier, fünf Vögeln in der Luft. Sie sind also nicht nur Ausdruck der Platzverteidigung, sondern auch oft einfach der Ruffreudigkeit des Austernfischers. Austernfischer gehören zur großen Familie der Watvögel (der in Schlamm und Flachwasser Watenden), und zu seinen Verwandten gehören unter anderem Rotschenkel, Sandregenpfeifer und Seeregenpfeifer, Kiebitz, Großer Brachvogel, Bekassine und Säbelschnäbler.

Der Rotschenkel ist Charaktervogel der Salzwiesen und des Marschenlandes. Er kommt auf Amrum aber auch vereinzelt als Brutvogel auf der Feldmark und sogar in der Dünenheide sowie im flachen Gras der Kniepsanddünen vor. Es gehört zu den eigenartigen Stimmungen in den Landschaften am Meer, wenn von Mitte April an bei windstillem Wetter die Rotschenkel-Männchen mit melodischem Läuten, begleitet von zitternden Flügelschlägen, in die Luft steigen, um ein Weibchen anzulocken und um ihr Brutrevier zu markieren. Gut versteckt unter überdeckenden Gräsern liegt das Gelege. Aber später, wenn sie ihre Jungen führen, macht der Inselwanderer Bekanntschaft mit den Rotschenkeln. Lärmend sitzen sie auf Wiesenpfählen und geben mit lautem »Tück tück« ihrer Angst und ihrem Ärger Ausdruck, während die Jungen selbständig in Gräben und Gräsern nach Nahrung suchen. Rotschenkel sind im Binnenlande durch die Kultivierung von Feuchtgelände selten geworden. Auf Amrum aber hat sich die Zahl der Brutpaare mit etwa 80–100 nicht vermindert.

Wie der Rotschenkel, so trägt auch der Kiebitz zu den Frühlingsstimmen und zur -stimmung bei. Schon von Ende März an zeigt er seine kopfheisternden Balzkapriolen, begleitet von lauten Rufen und wuchtelnden Flügelschlägen über die Feldmark und über die Marschen. Und bereits von der ersten Aprilwoche an findet man die Gelege mit den vier birnenförmigen Eiern, die zwar ganz offen liegen, aber infolge ihrer grünen Grundfarbe und den dunklen Flecken in der Umgebung optisch völlig verschwinden. Trotzdem erleiden Kiebitze durch Möwen und Krähen oft Verluste, sowohl an Gelegen als auch an Jungvögeln. Ebenso werden durch das ab Anfang Mai ausgetriebene Vieh zahlreiche Bruten zertreten. Aber der Kiebitz kann auch nicht ohne das Vieh leben, weil er kurzgrasige Wiesen zum Nisten und als Nahrungsrevier für die Jungen benötigt. Wo die Landwirtschaft ruht und die Vegetation ungestört hochwächst – wie zum Beispiel das Schilf in der Norddorfer Marsch oder im »Annland« –, verschwinden die Kiebitze. In solchen Lebensräumen siedeln sich dagegen Bekassinen an, ein Vogel, der in den Amrumer Sumpf- und Schilfmarschen insgesamt aber nur mit knapp zehn Brutpaaren vertreten ist und sicherlich erst einwanderte, als die Marschen bei Wittdün und Norddorf im Jahre 1935 eingedeicht wurden und sich die Salzvegetation in eine solche des Süßwassers verwandelte. Bekassinen machen sich vor allem in der Balzzeit bemerkbar, wenn die Männchen hoch am Himmel ihre Flüge vorführen und dabei mit quergestellten Schwanzfedern die Luft schneiden, so daß ein Geräusch entsteht, das an das Meckern einer Ziege erinnert. Bekassinen werden deshalb auch »Himmelsziegen« genannt.

Spezielle Ansprüche an ihr Brutgebiet stellen auch Sand- und Seeregenpfeifer. Sie bevorzugen sandige, mit Muschelschalen oder Geröll bedeckte Reviere, wie sie auf dem Kniepsand, in ausgewehten Dünentälern und unter dem Kliff zwischen Nebel und Steenodde zu finden sind. Hier verschwinden sie fast unsichtbar in der Umgebung, und ebenso sind ihre Gelege am Boden zwischen Muschelschalen und Steinen gut getarnt. Fast immer entdeckt man den Sandregenpfeifer erst, wenn er sein warnendes, wehmütiges »Büü-ip« hören läßt oder sich mit flinken Beinen in Bewegung setzt. Oft genügen auch kleine Anschüttungen von Steingrus aus Baumaterial für die Brutansiedlung des Sandregenpfeifers. Insgesamt dürften auf Amrum aber nur etwa 15 Paare brüten. Hingegen ist der zierliche Seeregenpfeifer im Zusammenhang mit einem deutlichen Rückzug aus seinem nördlichsten Verbreitungsgebiet von Amrum seit etwa Mitte der 1970er verschwunden. Nur in einigen Jahren hat es seitdem, zuletzt auch 1990, Bruten von Einzelpaaren gegeben, und zwar auf dem Kniepsand.

Vögel wandern ein und verschwinden wieder – das gilt auch für den Großen Brachvogel. Seit jeher während der Zugzeit im Frühjahr und im Spätsommer im Amrumer Watt sehr häufig, wurden erstmalig im Jahre 1954 Bruten nachgewiesen. Der eigentliche Moorvogel nistete auf Amrum in den Dünen und auf der Heide, die damals noch nicht im heutigen Umfange aufgeforstet war. 1955 wurden sieben, acht Brutpaare gezählt, deren klangvolle Balztriller aus dem Konzert der Möwen, Austernfischer und Brandgänse tönten. Aber in den Folgejahren blieben es immer nur Einzelpaare, und in vielen Jahren konnte keine Brut ermittelt werden. Erst 1990 wurde wieder eine solche in den Dünen am Skalnastal festgestellt. Bemerkenswerterweise kommt der Große Brachvogel auch in den Dünen der Ostfriesischen Inseln vor, fehlt aber bisher völlig auf den Marscheninseln, die als Brutgebiet viel eher geeignet sind.

Seit 1987 hat sich auch der Säbelschnäbler als Brutvogel auf Amrum angesiedelt. Säbelschnäbler sind eigentlich Vögel des Binnenlandes, die vor allem an osteuropäischen und asiatischen Steppenseen brüten. An der Nordseeküste war diese Art immer nur mit wenigen, lokalen Populationen vertreten, insbesondere auf dem Deichvorland und auf Halligwiesen, wo der größte Teil der Bruten durch Sturm- und Springfluten regelmäßig verlorenging. Durch Eindeichungen von Wattenflächen für militärische Zwecke (Rantum-Becken, Sylt – Meldorfer Bucht – Südstrandpolder Norderney u. a.) sowie im Zuge der Landgewinnung (Hauke-Haien-Koog – Nordstrander Bucht) entstanden ausgedehnte Feuchtbiotope mit lagunenartigen Flachseen. In diesen sturmflutsicheren Landschaften konnte sich der Säbelschnäbler vermehren und neue Gebiete längs der Nordseeküste besiedeln. Zunächst war dieser eigenartige Vogel, der, anders als seine Verwandten aus der großen Familie der Watvögel, seine Nahrung nicht stochernd, sondern im Flachwasser mit dem hin- und herseihenden, aufwärtsgebogenen Schnabel erbeutet, nur vereinzelter Gastvogel im Watt und auf dem Vorland am Teerdeich bei Norddorf, ehe 1987 einige Brutpaare auf dem Vorland und an kleinen Flachtümpeln im »Annland« festgestellt werden konnten. In den folgenden Jahren stieg die Anzahl der Brutpaare dann bis auf 25–30. Säbelschnäbler haben aber offenbar als ehemalige Binnenlandsvögel nur unzureichend gelernt, ihren Brutplatz nach Maßgabe höherer Fluten auszuwählen. Sie suchen immer wieder die Nähe des Wassers, und weil das Vorland vor dem Teerdeich Norddorf teilweise noch sehr niedrig gegenüber den 14tägig wiederkehrenden Spring- und den auch im Sommer auftretenden Sturmfluten liegt, müssen etliche Gelege auf kleine Hügel deponiert werden, was sich die Säbelschnäbler – wie auch andere Vögel, deren Bruten auf diese Weise vom Verfasser geschützt werden –, gefallen lassen. Die jungen Säbler weisen schon unmittelbar nach dem Schlüpfen den aufwärts gebogenen Schnabel auf und gehen als Nestflüchter selbständig der Nahrungssuche nach. Sie werden aber bis über das Stadium des Flüggewerdens von den Altvögeln betreut. Trotz der ständigen Bewachung und der erwähnten Sicherung der Gelege gegen Fluten ist der Bruterfolg eher gering. Wetterunbilden, insbesondere aber die in der Wattenlandschaft ständig umherstreifenden Möwenscharen, dezimieren den Nachwuchs. Im Gegensatz zu anderen Watvögeln, die nur bedingt schwimmfähig sind, hat der Säbelschnäbler Schwimmhäute zwischen den Zehen und kann ausgezeichnet schwimmen, was Alt- und Jungvögel auch öfter tun.

Zwei Vertreter der großen Limikolen-Familie sind aber von Amrum verschwunden: Kampfläufer und Alpenstrandläufer. Beide Arten haben noch am Ostufer der Norddorfer Marsch gebrütet, ehe diese 1935 eingedeicht wurde.

Eulen und Greifvögel

Seevögel dominieren im Landschaftsbild der Insel Amrum und kommen dem Wanderer auf allen Wegen vor Augen oder durch ihre Rufe ins Ohr. Aber die Insel ist Brut- und Lebensgebiet auch für andere Vögel. Schon immer war die Sumpfohreule Brutvogel in den Dünen und auf der Heide. Sie ist aber kein Standvogel und vagabundiert in Europa und Asien umher, wo gerade Nahrung zu finden ist. Entsprechend gibt es auf Amrum immer wieder Jahre ohne Brutnachweis, während dann wieder – wie zuletzt 1989 – ein halbes Dutzend Brutpaare festgestellt wird, immer im Zusammenhang mit einer Vermehrung der Wald- und insbesondere der Ostschermäuse. Sumpfohreulen sind vorwiegend in der Dämmerung aktiv, aber wenn im gut versteckten Bodennest die Jungen heranwachsen, ist das Eulenmännchen auch schon am Spätnachmittag unterwegs,

Silbermöwen bevölkern die Inseldünen

Seite 221 Eiderenten im Brutgebiet am Leuchtturm
Seite 226 Heringsmöwe
Seite 227 Eiderente führt ihre Jungen zum Watt
Seite 227 Brandgänse im Brutrevier
Seite 228 Die urtümliche Sumpfohreule

Rotschenkel

Säbelschnäbler

Austernfischer

Sturmmöwen

Lachmöwe

Küstenseeschwalbe mit Jungvogel

um seine Familie zu versorgen, während das Weibchen sich ständig bei den Jungen aufhält, bis auch die letzten Nachzügler fast flügge sind. Sumpfohreulen legen 5–7 weiße Eier und brüten – wie andere Eulen – gleich vom erstabgelegten Ei an, so daß es erhebliche Größenunterschiede bei den in entsprechenden Abständen schlüpfenden Jungen gibt. Die Nachzügler kommen hinsichtlich der Nahrung gegenüber ihren größeren Nestgeschwistern oft zu kurz und verhungern. Umgekehrt aber verlassen letztere in einem gewissen Alter das Nest, um sich in der Umgebung zu verbergen, und nun kommen auch die Nachzügler zu ihrem Recht. Die Zerstreuung der Jungen, entsprechend ihrem Altersstadium, begründet sich auf den Schutz der Brut für den Fall, daß ein Raubtier das Eulennest entdeckt, dann aber nur jene Jungen erbeutet, die noch im Neste sind. Auf Amrum gibt es allerdings kein Raubwild – was aber natürlich nichts am instinktiv ausgeprägten Verhalten der Sumpfohreule ändert.

Die ähnliche Waldohreule konnte sich jedoch erst ansiedeln, als am Dünenrand und auf der Heide eben vor und nach 1900 kleine Gehölze angepflanzt und dort Krähennester zu finden waren. Denn Waldohreulen können, wie die anderen Eulenarten, kein Nest bauen und sind deshalb auf jene der Krähen angewiesen, die sehr stabil sind und jahrelang im Baum stehen bleiben, während das Krähenpaar alljährlich ein neues Nest baut. Bemerkenswerterweise war die Anzahl der Brutpaare von Waldohreulen am höchsten, als es auf Amrum nur kleine, isolierte Gehölze gab. Nach der zusammenhängenden Aufforstung und Waldbildung reduzierte sich die Anzahl der Brutpaare bis auf gegenwärtig 2–3. Offenbar steht diese Erscheinung damit im Zusammenhang, daß auch Krähen den geschlossenen Wald meiden und lieber in Einzelbüschen in den Dünen nisten, wo die Waldohreule aber die Nester für ihre Brut nicht findet oder akzeptiert.

Alte Krähennester benötigt auch der Turmfalke für seine Brut. Erste, sichere Bruten sind ab 1957 registriert worden, und zeitweilig wurden 5–8 Brutpaare festgestellt. Aber mit dem Hochwachsen des Inselwaldes wurde – unabhängig vom Zustand der Mäusepopulation – auch der Turmfalke seltener, und gegenwärtig brüten nur noch 1–2 Paare auf Amrum. Der Inselwanderer beobachtet Turmfalken vor allem über Feldmark und Heide, wo sie in zwanzig, dreißig Meter Höhe minutenlang rüttelnd in der Luft »stehen« bleiben, um am Boden Beute zu entdecken, neben Mäusen auch Jungvögel und Eidechsen.

Als weitere Vertreter aus der Familie der Greifvögel brütet seit den Jahren 1986 bzw. 1987 mit je einem Paar die Rohrweihe im Schilf der Norddorfer Marsch sowie in der Niederung Guskölk. Wie bei fast allen Eulen und Greifvögeln herrscht auch bei den Rohrweihen hinsichtlich der Brut eine strenge Aufgabenteilung. Das Männchen erscheint um den 10. April, eine Woche vor dem Weibchen, um das Revier in Anspruch zu nehmen und andere Weihen zu vertreiben. Das angekommene Weibchen tritt kaum in Erscheinung, es bleibt nach dem Horstbau und der ersten Eiablage fest auf dem Gelege sitzen und wird vom Männchen mit Nahrung versorgt. In der Regel wird die Beute in der Luft übergeben. Ebenso verharrt das Weibchen bei den Jungen, verläßt diese aber nach erfolgter Schwungfedermauser, sobald die Jungen ihr Daunenkleid verloren haben. Nun ist – nach Wegzug des Weibchens – nur noch das Männchen für die Versorgung der Brut zuständig, und es ist ein regelmäßiges, imponierendes Bild, wenn das Männchen mit Beute erscheint und die flügge gewordenen Jungvögel im Wettflug dem Altvogel entgegenstreben, um die Nahrung zu übernehmen. Vorwiegend werden Ostschermäuse erbeutet. Aber auch mancher junge Fasan, Kiebitz und Austernfischer muß sein Leben lassen, seltener junge Wildkaninchen. Erst gegen Ende August werden die Nachzügler unter den Jungen selbständig, und dann sind sie bald aus dem Revier verschwunden.

Neben der Rohrweihe hat auch die sehr seltene Kornweihe einige Male auf Amrum gebrütet, so 1940 auf der Heide nahe der Vogelkoje Meeram und 1967 in einem Heide-Kriechweiden-Biotop in den Dünen. Im übrigen ist diese Weihe mit ihren skandinavischen Populationen regelmäßiger Wintergast auf Amrum, mit bis zu einem Dutzend Exemplaren. Und es gehört zu den charakteristischen Stimmungsbildern, daß über wintergraue und vogelleere Inseldünen und -heiden die Weihen umherstreichen, um verspätete Zugvögel oder Mäuse zu erbeuten.

Eingewandert und ausgesetzt

Verglichen mit früheren Jahrhunderten hat sich die Anzahl der Brutvogelarten auf Amrum mehr als verdoppelt, auf heute rund 65 Arten. Neben natürlicher Einwanderung ist dieser Zuwachs vor allem der vom Menschen verursachten Landschaftsveränderung zuzuschreiben. Durch die Bedeichung der Marschen bei Norddorf und Wittdün entstanden Köge mit Süßwassergräben und -teichen, durch Aufforstungsmaßnahmen seit Ende des 19. Jahrhunderts bildeten sich zunächst Gehölze und schließlich der heutige Inselwald.

Durch die Anlage von Vogelkojen auf der Heide zwischen Nebel und Norddorf sowie bei Wittdün entwickelten sich abgeschlossene Wasser- und Waldbiotope. Und reichliche Busch- und Baumpflanzungen in den Inseldörfern im Laufe des 20. Jahrhunderts veränderten auch hier das Bild der Gärten. Der Bau von vollbiologischen Klärwerken bei Wittdün, Nebel und Norddorf schuf Süßwasserteiche, und ebenso bildete sich durch Schließung des Dünenwalles vor der Strandzone bei Wittdün-Wriakhörn der heutige Strandsee mit seiner reichen Vogelwelt. Jede dieser Maßnahmen ließ für entsprechende Vogelarten neue Brut- und Lebensräume entstehen. So wanderte in den 1940er Jahren das Teichhuhn (= Teichralle) ein, deren hochaufgeschichtete Nester nun überall an Gräben und bewachsenen Teichufern, insbesondere im Fleet am Norddorfer Teerdeich, zu finden sind. Aber auch die Teiche der Kläranlagen, die Gewässer der Vogelkojen und der Strandsee Wriakhörn sind ständig besiedelt. Auf dem Strandsee stellte sich 1975 die Blessralle ein und seit 1978 der Zwergtaucher. Beide Arten haben inzwischen auch auf anderen Inselgewässern Brutplätze gefunden. Andere Vögel fanden – neben den erwähnten Graugänsen – ihren Weg durch menschliche Hilfe zur Insel, so der Fasan und das Rebhuhn. Beide Arten konnten nicht, wie andere Vögel, auf natürliche Weise zur Insel gelangen, weil ihre Flugleistung nur etwa einen halben Kilometer beträgt und das Wattenmeer zwischen dem Festlande und der Insel somit einen sicheren Überflug verhindert. Fasane, vorwiegend der Ringfasan, später aber auch andere Rassen, wurden seit Mitte der 1950er Jahre von hiesigen Jagdpächtern ausgesetzt und haben sich dank des Mangels an Raubwild – als Bruträuber kommen neben Igeln nur Krähen und Elstern in Betracht – sehr vermehrt. Beispielsweise wurden im Jagdjahr 1970/71 rund 350 Hähne und, mit Ausnahmegenehmigung der Jagdbehörde, auch 100 Hennen erlegt, um den Bestand hinsichtlich des Wildschadens in der Landwirtschaft wieder zu reduzieren. Der Fasan wird vor allem begünstigt durch die lockere Bebauung mit Gärten und Gehölzen auf der Westerheide von Nebel und Süddorf mit den nur zeitweilig bewohnten Sommerhäusern. Aber er kommt auf der ganzen Insel an Dorf- und Waldrändern sowie in Marschen mit Schilfdickicht und vereinzelt auch in den Dünen vor. Besonders in Ortsnähe werden Fasane als »Kulturfolger« gegenüber dem Menschen oft sehr zutraulich. Und obwohl ursprünglich ein Vogel Ostasiens, aber seit dem Mittelalter als Zier- und Jagdvogel in Europa eingeführt, gehört es auch zu den nun typischen Stimmungsbildern in der Amrumer Frühlingsnatur, wenn sich überall mit ihrem kurzen Krähen und rasanten Flügelschlägen die Fasanenhähne melden und sich einen »Harem« von Hennen zusammenrufen. Vier, fünf, aber auch bis zu zwölf Hennen versammelt ein Hahn in seinem Revier, aber mit der Brut und Führung der nestflüchtenden Küken hat er nichts zu tun.

1967/68 wurde auch das Rebhuhn auf Amrum mit Erfolg eingebürgert, nachdem vorherige Versuche fehlgeschlagen waren, weil die besondere Lebensweise, die lebenslange Dauerehe eines Paares und die Führung der Jungen den ganzen Winter hindurch bis zum Frühjahr, nicht berücksichtigt worden war. In den nachfolgenden Jahren kam es zu einer starken Vermehrung und überall in der Feldmark waren die Paarungs- und Versammlungsrufe der Rebhühner zu hören, ebenso im Winter die Familien und Völker zu sehen. Dann aber folgte nach schneereichen Wintern 1978 und 1979 eine starke Reduzierung, und auch in den Folgejahren hat sich der Bestand nicht wieder erholt. Ursache dürften vor allem die auf Amrum neuerdings in größerer Zahl überwinternden Sperber sein. Ein Sperberweibchen ist, obwohl kaum größer als ein Rebhuhn, ohne weiteres in der Lage, auch erwachsene Hühner zu schlagen und – wie schon beobachtet – ganze Völker auszurotten. Gegenwärtig dürfte die Zahl der Brutpaare auf Amrum kaum noch zehn Paare betragen. Neue Methoden der Landwirtschaft, die auf dem Festlande für den Rückgang der Rebhühner verantwortlich sind, können auf Amrum keine Rolle spielen, weil das Gefüge von landwirtschaftlichen Nutzflächen und ungestörtem Brachland unverändert ist und dem Rebhuhn ausgezeichnete Lebensräume garantiert.

Bis etwa Mitte des 20. Jahrhunderts soll auch die Wachtel auf der Geest zwischen Nebel und Steenodde noch als Brutvogel vorgekommen sein.

Sing- und Waldvögel

Die umfangreichsten Veränderungen in der ursprünglich vor allem von Seevögeln geprägten Amrumer Vogelwelt stellten sich aber im Gefolge der Aufforstungen ein. Bis in die 1870/80er Jahre war Amrum eine nahezu baumlose Insel, so daß »Waldvögel« völlig fehlten. Auch innerhalb der friesischen Sprache fällt der Mangel an Namen für Wald- und Singvögel auf, weil diese auf der Insel unbekannt waren. Von den baumbrütenden Arten kam nur die Rabenkrähe vor. Aber sie brütete am Boden, an Dünenhängen und in der Heide. Noch bis um 1950 kamen solche Bodennester vor, und immer noch brüten die Amrumer Krähen lieber in den kaum mannshohen, einzelnen Kiefernbüschen in den Dünen als im geschlossenen Inselwald.

An Singvögeln waren bis Ende des 19. Jahrhunderts vor allem die Feldlerche, der Steinschmätzer, Schaf- und Bachstelze, Wiesenpieper und Hänfling draußen in der Landschaft, Star, Rauchschwalbe und Haussperling im Siedlungsbereich vorhanden. Auch den Kuckuck gab es offenbar schon immer auf der Insel, wo er fast ausschließlich Wiesenpieper als Wirtsvogel nutzte und nutzt.

Die Feldlerche ist auch heute noch Charaktervogel der offenen Insellandschaft, und der Wanderer hört von April bis Juli auf allen Wegen durch Feldmark und Wiesen die Lieder der Lerchen. Der Steinschmätzer ist hingegen eine Art »Wüstenvogel« und deshalb fast ausschließlich in den Dünen zu sehen. Hier brütet er in leeren Höhlen von Wildkaninchen. Die Schafstelze ist heute nur noch gelegentlicher Brutvogel auf Amrum, aber in der Zugzeit im Mai noch in etlichen Exemplaren zu sehen, während Bachstelzen unverändert auf der Insel brüten. Man findet Nester sowohl in Gebäudenischen als auch in den Dünen unter überhängenden Strandhaferbüschen. Ebenso blieb das charakteristische »Zip-zip-zip-ziip« des singenden Wiesenpiepers der Insel erhalten. Er nistet sowohl in der Marsch als auch auf der Heide und in den Dünen – ist insgesamt aber nur noch mit etwa 40–50 Brutpaaren vertreten. Häufig geblieben ist der Hänfling, dessen Nester schon Naumann anläßlich seiner Inselbereisung im Jahre 1819 im Heidegebüsch entdeckte. Auch heute noch nisten etliche Hänflingpaare in der Bodenvegetation, während andere die dichten Bestände der Kartoffelrose und das Gartengebüsch besiedelt haben. Der Star singt in allen Inseldörfern und nutzt jede Höhlung für seine Brut. Zur hiesigen Population treffen dann im Hochsommer Tausende von Staren mit ihren flügge gewordenen Jungen auf der Insel ein, bevölkern die Weiden und ziehen abends in riesigen Schwärmen in das Schilf im Strandsee Wriakhörn, um hier zu übernachten. Auch die Rauchschwalbe hat sich gehalten, obwohl die Nebenerwerbslandwirtschaft heute auf Amrum keine Rolle mehr spielt und alle ehemaligen Ställe und Scheunen, in denen früher Schwalben nisteten, Ferienwohnungen geworden sind. Heute findet man Rauchschwalbennester in allen möglichen Räumen (Garagen, Schuppen) mit Einflugmöglichkeiten, aber auch in Nischen an Außenwänden. Die höheren Außenwände von größeren Gebäuden haben auch zu einer dauernden Ansiedlung der Mehlschwalbe geführt. Ständige Kolonien befinden sich am Seehospiz I und am Tonnenhaus des Seezeichenhafens, wechselnd aber auch an anderen Gebäuden. Hingegen kommt der Haussperling infolge Reduzierung der landwirtschaftlichen Betriebe und Aufgabe der Geflügelhaltung nur noch in geringen Mengen vor. Noch seltener ist der Feldsperling, der ständig nur in der Vogelkoje zu finden ist, die dortigen Nistkästen besetzt und am Enten- und Hühnerfutter partizipiert. Als neuer Brutvogel hat seit 1973 die Dohle zunehmend die Inseldörfer besiedelt, um in Schornsteinen ihre Nester zu bauen – zum Ärger mancher Haus-, insbesondere Sommerhausbesitzer, die Kamin und Heizofen in Betrieb nehmen wollen und in verräucherten Stuben sitzen, weil der Schornstein verstopft ist.

Die seit der Jahrhundertwende erfolgte Anpflanzung von Bäumen und Büschen in den Gärten der Inseldörfer haben für etliche weitere Arten Brut- und Lebensräume geschaffen. Die Amsel ist in allen größeren Gärten vertreten, ebenso Grünfink und Gelbspötter. Wo Nistkästen aufgehängt sind, stellen sich schnell Kohl- und Blaumeisen ein, und in Mauernischen stehen die Nester des allerdings seltenen Grauschnäppers. Sehr häufig aber ist seit Mitte der 1980er Jahre der Zaunkönig, der aber mehr die naturbelassenen als die sogenannten »ordentlichen« Gärten bevorzugt. Leider wird der Bruterfolg vieler Kleinvögel beeinträchtigt durch die Vielzahl der Elstern, die in zunehmender Zahl den Inselwald verlassen und sich in den Dörfern etablieren. Auch die Rabenkrähe wanderte als Brutvogel in größere Dorfgärten ein. Gebunden an den Siedlungsbereich ist ferner die Türkentaube, die auf ihrem Ausbreitungszug aus Vorderasien seit Mitte der 1950er Jahre auch Amrum besiedelte, sich aber nach einem anfänglich hohen Bestand auf eine Anzahl von gegenwärtig kaum einem Dutzend Brutpaaren reduzierte. Auch hier hat offenbar das Verschwinden von Hühnerhöfen, wo diese Taubenart ganzjährig Nahrung fand, den Rückgang bewirkt.

Im Zentrum von Norddorf, in den dortigen großen Ulmen, hat seit Ende der 1980er Jahre auch eine Hohltaube ihr Brutrevier. Häufiger aber ist diese Art in den Dünen, einer Landschaft, die eigentlich nicht den Anforderungen der Hohltaube entspricht, aber mit den dortigen Kaninchenhöhlen Brutplätze anbietet. Mitte der 1970er Jahre wurden erstmalig Hohltauben bei Ein- und Ausflügen beobachtet und bald auch Gelege und Jungvögel entdeckt. Gegenwärtig beträgt die Anzahl der Brutpaare auf Amrum etwa 80–100, und es ist schon ein akustisch eigenartiger Eindruck, wenn zwischen den Rufen der Möwen, Austernfischer und Brandgänse überall von Dünenhöhen die Balzrufe der Hohltäuber erklingen, deren Heimat ansonsten Wald und Park ist. Alle Wildtauben legen nur jeweils zwei Eier, brüten aber dreimal im Laufe des Sommerhalbjahres. So sieht man noch im Oktober, wenn alle anderen Vögel aus den Amrumer Dünen verschwunden sind, Hohltauben auf dem Flug zu ihren Bruthöhlen.

Neben den Anpflanzungen in den Inseldörfern hat die Aufforstung auf der Heide und die Entstehung des Inselwaldes das Artenspektrum der Amrumer Vogelwelt am nachhaltigsten beeinflußt. Entsprechend dem Wachstumsstadium siedelten sich zuerst Klappergrasmücke, Dorngrasmücke und Heckenbraunelle an, die niedriges Gebüsch als Brutplatz bevorzugen. Später folgten Fitislaubsänger, Krähen und Elstern, letztere durch Dorfbuben von Föhr nach Amrum verbracht, sowie die schon genannten Waldohreulen und Turmfalken und Ringeltauben. Aber erst seit den 1960er Jahren konnten Bruten von Singdrosseln, die Einzelbrut einer Misteldrossel, Wintergoldhähnchen, Rotkehlchen, Mönchsgrasmücke, Zilpzalp, Zaunkönig, Buchfink, Tannenmeise u. a. festgestellt werden. Nach Ermittlung singender Männchen sind Buchfinken und Zaunkönige die häufigsten Sänger im Inselwald. Letzterer, zunächst immer selten, hat sich sehr stark nach den Durchforstungsaktionen seit Anfang der 1980er Jahre vermehrt, als große Reisigmengen den Waldboden bedeckten und dem Zaunkönig Nistgelegenheiten, aber auch Nahrungsbiotope boten. Die milden Winter zwischen 1986 und 1990 haben den Bestand dann weiter gefördert, denn Zaunkönige bleiben auch während des Winters im Revier, wo aber bei anhaltendem Frost und längerer Schneelage die gesamte Population verhungern kann. Kennzeichnend für den Zaunkönig ist der überaus laute Gesangtriller des Männchens, das etliche Kugelnester baut und den Weibchen präsentiert, die dann eine für ihre Brut auswählen.

Entsprechend dem Hochwachsen des Waldes sind Klappergrasmücke und Heckenbraunelle aber wieder verschwunden bzw. allenfalls in den gebüschartigen Randzonen zu finden, wo als Brutvogel seit einigen Jahren auch der Birkenzeisig vorkommt. Andere typische Waldvögel fehlen aber noch. Es brüten keine Spechtarten auf Amrum, und ebensowenig konnten Bruten von Sperbern und Bussarden nachgewiesen werden. Vom Mäusebussard liegt nur ein Brutversuch aus dem Jahre 1990 vor, der aber keinen Erfolg hatte, weil der Horst durch Sturm zerstört wurde.

Das Vogelschutzgebiet Amrum-Odde

Die Vogelwelt der Insel Amrum, ständig beeinträchtigt durch die Nutzung einheimischer Eiersammler und Jäger, aber auch bedroht durch den wachsenden Fremdenverkehr, veranlaßte im Jahre 1933 den aus Bad Oldesloe stammenden Inselgast Heinrich Kirchner, einen Antrag an den Landrat des Kreises Südtondern zu richten, mit der Bitte, die Odde unter Naturschutz zu stellen, insbesondere hinsichtlich der hier damals noch seltenen Eiderente. Dieser Antrag fand die Unterstützung des aus Flensburg stammenden Beauftragten für Naturschutz, Prof. Walter Emeis, und wie beantragt erfolgte am 29. Oktober 1936 auf der Grundlage des vorbildlichen Reichsnaturschutzgesetzes die Naturschutzverordnung über die Amrumer Odde. Die Gemeinde Norddorf förderte dieses Vorhaben durch den Bau eines kleinen reetgedeckten Vogelwarthäuschens. Erste Vogelwarte waren die Insulaner Karl Martens und Gerret Peters, letzterer eine inselfriesische »Urgestalt« und mit der Natur von Kindesbeinen an vertraut. Gerret Peters verstand es auch, zum Schutze der Eiderenten und Seeschwalben, mittels Flinte die Silbermöwen zu vertreiben. Aber dann machte der 1939 ausbrechende Weltkrieg dem Schutz vorerst ein Ende, weil in den nun folgenden Kriegs- und Notjahren das Eiersammeln für Ernährungszwecke wieder oberste Priorität hatte.

Erst ab 1946 konnte der »Verein Jordsand« aus Hamburg, dem die Betreuung 1941 übergeben war, seinen Schutzauftrag erfüllen, doch der Zustand des Schutzgebietes hatte sich entscheidend verändert. Infolge des konzentrierten Eiersammelns durch Einheimische und Ostflüchtlinge in den Amrumer Dünen flohen die dort nistenden Silbermöwen und siedelten sich mit 600–700 Paaren auf der Odde an, wo nun Eiderenten und Seeschwalben verdrängt oder deren Bruten vernichtet wurden. Und dauernd streiften Eiersammler in der Nacht durch das Gelände, so daß der Vogelwart, alarmiert von den Warnrufen der Möwen, ständig auf den Beinen war. Erst ab Mitte der 1950er Jahre besserten sich die wirtschaftlichen Verhältnisse auf der Insel durch Neubeginn des Fremdenverkehrs, und das unkontrollierte Eiersammeln ließ nach. Aber die Silbermöwen ließen sich nicht wieder vertreiben und dominieren noch heute im Schutzgebiet. Regulierungsmaßnahmen, zunächst die Wegnahme oder Unfruchtbarmachung der Gelege, aber auch gezielte Vergiftung, führten zu keiner spürbaren Reduzierung der Silbermöwen, und gegenwärtig läßt man der Natur ihren Lauf, auf Selbstregulierungsmechanismen hoffend.

Aber ungeachtet der zahlreichen Möwen brüteten noch bis Ende der 1960er Jahre über tausend Fluß- und Küstenseeschwalben in den Tälern der Odde, ehe sie dann – sozusagen über Nacht – verschwanden. Ursache waren aber nicht die benachbarten Silbermöwen, sondern Igel, die nächtlich durch das Gelände pirschten, die Seeschwalben in Panik versetzten und deren Gelege fraßen. Dennoch blieb die Odde als Vogelschutzgebiet von großem Wert. Neben Silber- und Sturmmöwen siedelten sich Heringsmöwen an, und trotz der Silbermöwen ist die Anzahl der Brutpaare von Eiderenten unverändert beachtlich. Auch der Austernfischer kann seine Brut behaupten. Und auf der großen »Kiesfläche« am Nordstrand finden Sandregenpfeifer, Zwergseeschwalben, Küstenseeschwalben und zeitweilig (1989) auch Brandseeschwalben Brutplätze. Wie schon erwähnt, ist die Odde derzeit auch der einzige Brutplatz des Mittelsägers an der deutschen Nordseeküste. Der Wert des Vogelschutzgebietes besteht aber auch durch die ständigen Führungen der Vogelwärter während der Saison, die den Inselgästen Einblicke in und Verständnis für die Natur und ihren Schutz vermitteln.

Im Jahre 1971 wurden auch die »Amrumer Dünen« unter Naturschutz gestellt. Die Dünen werden nicht, wie die Odde, durch Vogelwärter bewacht, doch sind durch Zäune und Schilder die Brutgebiete markiert, und Betreuer der Naturschutzvereine, der »Schutzstation Wattenmeer« und des »Öömrang Ferian«, achten darauf, daß sich die Wanderer auf den Bohlenwegen halten, die zum Schutze der Dünen mit großem Aufwand von den Inselgemeinden angelegt worden sind. Dieses System hat sich dank der Aufgeschlossenheit der Inselbesucher so bewährt, daß strengere Maßnahmen nicht nötig sind.

Die übrige Insellandschaft steht unter dem Status »Landschaftsschutz«, und auch hier werden empfindliche Gebiete mit ihrer Fauna und Flora entsprechend gekennzeichnet und geschützt. Zusätzliche Informationen zum Naturschutz vermitteln die beiden Zentren in Wittdün und Norddorf sowie Publikationen der Kurverwaltungen.

Zug- und Gastvögel

Die Brutvogelwelt ist das wesentlichste Merkmal der Inselnatur, ist sie doch Indikator für den Zustand der Landschaft und Nahrungsgrundlage. Aber auch die Zug- und Gastvögel spielen im Erscheinungsbild der Inselnatur eine große Rolle, und auch hier sind es vor allem See- und Wasservögel, die das Bild bestimmen.

Im Jahresverlauf gesehen, erscheinen zuerst die Ringelgänse, je nach Wetterlage ab Mitte Februar in wachsenden Scharen, bis etwa Mitte April an die 2000 dieser Vögel die Salz- und Marschenwiesen bevölkern. Ringelgänse überwintern eigentlich in Holland und England, und die deutsche Nordseeküste ist nur eine Zwischenstation auf dem Wege zu den Brutplätzen auf sibirischen Eismeerinseln. Die Hauptnahrung der Ringelgänse bildete früher das Seegras, das in Form ausgedehnter Teppiche das Watt bedeckte. Nach einer Pilzerkrankung in den 1930er Jahren reduzierte sich die Seegrasmenge und analog dazu auch der Bestand der Ringelgänse. Seit den 1960er Jahren haben sich die Ringelgänse jedoch auf die Äsung von Salzgräsern und seit Anfang der 1980er Jahre auch auf Süßwassergras als Nahrung umgestellt und sich wieder beachtlich vermehrt. Für die Landwirte – nicht nur auf den Halligen, sondern auch auf Amrum – sind die Gänsemassen, die stets konzentriert auf den Wiesen, aber auch auf Kornsaaten auftreten, nicht unproblematisch. Und da Ringelgänse zur Zeit unter Schutz stehen, sind nur sogenannte »Vergrämungsabschüsse« erlaubt, um größere Wildschäden zu vermeiden. Für den Inselbesucher aber sind es einmalige, sonst kaum noch zu erlebende Naturstimmungen, wenn die Gänse mit lautem »Rronk rronk« im Watt lärmen und über den Deich in die Wiesen streichen oder bei Störung mit brausenden Flügelschlägen aufsteigen. Erst um den 20. Mai ziehen die Ringelgänse zu ihren arktischen Brutplätzen und kehren von dort mit ihren flüggen Jungen ab Mitte September wieder zurück.

Abgesehen von Graugänsen, die aber ausnahmslos der heimischen Brutpopulation angehören dürften, kommen andere Wildgansarten als Zug- und Gastvögel nur gelegentlich vor. Nur einige Male wurden bisher Kanadagänse, Nonnengänse und Kurzschnabelgänse registriert, die aber oft nur wenige Tage auf Amrum verweilen. Auch der Singschwan ist nur sporadischer Gastvogel, häufiger aber beim Überfliegen der Insel zu sehen. Von den nordischen Wildenten ist die Pfeifente die weitaus häufigste. Ab Anfang September tritt sie oft massenweise im Amrumer Watt auf, um dann im Oktober/November über die Nordsee nach Holland und England zu ziehen. Auch auf dem Frühjahrszug halten sich Pfeifenten, nun schon im Prachtgefieder, im Watt auf und lassen ihr lautes »Pfiu« hören. Die früher hier häufigste Wildente aber, die Spießente, die zu Hunderttausenden in der Vogelkoje gefangen wurde, kommt nur noch ganz selten vor. Sie hat ihre Zugwege zum Festlande verlagert. Weitere Zug- und Gastenten des Winterhalbjahres sind Trauerenten, Samtenten, Eisenten und Schellenten, die regelmäßig in Küstennähe zu beobachten sind. Ganz ungewöhnlich ist die jahrzehntelange Gastrolle eines Scheckerpels aus ostsibirischen Eismeergewässern. Er wurde 1975 zum ersten Male gesehen und noch bis 1989 bestätigt, offenbar unfähig, den Rückweg zu finden. Auch ein Prachteidererpel konnte einmal, 1982, notiert werden. Häufig geworden sind seit Ende der 1980er Jahre während der Zugzeit die kleinen Krickenten, und die ohnehin beachtliche einheimische Stockentenpopulation vergrößert sich in der spätsommerlichen Zugzeit um einige hundert, die sich vorwiegend im Watt aufhalten.

Enten und Gänse füllen die eine Seite im Buch des Vogelzuges, und auf der anderen Seite stehen vorwiegend nordische Limikolen, auch sie in Massen auftretend und einmalige Naturbilder vermittelnd. Vor allem im Frühjahr, wenn sich die Zugzeit der Limikolen auf wenige Wochen zusammendrängt, bieten sich imponierende Erscheinungen von regelrechten »Vogelwolken«, die das Watt beleben. Bei Ebbe eilen die Vogelscharen breit verstreut zur Nahrungssuche umher. Aber die auflaufende Flut treibt die Vögel zum Lande, bis sie schließlich auffliegen, sich wolkenartig in der Luft versammeln und einzigartige Flugspiele vollführen. Wie auf unhörbare Kommandos schwenken Tausende Vögel zugleich und zeigen ihr dunkles Rückengefieder, präsentieren Sekunden später aber auf einen Schlag ihre helle Bauchseite, so daß sie abwechselnd als dunkle und als weiße Wolke erscheinen. Dann wechseln sie vom zielstrebigen Geradeausflug in spiralenförmigen Kreisflug und »regnen« schließlich vom Himmel, um auf ihren Hochwasserrastplätzen einzufallen. Hier stehen die Vögel dicht an dicht, oft auf einem Bein, den Kopf zum Ruhen in das Rückengefieder gesteckt. Wenn dann Stunden später die Wattenflächen wieder trocken fallen, löst sich Trupp um Trupp aus der unruhig werdenden Vogelschar und verstreut sich über den weiten Nahrungsraum.

Solche konzentrierten Versammlungspunkte sind die äußerste Nordspitze, das Vorland und die Salzwiesen am Norddorfer Wattufer und die Kniepsandbucht bei Wittdün. Zu bestimmten Zeiten sind hier einige zehntausend Vögel in einer einzigen Schar zu sehen. Neben den nichtbrütenden hiesigen Austernfischern sind es vor allem Knutts, Alpenstrandläufer, Gold- und Kiebitzregenpfeifer, Pfuhlschnepfen und Große Brachvögel, in kleineren Mengen Kampfläufer, Zwerg- und Meerstrandläufer und andere Arten. Am Steenodder Kliff halten sich während der Zugzeit immer Trupps von Steinwälzern auf, die Steine, Muscheln und Tang umwälzen, um nach Flohkrebsen zu suchen. Aber von Ende April/Mitte Mai an sind fast alle diese Vögel nordwärts zu ihren nordischen Brutplätzen entschwunden. Der herbstliche Vogelzug wirkt weniger massiert, weil er sich zeitlich über Monate dehnt. Schon im Juli erklingen aus den Dünentälern die melodischen Triller der Regenbrachvögel, die Krähenbeeren suchen. Und wenig später eilen längs Teichufern und Grabenkanten in der Marsch Grünschenkel und Flußuferläufer, manchmal auch Dunkle Wasserläufer, schon im schlichten Ruhekleid. Am Inselstrand rasen im Hin und Her des Wellenauflaufes Sanderlinge auf flinken Beinchen auf und ab.

Aber diese nordischen Limikolen-Massen sind nicht nur eine eindrucksvolle optische Erscheinung. Unvergleichliche Eindrücke vermitteln sie auch mit ihren Stimmen, dem melodischen »Klüü – klüüklüü« der Großen Brachvögel und dem wehmütigen »Pfi-üü-i« der Kiebitzregenpfeifer. Je nach Wetterlage bleiben etliche dieser nordischen Limikolen auch während des Winters hier.

Zu den charakteristischen Vogelstimmen des Herbstes, die Sehnsüchte nach südlichen Sonnenländern erwecken, gehören auch jene der Brandseeschwalben, die mit lautem »Kerrik«, oft in Begleitung ihrer gerade flügge gewordenen Jungen, über das Meer hinziehen und immer wieder auf dem Kniepsand zur Rast einfallen. Rohrweihen, Turmfalken, Habichte und Wespenbussarde, selten auch einmal ein Fisch- und ein Seeadler und Rote Milane streifen auf dem spätsommerlichen Zuge den Luftraum der Insel, während sich im Herbst der turmfalkenähnliche Merlin, Mäuse- und Rauhfußbussarde als Wintergäste einstellen und, je nach Häufigkeit von Mäusen, oft sehr zahlreich sind. Zu diesen Greifvögeln gesellt sich dann auch noch die erwähnte Kornweihe.

Nicht selten sieht man im Spätsommer draußen im Watt Graureiher, meist flügge und selbständig gewordene Jungvögel, die auch an Teich- und Grabenrändern lauern, wo es allerdings nur Stichlinge und Moorfrösche gibt. Störche hingegen zählen zu den Ausnahmeerscheinungen auf Amrum.

Aber auch Scharen von Singvögeln ziehen im Frühjahr und Herbst über die Insel, so Braunkehlchen, die früher auf Amrum gebrütet haben, Trauerfliegenschnäpper, Rotkehlchen, Laubsänger und zahlreiche andere Arten. Besonders häufig sind Wacholder- und Rotdrosseln, seltener Ringdrosseln.

Entenfang in der Vogelkoje

Seit alter Zeit und noch das ganze 19. Jahrhundert hindurch trug das alltägliche Inselleben weitgehend Züge der Urtümlichkeit, die unter anderem auch in der Naturnutzung ihren Ausdruck fanden. Fischfang und Seevogeleiersammeln sowie die Jagd spielten für die ständige oder gelegentliche Deckung des Nahrungsbedarfes in vielen Inselhäusern eine Rolle. In den Rahmen dieser Naturnutzung gehört auch die Anlage einer »Vogelkoje« auf der sumpfigen Heide »Meeram« am Dünenrande zwischen Nebel und Norddorf.

Fanganlagen dieser Art hatten inselfriesische Seefahrer in Holland kennengelernt, wo man schon seit dem 16. Jahrhundert den Wildentenfang betrieb. Vogelkojen bestehen aus quadratischen Süßwasserteichen von einem viertel bis zu einem halben Hektar Größe, von dessen Ecken bogenförmige Seitenkanäle, die sogenannten »Pfeifen«, abzweigen. Diese sind – mit Ausnahme des Einganges zum Teich – allseitig mit Netzen oder Draht überspannt und enden, sich verjüngend, in Reusenanlagen oder Fangkästen. Am Teicheingang steht eine Reihe von übermannshohen Schilfkulissen mit Beobachtungslöchern, so aufgestellt, daß der Kojenmann von den Enten unbemerkt agieren kann. Da Vögel stets gegen den Wind laufen oder schwimmen, haben die Kojenteiche vier, manche auch sechs »Pfeifen«, damit die jeweilige Windrichtung genutzt werden kann. Die Fangzeit beginnt Ende August, wenn von Norden und Osten Scharen von Wildenten, vor allem Pfeif-, Spieß-, Krick- und Stockenten, aber auch Löffelenten und andere Arten auf dem Zug in ihre westeuropäischen Winterquartiere erscheinen. Sind auf dem Kojenteich Wildenten in lohnender Menge versammelt, schleicht der Kojenmann zu jener »Pfeife«, aus der der Wind herausweht und streut, verdeckt von den Schilfkulissen, schwimmendes Futter in das Wasser der »Pfeife«. Bald schwimmen die sogenannten »Lockenten«, gezähmte und kupierte Wildenten der genannten Arten, heran und ziehen ihre Artgenossen in den Tod. Sind nämlich die Wildenten genügend weit in die »Pfeife« hineingeschwommen, tritt der Kojenmann aus den Schilfkulissen und scheucht die vor dem Menschen flüchtenden Vögel an das Ende des Fangkanales in Reuse oder Fangkasten. Hier werden die gefangenen Enten herausgeholt und durch Halsumdrehen getötet, »gegringelt«, wie es in der Kojenmänner-Sprache heißt. Abends wird dann der Fang als Dividende auf die Kojeninhaber verteilt, früher auch in Massen an Konservenfabriken zum Einmachen geliefert. Während der Fangzeit wurde früher um eine Vogelkoje eine umfangreiche Ruhezone ausgewiesen, um nicht durch Lärm die einfliegenden Wildenten zu vertreiben. Rund um die Vogelkojen befindet sich ein breiter Graben, über den nur ein schmaler Steg führt, der in der Fangzeit aber hochgezogen ist, so daß kein Unbefugter die Koje betreten kann. Noch heute sind auf der Insel Föhr einige Kojen in Betrieb, haben aber Auflagen hinsichtlich der Mengen und Arten, die gefangen werden dürfen. Auf Föhr wurde im Bereich der Nordfriesischen Inseln auch die erste Vogelkoje eingerichtet, Anno 1730 in der Oevenumer Marsch, nahe am Deich. Weitere fünf Kojen folgten. Auf Sylt entstand die erste Vogelkoje im Jahre 1767 bei Kampen.

Die Amrumer Vogelkoje wurde 1866 angelegt, nachdem eine Interessentenversammlung im Jahre 1806 ohne Ergebnis geblieben war. Initiator des Unternehmens war Nickels Johann Schmidt aus Nebel. Es bildete sich eine Genossenschaft, die 80 Anteile, »Lose« genannt, verkaufte, verbunden mit der Auflage, daß jeder Interessent höchstens zwei Anteile erwerben dürfe, um die Vorteile des zu erwartenden Entenfanges breit zu streuen. Ein anderer Paragraph bestimmte, daß nur Einwohner der Insel Amrum als Besitzer von Kojen-Losen in Frage kamen – eine Regelung, die offenbar verhindern sollte, daß die Vogelkoje in die Hand auswärtiger Kapitalisten geriet.

Im Frühjahr 1866 begann man mit den umfangreichen Erdarbeiten, so daß die Fanganlage zum Herbst fertig war. Sie kostete 2400 Mark Courant. Erster Kojenmann wurde Cornelius Peters, der ein Tagebuch mit den Entenfängen hinterlassen hat. Die ersten Jahre brachten nur mäßigen Erfolg, aber dann begann sich die Anlage zu lohnen und die Insulaner reichlich mit Entenbraten zu versorgen. Gefangen wurden vor allem die großen und schmackhaften Spießenten mit reichlich 90 %, gefolgt von Pfeifenten mit reichlich 6 %, Krickenten mit 2,2 % und einem geringeren Anteil von Stockenten und Löffelenten. Auch die nachfolgenden Kojenmänner haben – entsprechend dem Arbeitsvertrag – genaue Aufzeichnungen der Entenfänge hinterlassen, und als die Anlage dann kurz vor dem 2. Weltkrieg stillgelegt wurde, hatten fast 420 000 Enten in der Vogelkoje »Meeram« ihr Leben gelassen. Die Fänge waren zeitweilig so groß, daß sie weit über den Bedarf der Inselbevölkerung von damals rund 600 Seelen hinausgingen. So entstand im Jahre 1896 in Nebel eine »Konservenfabrik«, die eingemachte Wildenten in etliche Städte des Deutschen Reiches exportierte. Die Kojenmänner erhielten für jede Ente eine Prämie und gingen mit entsprechendem Eifer ihrer mörderischen Tätigkeit nach.

Immerhin verdanken die genannten Wildentenarten dem Umstande, daß sich mit ihrem Fang ein einträgliches Unternehmen entwickelte, ihre friesischen Namen. Die Spießente hieß »Gräfögel«, die Pfeifente »Smän«, die Krickente »Uart« und die Löffelente »Slob«.

Reichliches Pflanzen von schnellwüchsigen Bäumen wie Erlen, Pappeln und Birken bildeten bald rund um den Kojenteich einen Hain, den ersten zusammenhängenden Baumbestand auf der bis dahin fast baumlosen Insel. Die Bäume gaben dem Kojenmann bei seinen Pirschgängen von »Pfeife« zu »Pfeife« Deckung, und damit die Vögel keine Witterung vom Menschen erhielten, trug der Kojenmann einen Kasten mit rauchschwelendem Torf an der Seite – eine allerdings überflüssige Maßnahme, da fast alle Vögel kein ausgeprägtes Geruchsvermögen haben.

Zu den besonderen, in der Rückschau eher heiteren Episoden der Vogelkoje gehört der »Entenprozeß« gegen den Betreiber der Inselbahn, der Aktiengesellschaft Nordseebäder Wittdün und Satteldüne. Als die Bahnschiene im Jahre 1901 bis Norddorf erweitert wurde, protestierten die Kojeninteressenten und erwirkten einen Vertrag, der die Bahngesellschaft verpflichtete, für eine eventuelle Minderung der Entenfänge infolge Störung durch die Bahn einen Schadensausgleich zu zahlen. Während der Fangzeit war »lautes Läuten und Pfeifen der Lokomotive verboten«, und gegebenenfalls sollte die Bahn zwischen Nebel und Norddorf mit Pferden gezogen werden. Wenige Jahre später war es soweit. Die Kojeninteressenten verklagten die Inselbahn wegen nachgewiesener Fangminderung, und diese mußte zahlen. Tatsächlich aber lag die Bahn so weit ab von der Vogelkoje, daß sie die Enten nicht verscheuchte. Denn Jahre später stiegen die Fänge wieder auf Rekordhöhen. Ebenso, diesmal aber begründet, erregten sich die Gemüter, als die Gemeinde Norddorf Mitte der 1930er Jahre auf der Heide die Anlage eines Flugplatzes plante.

Aber dann ging es aus ganz anderen Gründen mit dem Entenfang zu Ende. Die 1934/35 erlassenen Reichsjagd- und Naturschutzgesetze verboten den Massenfang von Tieren und stellten die Hege in den Vordergrund. Die Vogelkojen erhielten sich verschärfende Auflagen und ständige Besuche durch die Polizei. Und dann verlagerten die durch den Massenfang rar gewordenen Wildenten ihre Zugwege, und der Fang lohnte sich nicht mehr. Im 2. Weltkrieg verfiel die Anlage und wurde dann bei Neubeginn des Fremdenverkehrs in eine Touristenattraktion umgewandelt.

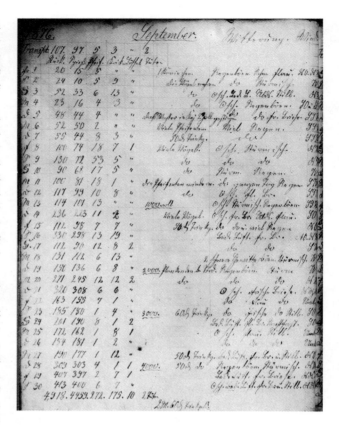

Das »Fangbuch« der Vogelkoje Meeram

Die Vogelkoje auf der Moorheide von »Meeram« blieb nicht die einzige auf Amrum. 1883 legte eine Interessentenschaft aus Süddorf eine Fanganlage auf Klintum unter den Dünen von Wittdün an. Die Koje war sechseckig und hatte sechs »Pfeifen«. Doch blieben die Fänge so gering, daß die Interessenten jährlich zuzahlen mußten. Vergeblich versuchte man, wenige Jahre später die Koje an einen Spekulanten zu verkaufen, der beim Leuchtturm ein Seebad anlegen wollte, dann aber doch kein Geld hatte. Als dann 1890 der Badeort Wittdün gegründet wurde, war es mit dem Entenfang endgültig vorbei. Zwar erstritten auch die Süddorfer Kojeninhaber gegen die Inselbahn eine Entschädigung, aber schon Mitte der 1890er Jahre wurde die Koje stillgelegt. Heute erinnert nur noch der Teich mit den zugewachsenen »Pfeifen« an ihre kurze Geschichte.

Säugetiere

Gegenüber der Vogelwelt tritt die Säugetierfauna auf Amrum deutlich zurück, ja sie wäre fast unsichtbar, wenn nicht das Wildkaninchen so häufig wäre, ebenso in manchen Jahren die Ostschermaus. Und während sich die Vogelfauna durch Einwanderung neuer Art verändert und erweiterte, kann sich jene der Säugetiere nur durch menschliche Eingriffe, dem Einbürgern, auf einer Insel ändern, die so weit vom Festlande entfernt ist. Lediglich zwischen Föhr und Amrum ist bei Ebbe und in strengen Eiswintern ein Austausch möglich und auch etliche Male registriert. So gelangten in den 1880er Jahren Wiesel nach Amrum, die aber durch Verfolgung bald wieder ausgerottet wurden. Ob es sich um Hermelin oder Mauswiesel handelte, ist aber nicht mehr bekannt. Und einige Male ist auch Rehwild, das in den 1930er Jahren auf Föhr angesiedelt wurde, über das Watt nach Amrum gelangt, aber früher oder später wieder zurückgewechselt, wobei in Frage steht, ob das andere Inselufer wieder lebend erreicht worden ist. Einmal auch (1986) wurde ein Rehbock auf der Amrumer Autostraße totgefahren. Ein eigener Einbürgerungsversuch um 1940 scheiterte daran, daß Insulaner traditionell ihre Hunde frei herumstreunen ließen.

Ebenso ist zu vermuten, daß die gelegentlich auf Amrum gesichteten Fledermäuse unbestimmter Arten von der Nachbarinsel Föhr nach Amrum fliegen und dorthin zurückkehren.

Urtümlich für Amrum scheinen nur Hausmaus, Waldmaus und vielleicht der Hase zu sein. Eingebürgert wurden Wildkaninchen, Igel und Eichhörnchen, während bei der Ostschermaus in Frage steht, ob sie der ursprünglichen Inselfauna zuzurechnen ist oder durch Bau- und Buhnenmaterial zur Insel gelangte.

Die Hausmaus ist früher wie heute im Bereich der Siedlungen zu finden, war aber in der Zeit der Nebenerwerbslandwirtschaft und der Hühnerhöfe sehr viel häufiger als gegenwärtig, wo sie in Gästehäusern nicht geduldet wird. Die Waldmaus, die im Winter öfter in Gebäude einzieht, lebt nicht, wie ihr falscher Name verrät, im Walde, sondern auf freiem Feld, insbesondere auch in den Dünen. Sie frißt neben pflanzlicher Kost auch das Fleisch frischtoter Tiere, darunter auch der eigenen Art, tritt aber nur selten in Erscheinung. Auffälliger ist dagegen das Wirken der Ostschermaus, die auf Amrum fälschlich »Wasserratte« genannt wird, weil sie bevorzugt an Grabenkanten lebt und sehr gut schwimmen und tauchen kann. Ostschermäuse leben aber auch auf Trockengelände, und überall sind ihre Höhlen und die maulwurfsähnlichen Erdaufstöße ihrer unterirdischen Erdgänge zu sehen. Periodisch vermehren sich die Ostschermäuse so stark, daß erhebliche Schäden in der Land- und Forstwirtschaft entstehen. Doch folgen den »Mäusejahren« dann solche, in denen nur noch lokale Vorkommen zu verzeichnen sind.

In den Gewöllen von Waldohreulen wurden in den 1950er Jahren einige Male sowohl Wald- als auch Feldspitzmaus nachgewiesen. Doch gibt es keine Bestätigung über lebende Populationen dieser Tiere auf Amrum.

Im »Erdbuch« von König Waldemar II., angelegt in der Zeit um Anno 1231, werden für Amrum Hasen und Wildkaninchen genannt, offenbar im Zusammenhang mit einem Jagdregal und einem Jagdhaus des dänischen Königs. Wildkaninchen kamen seinerzeit nur auf der Iberischen Halbinsel und in Nordafrika vor, sind also auf Amrum ausgesetzt, vermutlich von König Waldemar höchstselbst, weil er hier Jagdfreuden nachgehen wollte. Und er wählte eine Insel, um die Verbreitung des Wildkaninchens, das durch seine Vermehrung in Land- und Forstwirtschaft große Schäden anrichten kann, durch Meeresufer in naturgegebene Grenzen zu halten. Es ist aber nicht bekannt, ob das dänische Königshaus das Jagdregal jemals in Anspruch genommen hat. Lediglich in der Zeit von 1842–1847, als Christian VIII. im Spätsommer in Wyk seine Sommerresidenz hatte, kam derselbe auch gelegentlich nach Amrum, um hier Kaninchen zu jagen, einmal in Begleitung des Märchendichters Hans Christian Andersen. Offenbar durften auch die Inselbewohner Kaninchen jagen, was zum Schutze der Landwirtschaft und der Dünenvegetation auch ständig nötig war. Zeitweilig vermehrten sich die Kaninchen so stark, daß eine Fang- bzw. Abschußprämie von den Gemeinden gezahlt oder andere Maßnahmen getroffen wurden. Beispielsweise wurden in den Jahren des 2. Weltkrieges einige Hügelgräber eingezäunt, in denen es von Kaninchenbauen wimmelte. Ebenso mußten die Aufforstungsflächen in den 1960er Jahren eingezäunt werden, weil Wildkaninchen die jungen Bäume, auch Nadelhölzer, durch Verbiß vernichteten.

Andererseits haben Wildkaninchen in Notjahren nicht unwesentlich zur Ernährung der Bevölkerung beigetragen. Durch »Stricken«, Drahtschlingen auf den Wechseln, durch das Ausgraben der Baue und durch die Jagd mit Flinte und Frettchen wurde den Wildkaninchen nachgestellt. Sie bildeten dank ihrer Vermehrungskraft ein unerschöpfliches Wildreservoir. 1963 gelangte jedoch die berüchtigte Myxomatose über Föhr auch nach Amrum, und im ersten Jahr der Seuche gingen über 95 % der Kaninchen zugrunde. Später erholten sich die Bestände, aber regelmäßig bricht die Myxomatose wieder aus und reduziert die Menge der Kaninchen. Einen weiteren Tribut fordert die Amrumer Autostraße, auf der im Jahresdurchschnitt um die tausend Tiere zu Tode kommen.

Seit etwa 1970 treten vermehrt auch weiße und schwarze Tiere auf, wobei aber fraglich ist, ob es sich um Einkreuzungen von Hauskaninchen oder um eine Fellmutation von Kaninchen handelt, die auf der abgeschlossenen Insel seit fast 800 Jahren keine Blutauffrischung erlebt haben.

Fraglich ist, ob auch der im Erdbuch genannte Hase eingebürgert worden ist oder sich nach Zerstörung der Marschenflächen rund um Amrum nach der Zeitrechnung auf der Insel behaupten konnte. In späterer Zeit ist der Hase offenbar verschwunden, wobei der schon erwähnte Zustand, Hunde frei herumstreunen zu lassen, ursächlich war. Erst zu Anfang des 20. Jahrhunderts wurden Hasen durch Jagdpächter neu eingebürgert, aber verglichen mit den Wildkaninchen hielt sich der Bestand immer in Grenzen und mußte bis in die Gegenwart hinein durch Einbürgerung von dänischen und böhmischen Hasen gestützt werden. Unverändert dezimieren wildernde Hunde den Hasen, der sich nicht – wie das Wildkaninchen – in Höhlen retten kann. Aber möglicherweise beeinträchtigen auch die zahlreichen Wildkaninchen den Lebensraum des Hasen. In jüngster Zeit auf der Insel ausgesetzt sind auch Igel und Eichhörnchen. Ersterer wurde Anfang des 20. Jahrhunderts von jugendlichen »Naturfreunden« nach Amrum gebracht, sehr zum Schaden der Vogelwelt. Denn Igel entwickelten sich zu beachtlichen Gelegeräubern und ruinierten – wie an anderer Stelle erwähnt – die große Seeschwalbenkolonie auf der Odde. Das Eichhörnchen hingegen wurde 1964 mit zwei Paaren durch den Forstverband im Inselwald ausgesetzt und verzeichnete zunächst eine beachtliche Vermehrungsrate, zum Schaden der Kleinvogelwelt. Aber dann gab es eine spürbare Reduzierung des Bestandes auf eine heute erträgliche Zahl.

In den 1970er Jahren bestand – insbesondere für die bodenbrütende Vogelwelt – die große Gefahr, daß sich eine Population von Iltisfrettchen entwickelte. Es handelte sich hierbei um Tiere, die den Jägern beim Frettieren auf Wildkaninchen entkommen waren. Doch gelang es durch konzentrierte Bejagung, diese Tiere wieder auszurotten.

Reptilien, Amphibien und Fische

Ebenso arm an Arten wie die Säugefauna ist jene der Reptilien und Amphibien auf Amrum. Mitte der 1970er Jahre stellte Gerhard Hallmann lediglich folgende Arten fest: Bergeidechse, Zauneidechse, Grasfrosch, Moorfrosch, Kreuzkröte und Blindschleiche. Bei letzterer Art stellt sich aber die Frage, ob es sich um eine Zufallsbeobachtung von nach Amrum eingeschleppten Einzeltieren handelt, wie sie gelegentlich in Baumaterialien, Futtermitteln und anderem erfolgt. 1972 wurde in den Dünen an der Nordspitze auch eine Ringelnatter entdeckt, die vermutlich in Faschinenmaterial zur Insel gelangte. Da solche Tiere aber auf der Insel keine Geschlechtspartner finden, können keine Populationen dieser Arten entstehen. Auch der Teichmolch ist noch auf der Insel vorhanden, wie eine Befischung von Dünentümpeln ergab. Von den genannten Amphibien sind die Kreuzkröten – charakteristisch auch für andere Düneninseln der Nordsee – auf Amrum die häufigste und auffälligste, insbesondere im Frühjahr, wenn sie zum Laichen aus den Dünen in die Marschengräben wandern und dort in der Abenddämmerung ihr monotones Konzert hören lassen. Offenbar gehören Kreuzkröte und Moorfrosch seit langem zur Inselfauna, tragen sie doch inselfriesische Namen. Erste wird »Pod«, letztere »Hopelfask« (Hüpffisch) genannt.

Noch ärmer ist die Fischfauna Amrumer Süßwasserteiche und Gräben. Abgesehen von den aus dem Watt in die Marschengräben hineinwandernden Aalen ist hier nur der Stichling vertreten, dessen friesischer Name »Stegelpod« (Stachelfrosch) auf Vorkommen auch in älterer Zeit hinweist. Andere Fische kommen, weil Teiche und Gräben sowie die Wasserkuhlen in den Dünen im Hochsommer regelmäßig austrocknen, nicht vor. Erst in jüngster Zeit wurden durch Angler Karpfen, Schleie und Teichforellen in den Teichen der Vogelkojen und des Dünensees bei Wittdün-Wriakhörn ausgesetzt.

Seit etwa Mitte des 20. Jahrhunderts treten auf Amrum auch die Rote und die Schwarze Wegschnecke auf, die bei feuchtem Wetter an Wegrändern und auf Rasen erscheinen. 1989 wurden auch erste Gehäuseschnecken, die Hainbänderschnecke mit knallgelbem, schwarzberingtem Gehäuse und die Gartenschnecke mit rotbraunem Gehäuse, auf Amrum entdeckt, vor allem auf dem Friedhof, aber auch in Gärten von Wittdün. Alle Arten dürften in Gemüse- oder in Blumensendungen vom Festlande zur Insel gelangt sein.

Die Amrumer Schmetterlingswelt

Betritt der Besucher und Naturfreund zum erstenmal die Insel Amrum, wird er kaum ahnen, welch großer Reichtum an Schönheiten auf seine Entdeckung wartet. Verständlich, daß seine Blicke sich vorerst immer wieder den großen und auffälligen, ihm noch unbekannten Gegebenheiten zuwenden. Beeindruckt von der Weite des seewärts bis zum Horizont reichenden Meeres, den scheinbar endlosen Flächen des Watts mit seinen Prielen, bevölkert von unzähligen Wat- und Wasservogelarten, die allein schon durch ihr emsiges Getue und lautstarkes Geschrei auf diesen unvergleichlichen und einmalig interessanten Lebensraum aufmerksam machen, kommt er kaum auf den Gedanken, der Kleinsttierwelt seine Aufmerksamkeit zu schenken. Hier beherrscht die Vogelwelt die Landschaft.

Hat sich sein Auge aber allmählich daran gewöhnt, auch die kleineren Lebewesen zur Kenntnis zu nehmen, so wird er erstaunt sein, wie groß die Mannigfaltigkeit, Formen- und Farbenvielfalt vor allem bei den Insekten ist, die auch hier auf der Insel in den ihnen zusagenden Lebensgemeinschaften (Biozönosen) eine hervorragende Rolle spielen. Hält man sich vor Augen, daß die Insekten etwa 80 % der gesamten Tierwelt unserer Erde ausmachen, ist unschwer zu erkennen, daß diese Kerbtiere auf verschiedene Weise alltäglich in unser Leben eingreifen, daß sie große Helfer, also Freunde für uns sind, andererseits aber auch schädlich sein können. Aus diesem Grunde gilt das besondere Interesse der Entomologen der Erforschung ihrer oft alle Vorstellungen sprengenden und jegliche Phantasie übertreffenden Vielfalt an Lebens- und Fortpflanzungsweisen.

Die Erforschung der Insektenfauna auf den Nordfriesischen Inseln wird erst seit der Jahrhundertwende mit besonderer Aufmerksamkeit betrieben. Vorherige Untersuchungen waren von Verallgemeinerungen und unglücklichen Bemerkungen über angebliche Arten- und Individuenarmut begleitet. So äußerte sich der Botaniker KNUTH 1894 über den entomologischen Charakter der Insel Röm: »Die Bodenverhältnisse der Insel sind der Entwicklung eines reichen Insektenlebens nicht günstig. Da hohe schützende Dünen fehlen, ist die Gewalt des Windes eine ungehinderte, so daß die Existenzbedingungen für die Kerbtiere beeinträchtigt sind. Es sind nur vereinzelte Insekten, welche sich in dem heftigen Winde halten können. Es drängt sich mir während eines einwöchigen, vom Wetter begünstigten, nur biologischen Untersuchungen gewidmeten Aufenthalts auf Röm im Juli 1892 die Überzeugung auf, daß die Zahl der Insektenarten als auch der Einzelwesen auf dieser Insel noch geringer sei als auf Sylt, wenngleich ich auf ersterem Eilande einige Arten fing, welche ich auf letzterem nicht beobachtete. Der Reichtum der Inseln an Insektenarten und Individuen nimmt in der Reihenfolge Röm, Sylt, Amrum, Föhr zu.« SCHNEIDER hat 1898 in seiner umfassenden Arbeit über »Die Tierwelt der Nordseeinsel Borkum« auf das Irrige dieser Ansicht hingewiesen und sie durch seine eigenen reichen Ausbeuten widerlegt.

Gar nicht zu verstehen ist es, daß noch 1932 in einer Arbeit von W. LEHMANN über die »Tierwelt der deutschen Nordseeküste in ihrer Abhängigkeit von den natürlichen Bedingungen« von der Insektenarmut aller friesischen Inseln geschrieben wird. So heißt es dort: »Vor allem fehlen den Inseln die Schmetterlinge, obwohl sie genügend Nahrung finden würden. Sie bieten aber mit ihren großen Flügeln dem Winde eine große Angriffsfläche dar und müssen ihm erliegen. Der unaufhörliche Wind erschwert auch das Anfliegen der Infloreszenzen. Für die Insekten ist es notwendig, der Erde näherzubleiben.« Und an einer anderen Stelle heißt es gar, daß im ganzen auf den Nordfriesischen Inseln 86 Insektenarten beobachtet seien.

Der Hamburger Entomologe GEORG WARNECKE schreibt 1936: »Die Fabel von der Tierarmut unserer friesischen Inseln, die in Studierstuben aufgrund ungenügenden Materials ausgeheckt ist, ist nun wirklich lange genug in der Literatur weitergeschleppt worden; sie könnte jetzt endlich zur Ruhe gebracht sein.«

Systematische Untersuchungen der Insektenfauna begannen auf den Nordfriesischen Inseln erst nach dem 1. Weltkrieg. Hier waren es vor allem norddeutsche Entomologen, die bald die Besonderheit dieses schleswig-holsteinischen Gebietes hervorhoben. Sie erkannten die Eigentümlichkeit dieser Fauna und Flora nicht nur in ihrer Bedeutung für andere Faunen, sondern auch für die Beurteilung allgemeiner biologischer Phänomene.

Für den Naturfreund aber sind nun seit jeher zweifellos die Schmetterlinge (*Lepidoptera*) die bekanntesten und beliebtesten Vertreter der Insektenwelt. Nach den Käfern (*Coleoptera*), der weitaus umfangreichsten Ordnung der Insekten, und der riesigen Ordnung der Hautflügler (*Hymenoptera*), zu denen u. a. die Wespen, Bienen und Ameisen gehören, bilden die Schmetterlinge mit ungefähr 150 000 Arten zahlenmäßig die drittgrößte Insektenordnung, verbreitet über die ganze Erde, soweit es überhaupt pflanzliches Leben gibt. Wie die Tiere aussehen, die dieser Ordnung angehören, braucht man kaum im einzelnen zu sagen. Jedermann kennt die drei Stadien, die der Schmetterling in seinem Leben durchläuft: die Raupe, die Puppe und den Falter. Im Larvenstadium, als Raupen, werden die Schmetterlinge manchmal schädlich, als Falter aber sind sie harmlos, und viele erfreuen uns durch ihre Schönheit. Und so erstaunlich es klingen mag: Es gibt auch auf Amrum keinen Monat ohne Schmetterlinge. Doch davon soll später die Rede sein.

Die erste schmetterlingskundliche Veröffentlichung über die Fauna Amrums brachte der Kieler Entomologe FRITZ HEYDEMANN im Jahre 1926, weitere verdanken wir ihm aus den Jahren 1934 und 1938. Seine Untersuchungen galten zunächst der Erfassung des Artenbestandes und darüber hinaus der Erforschung von ökologischen Formen und deren Variabilität. Es zeigte sich nämlich, daß verschiedene Schmetterlingsarten sich auf den Nordfriesischen Inseln in auffälliger Weise durch Aufhellung ihrer Flügeloberseiten von den Stammformen, die auf dem Festland leben, unterscheiden. Wenn auch Farbänderungen bei Schmetterlingen im allgemeinen bekannt sind, so wird doch der Bildung von ökologischen Formen auf den Inseln und an den Küsten der Nordsee, die auf die besonderen Biotopverhältnisse des trockenen und warmen Sandstrandes zurückgeführt werden, das besondere Interesse der Wissenschaft entgegengebracht. Auf den für Feuchtigkeit stark durchlässigen, daher trockenen und sich schnell und sehr erheblich erwärmenden Sandflächen herrscht ein Eigenklima, das von dem atlantischen Großklima stark abweicht und daher geeignet ist, einen von diesem Großklima abweichenden Einfluß auszuüben. In solchen mikroklimatischen Verhältnissen ist die Erklärung dafür zu finden, daß die Variabilität mancher Schmetterlinge auf den Nordfriesischen Inseln sich bei derselben Art in entgegengesetzter Richtung zeigt, sowohl in Verdunkelung wie in Aufhellung. Der Formenreichtum ist nun aber besonders auffällig bei einigen Arten, deren Flügelzeichnungen verwaschen wird oder ganz verschwindet und deren Färbung bleicher, hellgrau oder gelblich ist. Diese sogenannten Sandstrandformen treten auch an den Küsten des Nordseegebietes auf. Sie sind dem gelben Sand, in England auch dem hellen Gestein, in ausgezeichneter Weise angepaßt. Einige dieser Formen sind von den Stammformen so verschieden, daß sie äußerlich keine Ähnlichkeit mehr miteinander aufweisen. Es wird angenommen, daß diese Formen erblich sind. Für ihre Entstehung wird Mutation und für ihre Erhaltung Selektion entscheidend gewesen sein.

Es würde den Rahmen dieses Aufsatzes sprengen, weitere interessante und zum Teil noch ungeklärte Fragenkomplexe, die die Schmetterlingswelt der Inseln und Küsten im Nordseegebiet betreffen, anzusprechen. Ihre nähere Untersuchung und mögliche Klärung bleibt wohl allein dem Wissenschaftler vorbehalten.

Wenden wir uns nun in einer allgemein verständlichen Betrachtungsweise den Faltern zu, die dem Freund der Inselnatur Amrums beim wachsamen Durchwandern der verschiedenen Landschaftszonen begegnen. Vorwiegend handelt es sich dabei um tagaktive, mittelgroße und farbenprächtige, den Sonnenschein liebende Schmetterlingsarten, auch unter der Bezeichnung »Tagfalter« bekannnt. Einigen von ihnen begegnen wir in milden Wintern manchmal schon im Februar, wenn warme Luftströmungen den Beginn des Vorfrühlings verkünden. Sie haben sich vom Sonnenschein täuschen lassen und vorwitzig ihre schützenden Verstecke, in denen sie den Winter verbrachten, zur Nahrungssuche verlassen. Als »Redaktionsfalter« landen sie dann öfter auf dem Schreibtisch einer Schriftleitung, um als erster Falter des Jahres in der Zeitung gemeldet zu werden. Das wiederholt sich immer wieder, weil so wenige Menschen wissen, daß es sich hier um die letzten Falter des vergangenen Jahres handelt. Gemeint sind hier das Tagpfauenauge (*Inachis io*) und der Kleine Fuchs (*Aglais urticae*) aus der Familie der Edelfalter (*Nymphalidae*), denen sich zuweilen auch der Zitronenfalter (*Gonepteryx rhamni*) aus der Familie der Weißlinge (*Piridae*) zugesellt. Der Zitronenfalter, der meist zwischen trockenem Laub am Boden überwintert, ist übrigens der langlebigste Tagfalter überhaupt. Die ersten Falter im Jahr sind aber die Frühlingseulen aus der Familie der Eulenfalter (*Noctuidae*), die schon Anfang März aus den in der Erde überwinterten Puppen schlüpfen und das Aufblühen der Weidenkätzchen kaum erwarten können. Ziehen Schneeschauer über die Insel, setzen sie sich mit ihren dachförmig über dem Rücken zusammengeklappten Flügeln hin und warten, bis der Frühling wieder da ist. Blühende Weiden liefern um diese Jahreszeit die Hauptnahrung der Falter, Bienen, Fliegen und anderen Insekten. Mit dem Fortschreiten dieser Jahreszeit tritt im Einklang mit der Vegetationsentwicklung immer mehr und auch neues Schmetterlingsleben in Erscheinung. Raupen, die nur halberwachsen in die Überwinterung gegangen sind, kommen zum Vorschein, um an dem frischen Grün der Futterpflanze ihre Entwicklung bis zur Verpuppung fortzusetzen. Räupchen einiger anderer Arten, die als winzigkleine Wesen aus den überwinterten Eiern, welche der Mutterfalter geschlossen in einem sogenannten Eispiegel an oder in die Nähe der geeigneten Nahrungspflanze abgelegt hat, leben in den ersten Wochen ihres Daseins mit ihren Geschwistertieren gesellig in einer Nahrungsgemeinschaft, die durch ein kaum zu übersehendes Gespinst angezeigt wird. Im April/Mai fliegt bereits die 1. Generation anderer Weißlingsarten (*Piridae*) auf der Insel. Genannt seien hier Großer Kohlweißling (*Pieris brassicae*), Rübenweißling (*Pieris rapae*) und Rapsweißling (*Pieris napi*), die ihr Fluggebiet überall haben, deren Raupen an verschiedenen Kreuzblütlern (*Cruciferae*) leben und auch eine 2. Generation hervorbringen. Im Juni ist der vorherrschende Tagfalter im Lebensraum der Dünen und Strandformationen der Ockerbindige Samtfalter (*Hipparchia semele*) aus der Familie der Augenfalter (*Satyridae*). Auf dem Geestrücken begegnet uns auf Schritt und Tritt der zur gleichen Familie gehörende Kleine Heufalter (*Coenonympha pamphilus*). Der Große Perlmutterfalter (*Mesoacidalia aglaja*), der zu der Familie der Edelfalter (*Nymphalidae*) zählt, lebt in diesem Biotop vorzugsweise an dem Ackerstiefmütterchen (*Viola tricolor*), das in dieser sonst kargen Landschaft ein erlesenes Schmuckstück ist. Die Familie der Bläulinge (*Lycaenidae*) belebt dieses vielfarbige Miteinander durch zwei ihrer glanzvollsten Arten, den Kleinen Feuerfalter (*Lycaena phlaeas*) und den Gemeinen Bläuling (*Polyommatus icarus*), dessen Weibchen oberseits beinahe ebenso prächtig blaubestäubt sind (f. *caerulea*) wie die Männchen. Mit etwas Glück erspähen wir auch den Kaisermantel (*Argynnis paphia*). Dieser attraktive Edelfalter, dessen Flügelspannweite 6 cm beträgt, ist gern Blütenbesucher von Brombeeren.

Auch in den andersartigen Lebensräumen dieser Insel ist nun in der warmen Jahreszeit ein ebenfalls reges Falterleben erwacht. Die landeinwärts gelegene Sandheide mit ihren wenigen Moorsenken wird weitgehend von ihrer Charakterpflanze, der Krähenbeere (*Empetrum nigrum*) bestimmt, während die Besenheide (*Calluna vulgaris*) zurücktritt. Stellenweise trifft man auf Ginsterarten, von denen der Englische Ginster (*Genista anglica*) leider stark gefährdet ist. An feuchteren Stellen stehen Kriechweiden (*Salix arenaria*), Bestände der Glockenheide (*Erica tetralix*), Moosbeere (*Vaccinium oxycoccus*), Rauschbeere (*Vaccinium uliginosum*), Sonnentau (*Drosera rotundifolia, D. intermedia*) und der sehr seltene geschützte Lungenenzian (*Gentiana pneumonanthe*). Wollgras, Flechtenarten und das Pfeifengras (*Molinea caerulea*) ergänzen diese typische Flachmoorflora.

In diesem an Pflanzen und Tieren artenreichen Ökosystem leben zahlreiche Schmetterlingsarten, von denen einige ebenfalls im Sonnenlicht des Tages ihre Flugzeiten haben. Die Männchen des Rotrandbären (*Diacrisio sannio*) aus der Familie der Bärenspinner (*Arctiidae*) hasten über die Heide, um ihre Weibchen, die im Fliegen sehr träge sind, aufzufinden. Auch die Männchen des zur Familie der Pfauenspinner (*Saturniidae*) gehörenden Kleinen Nachtpfauenauges (*Eudia pavonia*), deren Weibchen nur nachts fliegen, sieht man im April bis Juni auf der Suche nach den stillsitzenden Weibchen. Bei Sonnenschein, etwa zwischen 10 und 17 Uhr, kann man dieses Gehabe gut beobachten. Interessant ist auch das Verhalten des tagfliegenden Heidekrauteulchens (*Anarta myrtilli*) aus der umfangreichen Familie der Eulenfalter (*Noctuidae*). Wie der deutsche Name schon zu verstehen gibt, ist diese Falterart an Heide gebunden und beansprucht für sich nur die ziemlich begrenzten Flugstellen in den Monaten Mai bis Juli. Ähnlich verhalten sich auch die Männchen des Kleespinners (*Pachygastria trifolii*). Der rasche Flug dieser dickleibigen Falter, deren breite rotbraune Flügel mit helleren, schmalen Querbinden ausgestattet sind, beginnt stets nachmittags im Juli/August, während die Weibchen dieser Art aus der Familie der Glucken (*Lasiocampidae*) erst in den Abendstunden zum Fliegen bereit sind. Das gluckenhafte Sitzen der Weibchen bei ihrer Eiablage führte wohl zu dem deutschen Familiennamen. Von den 6 Bläulingsarten, die bisher für die Schmetterlingsfauna Amrums bekannt sind, ist die Lebensweise des sehr seltenen Hochmoor-Bläulings (*Maculinea alcon*) die merkwürdigste: Im August legt das bräunliche Weibchen seine weißlichen Eier einzeln an die Blüten des Lungenenzians ab. Die Raupe frißt sich vom Ei aus direkt in die Pflanze hinein, verläßt aber den Fraßgang bald wieder, um sich in die Blüten einzubohren. Etwa im September verlassen die ca. 4 mm großen Räupchen die Blüten wieder und suchen entweder selbsttätig die Bodennester einer Ameisenart auf oder werden auch von diesen eingetragen. Die Raupen scheiden aus einer Drüse ein Sekret ab, das von den Ameisen gern aufgeleckt wird. Die Raupen werden deshalb von ihnen wie ihre eigenen Larven behandelt und im Nest herumgetragen. Nach der Winterruhe entwickeln sich die Raupen rasch weiter. Sie ernähren sich von Ameisenlarven. Ende April des nächsten Jahres findet die Verpuppung statt. Anfang Juli schlüpfen die Falter aus, offenbar ohne von den Ameisen belästigt zu werden. Diese Tagfalterart ist also ein echter Ameisengast und an das Vorkommen bestimmter Ameisen an Lungenenzian-Standorten gebunden.

Noch bevor die Sonne untergeht, erscheinen die stattlichen Schwärmer, Arten der Familie *Sphingidae*, ausgezeichnet durch ein hervorragendes Flugvermögen, das auch Flüge über weite Distanzen gestattet. Und wenn es dämmrig wird und die Nacht sich senkt, eilen sie in rasantem Flug von Blüte zu Blüte, um mit ihren sehr langen Rüsseln den Nektar zu holen. Aus dieser Familie wurden bisher immerhin 8 Arten auf der Insel festgestellt. In günstigen Jahren werden ihre Populationen durch Zuwanderungen vom Festland her ergänzt. Am bekanntesten ist sicherlich das Abendpfauenauge (*Smerinthus ocellata*), das neben einigen weiteren Vertretern dieser Familie auf Amrum heimisch ist. Bemerkenswert ist, daß selbst der Totenkopf-Schwärmer (*Acherontia atropos*), dessen Heimat und Hauptvermehrungsgebiet im tropischen Afrika liegt, auf seinen mehr oder weniger regelmäßigen Wanderungen – in manchen Jahren führen diese bis nach Skandinavien – schon wiederholt die Insel Amrum aufsuchte. Mit einer Flügelspannweite von bis zu 13 cm ist er der stattlichste in Mitteleuropa auftretende Schwärmer. Der deutsche Name weist auf die totenkopfähnliche Zeichnung hin, die der Falter dorsal auf der Brust trägt. Seine Neigung, als Honigräuber in Bienenstöcke einzudringen, wurde ihm zuweilen auch in Norddorf zum Verhängnis.

Mit dieser Aufzählung einiger Ökosysteme der Insel Amrum und einzelner, jeweils dort auffällig in Erscheinung tretender, vornehmlich tagaktiver Schmetterlinge könnte man beliebig fortfahren. Hochinteressante Lebensräume, z. B. die Marsch mit den Salzwiesen, die sandigen Äcker und Ruderalstellen, die sumpfigen Ufer von Tümpeln, die Vogelkojen, der künstlich geschaffene Kiefernwald und die erst in jüngster Zeit entstandenen Neuaufforstungen in der Heide, sind hier nicht besprochen. Sie alle sind von Schmetterlingsarten und vielen anderen Tieren als geeignete Lebensstätten erobert und besiedelt worden. Doch die meisten der Falter sind nachtaktiv, und der Naturfreund bekommt sie nur selten oder gar nicht zu sehen.

Hin und wieder lassen sich einige Nachtfalter von beleuchteten Fenstern, Straßenlampen oder anderen Lichtquellen von ihrem eigentlichen Vorhaben, der Nahrungs- oder Partnersuche, ablenken und umkreisen die erhellten Plätze unaufhaltsam. Beim oberflächlichen Betrachten dieser unruhigen Gesellschaft – und je weiter die Nacht fortschreitet, um so fesselnder wird das Schauspiel – stellen wir fest, daß die Mehrheit dieser Tiere vorherrschend grau, braun oder gelblich gefärbt ist. Die Schutzwirkung dieser unauffälligen Farben steht außer Zweifel, denn bei Tage sitzen sie u. a. an Baumstämmen, Zaunpfählen, Mauern, Feldsteinen oder anderen Ruheplätzen und sind von ihren Feinden kaum zu entdecken. Die meisten von ihnen sind Eulenfalter oder Spanner (*Geometridae*). Der deutsche Name Spanner wird hergeleitet von der »spannenden« Bewegung ihrer Raupen, bei denen außer den 3 Brustbeinpaaren nur die beiden hinteren Abdominalfußpaare vorhanden sind. Nächst den Eulenfaltern (*Noctuidae*) sind sie die artenreichste Schmetterlingsfamilie, meist mittelgroß mit Flügelspannweiten zwischen etwa 13 und 50 mm. Zum Teil sind die Flügel mit sehr variablen, farbenfreudigen Mustern versehen, die nicht selten auf dem gewöhnlich gewählten Ruheplatz (z. B. Baumrinde) den Charakter einer Verbergtracht gegenüber ihren natürlichen Feinden (z. B. Vögel) haben. Zu ihnen gehört auch die Gruppe der Frostspanner, die erst in der kühlen bis kalten Jahreszeit, entweder im Spätherbst und Winter oder Winterausgang bis zum Frühling, ihre Flugzeit haben. Ihre Weibchen besitzen mehr oder weniger stark verkürzte Flügel; bei einigen sind sie ganz verschwunden, so daß sie flugunfähig sind. Der Naturfreund erblickt nur die fliegenden Männchen. Erwähnt werden müssen auch die Bärenspinner (*Arctiidae*), deren stark und büschelig behaarte Raupen mancher ihrer Arten (Bärenraupen) der ganzen Gruppe den Namen gaben. Häufiger und bekanntester Vertreter dieser Familie ist der Braune Bär (*Arctia caja*), obwohl man den Falter als Nachtflieger nicht oft zu Gesicht bekommt; eher schon sieht man ihn abends, angelockt durch das Licht einer Lampe. Sein roter Leib und die roten Hinterflügel sind mit stahlblau glänzenden Flecken besetzt, die in der Ruhestellung des Falters von den flach dachförmig zurückgelegten braunen, weiß gezeichneten Vorderflügeln zugedeckt werden. Fühlt er sich bedroht, schnellt er diese in die Schreckstellung, so daß die roten Warnfarben zur Wirkung kommen.

Groß ist die Zahl, die Verschiedenartigkeit und Buntheit der »Nachtvögel«. Kaum einer unserer Tagschmetterlinge trägt Rot, Gelb, Braun, Schwarz, Weiß und Blau so frech und dabei harmonisch nebeneinandergestellt oder ineinander verflochten, wie es bei vielen von ihnen zu finden ist. An Schönheit stehen sie jedenfalls den am Tage fliegenden Arten nicht nach. Sie alle aufzuzählen, würde dem Naturbeobachter die Freude schmälern, seine eigenen Entdeckungen zu machen. Doch wird ihm bei seinen Streifzügen der Hinweis nützlich sein, daß auf der nur 20 km^2 großen Insel Amrum bisher 30 Tagfalter-Arten, 56 Arten Bären, Spinner, Schwärmer u. a., 142 Eulen-Arten und 87 Spanner-Arten, insgesamt also 315 Arten sogenannter Großschmetterlinge (*Macrolepidoptera*), beobachtet wurden, die fast alle hier standorttreu sind. Immerhin sind das über 25 % der in Deutschland vorkommenden

Großschmetterlingsarten. Hinzu kommen – und das sei der Vollständigkeit halber erwähnt – über 100 Arten sogenannter Kleinschmetterlinge (*Microlepidoptera*), die aufgrund ihrer meist sehr spezialisierten Lebensweise (z. B. in Hohlräumen, die durch Fraß der Larven im Innern pflanzlicher Organe erzeugt werden, sogen. »Pflanzenminierer«) und ihrer oft winzigen Kleinheit im geschlechtsreifen Falterstadium weniger gründlich erforscht sind und in der Regel dem Naturfreund verborgen bleiben. Die früher übliche Einteilung der *Lepidopteren* in Groß- und Kleinschmetterlinge (*Macro* und *Microlepidoptera*) sowie in Tag- und Nachtfalter (*Rhopalocera* und *Heterocea*) ist nach neuerer Auffassung nicht aufrechtzuerhalten, weil es keine prinzipiellen Unterschiede zwischen diesen Gruppen und auch keine sie durchgehend trennenden Merkmale gibt.

Leider begegnen uns auch heute noch Unwissende oder Unbelehrbare, die in einer Zeit, in der die Fragen des Naturschutzes an jeden herantreten, die Schmetterlinge – vor allem die Nachtfalter – als »Motten« verkennen, andere Insekten als »Ungeziefer« schmähen und sie sogar töten. Dem naturverbundenen Menschen dagegen sind sie alle gleichberechtigt, die Tagfalter und Spinner, Bären und Eulen, die Spanner sowie die vielen anderen Insektenfamilien. Die Schmetterlingswelt Amrums ist voller Schönheiten und Wunder.

Flora und Fauna am Strand und im Watt

Nordsee und Wattenmeer rund um Amrum sind Lebensraum einer vielfältigen Meeresfauna und -flora, die sich im täglichen Flutsaum des Strandes und Wattufers oder bei Ebbe auf den Wattenflächen präsentieren. Das Angespülte im Flutsaum, der als dunkles Band den höchsten Stand der Flut am Strande markiert, besteht vor allem aus Meeresgewächsen. Insbesondere nach Sturmfluten liegen Bündel von Seegras am Strande und am Wattufer. Die verschiedenen Arten der Seegräser gehören zu den Blütenpflanzen, sind also nicht wie Algen und Tang ausgesprochene Meerespflanzen. Im Wattenbereich von Amrum wächst Seegras in Wattenpfützen, wie auch rasenartig lokal auf gemischten Schlicksandflächen. Früher war Seegras überaus häufig und wurde zur Füllung von Matratzen, aber auch als Dünger für die Feldmark verwendet. Insbesondere im Hochsommer wird der Flutsaum vor allem von den Blättern des Meersalates geprägt, der das ufernahe Watt und die Kniepsandbucht bei Wittdün in hektargroßen Flächen wie grüne Rasen schimmern läßt. Dazwischen treiben die oft seilartig zusammengerollten dunkelgrünen Borstenhaar-Algen, eine der wenigen Arten, die auf den Wattenflächen im Küstenbereich von Amrum wächst, weil sie sich durch flächenartige Verfilzung in Sand und Schlick verankern kann. Aber fast alle anderen Algen und Tange benötigen, da sie keine Wurzeln haben, für ihre Klammern und Haftscheiben einen festen Halt und sind deshalb nur auf Muschelklumpen, Miesmuschelbänken, Uferschutzwerken und Brückenbalken zu finden. Dazu gehören die schwarzgrünen Büschel der Kraushaaralge, die handgroßen grünen Bündel der Flachen Darmalge, die braunvioletten Blätterfetzen des Purpurtangs und vor allem der Blasentang, der in dichten Beständen die Uferschutzwerke rund um Wittdün, die Brückendalben- und Mauern, die Findlinge im Watt bei Steenodde, die Landgewinnungslahnungen am Wattufer bei Nebel und Norddorf sowie alle Muschelvorkommen im Amrumer Watt bewächst. Der Blasentang gehört das ganze Jahr über gesehen zum häufigsten Meeresgewächs im Flutsaum des Inselstrandes, während andere Arten, darunter auch solche von Felsenküsten und aus dem tieferen Nordseebereich wie Knotentang, Zuckertang, Meersaite u. a. oft nur nach anhaltenden Sturmfluten zu finden sind.

Häufig und regelmäßig liegen auch die handgroßen, goldgelben Büschel des See- und Korallenmooses am Strande. Hier aber täuschen Name und Gestalt über den tatsächlichen Habitus. Denn es handelt sich nicht um Pflanzen, sondern um Hydroidpolypen, die in oft rasenartigen Beständen auf festem Boden in tieferen Prielen und Wattenströmen wachsen. Noch bis Mitte des 20. Jahrhunderts spielte Seemoos für die Küstenfischerei eine beachtliche Rolle. Es wurde präpariert und grün gefärbt als »Zierstrauch« im Andenkenhandel verkauft. Etliche Kutter von Amrum betrieben saisonbedingte Seemoosfischerei, während andere Insulaner Seemoos aus dem Flutsaum sammelten.

Zu den regelmäßigen Flutsaumfunden gehören die

Eikapsel des Nagelrochens, die im Herbst abgelegt wurde und ein Zeichen dafür ist, daß es diese Art, die früher für die Küstenfischerei große Bedeutung hatte, noch immer in der Nordsee gibt. Ebenso entdeckt man zu jeder Jahreszeit die faustgroßen Eiballen der Wellhornschnecke, der größten Nordseeschnecke, und nach Sturmfluten die bis zu 25 cm langen kalkartigen Rückenschulpe des Tintenfisches, der selbst aber nur ganz selten am Strande gefunden, aber gelegentlich in den Netzen küstennaher Fischer gefangen wird.

Manche Seetiere stranden nur zu bestimmten Jahreszeiten. Dazu gehören die Quallen. Während die weintraubengroße Kugelrippenqualle, auch »Seestachelbeere« genannt, auch im Winter zu finden ist, entdeckt man die größeren Arten nur im Sommerhalbjahr. Zunächst erscheint im Mai und Juni die Ohrenqualle mit ihrer violetten Kreiszeichnung im Zentrum der Glocke. Anschließend tauchen dann die Blaue- und die Gelbe Haarqualle auf, zwei Nesseltiere, die mit ihren Nesselfäden und Giftkapseln auf der Haut von Badenden stechende und brennende Schmerzen auslösen. Aber im Hochsommer sind beide Arten verschwunden, und nun treiben die charakteristisch gezeichnete Kompaßqualle und die blaue, manchmal auch gelblich erscheinende Wurzelmundqualle an. Aber alle Quallen schwimmen gegen den Wind und sind deshalb nur häufig, wenn längere Ostwindperioden mit dem typischen »Sommerwetter« herrschen. Gestrandete Quallen sind schnell gestorben und bald verschwunden, weil sie zu rund 98 % nur aus Wasser bestehen.

Vorwiegend im Sommer erscheinen auch verschiedene Arten von Entenmuscheln. Sie hängen auf Treibgut, das draußen in der Weite der Nordsee und im Atlantik lange unterwegs war. Zwischen den blauen und weißen Schalen steckt aber keine Muschel, sondern ein Rankenfüßler, der zur großen Familie der Krebstiere gehört. Die gestrandeten Tiere vertrocknen und sterben oder werden von Möwen verzehrt. Andere Tiere aus dem Seebereich vor dem Amrumer Weststrand sind seltener und fast immer nur nach Sturmfluten vereinzelt im Flutsaum zu finden. Dazu gehören die stacheligen grünen Gehäuse des Strandigels, die zarten Hüllen der Herzigel mit ihren pelzartigen Stacheln, Seesterne und Schlangensterne, ganz selten auch die großen Taschenkrebse, die im tieferen Wasser leben, Seespinnen und Schwimmkrabben.

Im wesentlichen aber wird das Bild des Flutsaums von den Schalen der Muscheln und Schnecken bestimmt. Ihre Mengen sind Hinweis auf die im Seebereich von Amrum lebenden Arten, und dazu gehören vor allem Herz- und Plattmuscheln, die Amerikanische Bohrmuschel und ähnliche Arten, Teppichmuschel und Dreieckmuschel, Trogmuschel, Sandklaff- und Gestutzte Klaffmuschel, Miesmuschel und andere. Immer noch sind auch die handflächengroßen Schalen der Austern zu finden, obwohl diese Art an der deutschen Nordseeküste bis auf Restbestände als ausgestorben gilt. Und seit Mitte der 1980er Jahre gehört auch die eigenartige Amerikanische Schwertmuschel zu den regelmäßigen, manchmal häufigen Muschelfunden. Diese Art wurde offenbar in Form von Muschellaich im Ballastwasser von Frachtschiffen über den Atlantik in die Nordsee eingeschleppt. Die einheimische Schwertmuschel ist hingegen sehr selten.

Von den Schneckengehäusen fallen vor allem wegen ihrer Größe jene der Wellhornschnecken auf, an der Wattseite wegen ihrer Häufigkeit jene der Strandschnecken. Nach anderen, etwa nach Nabelschnecken, Turmschnecken, Netzreusenschnecken oder Pelikanfüßen muß man lange und oft vergeblich suchen. Alle genannten Seetiere werden aber übertroffen durch die Masse der winzigen Wattschneckengehäuse, die nur wenige Millimeter klein sind, aber oft als meterbreiter Belag, ja in Form regelrechter Strandwälle aufgespült am Amrumer Wattufer liegen.

Der schmale Streifen von Sandwatt und die Bänke, die bei Ebbe vor dem Amrumer Kniepsand trockenfallen, bieten nur wenigen Tieren Lebensraum. Zu unruhig ist der Boden im Brandungssaum, und zu nährstoffarm. Deshalb sind hier nur einzelne Häufchen des Wattwurmes sowie lokale Kolonien von Miesmuscheln und Bäumchenröhrenwürmer zu finden. Aber manchmal entdeckt man eine breite Schleifspur im Sandwatt am Strande, die plötzlich zu Ende ist. Hier hat sich eine Wellhornschnecke eingegraben, um sich vor Möwen zu sichern. Von dieser großen Nordseeschnecke liegen ständig die Eiballen mit den erbsengroßen Fruchthüllen am Strand. In jeder Hülle befinden sich bis zu 2000 Eier, von denen aber nur etwa 10 befruchtet sind. Die anderen dienen den Embryonen als Nährmasse, ehe diese mit einem fertigen Gehäuse aus den Hüllen schlüpfen.

Im Watt, am Amrumer Ostufer, aber knistert das Leben. Ausgedehnte Sand-, Schlicksand- und reine Schlickwatten, der ständige Wechsel von Ebbe und Flut mit dem Transport von organischem und anorganischem Plankton bedingen ein vielfältiges Bodenleben, das durch das Krabbeln und Grabbeln einer Riesenarmee von Schlickkrebsen mancherorts regelrecht hörbar wird. Neben dem schwimmenden Plankton sind es vor allem verschiedene einzellige Algen, die den Boden als glitschig-braune Masse überziehen und am Anfang vie-

Graugänse, Brut- und Zugvögel auf Amrum

*Seite 245
Zugvögel (Knutts, Austernfischer u. a.) im Annland bei Haus Burg*

Ringelgänse beim Einflug in die Norddorfer Marsch

*Unten:
Große Brachvögel auf dem Zuge im Amrumer Watt*

Seite 248 Das Vogelwärterhaus auf der Odde
Seite 248 Das Wohnhaus des Kojenwärters, Vogelkoje Meeram

Kreuzkröte

Tagpfauenauge

Ostschermaus

Igel

ler Nahrungsketten stehen. Die inneren Amrumer Sandwattzonen im Bereich von Wittdün und der Hafenbucht von Steenodde sind ein stellenweise dicht besiedelter Lebensraum von Strandschnecken, die auf den Uferschutzwerken, Buhnen und am Festwerk der Anleger einen festen Halt finden und von dort auf Nahrungssuche gehen. Überall klumpen sich die bei Ebbe ruhenden Tiere zusammen oder sind, lange Schleifspuren hinterlassend, unterwegs. Die unmittelbare Uferzone mit ihren Festwerken bietet auch den Seepocken einen festen Untergrund, und die Buhnen unter der Wittdüner Strandpromenade sind oft bis obenhin besiedelt, dort, wo nur für kurze Zeit das Hochwasser oder der Wellengang hinaufreichen, um die Tiere mit Nahrung zu versorgen. Seepocken sind Rankenfüßler und gehören somit ebenfalls zur großen Familie der Krebstiere.

Wo Schlickwatten dominieren, so in der Bucht von Steenodde, am Wattufer zwischen dem Kliff »Ual Aanj« bei Nebel und bis hinauf zum Sandwatt vor der Nordspitze, sind mancherorts die winzigen Wattschnecken in Massen vertreten. Nicht selten besiedeln einige zehntausend Tiere einen einzigen Quadratmeter Schlickboden, wo sie Kiesel- und Grünalgen äsen. Wattschnecken können sich durch Lufteinschluß im Gehäuse mit der Flut vertreiben lassen, und leere Gehäuse liegen oft als dichter Belag am Wattufer. Schlick- und Mischwatt sind auch Lebensraum des Schlickkrebses, der an günstigen Stellen ebenfalls zu Tausenden pro Quadratmeter in fingertiefen Röhren haust, aus denen die Tiere emporsteigen, um mit ihren langen Fühlern auf der Oberfläche Nahrung einzustreichen. Das Platzen der Wasserhaut zwischen den herumgrabbelnden Fühlern bewirkt durch die Masse dieser Tiere das erwähnte eigenartige Wattengeräusch. Zu den Krebstieren gehören auch etliche Arten von Sandhüpfern und Flohkrebsen. Sie verbergen sich bei Ebbe unter Tangbüscheln und Strandgut und springen, sobald ihre Verstecke angehoben werden, in alle Richtungen auseinander.

Fast alle Wattentiere sind nicht nur bei Ebbe, sondern generell im Boden verborgen und weisen nur durch Öffnungen und Spuren auf der Oberfläche auf ihr Vorhandensein hin. Dazu gehören die Kolonien der Pfeffer-, Platt- und Herzmuscheln. Letztere Art ist aber mancherorts, so auf dem Watt bei Wittdün und Steenodde, auch auf der Oberfläche zu finden. Herzmuscheln müssen im Amrumer Watt zu Milliarden leben, denn sie sind die überwiegende Ernährungsgrundlage der Silbermöwen. Groschengroße Löcher im Sand- und Mischwatt weisen auf die große Sandklaffmuschel hin, die bis zu 30 cm tief im Boden steckt, aber über einen fingerdicken Syphon wie die anderen Muschelarten Verbindung zur Oberfläche hat, um bei Flut aus dem Wasser Sauerstoff und Nahrung zu filtern. Beunruhigt durch Wattenwanderer zieht sie ruckartig diesen Schlauch ein und spritzt als kleine Fontäne das noch darin befindliche Wasser heraus.

Charakteristisch aber und unübersehbar sind auf dem Wattboden die Sandkringel, die Kothäufchen der Wattwürmer. Diese bis 15 cm langen Würmer leben in u-förmigen, schleimverkitteten Röhren, deren Ein- und Ausgänge zur Oberfläche reichen. An einem Röhrenende saugt der Wurm den Sand herunter, so daß sich dort ein Trichter oder ein Loch bildet. Er kaut die mit jeder Flut im Trichtersand abgelagerten Nahrungsstoffe heraus und drückt den durchgekauten Sand als »Sandkringel« wieder zur Oberfläche. Im Laufe der Zeit wandert so der größte Teil des oberen Wattbodens durch den Darm dieser Würmer.

Weniger auffällig sind die Spuren des Seeringelwurmes, der Blutfadenwürmer und anderer Arten, die man nur durch Graben mit Spaten oder Spezialforken in ihrem unterirdischen Element entdeckt. Von einem anderen Wurm, dem etwa 10 cm langen Gefleckten Blattwurm, findet man im Frühjahr in den Wattenpfützen grüne, weintraubenähnliche Eiblasen. Größter Wurm im Wattboden, fast fingerdick und bis zu einem halben Meter lang werdend, ist der Meerringelwurm, den man

Seite 250 Seehund auf seiner Schlafbank
Seite 251 Seehundsrudel im See- und Wattengebiet von Amrum
Seite 251 Kegelrobben auf Jungnahmensand
Seite 252 Wildkaninchen

aber trotz seiner Größe fast nie zu sehen bekommt – mit einer Ausnahme: In der Laichzeit, Ende April, Anfang Mai, kommen die Tiere, vermutlich nur die Männchen, aus dem Boden, um ihren Samen auszustoßen, und liegen dann sterbend in Massen am Strande. Ebenso stößt man beim Graben im Watt auch nur zufällig auf Kolonien der eigenartigen Köcherwürmer, etwa 3–5 cm lange Tiere mit goldschimmernden Grabborsten, die in exakt gekitteten Köchern leben, durch deren offene Enden der durchgearbeitete Wattboden nach außen strömt.

Auf festem Sandwatt, oft an Rändern von Prielen, aber auch auf hohen Wattenflächen und nicht selten unmittelbar am Ufer, siedeln Miesmuscheln in Einzelklumpen oder in Form ausgedehnter »Bänke«. Sie sind durch ein Gespinst drahtartiger Fäden, den Byssusfäden, miteinander oder auf ihrer Unterlage verbunden. Diese Fäden entstehen durch Sekrete der Muscheln und dienen im ständigen Gezeitenstrom und in der Brandung zur Befestigung. An günstigen Stellen kommen einige tausend Miesmuscheln auf jeden Quadratmeter einer Bank vor, und ihr Wohlgeschmack, verbunden mit einem hohen Eiweißwert, ihre Anspruchslosigkeit und ihre unvorstellbare Vermehrungskraft bedingen im nordfriesischen Wattenmeer, insbesondere im Bereich von Föhr und Amrum, eine umfangreiche Muschelfischerei. Neben der Befischung von wildlebenden Bänken auf hohen Watten, die wegen der damit verbundenen Zerstörung des Gesamtbiotopes von Naturschützern mit Protesten begleitet wird, haben die in Wyk ansässigen Muschelfirmen auch künstliche Bänke angelegt und als ihr Revier markiert. Hier werden von ungünstigen Stellen gestrichene Saatmuscheln ausgestreut und nach etwa drei, vier Jahren geerntet. Über Dagebüll werden die Miesmuscheln in die Niederlande und in das Rheinland exportiert, doch wird auch ein Teil an hiesige Restaurants geliefert.

Miesmuschelbänke sind in der Regel mit Blasentang bewachsen und bieten zahlreichen anderen Wattentieren bei Ebbe Unterschlupf. Unterm Tang und in den Nischen der Muschelklumpen hausen kleine Strandkrabben, Flohkrebse, Seesterne und Strandigel, während auf den Muschelschalen neben Seepocken grüne Käferschnecken und purpurfarbene Pantoffelschnecken festgeheftet sind. Käferschnecken sehen Kellerasseln verblüffend ähnlich, während Pantoffelschnecken zu dritt und fünft etagenartig übereinander sitzen und eine Geschlechtskette bilden. Die in der Jugend männlichen Tiere verwandeln sich später zu Weibchen, so daß eine Art Selbstbefruchtung stattfindet. Wie andere, heute im Wattenmeer uns vertraute Tiere, wurden auch Pantoffelschnecken von nordamerikanischen Küstengewässern in die Nordsee eingeschleppt. Am Rande der Muschelbänke oder auf unbesiedelten Stellen finden die eigenartigen Bäumchenröhrenwürmer einen sicheren Lebensraum. Dicht an dicht stehen die daumenlangen, aus Sand und Muschelgrus gekitteten Röhren mit ihren borstenartigen Enden im Sand. Sie verlängern sich 20–30 cm tief in den Wattboden und dienen dem Wurm als Unterschlupf. Bei Flut steigt das Tier an den Kopf der Röhre und tastet mit seinen langen Tentakeln die Umgebung nach Nahrung ab.

Wo Miesmuscheln in tieferen Prielen und unter der Niedrigwasserlinie liegen, bieten sie verschiedenen Schwämmen, vor allem dem gelben Klumpenschwamm, den Büscheln der Blättermoostierchen und anderen Lebensraum und festen Halt. Miesmuscheln sind fast immer von Seerinde und Stachelpolypen überwachsen oder sind Unterlage von Seenelken, Seerosen und Seeanemonen. Diese eigenartigen Wesen sind ungeachtet ihres Pflanzennamens und ihrer Pflanzenerscheinung Nesseltiere, nahe mit den Quallen verwandt. Mit ihren Scheinblüten und den Giftkapseln fangen sie Beute ein.

Lebensräume besonderer Art sind auch die Priele im Watt. Sie sind bei Niedrigwasser zwar durchweg nur einen halben bis einen Meter tief, gewähren aber etlichen Wattentieren Unterschlupf. Unter Tangbüscheln verbergen sich Strandkrabben und warten auf die nächste Flut. Aufgestört eilen sie querlaufend davon und spreizen drohend ihre Scheren oder graben sich sekundenschnell rückwärts im Sande ein. Gehäuse von Wellhornschnecken sind fast immer von Einsiedlerkrebsen bewohnt. Sie schützen mit dem Gehäuse ihren weichen Hinterleib, der spiralenförmig in den Schneckengang hineingerollt und am Ende mit einem Kranz von Widerhaken befestigt ist. Trotz des relativ großen Gewichtes eilen die Einsiedlerkrebse erstaunlich behende mit ihrer Last umher. Überall im flachen Wasser schießen, bewegt durch den Rückwärtsschlag ihrer Schwänze, Garnelen umher oder tasten sich, wenn man still stehenbleibt, neugierig an unsere Füße heran. Ebenso bevölkern Grundeln, Seescorpione und Aalmuttern die Priele. In den Tangbüscheln verbergen sich Aale aller Altersstadien, und am Rande der Priele ruhen Plattfische, vor allem Flundern, aber auch Schollen warten, eingegraben im Sand, auf die Wiederkehr der nächsten Flut, um sich dann – zusammen mit den anderen Tieren – nahrungssuchend über die Weite des Wattenmeeres zu verbreiten. Zugleich aber kommen mit der Flut auch andere Fische aus der Nordsee herauf auf das Watt, im Mai oft Massen von Hornfischen und während der Sommermonate Meeräschen, zwei Arten, die bis in die unmittelbare Uferzone erscheinen und deren Hin und Her nicht selten bei windstillem Wetter und Wasser dicht unter der Oberfläche zu sehen ist.

Tümmler, Seehunde und Kegelrobben

In den Rahmen dieser Tierwelt im See- und Sichtbereich Amrumer Küsten gehören auch Tümmler und Robben. Der bis zu 2 m lang werdende Tümmler oder Schweinswal gehört unverändert zur Nordseefauna bei Amrum. Bei windstillem Wasser werden gelegentlich die auftauchenden Rückenflossen sichtbar, und immer wieder antreibende tote Tiere und nicht lebensfähige Jungtiere weisen auf das Vorkommen hin. Die Robben sind mit dem Seehund und der Kegelrobbe vertreten. Gelegentlich verirrt sich auch eine Ringelrobbe in hiesige Gewässer. Seehunde bevölkern etliche Sandbänke im Watt zwischen Amrum und Föhr, vor allem im Bereich des Mittellochs, sowie die Außensände westlich der Insel. Den traditionell größten Bestand weisen im Sommerhalbjahr Jungnahmensand und Theeknob auf, wo gegenwärtig rund 300 Seehunde gezählt werden. Aber auch auf der Amrumer Odde kann man an ruhigen Wintertagen gelegentlich ruhende Seehunde entdecken. Die Virenseuche des Sommers 1988, die weltweites Aufsehen erregte, aber in erster Linie ein natürlicher Vorgang zwecks Regulierung der übermäßig angewachsenen Seehund-Population war, hat die Anzahl der Seehunde im Seebereich von Amrum nur geringfügig dezimiert.

Seehunde haben früher im Erwerbsleben der Insulaner, als diese noch ganz auf die Nutzung der Natur ausgerichtet waren, eine große Rolle gespielt. Neben dem Fell wurde der aus der Speckschicht ausgekochte Tran als Brennstoff für Beleuchtungskörper verwendet, in ärmeren Familien aber auch das Fleisch gegessen. Noch Mitte des 19. Jahrhunderts bezeichneten sich einige Inselbewohner als »Seehundsjäger« von Beruf. Und eine ganz besondere Bedeutung hatten Seehunde in den Jahrzehnten vor und nach 1900, als sie zum Gegenstand der Jagdlust von Kurgästen wurden und etliche Amrumer Schiffer sich als Führer auf Seehundsjagd während der Sommersaison einiges Geld verdienten. Durch diese konzentrierte Bejagung wäre der Seehund an der deutschen Nordseeküste aber beinahe ausgerottet worden. Erst durch das Reichsjagdgesetz im Jahre 1935 erhielt er eine Schonzeit. Seit 1971 ruht die Seehundsjagd – mit Ausnahme des Abschusses von kranken Tieren – völlig und dürfte eine der Ursachen für die anhaltende Vermehrung dieser Tiere sein. Seehunde sind in ihrem Fettgewebe durch Schadstoffe der Nordsee, insbesondere durch PCB und Quecksilber, stark belastet, weil sie über Algen, Flohkrebse und Fische am Ende der Nahrungskette stehen. Bei den Bemühungen um verstärkten Schutz der Nordsee steht deshalb der Seehund im Vordergrund.

Inselbesucher lernen den Seehund und sein Revier durch Amrumer Ausflugsschiffe kennen – oder sie entdecken gelegentlich im Juni/Juli einen jungen Seehund, einen sogenannten »Heuler«, der den Kontakt zu seiner Mutter verloren oder Schwierigkeiten hat, sich nach der Selbständigwerdung – die sich bereits vier, fünf Wochen nach der Geburt vollzieht – selbst zu ernähren. Nur in seltenen Fällen bedürfen solche Tiere der menschlichen Hilfe in den »Heulerstationen«. Fast immer findet die Seehündin ein verlorenes Jungtier durch dessen Heulen wieder, das sich im Wasser kilometerweit überträgt, oder das selbständig gewordene Jungtier kommt nach einer Hungerkur dann schließlich doch in der Natur zurecht.

Etwa Ende der 1950er Jahre wanderten von britischen Küsten Kegelrobben auf die Seesände vor Amrum ein. Die männlichen Tiere, die Bullen, werden fast 3 m lang. Durchschnittlich wurden Ende der 1980er Jahre 20 bis 25 Tiere gezählt, doch seit dem Frühjahr 1989 tauchten geschlossene Rudel von über 40 Tieren auf, die eine auffallend geringe Fluchtdistanz zu Schiffen und Menschen zeigten.

Die Kegelrobben des Nordatlantiks und der Ostsee bekommen zu unterschiedlichen Zeiten Junge. Auf dem Jungnahmensand vor dem Kniepsand von Amrum werden die Jungen zwischen Ende November und Mitte Januar geboren. Im Gegensatz zum sofort schwimmfähigen jungen Seehund sind junge Kegelrobben aber erst wasserfest, wenn sie nach drei, vier Wochen das weiße Embryonalfell abstreifen. Bei einer Überflutung des Jungnahmensandes, der nur einen knappen Meter über Mitteltidehochwasser liegt, treiben die Jungen ab und gelangen an die Strände von Hörnum und Amrum, wo sie von ihren Müttern oft wiedergefunden und zurückgebracht werden. Aber etliche Jungtiere ertrinken. Unmittelbar nach dem Abstreifen des Geburtskleides werden die Jungen selbständig, während die Mutter sich erneut mit den Bullen paart.

Inselflora

Die vielfältigen Insellandschaften – Kniepsand und Dünen, Heide und Geest mit Feldmark und Trockenrasen, eingedeichten Marschen und Salzwiesen – bedingen spezielle Pflanzen und Pflanzengesellschaften, die den genannten Standorten entsprechen. Etwa 400 wildlebende Gefäßpflanzen verzeichnet die Amrumer Flora, wobei sich der Inselbesucher vor allem für jene der Dünen und der Salzwiesen interessiert, die er von zu Hause nicht kennt.

Schon nahe am Flutsaum, draußen auf dem Kniepsand, beginnt das Pflanzenleben. Hier stehen im extremen Gelände ewigen Windes, der Sandverlagerung und der Überflutungen die dünnen Halme der Binsen-Quecke, auch Strandweizen genannt. Bis zu 40–50 cm hoch werden die lichten Büsche dieser Pflanze und behaupten sich trotzdem gegen den Wind. Im Lee der Halme sammelt sich der stiebende Sand, so daß bald kleine Dünen aufwachsen, auf denen sich dann die Binsen-Quecke durch unterirdische Wurzelausläufer in dichteren Beständen ausbreitet. Trotz ihres meernahen Standortes ist die Binsen-Quecke aber eine Brackwasserpflanze, die nur existieren kann, wenn Regen den Salzgehalt des Sandes herabgesetzt hat. Wachsen die Dünen aber so hoch auf, daß sie nicht mehr von Salzwasserüberflutungen tangiert und durch Regen ausgesüßt werden, drängen andere Pflanzen, Strandroggen und Strandhafer, die Binsen-Quecke zurück.

Besonders interessant ist der abgeschlossene Komplex der Kniepsanddünen am Quermarkenfeuer, wo man – wie an keiner anderen Stelle der Insel – auf kleinstem Raum ein buntes Nebeneinander fast aller Pflanzen des Sandstrandes, auf Zonen mit Schlickablagerung auch etliche Vertreter des Wattufers findet. Direkt am Flutsaum und dort, wo winterliche Sturmfluten eingebrochen sind, breiten sich die Büsche des Meersenfs aus, mit weißvioletten Blüten geschmückt. Sie gedeihen hier auf dem übersandeten Humus alter Flutsäume und sind deshalb nur in dieser engen Zone zu finden, wo seltener auch die stacheligen grünen Büschel des Salzkrautes wachsen. Die unmittelbare Strandfußzone ist auch Lebensraum der Salzmiere, die mit ihren dickfleischigen Stengeln und Blättern fast rasenartig den Boden bedeckt, im Frühsommer mit weißen Blüten geschmückt. Ihr Habitus weist sie, wie auch andere in dieser Lebenszone, als Halophyten aus, mit der Fähigkeit, Süßwasser zu speichern, um der Austrocknung und dem Salz zu widerstehen.

Flache, bodenfeuchte Zonen im Schutze der dicht bewachsenen Dünenwälle sind überzogen von den Ausläufern des Gänsefingerkrautes mit den knallgelben Blüten und den ausgreifenden Stengeln der Spießmelde, die hier nicht – wie auf binnenländischen Standorten – aufrecht wächst, sondern sich wegen des Windes dicht über dem Boden hält. Auf höheren Lagen stehen die stabilen, manchmal meterhohen Stengel der Gänsedistel, mit gelben Blüten und wolligen Fruchtflocken sehr auffällig und alle anderen Pflanzen überragend. Auch diese Art kommt im Binnenlande vor, kann sich aber auch als salztolerant an der Küste behaupten.

Viele Jahre stand auf den Kniepsanddünen auch eine kleine Gesellschaft der seltenen Stranddistel, die noch bis in die 1930er Jahre auf Amrum zu finden war, dann aber durch Abpflücken ausgerottet wurde. Ein neuer Bestand bildete sich dann um 1970 durch Saatgut, das von der Insel Spiekeroog bezogen wurde. Ständige Bodenveränderungen und Übersandungen nach großen Sturmfluten ließen die Stranddistel aber Mitte der 1980er Jahre wieder verschwinden.

Neben einigen Vertretern aus der Pflanzengesellschaft der Watt- und Salzwiesen, darunter Queller, Strandflieder und Strandaster, die dort genannt werden, ist an manchen Stellen auch das Milchkraut verbreitet. Es kriecht mit seinen dunkelgrünen fleischigen Stengeln und Blättern ebenfalls dicht über den Boden, und fast unscheinbar sind die zierlichen rotweißen Blüten. Eine dünne Schlickablagerung im Lee der Kniepsanddünen hat auch dem Andelgras einen beschränkten Lebensraum erschlossen, und hier entdeckt ein lange suchendes Auge die winzigen rosa Blütensterne des Strand-Tausendgüldenkrautes, die aber nur bei vollem Sonnenlicht geöffnet sind. Es ist der einzige ständige Standort dieser Pflanze auf Amrum und leidet, wie andere, unter Wildkaninchen, die in den Kniepsanddünen hausen oder nachts aus den Inseldünen herüberwechseln. Charakteristisch für die Kniepsanddünen sind auch die umfangreichen Bestände der Strandsimse rund um die kleinen Flachseen zwischen Kniepsanddünen und Inselstrand.

Am eigentlichen Inselstrand beginnt das Pflanzenleben im Flutsaum mit den auch hier vertretenen Büschen des Meersenfs und des Salzkrautes und verdichtet sich dann über Einzelbüsche des Strandroggens auf den höheren, sturmflutfreien Dünen zu einem fast geschlossenen Bewuchs mit Strandhafer. Dabei verrät der noch fast weiße Sand der Amrumer Stranddünen sowohl die Sandzufuhr vom Kniepsande, wie auch ein noch jugendliches Stadium, das vom Humus langjährigen Pflanzenwuchses noch nicht gelb oder grau geworden ist, wie die binnenliegenden Dünen. Bemerkenswerterweise haben sich unmittelbar hinter dem Stranddünenwall zwischen dem Strandweg von Nebel und dem Quermarkenfeuer seit etwa Mitte des 20. Jahrhunderts umfangreiche Bestände der Kartoffelrose ausgebreitet. Sie wird auch Kamtschatkarose genannt, weil sie aus Ostasien stammt. Angeblich soll diese Art hier durch Amrumgäste, die auf der Insel ein Sommerhaus hatten, in den 1930er Jahren eingeführt worden sein. Für eine zusätzliche Ausbreitung sorgte dann der Forstverband durch die umfangreiche Wegrandbepflanzung im Zusammenhang mit der Aufforstung zwischen 1948–1967. Aber auch zahlreiche Insulaner bepflanzten Gärten und Grundstückswälle mit dieser anspruchslosen Rose, die sich durch unterirdische Ausläufer schnell vermehrt. Vom Frühsommer bis in den Herbst hinein zeigt diese Art ihre großen rosanen, bastardierend auch weißen Rosenblüten und später die großen, orangeroten Hagebutten.

Seltener ist dagegen die Dünenrose mit ihren nur 20–40 cm hohen Büschen und den weißgelben Blüten zwischen Ende Mai bis Mitte Juni. Sie ist nur noch in kleinen Einzelbeständen zu finden und dort bedroht, wo sich die Kartoffelrose ausbreitet. Der größte zusammenhängende Bestand der Dünenrose stand südlich der Kinderheilstätte Satteldüne und wurde im Zusammenhang mit der Erweiterung zur Fachklinik 1987 zerstört. Weitere lokale Vorkommen befinden sich nur noch auf der Geest am Gewerbegebiet Süddorf und wenigen anderen Stellen. Erstaunlicherweise ist der in den Dünen der Ostfriesischen Inseln häufige Sanddorn mit seiner charakteristischen herbstlichen Beerenfülle auf Amrum aber nur in Dorfgärten zu finden, wo er erst in jüngster Zeit angepflanzt wurde.

Auf höheren Dünen und insbesondere solchen, die in Bewegung sind, dominiert der Strandhafer und ist hier durch seine besondere Anpassung oft die einzige Pflanze. Die Wurzeln reichen tief in den Dünensand, und die langen, spitzen Blätter sind eingerollt, um die Verdunstung zu reduzieren. Am besten gedeiht der Strandhafer am Fuße von Wanderdünen, wo eine ständige Sand- und damit verbundene Nährstoffzufuhr erfolgt, während er auf festliegenden Graudünen verkümmert. Die fingerdicken gelben Ähren fruchten im Hochsommer. Als Material für Reepen spielte der »Halm« im alten Amrum eine große Rolle, und bis heute dient er, von den Behörden des Küsten- und Inselschutzes auf Wanderdünen und am Strande gepflanzt, zur Festlegung des Sandes.

Festliegende Dünen und Humpel, aber auch Dünentäler, tragen in der Regel eine niedrige Pflanzendecke in den unscheinbaren Farben braun-grün und grau-gelb. Hier dominieren die handgroßen Porste des Silbergrases, Schafschwingel und Sandsegge, die wesentlichen Anteil an der Dünenbefestigung haben. Die Wurzeldecke ist allerdings sehr dünn und leicht durch Wanderer oder Wildkaninchen zu beschädigen. Die Sandsegge ist auch eine häufige Pflanze sandiger Dünentäler und wächst hier mit langen Wurzelausläufern eben unter dem Sande, die aber in regelmäßigen Abständen ihre Blätterbüschel hochschießen läßt, so daß sich eigenartige Bilder von Seggenreihen ergeben. Blumen treten hier viel seltener und bescheidener auf. Es sind die spärlichen blauen Blütenköpfchen des Berg-Sandglöckchens, vereinzelte Bestände des Kleinen- und Doldigen Habichtskrautes mit leuchtendgelben Blüten und die im Sande fast unscheinbaren weißen Blüten des Hungerblümchens, Taubenkropf, Bauernsenf und andere wenige. Gelegentlich entdeckt man auch das Dünen-Veilchen, eine Verwandte des Ackerstiefmütterchens.

Aber auch Besenheide, Krähenbeere, unterwachsen von Rentierflechte, und Kriechweide sind verbreitete Pflanzen in den Dünen, wo sie insbesondere die Täler in Einzelbüschen oder ausgedehnten Beständen beherrschen und an den Dünenhängen hinaufkriechen. Es gibt jedoch auf Amrum keine hohe Düne, die von Heide oder Krähenbeere ganz überwachsen ist, so wie man es auf der Nachbarinsel Sylt sehen kann. Eine besondere Rolle für die weitere Entwicklung der Pflanzengesellschaften in den Amrumer Dünen dürften die sich vermehrenden Möwenscharen spielen, die große Mengen von Muschelschalen und damit Kalk eintragen und durch ihren Kot und durch sonstige Abfälle den Boden ihrer Brutgebiete düngen. Häufig ist in den »Möwentälern« der gelb blühende Mauerpfeffer. Vögel oder Wind haben auch die Samen einiger Bäume in die Dünentäler getragen, so daß vereinzelte Bergkiefern, Birken und andere aufgewachsen sind. Der Wind hält sie aber in der Regel dicht über den Boden. Die Fichten und Kiefern im Dünental Flegham bei Norddorf, an den Strandwegen von Nebel und Süddorf sowie in den Wittdüner Dünen sind Mitte des 20. Jahrhunderts von Menschen angepflanzt worden, der kleine Birkenhain im Mantjetal nahe der Satteldüne um 1870.

Ganz besondere Lebensräume aber sind die Minimoore tief gelegener Dünentäler, in denen auch während des Sommers der Boden durch das Druckwasser aus den umliegenden Dünen feucht bleibt. Die Ränder sind oft von Kriechweiden umrahmt, die sich schon im

257

April mit goldgelben Kätzchen schmücken. Darunter stehen die niedrigeren Büsche der Rauschbeere, die im Hochsommer Mengen blauer Beeren tragen. Die Pflanzengesellschaft am Boden dieser Moore wird geprägt von einigen Moosarten, von Glockenheide mit großen rosa Blütenköpfen, von der Moosbeere mit ihren im Moose liegenden rot- und braungefleckten sauren Beeren, dem Mittleren und Rundblättrigen Sonnentau, dessen klebrige Rosetten winzige Insekten einfangen, um Nährstoffmängel ihres Standortes auszugleichen, und von einigen wenigen Restbeständen des Sumpfbärlapps, einem Relikt der in Urzeiten mächtigen Bärlapp-Dynastie. Ganz selten jedoch, nur noch an wenigen Stellen bekannt, wachsen der urtümliche Keulen-Bärlapp und das Kleine Wintergrün sowie als weitere botanische Kostbarkeiten Königsfarn, Kleines Zweiblatt und Weichwurz, ganz vereinzelt auch das Knabenkraut und das Wald-Läusekraut.

Wo der innere, wellenförmig über die Inselgeest hingewanderte Dünensaum endet, breitete sich über die ganze Inselmitte in früheren Jahrhunderten die Heide aus, von den Insulanern genutzt als Brennmaterial und zur Herstellung von Besen und deshalb sich ständig verjüngend. Heute wird dieser innere Dünensaum weithin vom Inselwald begrenzt, und Heide in nennenswerter Ausdehnung ist nur noch nordwestlich und nördlich der Vogelkoje sowie am Rande und zwischen den Aufforstungsflächen zu finden. Hier bestimmen Besenheide und Krähenbeere ganz vorwiegend die Pflanzendecke, wobei letztere aber überwiegt. Genau genommen ist die Besenheide eine Kulturfolgepflanze, die sich auf landwirtschaftlich nicht mehr genutztem Sandboden ausbreitet, aber Jahrzehnte später von der Krähenbeere verdrängt wird und sich nur noch in einzelnen Porsten behaupten kann. Diese Entwicklung ist ganz deutlich auf der Amrumer Heide zu verfolgen. Nach etwa dreißig, vierzig Jahren beginnt aber die ungenutzte Heide und Krähenbeere durch Überalterung abzusterben, und nun breiten sich die gelbstengelige Drahtschmiele sowie Seggengräser aus. Die Heide verschwindet und erobert sich erst nach einigen Jahrzehnten, nach Entsäuerung des Bodens, ihren Lebensraum zurück. Die noch um 1970/80 vorhandenen, zusammenhängenden Flächen, die im August, September zur Blütezeit einen rosa Schimmer verbreiteten, sind gegenwärtig bis auf Reste verschwunden, und auf der Insel sind Maßnahmen getroffen, um wenigstens Teile der Heide wieder zu regenerieren. Nur in den Dünen regeneriert sich die Heide vielerorts durch den Sandflug, tritt aber auch hier gegenüber der Krähenbeere sehr zurück.

Der dichte Heide-Krähenbeerenbewuchs läßt kaum anderen Pflanzen Luft und Licht. Aber an ausgedünnten Stellen entdeckt man doch vereinzelt die gelben Blüten des Englischen Ginsters mit seinen kurzen, stacheligen Stengeln oder die rosaroten Blütenpolster des Feld-Thymians. Auch der hochwachsende Besenginster, im Juni über und über mit flammendgelben Blüten geschmückt und später schwarze Fruchtschoten tragend, kann sich mancherorts behaupten. Als Seltenheit findet man Heideseide, eine Schmarotzerpflanze, und Katzenpfötchen, eingestreut aber auch einzelne Pflanzen des Gemeinen Leinkrautes, der Rundblättrigen Glockenblume und wenige andere, die sich den Weg durch die erdrückende Konkurrenz gebahnt haben. Insbesondere an Dünenrändern nahe der Vogelkoje Meeram und an der Vogelkoje bei Wittdün haben sich Feuchtheiden gebildet. Dort wachsen neben einigen Vertretern, die schon im Dünenmoor genannt sind, im Hochsommer die azurblauen Kelche des Lungen-Enzians und die Stengel der Ährenlilie mit den Trauben gelber Blütensterne – eine Pflanze, die auch Beinbrech genannt wird und, wie der Lungenenzian, unter Naturschutz steht.

Als ganz ungewöhnliche Pflanze auf der Heide am Wegesrand gegenüber dem Amrumer Gewerbegebiet zeigt sich der von südwest- und südeuropäischen Küsten stammende Stechginster, der hier mit einigen Büschen seit den 1950er Jahren vertreten ist. Er blüht bei mildem Wetter bereits im Februar/März. Und besondere Aufmerksamkeit erregen auch die wachsenden Bestände der hochstengeligen Weidenröschen mit ihrer rosa Blütenfülle. Sie sind typische Pflanzen von Waldrändern und Heidelichtungen.

Die Amrumer Autostraße, die Landstraße 1. Ordnung mit der Nummer 215, ist auf weite Strecken, insbesondere zwischen Nebel und Norddorf sowie zwischen Süddorf und Leuchtturm, die Linie zwischen den überwiegenden Naturlandschaften und der noch landwirtschaftlich genutzten Inselgeest, der Feldmark. Wo Landwirtschaft, Getreide und Kartoffelanbau sowie Weidewirtschaft mit Vieh und den Pferden für den Reitsport betrieben wird, herrscht ein Vegetationseinerlei, wie es auf Wirtschaftsflächen üblich ist. Aber zwischen dem Nutzland breiten sich umfangreiches Brachland sowie ungestörte Wegränder aus, die zu verschiedenen Jahreszeiten bunte Sträuße und Gesellschaften einer Geest- und Trockenrasenflora zeigen, wie sie überwiegend auf ähnlichen Standorten auch des Festlandes zu finden sind. Ackerstiefmütterchen – andernorts selten geworden – decken oft weithin das Feld, dazwischen der Große- und Kleine Sauerampfer mit ihren roten Krümelblüten, die rundblättrige Glockenblume mit ihren blauen, im Winde nickenden Glockenblüten und das Filigranwerk der gelben Blüten des Labkrautes. Leinkraut und Hasenklee, Rainfarn, das Leimkraut und Wiesen-Labkraut, Hirtentäschelkraut, Schafgarbe, Echte Kamille, das Ferkelkraut, Acker-Witwenblume, die Wegrauke, der Gemeine Beifuß und der Rauhe Löwenzahn, der Hornklee und der Sauer-Ampfer, Ackerwinde und Reiherschnabel, der Blaue Natternkopf, Skabiose, Breit- und Spitzwegerich sind neben anderen weitere Vertreter im Blumenstrauß der Inselgeest. Stark vertreten ist auch das Doldige Habichtskraut, dessen gelbe Blüten oft dicht an dicht über viertel und halbe Hektare leuchten. An Wegrändern und zwischen Getreidefeldern steht der Klatschmohn mit seinen großen, tiefroten Blüten und etwas unauffälliger die blaue Kornblume. Ebenso breitet sich auf Wällen am Wegesrand und über ganze Felder die Strand-Grasnelke aus, die auch in tieferen Lagen am Wattufer nicht fehlt. Verschiedene Distelarten und andere vervollständigen die Flora der Geest und kommen, je nach Bodenqualität und Standort, mehr oder weniger häufig vor. Von besonderer Kostbarkeit ist das Ohrlöffel-Leimkraut, das den Blütenstand durch schleimige Stengel schützt, in denen sich die vom Boden aufsteigenden Freßfeinde unter den Insekten verfangen. Diese Pflanze steht auf der Roten Liste der seltenen und gefährdeten Arten. Und selten und einmalig ist auch die Karthäusernelke mit ihren ausgefransten rosa Blüten. Sie kommt nördlich der Elbe nur auf dem Trockenrasen von Amrum vor.

Am Ostufer der Inselgeest und im Schutze von Dünenwällen und -nehrungen hat sich Marschenland mehr oder weniger großer Mächtigkeit aus Meeressedimenten aufgebaut. Zwischen Wittdün und Steenodde sowie bei Norddorf sind die Marschen 1935 eingedeicht und damit dem bisherigen Einfluß durch Salzwasserüberflutungen entzogen. Nach der Eindeichung und der allmählichen Aussüßung des Bodens hat sich die Vegetation salzvertragender und salzbenötigender Pflanzen in eine solche der Süßwasserflora gewandelt. Die Marschenwiesen werden teils als Viehweide, teils zur Heugewinnung genutzt. Während sich auf den rasenartigen Weiden infolge ständigen Viehtritts und -fraßes nur einige typische Arten der Wiesengräser behaupten können, entfaltet sich auf den Heuwiesen bis zur Mahd und Nachweide eine Fülle von bunten Blumen. Hier leuchten vor allem die gelben Blüten von Hahnenfußarten, die rosa Blütenfransen der Kukkuckslichtnelken, die weißen Blütenstände des Wiesen-Schaumkrautes und die charakteristischen Blütenköpfe des Klappertopfes im unmittelbaren Neben- und Durcheinander. Höhere Wegränder sind schon im zeitigen Frühjahr zuerst mit Gänseblümchen und nachfolgend mit dichten Beständen des Löwenzahnes bewachsen. Roter und Weißer Klee vervollständigen die Wiesenvegetation. Gebiete des Marschenlandes, die weder beweidet noch gemäht werden und durch stauende Nässe gekennzeichnet sind, weisen in manchen Jahren beachtliche Bestände des Schmalblättrigen Wollgrases auf. Im Laufe der Zeit aber hat sich dort die Knäulbinse so ausgebreitet, daß andere Pflanzen verschwinden. Eine solche Entwicklung hat sich auch in weiten Bereichen der Norddorfer und Wittdüner Marsch vollzogen.

Beherrschender aber noch als die halbmeterhohen Binsenbüsche ist das Schilf, das infolge Reduzierung landwirtschaftlicher Nutzung die Feuchtwiesen der Norddorfer Marsch seit Ende der 1960er Jahre erobert hat und diesen Bereich fast alleine dominiert. Nur an Rändern von Gräben und Kuhlen ist Licht und Luft geblieben. Hier wachsen als für Amrum seltene Pflanzen das Sumpf-Blutauge, der Ästige Igelkolben und auf dem Wasser das Schwimmende Laichkraut und die Kleine Wasserlinse.

Eigenartig wie die Pflanzenwelt des Sandstrandes ist auch jene des Wattufers, die sich dort an der Gezeitengrenze auf verschiedenen Standorten präsentiert. Auf sandigen Strandwällen am Nordufer von Wittdün und auf dem Sandwall bei Steenodde finden wir Arten, die schon auf den Kniepsanddünen genannt wurden, also Meersenf und Salzkraut in alten Flutsäumen, Binsen-Quecke, Strandroggen und Strandhafer und Salzmiere. Als Besonderheit aber wächst hier die Strand-Platterbse mit auffallend violetten Blüten, die sich in den Halmen des Strandhafers festrankt. Ein weiterer Standort dieser Art ist der Dünenhang über der Wittdüner Strandpromenade.

Ganz anders aber ist die Vegetation des Schlickwatts und der Salzwiesen am Amrumer Ostufer. Hier wagt sich das Englische Schlickgras, in runden Porsten wachsend, am weitesten hinaus, noch bis zu einem Meter unter der mittleren Hochwasserlinie. Das Schlickgras, das bis zu 70 cm hoch wird, wurde Ende der 1920er Jahre von der englischen Kanalküste zum Zwecke der Landgewinnung an der deutschen Nordseeküste eingeführt, hat die Erwartungen aber nicht erfüllt. Die runden Porste fördern ein Kreiseln der Strömung und damit Auskolkungen im Wattboden. Auf Amrum tauchte das Schlickgras Anfang der 1960er Jahre auf. Bis dahin beherrschte der Queller allein die Übergangszone vom Land zum Meer. Er ist auch heute noch innerhalb der Lahnungsfelder am Amrumer Wattufer sowie in verschiedenen Wuchsformen auf den ufernahen Salzwiesen häufig. Charakteristisch sind die dickfleischigen Stengel und Äste mit den schuppenartigen, fest anliegenden Blättern, die im Gewebe Wasser speichern und den Queller als Halophyten ausweisen. Die unscheinbaren Blüten werden durch die Flut vertrieben, werden aber erst frei, wenn die Pflanzen, die sich im Herbst rot verfärben, im Winter vergehen.

Auch die dem Queller ähnliche, aber am Boden liegende Strand-Sode wächst noch bis eben unter der Hochwasserlinie, besiedelt aber auch die angrenzenden Salzwiesen in manchmal rasenartigen oder hochwachsenden Beständen. Dicht an dicht drängt sich dann hier an der Grenze von Land und Meer eine bunte Gesellschaft in Konkurrenz um Platz und Luft zusammen. Fast halbmeterhoch wächst hier, oft in dichten Beständen und andere Pflanzen verdrängend, die Strand-Melde mit ihren grünroten Blütenknäueln. Auch sie liebt den Humus alter Flutsäume am Wattufer. Andernorts dominiert am Wattufer das silberne Filigrangeäst des Strand-Beifußes, wegen seines herben Duftes auch Strand-Wermut genannt. Diese Charakterpflanze der Salzwiesen besiedelt auch mit Vorliebe Grabenkanten der Salzwiesen weiter landeinwärts, soweit hier vom Wattenmeer aus bei höheren Fluten ein regelmäßiger Salzwassereinfluß zu registrieren ist. Ufer- und Grabenkanten sind auch Lebensraum der Strand-Salzmelde, die sich in porstähnlichen Büscheln ausbreitet. Sie ist aber auch in oft dichten Beständen auf den Salzwiesen vor dem Teerdeich bei Norddorf zu finden.

Fast unauffällig im Gewirr der Salzwiesen – besonders am Wattufer von Nebel – sind die langen, dünnen Blätter des Strand-Dreizacks und des Strand-Wegerichs. Sie treten erst in der Blütezeit im Hochsommer auffälliger hervor, wenn sie ihre Blütenstengel mit den braunroten bzw. braungelben Ähren zeigen. Wie bei anderen Arten in einer insektenarmen Landschaft erfolgt auch bei diesen die Bestäubung durch den Wind. Die Blätter des Strand-Wegerichs wurden früher – vereinzelt auch noch heute – als Nahrung genutzt. Die gekochten Blätter erinnern an Spinat. Inselfriesisch wird diese Pflanze »Suden« genannt. Wo die Gesellschaft der genannten Salzpflanzen weniger hoch und dicht ist, breitet sich schon zeitig im Mai das Dänische Löffelkraut mit der verschwenderischen Fülle seiner weißen Blüten aus. Diese Art setzt den ersten Farbtupfer in eine Vegetation, die im rauhen Klima durchweg erst im Hoch- und Spätsommer zur Blüte kommt. Auch das Strand-Milchkraut kann sich an offenen Plätzen behaupten. Und aus dem Andelrasen leuchten die weißvioletten Blütensterne der Salzschuppenmiere.

Einen besonderen Akzent aber setzen im Laufe des Sommers Strandflieder und Strand-Aster in die Wiesenlandschaft am Watt. Der Strandflieder überzieht oft weite Flächen in mehr oder weniger dicht geschlossenen Beständen die Salzwiesen und breitet im Juli/August einen violetten Teppich seiner ästigen Blütenkronen aus. Insbesondere auf den Wiesen vor den Dünen der Nordspitze und im Annland ist diese wohl bekannteste Salzpflanze – auf den Halligen »Bondestave« genannt – zu finden. Wie viele andere Salzpflanzen gedeiht auch der Strandflieder dort am besten, wo eine gelegentliche Beweidung oder Mahd erfolgt. Alle genannten Salzpflanzen werden an Höhe aber überragt von der Strand-Aster, deren violette Zungen- und gelbe Röhrenblüten zu den auffälligsten in der Gesellschaft der sonst eher bescheidenen Salzpflanzen gehören. Sie steht aber selten in geschlossenen Beständen, sondern einzeln und breit verstreut. Die im Spätsommer bis zu 70 cm hoch aufgeschossene Pflanze ist oft von den watteartigen Samenständen ganz eingehüllt – bis dann der Wind die leichten Gebilde auseinanderpflückt und vertreibt.

Wie schon erwähnt, sind Mahd und Weide in extensiver Form für das Gedeihen der Salzflora auf den Amrumer Salz- und Wattwiesen von erheblicher Bedeutung. Es lohnt sich aber, insbesondere für die maschinenbaubetriebene Landwirtschaft, kaum noch, die oft sehr kleinen Flächen zu bearbeiten. Die sichtbare Folge ist eine Ausbreitung des Schilfs, das hier im Salzwiesenbereich wachsen kann, weil es aus der angrenzenden Inselgeest ständig mit dem von dort abfließenden Süßwasser versorgt wird. Große Teile des Annlandes bei Norddorf, der schmale Saum der Salzwiesen zwischen Norddorf und Nebel und andere Bereiche sind nach vollständiger Einstellung der Landwirtschaft von dichten Schilfwäldern bewachsen, die fast bis an das unmittelbare Wattufer vordringen und die urtümliche Salzvegetation fast vollständig verdrängen.

Pilze

Einen besonderen Aspekt im Rahmen der Amrumer Pflanzenwelt bieten die Pilze. Durch Gerhard Fuchs und Kurt Buschmann wurden in den Jahren vor und nach 1980 rund 80 Arten ermittelt, wobei die Artenliste aber keineswegs vollständig ist und sich noch ständig erweitert, so daß weitere Untersuchungen und Beobachtungen notwendig sind, um einmal ein vollständiges

Bild der auf Amrum vorkommenden Pilze zu erfassen. Offenbar war in früherer Zeit die Anzahl der Arten sehr beschränkt, und in der inselfriesischen Sprache bildete sich auch nur eine generelle Bezeichnung für Pilze heraus, »Hünjmots« (Hundemütze), ohne Spezifizierung von Arten. Ungeachtet der sonstigen Nutzung der Natur spielten Pilze – vermutlich aus Unkenntnis und Furcht vor Vergiftungen – keine Rolle. Lediglich der Wiesenchampignon wurde von einigen Insulanern geerntet.

Leider liegen keine Beobachtungen und Aufzeichnungen aus der Zeit vor der Bewaldung der Insel vor, und es scheint, daß der größte Teil der heute auf Amrum zu findenden Pilze sich erst nach der Aufforstung hier ausgebreitet hat, insbesondere solche Arten, die in Symbiose mit entsprechenden Baumarten leben. Zuerst ist im Zusammenhang mit der Anpflanzung von Kiefern seit Ende des 19. Jahrhunderts vermutlich der Butterpilz aufgetaucht, später Birkenpilze und Rotkappen sowie Maronen und Perlpilze als Vertreter der Speisepilze, während von den Giftpilzen schon sehr früh und zahlreich der Fliegenpilz zu sehen war. Inzwischen haben Arten der Kremplinge, Täublinge, Trichterlinge, Milchlinge, Ritterlinge, Schwindlinge, Falsche Pfifferlinge und zahlreiche andere Arten den Inselwald und anderes Gelände besiedelt. Ebenso haben sich etliche baumlebende Arten verbreitet, genannt seien nur Stockschwämmchen, Schwefelkopf und zahlreiche Artene von Porlingen und Seitlingen. Hingegen sind die tödlich giftigen Knollenblätterpilze auf Amrum noch nicht registriert.

Auf Feldern und Wiesen hingegen dominieren Düngerlinge, Arten von Bovisten, von Champignons und als Seltenheit Parasolpilze, Becherlinge und Tintlinge, nur um einige Vertreter von Pilzen in offener Landschaft zu nennen. Besonders interessant aber ist das Pilzvorkommen in den Inseldünen. Hier sind Fliegenpilze sowohl mit roten als auch mit braunen Kappen und Kremplinge in Verbindung mit der Kriechweide nicht selten. Und in Symbiose mit der Kriechweide ist auch der Pfifferling zu finden, der im Inselwald aber völlig fehlt. Leider ist der Pfifferling bei Sammlern sehr begehrt und droht ausgerottet zu werden. Alte Stellen wachsen entsprechend der Ausbreitung des Pilzmyzels aus, aber es bilden sich kaum neue, weil das rigorose Ernten die Aussaat der Sporen verhindert. Auch der Steinpilz kommt in den Dünen vor, sowohl in Verbindung mit Heide als auch mit Kriechweide. Er wechselt aber von Jahr zu Jahr seinen Standort, und seine Vermehrung leidet weniger durch Pilzsammler, weil der aus dem Boden gestiegene Pilz sehr bald von Maden befallen wird oder zerfällt. Im Inselwald dagegen ist der Steinpilz nur an ganz wenigen Stellen zu finden.

Friesisch – Ursprache der Insel

1. Herkunft des Friesischen

Der Name der Friesen taucht in römischen Geschichtsquellen schon um Christi Geburt auf. Es ist jedoch sehr fraglich, ob die mit den Namen *Frisii* oder *Frisiavones* bezeichneten Bewohner des Küstenstreifens zwischen Ems- und Rheinmündung bereits Germanen und somit Vorfahren der heutigen Friesen waren. Vieles spricht dafür – nicht zuletzt der Friesenname selbst, der sich schwer in das germanische Lautsystem einordnen läßt – daß es sich bei diesem Stamm noch um einen nichtgermanischen Stamm gehandelt hat. Mit dem dritten Jahrhundert nach Christi versiegen zunächst die Zeugnisse über die Friesen.

Die Germanisierung der Friesen dürfte in der Völkerwanderungszeit stattgefunden haben, als auch der Nordseeküstenbereich in jene Wanderungsbewegung germanischer Stämme einbezogen wurde, die schließlich zu der Eroberung Britanniens durch die Stämme der Angeln und Sachsen Mitte des 5. Jahrhunderts führte, an der aber auch wohl die Friesen einen gewissen Anteil hatten. Seit dieser Zeit dürften die Beziehungen zwischen Friesen und Angelsachsen, wie die neuen Eroberer Englands genannt wurden, über einen langen Zeitraum hinweg sehr eng gewesen sein. In dem in altenglischer Sprache geschriebenen Heldenepos *Beowulf* aus dem 8. Jahrhundert, das aber sehr viel ältere Verhältnisse widerspiegelt, werden die Friesen als ein wichtiger Stamm in der Nähe der Rheinmündung genannt. Die gleichfalls altenglisch abgefaßte *angelsächsische Chronik* berichtet, daß der angelsächsische König Alfred der Große friesische Schiffsbesatzungen anheuerte, um sich gegen die ständigen Wikingereinfälle besser zur Wehr setzen zu können.

Der Völkerwanderungszeit und der mit ihr verbundenen Umgruppierung der germanischen Stämme in den neuen Siedlungsräumen verdankt auch wohl das Friesische seine Entstehung. Das Germanische, das bis dahin wohl noch relativ einheitlich gewesen zu sein scheint, soweit die spärlichen Zeugnisse diesen Schluß zulassen, zerfällt jetzt in drei deutlich unterschiedene Sprachgruppen, die man nach ihrer geographischen Verteilung als *Nordgermanisch*, *Ostgermanisch* und *Westgermanisch* bezeichnet.

Für die Trennung von Nordgermanisch und Westgermanisch – das Ostgermanische, die Sprache der Goten, Gepiden und Vandalen löst sich schon früher aus dem gemeinsamen Verband und geht mit diesen Stämmen unter – könnte für die Entwicklung in Schleswig-Holstein von nicht unerheblicher Bedeutung gewesen sein. Denn Schleswig-Holstein als wichtige Landbrücke zwischen den nördlichen und südlichen Stämmen verliert diese Funktion, als es von seinen ursprünglichen Bewohnern – möglicherweise war hier auch der Stammsitz der Angeln – bis auf den Südwestteil des Landes fast völlig verlassen wird. Damit reißt auch die sprachliche Verbindung zwischen Nordgermanen und Südgermanen ab, zumal sich auch mit den von Osten einsickernden Slawen eine neue Bevölkerungsgruppe dazwischenschiebt, und begünstigt so die Herausbildung sprachlicher Sonderentwicklungen im Norden wie im Süden und Westen.

Auch die neuen Sprachgruppen bleiben nicht einheitlich. Während das Nordgermanische in *Ostnordisch* und *Westnordisch* zerfällt, teilt sich das Westgermanische in zwei Untergruppierungen auf. Bei den Stämmen im Bereich der südlichen Nordsee entwickelt sich das sogenannte *Nordseegermanische*, während bei den im Inland wohnenden Stämmen das *Binnengermanische* gesprochen wird. Zum Nordseegermanischen gehören das *Altenglische*, *Altfriesische* und *Altsächsische*, die Vorstufe des heutigen *Niederdeutschen*. Das Binnengermanische wird durch das in die verschiedenen süd- und mitteldeutschen Mundarten wie Alemannisch, Schwäbisch, Bayerisch und Fränkisch aufgeteilte *Althochdeutsche* repräsentiert. Später tritt auch das *Altsächsische* zum Binnengermanischen über. Schematisch läßt sich diese Entwicklung wie folgt darstellen:

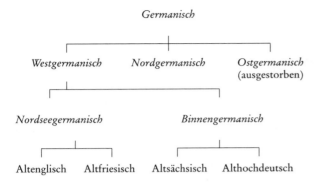

Das *Friesische* ist also eine westgermanische Sprache, deren nächster Verwandter das *Englische* ist. Die engen Beziehungen zwischen dem altenglischen und dem altfriesischen Sprachgebiet – das Meer zwischen beiden war in dieser Zeit hochentwickelter Schiffbautechnik eher etwas Verbindendes denn Trennendes – finden ihren Ausdruck in gemeinsamen Sprachentwicklungen und in Übereinstimmungen im Wortschatz, die aber nicht so weit gehen, daß man von einer anglo-friesischen Sprachgemeinschaft sprechen könnte. Einige für beide Sprachen typische Entwicklungen sind:

1. *k* und *g* werden vor hellen Vokalen zu einem Zischlaut bzw. zu einem Gleitlaut:

engl. *cheese*   fries. *sees*   dt. Käse
engl. *church*   fries. *sark*   dt. Kirche
engl. *yesterday*   fries. *jister*   dt. gestern

2. In der Verbindung -*eg*/-*g* verschmilzt dieses -*g* mit dem vorhergehenden Vokal zu einem Diphthong:

engl. *day*   fries. *dai*   dt. Tag
engl. *way*   fries. *wai*   dt. Weg
engl. *hail*   fries. *haiel*   dt. Hagel

3. *ü* und *ö* werden entrundet, d. h. entwickeln sich zu Lauten ohne Lippenrundung:

engl. *mill*   fries. *maln*   dt. Mühle
engl. *feel*   fries. *feel*   dt. fühlen
engl. *green*   fries. *green*   dt. grün

4. *g(e)* in der Vorsilbe entfällt:

engl. *luck*   fries. *lok*   dt. Glück
engl. *win*   fries. *wan*   dt. gewinnen
engl. *sound*   fries. *sünj*   dt. gesund

5. Übereinstimmungen im Wortschatz:

engl. *sleeve*   fries. *sliaw*   dt. Ärmel
engl. *wheel*   fries. *wel*   dt. Rad
engl. *soot*   fries. *sut*   dt. Ruß
engl. *narrow*   fries. *naar*   dt. eng
engl. *wet*   fries. *wiat*   dt. naß
engl. *some*   fries. *som*   dt. einige

Als mit der christlichen Mission wieder Zeugnisse über die Friesen einsetzen, haben die Friesen sowohl in westlicher wie östlicher Richtung ihr Machtgebiet ausgeweitet. Im Westen reicht ihr Einfluß sogar bis zum *Sincfal*, einem kleinen Fluß in der Nähe von Brügge, im Osten bis zur *Unterweser*. Während die Friesen im Westen ihre Position nicht halten können und sie zurückgedrängt werden bis zur *Vlie*, der Grenze der heutigen Provinz Friesland, kommen im Mittelalter einige Gebiete durch Neuansiedlung hinzu: Das östlich der Unterweser gelegene Land *Wursten*, das *Saterland* südwestlich von Oldenburg und *Nordfriesland*, der von Eiderstedt bis zur dänischen Grenze reichende Küstenstreifen einschließlich der Inseln sowie Helgoland.

In seinen einstigen Stammlanden hat sich das Friesische nur in dem Gebiet westlich der die Grenze zur Provinz Groningen bildenden *Lauwers* behauptet. Das hier gesprochene Friesisch, entweder als *Westfriesisch* oder *westerlauwerssches Friesisch* bezeichnet, kann sich hier auf eine ca. 450.000 Personen umfassende Sprechergruppe stützen und hat es zur Ausbildung einer einheitlichen Schrift- und Literatursprache gebracht.

2. Das Nordfriesische

Da schriftliche Zeugnisse für die Anwesenheit der Friesen in Schleswig-Holstein erst seit dem 12. Jahrhundert einsetzen, friesische Sprachzeugnisse sogar erst seit dem 17. Jahrhundert, ist die Frage der Herkunft des in Schleswig-Holstein gesprochenen Friesischen Gegenstand langwieriger Auseinandersetzungen gewesen. Schwierigkeiten bereiten sowohl die erheblichen Unterschiede zwischen dem *Inselnordfriesischen* und dem *Festlandsnordfriesischen* wie der Umstand, daß sich die Inselnordfriesen selbst nicht als Friesen bezeichnen, sondern als Sylter (*Sölring*), Föhrer (*fering*), Amrumer (*öömrang*) und Helgoländer (*Halunner*) und ihre Sprachen entsprechend als *Sölring, fering, öömrang, Halunner*, während auf dem Festlande dialektal unterschieden *frasch, freesch, freesk, fräisch* gilt. So konnte lange Zeit die Ansicht vertreten werden, die Inselnordfriesen seien eigentlich keine Friesen, sondern Reste einer auf den Inseln immer hier ansässig gewesenen Urbevölkerung, zumal für die nordfriesischen Geestinseln im Gegensatz zum Festland wohl immer eine gewisse Kontinuität der Besiedlung bestand. Mit Amrum, dessen Name wie der der Nachbarinseln Föhr und Sylt etymologisch dunkel ist und somit auf hohes Alter hindeutet, wurde etwa der germanische Stamm der *Ambronen* in Verbindung gebracht.

263

Hinzu kommt, daß Vergleiche mit der altfriesischen Vorstufe dadurch erschwert werden, daß das Altfriesische um Jahrhunderte später belegt ist als die anderen germanischen Sprachen, nämlich erst seit dem 13. Jahrhundert, und zwar nur in einer begrenzten Anzahl von Rechtstexten mit naturgemäß eingeschränktem Wortschatz. So ist die Sprachform, von der wir annehmen müssen, daß sie die Vorstufe des Nordfriesischen war, nur hypothetisch zu erschließen.

Heute hat sich allgemein die Ansicht durchgesetzt, daß die beträchtlichen Unterschiede zwischen diesen beiden Mundartgruppen des Nordfriesischen im wesentlichen wohl auf den zeitlichen Abstand der Auswanderung aus den alten Stammesgebieten zurückzuführen sind. Die von den nordfriesischen Einwanderern um 700 auf die nordfriesischen Inseln und möglicherweise nach Eiderstedt mitgebrachte Sprache beruhte auf einer anderen Grundlage als die Sprache jener, die das nordfriesische Festland um 1100 in Besitz nahmen, da sich das Altfriesische in diesem Zeitraum selbstverständlich auch weiterentwickelte. So ist Ausgangspunkt des Inselnordfriesischen eine Frühform des Altfriesischen, während das Festlandnordfriesische auf einer vollständig entwickelten Form des Altfriesischen beruht.

Sprachlicher Kontakt zwischen beiden Einwanderungsgruppen führte aber auch zu einer Reihe gemeinsamer Entwicklungen. Hierzu gehört:

1. Das noch im Niederdeutschen erhaltene und im Hochdeutschen zu *ei* weiterentwickelte alte lange *i* wird im Friesischen zu *i* gekürzt (Kürze wird in der nordfriesischen Orthographie immer durch Einfachschreibung des Vokals ausgedrückt):

niederdt. *mien*	fries. *min*	dt. mein
niederdt. *Diek*	fries. *dik*	dt. Deich
niederdt. *stief*	fries. *stif*	dt. steif

2. Das durch das neuentstandene kurze *i* verdrängte alte kurze *i* entwickelte sich über *e* – so noch auf Sylt, Helgoland und in der Wiedingharde – weiter zu kurzem *a*:

	fries. *fask*	dt. Fisch
	fries. *skap*	dt. Schiff
	fries. *fanger*	dt. Finger

3. Die kurzen, in geschlossener Silbe stehenden Vokale *a, e, o*, entwickelten sich – nachdem kurz *i* zu *a* geworden war – zu langen Vokalen:

fries. *kaat*	dt. Katze
fries. *naacht*	dt. Nacht
fries. *ääb*	dt. Ebbe
fries. *kään*	dt. kennen
fries. *stook*	dt. Stock
fries. *roog*	dt. Roggen

4. Langes, im Niederdeutschen erhaltenes *u*, das im Hochdeutschen zu *au* wurde, entwickelt sich im Friesischen zu kurzem *ü*:

niederdt. *Hus*	fries. *hüs*	dt. Haus
niederdt. *Lus*	fries. *lüs*	dt. Laus
niederdt. *ut*	fries. *ütj*	dt. aus

Prägend für das gesamte Nordfriesische ist der starke skandinavische Einschlag, der das Nordfriesische teilweise sogar die für das Dänische charakteristische Erweichung von *p, t, k* in offener Silbe nach kurzem Vokal mitmachen läßt:

niederdt. *maken*	fries. *maage*	dt. machen
niederdt. *weten*	fries. *wed*	dt. wissen
niederdt. *höpen*	fries. *hööbe*	dt. hoffen

Vor allem macht sich skandinavischer Einfluß in den zahlreichen *nordischen Lehnwörtern* bemerkbar, die seit altdänischer Zeit vor allem wohl über die Sprache der dänischen bzw. südjütischen Nachbarn in den Alltagswortschatz eingedrungen sind. Wie eng die Beziehungen zwischen den beiden Bevölkerungsgruppen gewesen sein müssen, läßt die Übernahme der skandinavischen Verneinungspartikel *ikke* ›nicht‹ bzw. einer Vorform als *ai, ei, ej, ek* in die verschiedenen nordfriesischen Mundarten – Ausnahme ist das unter niederdeutschem Einfluß stehende Helgoland – erahnen. Zu den nordfriesischen Lehnwörtern als Bestandteile des friesischen Grundwortschatzes gehören:

dring ›Junge‹, *karmen* ›Mannsperson‹, *trool* ›Hexe‹, *bruket* ›bunt‹, *güül* ›gelb‹, *träät* ›müde‹, *skoonk* ›häßlich‹, *luuwen* ›windstill‹, *gris* ›Ferkel‹, *gaalt* ›verschnittenes Ferkel‹, *ooren* ›Eber‹, *kwiig* ›Färse‹, *skan* ›Fell‹, *ged* ›Dünger‹, *aaks* ›Ähre‹, *aagen* ›Spreu‹, *lääs* ›Fuder‹.

Doord ›Frühstück‹, *ongurd* ›Mittagessen‹, *naachtert* ›Abendbrot‹, *skai* ›Löffel‹, *wönang* ›Fenster‹, *guugel* ›Giebel‹, *keer* ›fahren‹, *klap* ›schneiden mit der Schere‹, *äärne* ›Besorgungen machen‹, *bag* ›bauen‹, *laft* ›heben‹, *bui* ›sich putzen‹.

Vor allem steht das Nordfriesische unter starkem niederdeutschen Einfluß, da das Niederdeutsche nicht nur allgemeine Verkehrssprache im Umgang mit den Nichtfriesen war, sondern häufig genug auch in der Begegnung mit Angehörigen anderer stark abweichender friesischer Mundarten Anwendung fand.

Eine Besonderheit vor allem des Inselnordfriesischen ist die nicht geringe Zahl niederländischer/niederdeutscher Lehnwörter, die während der Walfangzeit übernommen wurden. Hierzu gehören:

kop ›Tasse‹, *skütel* ›Untertasse‹, *bak* ›Schüssel‹, *pot* ›Topf‹, *eu* ›Zwiebel‹, *frücht* ›Obst‹, *kleet* ›Kleid‹, *pei* ›Trachtenrock‹, *paktji* ›Anzug‹, *klöör* ›Farbe‹, *baantji* ›Posten‹, *gau* ›schnell‹, *lui* ›faul‹.

Auffälligstes Kennzeichen des Nordfriesischen im Vergleich zu anderen Mundarten ist die starke dialektale Zersplitterung auf kleinstem Raum, die ihresgleichen sucht. Es stehen sich nicht nur zwei Gruppierungen gegenüber, sondern auch das Festlandnordfriesische und das Inselnordfriesische sind in sich keineswegs einheitlich. Sie zerfallen wiederum in insgesamt neun verschiedene, z. T. scharf von einander abgegrenzte Einzelmundarten, die von Fall zu Fall auch wieder in Untermundarten und Dorfmundarten aufgegliedert werden könnten. Wesentlicher Grund für diese Zersplitterung ist einmal die ursprünglich starke landschaftliche Zerrissenheit Nordfrieslands, die auch die Dialekte des Festlandes ein isoliertes Inseldasein führen ließ. Zum anderen bestand kaum die Notwendigkeit interdialektalen Ausgleichs, da die entscheidenden Zentren für Handel, Schiffahrt und Verwaltung, Hamburg, Amsterdam, Kopenhagen, außerhalb Nordfrieslands lagen. Drittens dürfte auch ein noch heute zu beobachtendes starkes Abgrenzungsbedürfnis gegenüber dem friesischen Nachbarn und eine mehr oder minder ausgeprägte Verabsolutierung des eigenen dialektalen Sprachgebrauchs eine gewisse Rolle spielen.

Als derzeit noch bestehende Hauptmundarten sind zu unterscheiden: Auf dem Festland die Mundart der *Wiedingharde*, der *Bökingharde*, der *Karrharde*, der *Norder-* und *Mittelgoesharde* sowie die der *Halligen*, für die Inseln das *Sylter Friesische*, das *Föhr-Amrumer Friesische* und das *Helgoländer Friesische*. Die beträchtlichen Abweichungen der nordfriesischen Mundarten in Lautung und Wortschatz untereinander, die äußerlich noch dadurch unterstrichen werden, daß jede Mundart noch eigene Schreibvarianten hat, mögen nachfolgende Zusammenstellungen in vier Hauptmundarten veranschaulichen:

	Amrum	Sylt	Helgoland	Bökingharde
Vater	*aatj*	*Faader*	*Foor*	*tääte, taatje*
Mutter	*mam*	*Mooder*	*Mem*	*mam*
Großvater	*ualaatj*	*Gooki*	*Groofoor*	*åte*
Großmutter	*oome*	*Mootji*	*Oot*	*åål*
Kinder	*jongen*	*Jungen*	*Künner*	*bjarne*
Dorf	*saarep*	*Terp*	*Dörp*	*toorp*
Kirche	*sark*	*Serk*	*Kark*	*schörk*
Pastor	*prääster*	*Pröst*	*Karkhiar*	*preester*
Hochzeit	*bradlep*	*Brölep*	*Kos*	*koost*
Braut	*bridj*	*Brir*	*Brid*	*Brädj*
Bräutigam	*bradgung*	*Brirman*	*Fraier*	*breedgoom*
Taufe	*krasnin*	*Goom*	*Deep*	*sulme*

Trotz dieser Uneinheitlichkeit des Nordfriesischen, die die Herausbildung einer übergreifenden nordfriesischen Einheitssprache von vornherein ausschließt, hat sich das Nordfriesische im Vergleich mit den anderen angestammten Landessprachen Schleswig-Holsteins erstaunlich gut behauptet. Während das *Slawische* Ostholsteins schon im Mittelalter ausgestorben ist und das ursprünglich den ganzen Landesteil Schleswig bis auf das friesische Gebiet beherrschende *Südjütische* bzw. *Plattdänische* auf einen schmalen Streifen entlang der deutsch-dänischen Grenze zurückgedrängt wurde, konnte das Nordfriesische seinen Bestand bis zum Anfang dieses Jahrhunderts verhältnismäßig ungeschmälert wahren. Auch jetzt noch, wo die Zahl der Sprecher auf ca. 10 000 Personen zusammengeschrumpft ist, leistet das Nordfriesische dem überall vordringenden Hochdeutschen, das das Niederdeutsche aus seiner ehemals führenden Rolle völlig verdrängt hat, noch zähen Widerstand.

Hauptgrund für das bemerkenswerte Beharrungsvermögen des Nordfriesischen ist wohl die geographische Lage des Sprachgebietes. An der Peripherie gelegen, war es nicht nur verhältnismäßig unzugänglich, sondern wurde auch durch das es umschließende Südjütische auf der Geest, das für das Nordfriesische keinerlei Bedrohung darstellte, von dem Einfluß des Niederdeutschen fast abgeschirmt. Nicht zufällig erfolgt wohl der einzige große Gebietsverlust des Nordfriesischen – wenn man den Untergang des Strandes Mitte des 17. Jahrhunderts einmal nicht rechnet – der Übergang Eiderstedts zum Niederdeutschen Ende des 17. Jahrhunderts, an der Berührungsstelle zwischen Friesisch und Niederdeutsch.

Für das Inselnordfriesische gilt heute, je weiter geographisch entfernt von den Zentren des Fremdenverkehrs, um so besser der Spracherhalt. Für Amrum ist das Norddorf in Bezug auf Wittdün, für Föhr Westerlandföhr in Bezug auf Wyk und für Sylt Morsum in Bezug auf Westerland.

Hinzu kommt, daß die Nordfriesen sich wohl früh damit abgefunden haben dürften, eine in ihrer Reichweite äußerst begrenzte Sprache zu sprechen, und sie so zu einer sprachlichen Arbeitsteilung gelangten, die die Bereiche von friesischer Haus- und Dorfsprache und die amtlicher, überregionaler Sprache fein säuberlich voneinander trennte, so daß das Friesische über einen langen Zeitraum hinweg nie in die Gefahr sprachlicher Durchmischung mit der jeweils herrschenden Standardsprache gelangen konnte. Das ausbalancierte Gleichgewicht zwischen beiden Sprachebenen als wesentliche Voraussetzung des Spracherhalts hat der Amrumer *Christian Johansen* in der Einleitung zu seinem Werk »Die nordfriesische Sprache nach der Föhringer und Amrumer Mundart« (1862) präzise beschrieben:

Dennoch haben friesische Sprache und Sitte sich auf den äußersten Inseln reiner erhalten als anderswo bis auf den heutigen Tag. Friesisch im Hause, auf dem Felde, in den Dünen, auf den Watten, in der Fremde, wo der eine Landsmann den andern fand, war den Alten ebenso theuer und werth, wie Deutsch am Altar, auf der Kanzel und in der Schule. (S. IV)

Es steht allerdings zu befürchten, daß trotz des ausgeprägten Sprachbewußtseins der Nordfriesen, was die Nordfriesen auffallend von den Niederdeutschsprechern unterscheidet, langfristig der Rückgang des Nordfriesischen, der sich vor allem in jüngster Zeit, begünstigt durch eine erhöhte Mobilität der Bevölkerung, Fremdenverkehr und Einfluß der Medien, in beängstigender Weise beschleunigt hat, nicht aufzuhalten ist. Um dieser Entwicklung Einhalt zu gebieten, kann es nicht mit traditioneller Sprachpflege, der Abhaltung von Heimatabenden, sogenannter Pflege von friesischem Liedgut und Brauchtum, mit der Aufführung von Theaterstücken und Trachtentreffen sein Bewenden haben. Notwendig wären hier vielmehr gezielte sprachplanerische Maßnahmen, die den erfreulicherweise in Nordfriesland wieder aufgenommenen Friesischunterricht, der aber nicht alleine die Last der Sprachförderung tragen kann, unter Bündelung aller mit dem Nordfriesischen befaßten Kräfte ergänzen. Neben den Heimatvereinen, denen der Hauptverdienst für die Bemühungen um den Spracherhalt zukommt, wird das Nordfriesische noch institutionell gestützt durch die Nordfriesische Wörterbuchstelle der Universität Kiel, durch je einen friesischen Lehrstuhl an der Universität Kiel und an der Pädagogischen Hochschule Flensburg sowie durch das Nordfriisk Instituut in Bredstedt.

3. Amring (Amrumer Friesisch)

a. Allgemeines

Mit *Amring* (fries. *öömrang*) wird das auf Amrum gesprochene Friesisch bezeichnet, das zusammen mit dem *Fering*, dem Föhrer Friesischen, von dem es sich nur unwesentlich unterscheidet, eine eigene Hauptmundart bildet. Beide zusammen stellen die stärkste einzeldialektale Sprechergruppe innerhalb des Nordfriesischen.

Amring selbst ist nicht ganz einheitlich. Es bestehen vor allem bestimmte dialektale Unterschiede zwischen *Nebel* und *Norddorf*, wo das Amring am stärksten vertreten ist. Der Ort Wittdün im Süden ist rein niederdeutsch bzw. hochdeutsch. Auf der Nachbarinsel Föhr werden zwei deutlich voneinander geschiedene Mundarten gesprochen, die Mundart von *Westerlandföhr*, das *Weesdring*, hier finden wir noch das einzige relativ geschlossene Sprachgebiet, das dem Nordfriesischen verblieben ist, und die Mundart von *Osterlandföhr*, das *Aasdring*, die dem Amring am nächsten steht. Als dritte Mundart ließe sich noch die dem Aasdring verwandte kleine *Südföhrer Mundart* anführen.

Obgleich an der Einheit des Sprachgebiets kein Zweifel besteht, gibt es zwischen Amring und Fering einige charakteristische Unterschiede:

1. Anlautendes stimmloses *s* im Amring entspricht *t* im Fering in bestimmten Wörtern. Das Deutsche hat hier, soweit sie im Deutschen vorkommen, ein *d*:

amr. *saag*	fer. *taag*.	›Dach‹
amr. *seenk*	fer. *teenk*	›denken‹
amr. *sacht*	fer. *tacht*	›dicht‹
amr. *sau*	fer. *tau*	›waschen‹

2. Amring hat *sj-*, wo Fering *fj*, *stj* oder *tj* hat:

amr. *sjauer*	fer. *fjauer*	›vier‹
amr. *sjonk*	fer. *stjonk*	›stinken‹
amr. *sjok*	fer. *tjok*	›dick‹
amr. *sjüsk*	fer. *tjüsk*	›deutsch‹

3. Amring hat *-d-* im Inlaut, wo Fering (Westerlandföhr) *-l-* hat. Das Deutsche hat hier *-d-*:

amr. *bruder*	fer. *bruler*	›Bruder‹
amr. *ruder*	fer. *ruler*	›Steuerruder‹
amr. *weder*	fer. *weler*	›wieder‹
amr. *ööder*	fer. *öler*	›ander‹

4. Amring hat *l*, wo Fering *lj* hat:

amr. *locht*	fer. *ljocht*	›leuchten‹
amr. *mil*	fer. *milj*	›mild‹
amr. *bil*	fer. *bilj*	›Bild‹

5. Amring hat *-ang*, *-ag*, wo Fering *-ing*, *-ig* hat:

amr. *könang*	fer. *köning*	›König‹
amr. *fochtag*	fer. *fochtig*	›feucht‹
amr. *funage*	fer. *funige*	›Krankenbesuch machen‹

6. Amring hat *ää*, wo Fering (Westerlandföhr) in geschlossener Silbe *ee* hat:

| amr. *kään* | fer. *keen* | ›kennen‹ |
| amr. *ääb* | fer. *eeb* | ›Ebbe‹ |

7. Amring hat *e*, wo Fering (Westerlandföhr) vor *-ld/-lt* und *-nd/-nt* ein *ää* hat:

| amr. *ment* | fer! *määnt* | ›meint‹ |

8. Amring hat *ia*, wo Fering (Westerlandföhr) vor *k*, *g*, *ch* ein *ii* hat:

amr. *spriak*	fer. *spriik*	›Sprache‹
amr. *liagens*	fer. *liigens*	›Niederung‹
amr. *liach*	fer. *liich*	›niedrig‹

9. Auslautendes -w wird Amring wie -u ausgesprochen. Im Fering bleibt -w:

| amr. *bliiw* | (spr. bliiu) | ›bleiben‹ |
| amr. *teew* | (spr. teeu) | ›warten‹ |

10. *oo* wird Amring wie langes verdumpftes *a* wie im Englischen *call* oder im Niederdeutschen *maken* ausgesprochen. Das Fering spricht hier langes geschlossenes *o*:

| amr. *foomen* | ›Mädchen‹ |
| amr. *toom* | ›zahm‹ |

11. *a* wird Amring in betonter Stellung bedeutend heller artikuliert und in fallenden Diphthongen *ia, ua* wird es weniger abgeschwächt als im Fering:

amr. *aanj*	›Ende‹
amr. *dai*	›Tag‹
amr. *hiar*	›hören‹
amr. *ual*	›alt‹

12. Unterschiede in der Grammatik:

amr. *di*	fer. *de*	›der‹ (Westerlandföhr)
amr. *jo*	fer. *dö/dön*	›die‹ (Mehrzahl)
amr. *koon*	fer. *kön*	›kann‹
amr. *füng*	fer. *fing*	›bekam‹ (Westerlandföhr)
amr. *flaanj*	fer. *flaanj-en*	›geflogen‹ (Westerlandföhr)
amr. *trataanj*	fer. *tretanj*	›dreizehn‹ (Westerlandföhr)

13. Unterschiede im Wortschatz (in Auswahl):

amr. *Oomram*	fer. *Oomrem*	›Amrum‹
amr. *Fer*	fer. *Feer*	›Föhr‹
amr. *boks*	fer. *brek*	›Hose‹
amr. *toog*	fer. *tuum*	›Band‹
amr. *koor*	fer. *wentj*	›Karre‹
amr. *köster*	fer. *klooker*	›Küster‹
amr. *saartje*	fer. *twiibak*	›Zwieback‹
amr. *oome*	fer. *ualmam*	›Großmutter‹
amr. *hir*	fer. *heer*	›hier‹ (Westerlandföhr)
amr. *skai*	fer. *skaas*	›Löffel‹
amr. *furk*	fer. *goobel*	›Gabel‹
amr. *sekreet*	fer. *hok*	›Toilette‹
amr. *beerd*	fer. *grünj*	›Fußboden‹
amr. *eerpel*	fer. *eerdaapel*	›Kartoffel‹

Im allgemeinen hat der Amringer Wortschatz in stärkerem Maße Ausdrücke aus der Seefahrt bewahrt als der Föhringer, während dieser mehr – entsprechend der unterschiedlichen Wirtschaftsstruktur beider Inseln – durch landwirtschaftliches Wortgut geprägt ist. Typische lokalgebundene Ausdrücke des Amring sind:

bi Nuurd ›in Norddorf‹, *nus* ›nach Norddorf‹, *bi Süüs* ›in Süddorf‹, *süder* ›nach Süddorf‹, *a Kniip* ›Kniepsand‹, *at Ood* ›auf der Odde‹.

b. Schrift und Aussprache

Obgleich schon 1855 mit Christian Johansens Prosaerzählung »Arammud an Dögganhaid« das erste gedruckte Werk auf Amring vorlag, mußte die Amringer Orthographie einen langen Weg zurücklegen bis zu ihrer jetzigen Fixierung in dem »*wurdenbuk för Feer an Oomram*« (1986). Die verschiedenen Stationen kann der Anfang des immer wieder gedruckten Amringer Märchens *Grat Elke an Letj Elke* illustrieren:

1843 *Letj Eelke an Grat Eelke siad bi Soath tu spannen.* (Clement)

1845 *Letj Ehlki an grat Ehlki siäd bi Suas tu spannan.* (Johansen)

1855 *Letj Eelki an gratt Eelki siad bi Suas tu spannan.* (Johansen)

1925 *Letj-Eelke an Gratt-Eelke siad bi Suas tu spannen.* (L.C.Peters)

1957 *Letj Elke an Grat-Elke seed bi a Suas tu spanen.* (R. Arfsten)

1974 *Letj-Eelke an Grat-Eelke seed bi suas tu spanen.* (T.Jörgensen)

(›Klein Elke und Groß Elke saßen am Brunnen zu spinnen‹)

Ausschlaggebend für die Form der heutigen Amringer Orthographie ist die Abkehr von zwei wesentlichen Rechtschreibungsregeln des Deutschen, Verzicht auf Doppelkonsonanz zur Bezeichnung kurzer Vokale und gemäßigte Kleinschreibung anstatt Großschreibung. Die nach 1945 für das nordfriesische Festland und das Föhr-Amringer Sprachgebiet wohl überwiegend aus sprachideologischen Überlegungen getroffene Entscheidung – Sylt war schon früher eigene Wege gegangen – hat in Hinblick auf die Geschicke des Nordfriesischen negative wie positive Aspekte.

Gegen die neuen Regelungen spricht:

1. daß sie das Friesische orthographisch isolieren, nicht nur von der deutschen Tradition, sondern auch von europäischen Schreibtraditionen;

2. daß nicht nur die ohnehin nicht sehr entwickelte nordfriesische Schriftsprache bis auf Sylt praktisch wieder bei Null anfangen muß, sondern ganze Generationen von in deutschen Schreib- und Lesegewohnheiten erzogenen Friesischsprechern wieder zu sogenannten muttersprachlichen Analphabeten gemacht werden.

Zugunsten der jetzt praktizierten Orthographie kann angeführt werden:

1. Die nordfriesische Schriftsprache wird jetzt auf eine im großen und ganzen einheitliche Grundlage gestellt, da die sylterfriesische Schriftsprache mit ihrer langen Schreibtradition von den gleichen Prinzipien – mit Ausnahme der Kleinschreibung – ausgeht (einzige Ausnahme ist Helgoland).

2. Mit der zunehmenden Bedeutung der Schrift für die Mundart ist es notwendig, daß das Nordfriesische auch in der Schriftform ein unverwechselbares Identifikationsmerkmal gegenüber dem Deutschen und Niederdeutschen erhält.

3. Das Nordfriesische erhält ein sehr festes und im Prinzip eindeutiges Regelsystem – ein Laut ein Zeichen –, das das für viele Mundartschreibweisen kennzeichnende Schwanken zwischen eigenständigen Regelungen und Anlehnungen an die Standardsprache beendet und das relativ leicht erlernbar ist.

Grundregeln der Schreibung des Amring sind folgende:

1. Kürze eines Vokals wird grundsätzlich durch Einfachschreibung des Vokals bezeichnet, unabhängig davon, ob er in geschlossener oder offener Silbe oder im Auslaut steht:

kom ›komm‹, *soker* ›Zucker‹, *fu* ›bekommen‹

2. Länge eines Vokals wird immer durch Doppelschreibung des Vokals bezeichnet, unabhängig davon, ob er in geschlossener oder offener Silbe oder im Auslaut steht:

naam ›nahm‹, *maage* ›machen‹, *haa* ›haben‹

3. Doppelkonsonanz erscheint nur in Zusammensetzungen:

ammaage ›umändern‹

4. Die Zeichen *sch, q, v, x, y, z, ß, ch* (im Anlaut) werden im Amring nicht verwendet und gegebenenfalls durch andere Zeichen ersetzt:

sjit   ›schießen‹
kwitj   ›quitt‹
föl   ›viel‹
fiks   ›fix‹
hetse   ›hetzen‹
karakter   ›Charakter‹

Im übrigen haben die für das Amring verwendeten Zeichen die im Deutschen üblichen Lautwerte. Es sind jedoch einige Ausnahmen zu beachten:

-e bezeichnet im Auslaut in unbetonter Stellung wie in *maag-e* sowie in den Vorsilben *be-* und *ge-* einen zwischen *e* und *i* liegenden Laut. In Endsilben wie in *saks-el* ›Deichsel‹, *tu luup-en* ›zu laufen‹, *saar-ep* ›Dorf‹, *maak-er* ›Kamerad‹, *äärd-erk* ›Erdball‹, *maag-est* ›machst‹, *maag-et* ›macht‹ wird das *e* stark a-haltig ausgesprochen.

ai ist durch offenere Aussprache unterschieden von *ei*: *sai* ›sagen‹, gegenüber *sei* ›nähen‹.

oo ist, wie oben schon angeführt, kein geschlossenes *o*, sondern ein verdumpftes *a* wie etwa in Englisch *call* oder in Niederdeutsch *maken*.

r ist im Amring ein Zungenspitzen-*r*, das vor *-t* und *-s* nur noch schwach artikuliert wird.

s ist im Wortanlaut immer stimmlos: *saag* ›Dach‹. Im Inlaut wie Auslaut kann es sowohl stimmlos wie stimmhaft sein: *kwise* (stimmlos) ›nörgeln‹, aber *wise* (stimmhaft) ›zeigen‹, *waas* (stimmlos) ›das Watt‹, aber *waas* (stimmhaft) ›Vase‹.

sj ist ein *sch*-Laut, der dem englischen *sh* entspricht: *sjong* ›singen‹. Im Fering schreibt man abweichend vom Amring *sch*.

b sowie *d* und *g* sind auslautend wie im Englischen stimmhaft:

knob ›Knospe‹   gegenüber   *knoop* ›Knopf‹
hed ›hatte‹   gegenüber   *het* ›heißen‹
rag ›Rücken‹   gegenüber   *rak* ‹Geländer›
toog ›zog‹   gegenüber   *tooch* ›Zugluft‹

Auslautend in unbetonter Silbe wird *g* spirantisch gesprochen: *sünag* ›sparsam‹

w ist auslautend sowie vor unbetonter Silbe ein *u*. Man bleibt bei der *w*-Schreibung, um Einheit mit dem Fering zu wahren:

fiiw   ›fünf‹   (sprich *fii-u*)
salew   ›selbst‹   (sprich *sala-u*)
tu liawen   ›zu glauben‹   (sprich *lia-u-an*)

ch entspricht auch vor hellen Vokalen dem deutschen *ach*-Laut. Die dem Deutschen ungewohnten Diphthonge und Triphthonge *ia, ua, ui, uai* tragen den Ton auf dem ersten Teil, d. h. sie sind fallende Diphthonge: *rian* ›rein‹, *ual* ›alt‹, *rui* ›rudern‹, *spuai* ›wahrsagen‹.

dj, nj, tj sind keine Verbindungen von Konsonanten, sondern bezeichnen einen *j*-ähnlichen Nachklang bei der Artikulation der betreffenden Konsonanten, der diese »erweicht«. Man spricht deshalb auch von »Mouillierung«: *widj* ›weit‹, *sünj* ›gesund‹, *ütj* ›heraus‹.

c. Grammatik

Gegenüber dem Deutschen hat das Amring einen verhältnismäßig vereinfachten Formenbestand, allerdings weniger vereinfacht als das Englische. Die grammatischen Eigenarten des Amring werden in jenen Punkten durch Einfluß des Deutschen bedroht, wo sie ein entwickelteres Formensystem haben als das Deutsche.

So wird die Unterscheidung *man* ›mein‹ (männlich) – *min* ›meine‹, ›mein‹ (weiblich/sächlich) in der jüngeren

Seite 269 Muschelmosaik am Inselstrand
Seite 271 Buhne mit Seepocken und Strandschnecken
Seite 271 Miesmuschelbank im Watt an der Odde

Strandkrabbe

Einsiedlerkrebs

Wurzelmundqualle

Wattwurm mit Trichter und Kothäufchen

Karthäusernelken auf der Inselgeest

Strandfliederwiese

Queller

Strandaster

Grasnelkenwiese

Lungenenzian

Sonnentau

Glockenheide im Dünenmoor *Seite 276 Fliegenpilze im Inselwald*

Generation vielfach aufgehoben zugunsten der einen Form min. Das für das Amring charakteristische doppelte Artikelsystem *a/di* ›der‹ – *at/det* ›die‹, ›das‹, ›welches‹ mit bestimmten, im Deutschen nicht vorhandenen Anwendungsregeln verbunden ist, wird auf die Formen *di – det* reduziert.

Das Amring unterscheidet zwei *Geschlechter*, männlich und weiblich/sächlich, denen der Artikel *a/di* für das männliche und *at/det* für das weiblich/sächliche Geschlecht zugeordnet ist, und kennt nur den Unterschied zwischen Singular und Plural:

Singular:
a/di dring ›der Junge‹ *at/det foomen* ›das Mädchen‹

Plural:
a/jo dring-er ›die Jungen‹ *a/jo foomn-en* ›die Mädchen‹

Der *A-Artikel (a/at)* wird gebraucht, wenn das Bezeichnete entweder keines weiteren Zusatzes bedarf, weil es einmalig ist wie z. B. *a san* ›die Sonne‹, *a muun* ›der Mond‹, *at heef* ›das Meer‹, oder wenn in einem bestimmten Zusammenhang klar ist, was oder wer gemeint ist:

Huar as at kaat? ›Wo ist die (d. h. unsere) Katze?‹ – *A maan as ei aran.* ›Der Mann (d. h. mein Mann) ist nicht zu Hause.‹ – *Hi hää a iarem breegen.* ›Er hat sich den (d. h. seinen) Arm gebrochen.‹

Der *D-Artikel (di/det,* Plural *jo* gleichlautend mit dem Pronomen der dritten Person Plural) wird gebraucht, wenn das Bezeichnete eines Zusatzes bedarf, um klarzustellen, was gemeint ist, bzw. wenn etwas ganz bestimmtes aus einer Anzahl gleicher Sachen, Personen, Dinge bezeichnet wird: *det nei kleet* ›das neue Kleid‹ – *Det skap, wat diar leit, hiart man bruder.* ›Das Schiff, das da liegt, gehört meinem Bruder.‹ – *Det bil as netst.* ›Das Bild da ist das schönste.‹

Der unbestimmte Artikel lautet *en*: *en ual hüs* ›ein altes Haus‹.

Der Formenbestand des *Substantivs* beschränkt sich auf zwei Formen, Singular und Plural. Der *Plural* wird in der überwiegenden Zahl der Fälle durch Anfügung von *-er* oder *-en* an den Stamm gebildet. Dabei erhalten Wörter mit Artikel *a* in der Regel *-er*: *a maan – a maan-er* ›Mann‹, aber als Ausnahme *a büür – a büür-en* ›Bauer‹. Wörter mit dem Artikel *at* haben in der Regel *-en*: *at wüf – a wüf-en* ›Frau‹, aber als Ausnahme *at kaat – a kaat-er* ›Katze‹.

Wörter auf *-er* bekommen entweder *-n*: *a fanger – a fanger-n* ›Finger‹, *at saster – a saster-n* ›Schwester‹, oder, dies vor allem bei Berufsbezeichnungen, ein *-s*: *a mooler – a moolers* ›Maler‹. Das Plural-s kommt aber auch sonst vor: *Jong koptein-s, ual süper-s!* ›Junge Kapitäne, alte Säufer‹ (das Deutsche hat hier ›Junge Huren, alte Betschwestern‹!).

Unregelmäßige Pluralbildung haben unter anderem: *a fut – a fet* ›Fuß‹, *a tus – a tes* ›Zahn‹, *at kü – a ki* ›Kuh‹, *at hool – a hööl* ›Loch‹, *at hood – a hööd* ›Kopf‹, *at briaf – a briaw* ›Brief‹, *a skuch – a skur* ›Schuh‹, *at skap – a skeb* ›Schiff‹, *at las – a les* (s stimmhaft) ›Glied‹, *at gus – a ges* (s stimmhaft), *a grääf – a greew* ›Grab‹, *a dai – a daar* ›Tag‹, *at bian – a bian* ›Bein‹, *at sjep – a sjep* ›Schaf‹, *at lüs – a lüs* ›Laus‹, *at gris – a gris* ›Ferkel‹, *at swin – a swin* ›Schwein‹.

Der *Genitiv* wird gewöhnlich durch *faan* ›von‹ oder durch das entsprechende Possessivpronomen gebildet: *at saag faan't hüs* ›das Dach des Hauses‹ oder *Iark san hingst* ›Erichs Pferd‹. Bei Namen gibt es noch resthaft das Genitiv-s: *Tüke-s hüs* ›Tückes Haus‹, *Göntje-s wel* ›Göntjes Fahrrad‹.

Wie das Substantiv bleibt auch das *Adjektiv* praktisch unverändert. Ausnahme ist die Anfügung von *-en*, wenn das Adjektiv nach unbestimmtem Artikel vor ein männliches Substantiv tritt und wenn es im Plural allein steht: *en ruaden aapel* ›ein roter Apfel‹ – *Det san ualen* ›Das sind alte‹.

Gesteigert wird das Adjektiv durch Anfügung von *-er, -st*: *rik – rik-er – rikst* ›reich‹. Deutsch ›am‹ beim Superlativ wird im Friesischen nicht wiedergegeben: *Hi as rikst* ›Er ist am reichsten‹. Unregelmäßige Steigerungen haben unter anderem: *gud – beeder – best* ›gut‹, *föl – muar – miast* ›viel‹, *letjet – maner – manst* ›wenig‹, *lung – linger – lingst* ›lang‹, *ual – ääler – äälst* ›alt‹, *ääder – iar – iarst* ›früh‹, *leew – leewer – lefst* ›lieb‹.

Die vergleichende Konjunktion bei Positiv wie Komparativ lautet *üs*: *Hi sopt üs en elk* ›Er säuft wie ein Iltis‹.

Besonderheit des *Personalpronomens* ist das Nebeneinander von betonten und unbetonten Formen, die z. T. unterschiedlicher Herkunft sind:

betont	unbetont	betont	unbetont
ik ›ich‹	'k	*mi* ›mir‹, ‹mich›	–
dü ›du‹	–	*di* ›dir‹, ›dich‹	–
hi ›er‹	'r	*ham* ›ihm‹, ›ihn‹	'n
jü ›sie‹	's	*hör* ›ihr‹, ›sie‹	's
hat ›sie‹	't	*ham* ›ihr‹, ›sie‹	't
hat ›es‹	't	*at* ›es‹	't
wi ›wir‹	'f	*üs* ›uns‹	–
jam ›ihr‹	'em, 'm	*jam* ›euch‹	'em, 'm
jo ›sie‹	's	*jo* ›ihnen‹, ›sie›	's

Die Ersetzung von *jü* ›sie‹ durch *hat* – ursprünglich allein ›es‹ – als die durchgängig gebräuchliche Form für die dritte Person Singular Femininum ist eine Sonderentwicklung des Fering-Amring. Diese Ersetzung ist wohl mit dem Verschwinden von altem *jü* ›die‹ im Artikelsystem des Fering-Amring in Beziehung zu setzen, wo der ursprünglich allein sächliche Artikel *det* ›das‹ die Funktion des weiblichen Artikels übernimmt. Eine weitere Vereinfachung des Formenbestandes nimmt das Amring vor durch Ersetzung der Pluralformen des bestimmten Artikels *dö/dön*, wie ihn das Fering hat, durch die Form der dritten Person Plural *jo* ›sie‹. Am weitesten fortgeschritten in der Formenreduktion ist das Sylter Friesische, das weitgehend nur noch den Einheitsartikel *di* hat.

Die *unbetonten Formen* werden gebraucht, wenn das Pronomen nachgestellt ist und nicht nachdrücklich hervorgehoben wird und sind typische Zeichen mündlich geprägter Sprache: *Det haa'k hiard* ›Das habe ich gehört‹ – *Wel 'f tuwais?* ›Wollen wir los?‹ – *Rikst?* ›Rauchst du?‹.

Eine Besonderheit ist die Anfügung von *'em* bzw. *'m* an die Grundform des Verb zur Bezeichnung der Pluralform des Imperativs: *Wees 'em so gud!* ›Seid so gut!‹, ›Bitte!‹.

Bis in dieses Jahrhundert hinein haben sich im Friesischen auch noch die sogenannten *Dualformen*, Bezeichnung der Zweizahl, erhalten, die in den übrigen germanischen Sprachen schon in frühester Zeit aufgegeben wurden, ein typisches Merkmal für den Reliktcharakter des Friesischen. Die Formen *wat* ›wir beide‹ – *onk* ›uns beiden‹, *jat* ›ihr beide‹ – *jonk* ›euch beiden‹ sind allerdings heute nicht mehr in Gebrauch.

Das *Reflexivpronomen* wird aus den flektierten Formen des Personalpronomens gebildet, und zwar auch – wie im Englischen – in der dritten Person Singular und Plural: *Hat hää ham böös ferkeld.* ›Sie hat sich schlimm erkältet.‹ – *Det kön a lidj jo goor ei fööstel.* ›Das können die Leute sich gar nicht vorstellen.‹.

Das *Possesivpronomen* hat im Singular Doppelformen, bei denen sich die *a*-Form auf Maskulinum bezieht, die *i*-Form auf Femininum/Neutrum und auf alle Geschlechter im Plural:

man ›mein‹   *min* ›meine‹, ›mein‹   *min* ›meine‹
dan ›deine‹   *din* ›deine‹, ›dein‹   *din* ›deine‹
san ›sein‹   *sin* ›seine‹, ›sein‹   *sin* ›seine‹
hör ›ihre‹   *hör* ›ihre‹, ›ihr‹   *hör* ›ihre‹

Im Plural stehen eine einfache und eine erweiterte Form nebeneinander: *üüs/üsens* ›unser‹, *jau/jamens* ›eure‹, *hör/hörens* ›ihre‹, wobei die im übrigen kaum noch gebräuchlichen erweiterten Formen für etwas gelten, was Allgemeinbesitz ist: *üsens spriak hat lewe huuch!* ›Unsere Sprache sie lebe hoch!‹.

Stehen Possessivpronomen im Plural allein, erhalten sie *-en*: *Det san min-en an det san din-en.* ›Das sind meine und das sind deine.‹.

Das *Demonstrativpronomen* wird durch den Artikel *di, det, jo* und einen Zusatz gebildet: *di-hir* ›dieser‹, *dethir* ›diese‹, ›dieses‹, *jo-hir* ›diese‹ oder *di-diar, det-diar, jo-diar*, was noch durch *-em* erweitert werden kann: *di-hir-em, di-diar-em* ›jener‹ usw.; *di-salew* ›derselbe‹, *det-salew* ›dieselbe‹, ›dasselbe‹, *jo-salew* ›dieselben‹. Alleinstehend erhalten die Pluralformen *-en*: *Det san leewen josalwen, wat saten bliiw.* ›Das sind immer dieselben, die sitzen bleiben (im Wirtshaus)‹.

Dazu noch *so ään* ›so einer‹, *so ian* ›so eine, eines‹, *sok, sok-en* (alleinstehend) ›solche‹.

Interrogativpronomen sind: *hoker* ›wer‹, ›wem‹, ›wen‹, *wat* ›was‹, *hög, hög-en* (Plural, alleinstehend) ›wessen‹; *hün* ›welcher‹, ›welche‹, ›welches‹, *hük, hük-en* (Plural, alleinstehend) ›welche‹.

Frageadverbien sind: *huar* ›wo‹, *huaram* ›warum‹, *huarauer* ›weshalb‹, *huardöör* ›wodurch‹, *huarfaan* ›wovon‹, ›woher‹, *huarföör* ›wovor‹, *huarför* ›wofür‹, *huarhen* ›wohin‹, *huarmä* ›womit‹, *hü* ›wie‹, *hüso* ›wieso‹, *wan* ›wann‹.

Indefinitpronomen sind:
1. mit unterschiedlichen Formen nach Geschlecht. *ään* ›einer‹, *ian* ›eine‹, ›ein‹, *nään* ›keiner‹, *nian* ›keine‹, ›kein‹ (Mehrzahl *nään-en, nian-en*);
2. mit Singular- und Pluralform: *ööder, ööder-n* ›ander‹ (alleinstehend), *bial, bialen* ›beide‹, *hög, hög-en* ›einige‹, *som, som-en* ›einige‹;
3. mit nur einer Form: *ääner* ›einer‹, *hoker* ›jemand‹, *näämen* ›niemand‹, *wat* ›etwas‹, *nant* oder *niks* ›nichts‹, *ale* ›alle‹, *ham* oder *'am* ›man‹, *arke, arken* ›jeder‹, ›jede‹, ›jedes‹.

Das *Relativpronomen* lautet *wat* oder *diar* (älter).

Die *Grundzahlen* sind:

0 *nul*	10 *tjiin*	20 *twuntag*
1 *ian*	11 *elwen*	30 *dörtag*
2 *tau*	12 *twaalew*	40 *fiartag*
3 *trii*	13 *trataanj*	50 *föftag*
4 *sjauer*	14 *sjauertaanj*	60 *söstag*
5 *fiiw*	15 *fiftaanj*	70 *sööwentag*
6 *sääks*	16 *sääkstaanj*	80 *tachentag*
7 *sööwen*	17 *sööwentaanj*	90 *neegentag*
8 *aacht*	18 *aagetaanj*	100 *hunert*
9 *njüügen*	19 *njüügentaanj*	1000 *düüsen*

Die *Ordnungszahlen* sind *di iarst* ›der erste‹, *di naist/di ööder* ›der zweite‹, *di traad* ›der dritte‹, *di sjuard* ›der vierte‹, *di fift* ›der fünfte‹, *di sääkst* ›der sechste‹. Die nachfolgenden Zahlen werden durch Anfügung von *-st* gebildet: *di sööwen-st* ›der siebte‹ usw.

Die *Verben* des Amring lassen sich in zwei große Gruppen einteilen, *regelmäßige Verben*, die ihre Vergangenheitsform durch Hinzufügung von -d oder -t an den einfachen Infinitiv bilden, *unregelmäßige Verben*, die ihre Vergangenheitsform auf andere Weise, in erster Linie aber durch Veränderung des Stammvokals, bilden.

Die Mehrzahl der *regelmäßigen Verben* geht auf -e aus: *maag-e* ›machen‹. Eine kleinere Zahl endet auf Konsonant: *kään* ›kennen‹. Hinsichtlich der Verteilung von -d und -t gilt: Ein -d in Vergangenheitsform und Partizip Perfekt erhalten Verben auf stimmhaften Konsonanten und betonten Vokal: *swääm-d* ›schwamm‹, ›geschwommen‹, *sei-d* ›nähte‹, ›genäht‹. In allen anderen Fällen, d. h. bei Verben auf stimmlosen Konsonanten und unbetonten Vokal, erscheint -t: *maage-t* ›machte‹, ›gemacht‹, *draapt* ›traf‹, ›getroffen‹. Verben auf -t wie *het* ›heißen‹ bleiben endungslos: *het* ›hieß‹, ›geheißen‹.

Die *unregelmäßigen Verben* enden entweder auf Konsonant oder betontem Vokal. Zu unterscheiden sind zwei Gruppen. Gruppe eins bildet Vergangenheit und Partizip Perfekt durch Vokalwechsel und Hinzufügung von -d oder -t: *feel – feld* ›fühlte‹, ›gefühlt‹, *seenk – soocht* ›dachte‹, ›gedacht‹.

Gruppe zwei, die aus den sogenannten starken Verben besteht, so bezeichnet, weil sie zur Bildung ihrer Vergangenheit keines Zusatzes bedürfen, hat allein Vokalwechsel in Vergangenheitsform und Partizip Perfekt: *finj – foonj* ›fand‹ – *fünjen* ›gefunden‹.

Besonderes Merkmal dieser Gruppe ist, daß das Partizip Perfekt – wie im Deutschen – bis auf wenige Ausnahmen auf -en endet: *fünj-en* ›gefunden‹.

Der Formenbestand des Verbs ist folgender. Man unterscheidet zwei *Infinitive*, den einfachen Infinitiv auf betontem und unbetontem Vokal und auf Konsonant, den Infinitiv mit *tu*, bei dem -n oder -en an den einfachen Infinitiv hinzugefügt wird: *maage – tu maag-i-n* ›machen‹, *luup – tu luup-en* ›laufen‹. Der einfache Infinitiv ist die eigentliche Grundform des Verbs und steht nach den modalen Hilfsverben: *Könst ei fraage?* ›Kannst du nicht fragen?‹. Infinitiv mit *tu* steht nach *tu* sowie in substantivierter Form: *Hi as ütj tu luupen.* ›Er ist rausgegangen, um spazierenzugehen.‹ *‹Keeren as beeder üs luupen.›* ›Fahren ist besser als Gehen‹.

Es gibt zwei *Partizipien*. Partizip I bzw. Partizip Präsens ist äußerst selten. Es wird genauso wie der Infinitiv mit *tu* gebildet und erscheint in festen Bindungen. *köög-in hiat* ›kochend heiß‹, *luup-en sun* ›Wanderdünen‹.

Partizip II bzw. Partizip Perfekt ist bei den regelmäßigen Verben und unregelmäßigen Verben der Gruppe eins gleich der Vergangenheitsform: *maage-t* ›gemacht‹, *sooch-t* ›gedacht‹. Die unregelmäßigen Verben der Gruppe zwei haben gewöhnlich -en und häufig Vokalwechsel gegenüber der Vergangenheitsform: *naam – nim-en* ›genommen‹, aber auch *floog – flaanj* ›geflogen‹ (Ausnahme gegenüber dem Fering).

Eine Besonderheit des Fering-Amring ist die Bildung des *Imperativs*. Während der Singular gleich dem einfachen Infinitiv ist, wird im Plural ein -'m bzw. -em – eigentlich die Kurzform des Pronomens *jam* ›ihr‹ – hinzugefügt: *swaare'm* (sprich -im) ›antwortet‹- *luup-em* ›lauft‹.

Eigene Personalformen haben im *Präsens* lediglich die zweite und dritte Person Singular, indem an den einfachen Infinitiv -st bzw. -t angefügt wird: *maage-st* ›machst‹, *maage-t* ›macht‹. Bei den unregelmäßigen Verben kommt häufig Vokalwechsel hinzu: *kem – kom-t* ›kommt‹, so daß bei diesen Verben in der Regel zum Infinitiv noch drei Formen zu lernen sind: *kem – komt – kaam – kimen* ›kommen‹. Im *Präteritum* hat lediglich die zweite Person Singular eine abweichende Form: *maaget-st* ›machtest‹, *kaam-st* ›kamst‹.

Besondere Unregelmäßigkeiten weisen die modalen Hilfsverben auf:

kön ›können‹: *ik koon – dü könst – hi koon – wi kön*; *küd – küden* ›gekonnt‹.

mei ›mögen‹: *ik mai – dü meest – hi mai – wi mei*; *maad – maaden* ›gemocht‹.

mut ›dürfen‹, ›müssen‹: *ik mut – dü mutst – hi mut*; *moost – moosten* ›gedurft‹.

skel ›sollen‹: *ik skal – dü skel – hi skal – wi skel*; *skul – skulen* ›gesollt‹.

wel ›wollen‹: *ik wal – dü wel – hi wal – wi wel*; *skul – skulen* ›gewollt‹.

Die Formen von *haa* ›haben‹ und *wees* ›sein‹ sind: *ik haa – dü heest – hi hää – wi haa*; *hed – hed* ›gehabt‹ und *ik san – dü beest – hi as – wi san*; *wiar – weesen* ›gewesen‹, von *wurd* ›werden‹: *ik wurd – dü woor-st – hi woor-t – wi wurd*; *wurd – wurden* ›geworden‹.

Die *zusammengesetzten Zeiten* des Amring werden sowohl mit *wees* ›sein‹ wie mit *haa* ›haben‹ gebildet: *As a damper al kimen?* ›Ist die Fähre schon gekommen?‹ – *Hi wiar al ufraiset.* ›Er war schon abgereist. – *Jo haa a kroom ufden.* ‹Sie haben die Sache abgegeben.› – *Hat hed ham böös ferkeld.* ‹Sie hatte sich schlimm erkältet.›.

Ein eigentliches *Futur* gibt es im Amring nicht. Entweder tritt dafür – wie meist auch im Deutschen – das Präsens ein: *Hi komt maaren.* ›Er kommt morgen.‹ oder es werden die Hilfsverben *wel* ›wollen‹ bzw. *skel* ›sollen‹ gebraucht: *Hi skal nooch kem.* ›Er wird schon noch kommen.‹.

Das *Passiv* wird mit *wurd* ›werden‹ gebildet: *Diar skal uk nei baud wurd.* ›Da soll auch neu gebaut werden.‹.

Konjunktivformen hat das Amring nicht. Statt dessen treten Formen der Vergangenheit ein: *Hedst ei uunrep küden?* ›Hättest du nicht anrufen können?‹. Ausnahme: *At öömrang spriak, hat lewe huuch!* ›Die Amrumer Sprache, sie lebe hoch!‹.

2. *Das Amrumer Schrifttum*

Wenn mit den einsetzenden schriftsprachlichen Bemühungen um das Friesische in der ersten Hälfte des 19. Jahrhunderts innerhalb des Fering-Amring zunächst dem Amring die führende Rolle zufällt, ist dies wohl nicht zufällig, sondern mit ähnlichen Bestrebungen auf Sylt und auf Helgoland zu vergleichen. Daß sich in diesen drei Sprachgebieten des Nordfriesischen zuerst noch vor den anderen Sprachgebieten der Gedanke von der Notwendigkeit der schriftlichen Fixierung des friesischen Sprachgutes niederschlug, könnte seine Ursache in gleichen Voraussetzungen haben, die starke Prägung durch die Seefahrt und eine damit verbundene Aufgeschlossenheit gegenüber Neuem und Fremdem, ein wachsendes Empfinden für die Eigenart, aber auch wohl für die Gefährdung der friesischen Sprache angesichts eines allmählich einen gewissen Umfang annehmenden Badebetriebes. Für das Fering-Amring ist zu beobachten, wie sich der Schwerpunkt der sprachpflegerischen Tätigkeit in der zweiten Hälfte des 19. Jahrhunderts von Amrum zunehmend nach Osterlandföhr verlagert, um erst in der zweiten Hälfte des 20. Jahrhunderts das bis dahin wenig berührte, in sprachlicher Abgeschiedenheit lebende Westerlandföhr zu erreichen.

Wenn gerade das ältere Amring so umfassend wie kein anderer Dialekt überliefert worden ist – zu vergleichen nur mit dem Sylterfriesischen – so verdankt es dies vor allem drei Männern, dem *Pastor Lorenz Marstrand Mechlenburg (1799 – 1875)*, dem Professor und politischen Schriftsteller *Knut Jongbohn Clement (1803 – 1873)* und dem Lehrer *Christian Johansen (1820 – 1871)*.

Mechlenburg, der Anregungen für seine Sammeltätigkeit durch den bekannten englischen Philologen *Cleasby* erhielt, verfaßte nicht nur ein großes zweibändiges friesisch-deutsches Wörterbuchmanuskript und ein kleineres deutsch-friesisches Wörterbuchmanuskript in der Amringer Mundart und unternahm als erster – den leider erfolglosen – Versuch, ein gesamtnordfriesisches Wörterbuch zu schaffen, sondern legte auch eine beachtliche Sammlung von Sprichwörtern, Redensarten, Reimen und Gedichten an. Gedruckt wurde allerdings nur eine Sprichwörtersammlung im Jahre 1851.

Clements 1846 erschienenes Buch »*Der Lappenkorb von Gabe Schneider aus Westfrisland, mit Zuthaten aus Nord-Frisland*« schlägt erstmalig eine Brücke zwischen den beiden Frieslanden und ist so wichtiges Zeichen erwachenden gesamtfriesischen, grenzübergreifenden Bewußtseins. Im letzten Drittel dieses Werkes, ansonsten eine Übertragung aus dem Westfriesischen, kommt auch die nordfriesische volkstümliche Überlieferung zu Wort – Sagen, Verse, Märchen, Sprichwörter – das meiste leider in deutscher Übersetzung. Wichtige Beiträge zum friesischen Wortschatz liefert Clement dann in verschiedenen Aufsätzen, in denen er durch umfängliche Materialsammlungen den engen Zusammenhang zwischen Friesischem und Englischem beweisen möchte.

Den eigentlichen Anfang Amringer Literatur bezeichnet *Johansens* kleine Erzählung »*Arammud an Dögganheid bi-rkööder*« ›Armut und Tugend beieinander‹ (Schleswig 1855). Die Erzählung beginnt mit den Worten:

Hat wiar harefstdai; a kuben floog ambi auer ääkrem. Diar wiar en sturem onerwai, an arkenään hed at puan, am a sjep tüs tu fun.

Es war Herbst; die Möwen flogen über das Feld. Es war ein Sturm im Anzuge und jeder bemühte sich eilends, die Schafe heim zu bringen.

Geschildert werden die letzten Tage der alten gottesfürchtigen Antje Samen, die in bitterster Armut lebt und Mann und Sohn verloren hat. Ihr wird noch das Glück zuteil, die Rückkehr ihres anderen, als Kind von Seeräubern geraubten Sohnes als Schiffbrüchigen zu erleben. Das Ende dieser etwas rührseligen, aber in allen lokalen Einzelheiten sehr echt wirkenden Geschichte ist allerdings sehr unsentimental, denn der alten Frau ist es nicht vergönnt, in Ruhe zu sterben:

Iark (der mit Antjes Tochter Ing in wilder Ehe gegen Antjes Willen zusammenlebt) *bolerd jin a wönanger uun:* »*Beest dü ual heks, dü sladersnütj, noch ei duad? Ing blaft bi mi!*« *Antje beedagt:* »*Vater, vergib ihnen, sie wissen nicht …*«. *Jü loog her uugen tu, am nimer weder aptulukin.*

Erk bullerte gegen die Fenster: »Bist du alte Hexe, du Tratsche, noch nicht tot?« Antje betete: … Sie schloß ihre Augen, um nie wieder hochzusehen.

Johansen hat seiner Grammatik »*Die Nordfriesische Sprache nach der Föhringer und Amrumer Mundart*« (Kiel 1862) – bis jetzt die einzige umfängliche Grammatik des Sprachgebietes – reichlich Sprachproben hinzugefügt, die neben Sprichwörtern, Redensarten, der Übertragung einer Szene aus Goethes »Faust« in fingierten Erzählungen des alten Besenbinders Drefsen auch einiges an altem Sagengut und Aberglauben bringt. Bodenständig scheint die Erzählung vom *Weedermaan* ›Wassermann‹ zu sein, die die Entstehung der Dünen erklärt, oder vom Schiff *Managfual*, das so groß war, daß es im Englischen Kanal vor Dover stecken blieb und nur mit Hilfe von Schmierseife wieder frei kam.

Im übrigen ist das Nordfriesische und mit ihm das Amring auffallend arm an altüberliefertem Sprachgut. Einen alten amringer Spottvers bringt Clement:

Wat neis brangst mä faan nuurden,	Was neues bringst von der Reise nach Norddorf?
Laland taapet noch bi uurden,	Laland zapfte noch viertelweise
a ual maaner hed at bi suuptjis,	die alten Männer hatten es mit Schnäpsen,
an a jong dringer bi luuptjis,	die jungen Burschen mit Poussieren,
an a ual wüfen naam en slöög	und die alten Frauen nahmen einen Schluck
för en nuurdwaasten töög.	gegen den Windzug aus Nordwest.
A jong foomnen mend, jo wiar engelrian,	Die jungen Mädchen, die hielten sich für engelrein,
man jo maad dach ei sliap alian.	doch schlafen wollten sie nicht allein.

Ein typisches Amringer Wiegenlied überliefert Johansen, das auch die Vorliebe des Amring für Diminutivformen zeigt:

Ruure, ruure Reike	Rure, rure Rei-chen,
maaren komt at seike,	Morgen kommt das Näherchen,
brangt at letj en peike,	bringt dem Kleinen ein Röckchen,
maaget suune en ülken,	macht Söhnchen ein Häubchen,
seit 'ar tau bruket bäänker üüb.	näht da zwei bunte Bändchen an.
Dönen binj wi fäast, so fäast	Die binden wir fest, so fest
oner det trinj kenke.	unter das runde Kinnchen.
Do blaft suune altidj slaank	Dann bleibt Söhnchen immer schlank
an woort nimmer sia-, siakraank,	und wird niemals see-, seekrank,
daanset üüb a sia, det 's wiar,	tanzt, das ist wahr, auf der See,
diar dää ham nian las ei siar.	da tut ihm kein Glied nicht weh.

Lokale Färbung zeigen auch manche der zahlreichen Sprichwörter des Amring: *Diar a dik liachst as, diar ridj a hünjer henauer.* ›Wo der Wall am niedrigsten ist, da springen die Hunde hinüber.‹ – *Diar a dik liachst as, gongt a flud iarst auer.* ›Wo der Deich am niedrigsten ist, geht die Flut zuerst herüber.‹ – *A skuat bitidj iinhaale.* ›Das Focksegel beizeiten einholen.‹ – *Diar komt di jüt üüb sin holtskur.* ›Da kommt der Jüte auf seinen Holzschuhen.‹ (von einem ungeschlachten, groben Menschen) – *Diar sproong di haas ütj a halemtoost.* ›Da sprang der Hase aus dem Strandhaferbüschel.‹ (kam die Wahrheit heraus) – *Sat man nian lüs uun a sjist.* ›Setze blos keine Läuse in den Pelzrock‹ (das typische Kleidungsstück der Inselfriesinnen) – *Det gongt üs en lüs üüb en tjaarkwaast.* ›Das geht wie eine Laus auf einer Teerquaste‹ (nämlich sehr langsam) – *Hi dää ham ap üs en kriak uun a mist.* ›Er machte sich groß wie eine Krähe im Nebel.‹ – *En huugen daigraad jaft liach saiels.* ›Eine hohe Morgendämmerung (d.h. Lichtbank) gibt niedrige Segel.‹ (d.h. der Wind verlangt kleine Segel).

Gegenüber der Überlieferung an Kinderversen und Spruchgut ist das Material an überlieferten Märchen, die als Bestandteil eigener Traditionen gelten können, im friesischen Raum ausgesprochen dürftig. Für das gesamte nordfriesische Sprachgebiet sind insgesamt nur sechs Märchen überliefert, von denen fünf von den Inseln stammen: *Letj Eelke an Grat Eelke* ›Klein Elke und Groß Elke‹ (›Frau Holle‹), *Det oterbaanke Gebhard* ›Der Unterirdische namens Gebhard‹ (›Rumpelstilzchen‹), *Henk an höön* ›Hühnchen und Hähnchen‹ (›Der Tod des Hühnchens‹), *En teel faan de rüs an en letjen kühörd* ›Eine Geschichte von dem Riesen und einem kleinen Kuhhirten‹ (›Das tapfere Schneiderlein‹), *Jan Knole* (›Das Bürle‹). Vieles spricht dafür, daß es kaum mehr Märchen als diese gegeben hat. Bezeichnend für die besondere Stellung des Amring in dieser frühen Epoche dürfte sein, daß von diesen Märchen wiederum vier auf Amrum aufgezeichnet sind, das erste Märchen hier sogar in drei Versionen. Sie sind bemerkenswert, weil sie näher dem mündlichen Erzählen stehen und noch nicht die formale und moralische Läuterung der Grimmschen Märchen besitzen. Am Ende von *Letj Eelke* heißt es:

Man nü hiard 'at en romlin, an al a woger sluch iin. A bagoon siig ütj üs a hääl. A kü wurd tu en häälhingst. A aapelbuum füng bian an wurd laben. A grünj wurd slober an döbel. Grat Eelke soonk wech an kaam nimer weder ap üüb a welt. ›Aber nun hörte sie ein Rummeln, und die Wände fielen in sich zusammen. Der Backofen sah aus wie die Hölle. Die Kuh wurde zu einem Höllenpferd. Der

Apfelbaum bekam Beine und wurde lebendig. Der Grund wurde Morast und Sumpf. Groß Elke versank, und sie kam niemals wieder hinauf auf die Welt.‹

oder in einer zweiten Version:

An det ual wöfke faadet hör an turääw hör mä glamen taangen.

›Und die Alte ergriff sie und zerriß sie mit glühenden Zangen.‹

Die nicht sehr zahlreichen lyrischen Erzeugnisse hat erst der um das Friesische so verdiente Sprachforscher *Otto Bremer* in seiner Halle 1888 erschienenen Anthologie »*Ferreng an ömreng Stacken üb Rimen*« ›Föhrer und Amrumer Gedichte‹ größtenteils zugänglich gemacht. Es sind vor allem Gelegenheitsgedichte, Adressen an das Herrscherhaus, drastische Schilderungen des Amrumer Alltags, pessimistische Betrachtungen und Klagen über die herrschenden Zustände:

So üs't hir wees skal, as 'hir ei loong muar:
Di ünrochtfiardaghaid namt hir a boowenhun.
Wel wi üüs rocht sjük, ja wi witj ei huar.
Hir fu wi 't ei üüb dat hir lun.

›So wie es hier sein soll, ist es hier schon lange nicht mehr :
Die Ungerechtigkeit gewinnt hier die Überhand.
Wollen wir unser Recht suchen, ja wir wissen nicht wo,
hier bekommen wir es nicht auf dieser Insel hier.‹

schreibt *Karsten Paulsen* 1844 und schildert in seinem *öömrang liitji* ›Amrumer Liedlein‹ die Dürftigkeit des Landes:

At miast as halem an hias an sun
an letjet gäärs.
Kaninen, aier an beien san hir.
Wan det noch kofe an baarnwin wiar,
uu, wat wiar 't üs lef.

›Das meiste ist Strandhafer und Heide und Sand und wenig Gras.
Kaninchen, Eier und Beeren sind hier.
Wenn das noch Kaffee und Branntwein wär‹,
O, was wär's uns lieb.‹

Ähnlich schreibt auch Jakob Engmann um dieselbe Zeit: *Det öömrang lun, det as man letj*
an maager uk diarbi;
nian klei klewet ään hir tu a fet,
man sun stoft trinjambi.

›Das Amrumer Land, das ist man klein
und mager noch dazu;
kein Klei klebt einem hier an den Füßen fest,
sondern Sand stäubt nur herum.‹

Diar't nü man letj an maager as,
koon arken lacht bigrip,
dat hir ei föl fermöögen sat
uun det letj sunag rik.

›Da es nun man klein und mager ist,
kann jeder leicht begreifen,
daß hier nicht viel Vermögen sitzt
in diesem sandigen Reich.‹

Mit den erstarkenden Sprachbemühungen auf Föhr tritt das Amring mehr und mehr zurück. An Dichtern zu nennen wären noch die Namen *Ida Matzen* und *Arthur Kruse*, die in diesem Jahrhundert einige Lieder und Gedichte geschaffen haben. Für die Weiterentwicklung des Amring als Schriftsprache war es ungünstig, kein eigenes Wörterbuch zu haben und auf eine Orthographie angewiesen zu sein, deren Grundlage das Fering war. Um so erfreulicher ist es, auf Amrum im letzten Jahrzehnt ein Wiedererstarken einer sprachlichen Regsamkeit verzeichnen zu können, die dem Amring etwas von seiner ehemals führenden Rolle zurückgibt. Nicht nur, daß hier in Folge der starken Überfremdung der Insel ein neues sprachliches Selbstbewußtsein entstanden ist, sondern daß das Amring in den für Aufführungen zu den Heimatabenden geschriebenen Komödienstücken von *Thea Andresen* wohl das sprachlich Wertvollste und künstlerisch Gelungenste besitzt, was in nordfriesischer Sprache in letzter Zeit verfaßt wurde. Mit sprachlicher Sicherheit und Gespür für Situationskomik ersteht in Stücken wie *Abukir*, eine dramatische Umsetzung eines Föhrer Stückes von einem Seemannsgarn spinnenden Fahrensmann, *Good seegne üsens strun* ›Gott segne unsern Strand‹ und *Suartslaachtin* ›Schwarzschlachten‹ das Bild des alten Amrum mit zeitgenössischen Bezügen.

Chronik der Inselgeschichte

Um 3000 vor Chr. – Jungsteinzeit. Auf Amrum stammen aus dieser Zeit etliche Grabkammern aus Findlingen, von denen heute noch vier vorhanden sind. Von anderen wurden im Laufe früherer Jahrhunderte die Steine entfernt und für den Bau des Friedhofwalles oder als Ankersteine verwendet.

Um 1800 vor Chr. – Beginn der Bronzezeit mit verschiedenen Kulturperioden. Die heutige Inselgeest war dicht besiedelt und wurde sowohl für den Ackerbau als auch für Begräbnisplätze benutzt. Besonders charakteristisch aus dieser Zeit sind die heute noch, über die ganze Inselgeest verstreut zu findenden Hügelgräber. Zahlreiche Ausgrabungsfunde, aufbewahrt im Schloß Gottorf zu Schleswig und im Amrumer Mühlenmuseum, dokumentieren die Lebensverhältnisse der Bronzezeit.

Um 500 vor Chr. – Übergang zur Eisenzeit. Ungeachtet der Abwanderung von küstengermanischen Völkerschaften (Cimbern, Teutonen, Ambronen) in den ersten Jahrhunderten vor der Zeitrechnung, blieben die Geesthöhen von Sylt, Föhr und Amrum kontinuierlich besiedelt. Reste von Dörfern im Bereich der Amrumer Dünen, Gräberfelder im Skalnastal und Rundhügelgräber bei Steenodde sind die bedeutendsten Zeugen der Eisenzeit auf Amrum.

Um 800 – Nach einer erneuten Bevölkerungsabwanderung im 6. und 7. Jahrhundert, dringen Friesen – ursprünglich an der Rheinmündung seßhaft – entlang der Nordseeküste bis zu den Geestinseln vor und kultivierten die umfangreichen Marschen und Moore im Bereich des heutigen nordfriesischen Wattenmeeres. Offenbar kommt es zu einer friedlichen Vermischung mit der frühzeitlichen Restbevölkerung.

Um 900 – Wikinger tauchen auf und nehmen wenig später die Inseln für das dänische Königshaus in Besitz. Die Inselfriesen werden dänische Untertanen, über aber noch lange in vielen Bereichen eine traditionelle Selbstverwaltung aus. Friesen und Wikinger ziehen gemeinsam zu Raubzügen, insbesondere nach Britannien aus. Ein Geesthügel am Wattenmeer bei Norddorf wird Sitz eines Wikingerhäuptlinges (Haus Burg).

Um 1000 – Nach etlichen vergeblichen Versuchen setzt sich das Christentum zunehmend gegen die Götterwelt der Asen durch, insbesondere durch den Übertritt dänischer Könige zum neuen Glauben. Um 1100 kam es zum Bau erster christlicher Kirchen im Raume Nordfriesland. Die St. Clemens-Kirche auf Amrum dürfte um 1200 oder wenig später errichtet worden sein. Sie war zunächst aber nur Filialkirche von St. Johannes bei Nieblum auf Föhr.

1231 – Im Erdbuch des dänischen Königs Waldemar II. wird Amrum erstmalig urkundlich erwähnt. Die Bezeichnungen »ha«, »cu« und »hus« benennen als Jagdwild Hasen und Kaninchen sowie ein Jagdhaus des Königs auf der Insel. Zugleich wird im Erdbuch der Inselcharakter und die Zugehörigkeit zum Königreich Dänemark dokumentiert. Eine weitere Nennung von »Braenstaeller«, die dem Könige gehören, weist auf die Salzsiederei auf »Däänsk Braanang« nahe Steenodde hin. Salzgewinnung durch Verbrennung des Seetorfes aus dem Wattenmeer spielte im Mittelalter in Nordfriesland eine große wirtschaftliche Rolle.

Um 1360 – Die Westerharde mit Westerlandföhr und Amrum gerät unter die Herrschaft von Lehensrittern, die zeitweilig in den Ringwallburgen auf Föhr (Borgsum und Utersum) hausen und mit harter Hand regieren.

1418 – Eine Hamburger Bürgschaft für den Amrumer Schiffer Oluf Söncken (Wulff Sonnecken) weist auf die damals schon betriebene Seefahrt der Inselfriesen hin.

1425 – Zwischen den nordfriesischen Inseln und Helgoland erscheinen große Heringsschwärme und begründen auf den Inseln eine umfangreiche, fast zweihundertjährige Fischerei. Für Amrum werden z.B. im Jahre 1513 die Fischer Ryckel Vokens und Haye Oloffs durch die Besteuerung mit »Riemengeld« nachgewiesen.

1464 – Die beiden Inseldörfer Süddorf (Suder) und Norddorf (Nortorp) werden erstmalig erwähnt. Das heute größte Dorf Nebel entstand erst eben nach 1500 um die zunächst einsam im Felde liegende St. Clemens-Kirche.

1524 – Reformation auf Föhr und Amrum. Föhrer Studenten haben die Lehre Luthers in ihre Heimat getragen und auf einer Festveranstaltung in Utersum in der Bevölkerung verbreitet.

1565 – Die Stadt Husum bekommt vom Herzog das Privileg zum Aufbau eines Seezeichenwesens und bezieht dabei – gegen einen späteren Protest von Föhr und Amrum – auch die zu diesen Inseln führende Schmaltiefe gebührenpflichtig mit ein.

1629 – Die Pest auf Amrum. 147 Menschen, etwa zwei Drittel der Inselbevölkerung, sterben.

1633 – Beginn der inselfriesischen Teilnahme als Walfänger auf holländischen, seit 1644 auch auf hamburgischen Schiffen. Die Amrumer orientierten sich vorwiegend nach Hamburg und stellten dort in der Folgezeit neben Mannschaften auch einige Commandeure.

1661 – Die Westerharde mit Westerlandföhr und Amrum wird an den Grafen Hans Schack zu Schackenburg verkauft, allerdings 1676 durch den dänischen König Christian V. zurückgekauft.

1692 – Auf Vorschlag Amrumer Bauervögte verfügt der dänische König die Bepflanzung von Wanderdünen. Erst im Mittelalter kam es zur Entstehung der Dünen, die über Kultur- und Siedlungsland wanderten und bis Ende des 18. Jahrhunderts etwa die Hälfte der Inselfläche übersandeten.

1700 – Drontheim in Norwegen ist zunehmend das Ziel Amrumer Seefahrer. Zahlreiche Inselfriesen führen Drontheimer Schiffe, werden »Schifferbürger« und lassen sich in der Handelsstadt nieder.

1721 – An der Amrumer Hafenbucht, auf Steenodde, wird ein erstes Haus für den Zollverwalter Friedebeck errichtet.

1735 – Der dänische König erteilt den Inselfriesen »damit sie desto mehr zur Seefahrt ermuntert werden«, das Privileg über die »ewige Befreiung von Kriegsdiensten« zu Lande. Lediglich für die Flotte müssen die Inselfriesen in Kriegszeiten eine kleine, von ihnen selbst gewählte Mannschaft stellen.

1736 – Nach über 12jähriger Abwesenheit kehrt der Sohn des Kapitäns Oluf Jensen, Harck Olufs, aus der Sklaverei in Nordafrika in die Heimat zurück.

1744 – Bei der Rückkehr mit etwa 200 Walfängern und Seefahrern von holländischen Häfen kentert das Schmackschiff des Föhrers Pay Mellefs vor dem Kniepsande, wobei alle ertrinken.

1752 – Das Pastorat, bisher in Norddorf, wird nach Nebel verlegt.

1768 – Erster Großbrand von Norddorf. Fast alle Häuser fallen dem an der Westseite des Dorfes entstehenden Brand zum Opfer.

1771 – Auf dem hohen Geestrücken bei Nebel läßt der frühere Schiffer Erk Knudten eine Graupenmühle errichten.

1796 – Nach Streitigkeiten über die Behandlung eines Strandungsfalles am Kniepsand wird die Birk Westerlandföhr-Amrum »aufs neue« dem Schleswig-Holsteinischen Strandrecht unterstellt, nachdem hier seit einiger Zeit das für Schiffbrüchige günstigere dänische Strandrecht gegolten hatte.

1799 – Die dänische Regierung befiehlt die »Aufhebung der Feldgemeinschaft«, eine altertümliche Form gemeinschaftlicher Landwirtschaft. Auf fest zugemessenem Lande werden fortan durch individuelle Bodenverbesserung und -nutzung höhere Erträge erzielt.

1801 – Die dänische Regierung läßt auf dem »Seesand« südlich von Amrum eine hohe Bake als Seezeichen errichten. Sie wird später mit einem Raum für Schiffbrüchige versehen.

1807–1814 – Krieg zwischen England und Dänemark im Gefolge der Napoleonischen Kriegswirren und der Kontinentalsperre. Für die Inselfriesen, insbesondere für die Amrumer, wird die Haupterwerbsquelle seit dem Mittelalter, die Seefahrt, für Jahrzehnte völlig lahmgelegt.

1820 – Gründung des Strandlegates mit der Verpflichtung aller Berger, 5% des Bergelohnes in das Legat »zum Besten der ganzen Gemeinde« einzuzahlen. Bergelöhne durch Strandungsfälle spielen eine wachsende Rollen im Erwerbsleben.

1825 – In der Nacht des 3./4. Februars eine sehr hohe Sturmflut. Westlich von Norddorf zerstört das Meer den schützenden Dünenwall vor der Marsch.

1848 – Schleswig-Holsteinische Erhebung gegen den Gesamtstaat Dänemark. Die Birk Westerlandföhr-Amrum steht loyal zum Königreich und erlebt eine kurzfristige Besetzung durch schleswig-holsteinische Truppen.

1863 – Bei dem Versuch, zu einem auf Hörnumsand gestrandeten Schiff zu gelangen und Bergelohn zu verdienen, ertrinken am 9. Dezember neun Männer am Norddorfer Strand.

1864 – Neue Auseinandersetzung um Schleswig-Holstein. Die deutschen Großmächte Preußen und Österreich greifen ein, Dänemark wird besiegt und muß die Herzogtümer inclusive der reichsdänischen Enklaven, darunter Westerlandföhr-Amrum, an die Sieger abtreten. Nach fast 1000jähriger Zugehörigkeit zu Dänemark wird Amrum preußisch bzw. deutsch.

1865 – Die kürzlich gegründete »Deutsche Gesellschaft zur Rettung Schiffbrüchiger« richtet auf Amrum erste Stationen mit Ruderrettungsbooten ein.

1866 – Auf der Heideflur Meeram wird eine Vogelkoje für den Massenfang von Wildenten eingerichtet. Durch breite Verstreuung der Anteile (Lose) kommt diese Anlage der gesamten Inselbevölkerung zugute.

1875 – Am 1. Januar ist der Amrumer Leuchtturm vollendet und zeigt nun, abwechselnd von drei Leuchtfeuerwärtern bewacht, sein weitreichendes Licht als Warnung vor den gefährlichen Amrumer Sänden.

1883 – Eine Interessentenschaft aus Süddorf legt auf der moorigen Heideflur Klintum nahe Wittdün eine zweite Vogelkoje an, deren Entenfänge jedoch unter der Erwartung bleiben und zu einer baldigen Stillegung der Koje führen.

1885 – Ein zufälliger Inselbesucher, der Architekt Ludolf Schulze aus Waldhausen bei Hannover, regt die Anlage eines Badeortes auf Amrum an und richtet einen entsprechenden Antrag an die Gemeindevertretung, verbunden mit der Bitte um die Badekonzession. Die Gemeindevertretung lehnt diesen Antrag einstimmig ab, »weil man den Verderb der guten hiesigen Sitten befürchtet«.

1887 – Am 13. Januar wird auf Initiative des Kapitänes Julius Schmidt die Freiwillige Feuerwehr gegründet.

1888 – Pastor Friedrich von Bodelschwingh auf Amrum, gerufen vom Inselpastor Tamsen, »um ein christliches Hospiz für stille Gäste zu bauen«. Zunehmend reisen Spekulanten zur Insel und kaufen Gelände zwecks Errichtung von Logierhäusern.

1889 – Der einheimische Kapitän Volkert Martin Quedens errichtet auf Wittdün ein erstes Hotel und geht als Gründer des Badeortes in die Geschichte ein. Wenig später entstehen bei Norddorf das Seehospiz I durch Pastor Bodelschwingh und an der Satteldüne bei Nebel ein umfangreiches Kurhaus einer Wandsbeker Aktiengesellschaft.

1892 – Der aus Kappeln gebürtige Hotelier Heinrich Andresen gründet eine Aktiengesellschat und beginnt im großem Stile auf Wittdün zu bauen.

1893 – Die Wittdüner Gesellschaft baut eine Spurbahn zu den Badeanlagen auf Kniepsand.

1895 – Die Gemeinde Amrum baut eine feste Anlegebrücke bei Steenodde. Bis dahin erfolgte die Frachtentladung bei Ebbe, wenn die von Husum und Hamburg gekommenen Schiffe am Ufer trocken gefallen waren.

1900 – Die Aktiengesellschaft Wittdün erweitert die Spurbahn zur »Inselbahn« über Nebel nach Norddorf. Hauptzweck ist der Anschluß an die Nordsee-Linie (ab 1905 HAPAG) durch eine Zwischenverbindung von Norddorf-Seebrücke nach Hörnum, Sylt.

1906 – Die Sylter Austernpächter lassen für den Austernstrich einen Dampfer namens »Gelbstern« bauen und machen damit die letzten Sylter und Amrumer Austernfischer, je drei, brotlos.

1906 – Die Wittdüner Aktiengesellschaft geht konkurs und nachfolgend werden mehrere Hotels und Logierhäuser in Wittdün als Kinderheime eingerichtet.

1908 – Die St. Clemens-Kirche erhält einen Turm und einen neuen Eingang.

1912 – Die »Kolonie« Wittdün löst sich aus der Gemeinde Amrum und bildet eine selbständige Gemeinde. 1925 folgt Norddorf.

1914 – Sturmfluten gefährden zunehmend die Hotels am Südstrand von Wittdün, so daß der Bau einer Strandmauer, die heutige Promenade, notwendig wird. Nach dem Weltkrieg wird die Mauer rund um die Südspitze und nach Norden verlängert.

1916 – Das Wasserbauamt richtet in der Hafenbucht zwischen Wittdün und Steenodde einen Hafen ein, der später als Seezeichenhafen ausgebaut wird.

1920 – Abstimmung im deutsch-dänischen Grenzraum. Trotz der langen Zugehörigkeit von Amrum zu Königreich Dänemark entscheiden sich die Insulaner mit 84% für Deutschland. Nachkriegsjahre und Inflation (1923) lösten noch einmal eine große Auswanderungswelle nach den USA aus.

1925 – Großbrand in Norddorf. Neben dem Ambronenhaus brennen neun weitere Gebäude im Zentrum des Dorfes ab.

1933 – Reichstagswahl. Auf Amrum erringt die NSDAP einen überwältigenden Sieg.

1934/35 – Vor den Marschen von Wittdün und Norddorf werden durch den Arbeitsdienst Deiche gebaut.

1945 – Kurz vor Kriegsende treffen zahlreiche Ostflüchtlinge ein, zu denen nach dem Kriege noch tausende von Heimatvertriebenen kommen. Erst um 1950 werden die meisten nach West- und Südwestdeutschland umgesiedelt.

1948 – Die Amrumer Heide wird in großem Stile aufgeforstet, Grundlage des heutigen Inselwaldes.

1948 – Amrum erhält – anstelle der 1939 abgebauten Inselbahn – eine asphaltierte Straße für den Autoverkehr.

1955/56 – Wittdün und Norddorf erhalten durch den Bau von Kurmittelhäusern den Status »Nordseeheilbad«.

1961 – Eine inseleigene Reederei, die ASAG, wird gegründet, kann sich jedoch nicht gegen die mächtige WDR behaupten und wird 1971 von dieser übernommen.

1962 – Eine Orkanflut mit vorher nicht gemessenen Windgeschwindigkeiten richtet auf Amrum große Schäden an. Bei Norddorf und Steenodde brechen die Deiche, Strandpromenade und Brücke von Wittdün werden zerstört und die Amrumer Odde verzeichnet erhebliche Substanzverluste.

1972/73 – In Wittdün und Norddorf werden beheizte Meerwasserschwimmbäder gebaut, deren Betriebskosten aber bald zu andauernden Finanznöten führen.

1976 – Anstelle der mehrfach durch Sturmfluten zerstörten Wittdüner Balkenbrücke wird ein neuer Fähranleger gebaut.

Rege Bautätigkeit, vor allem auch von Auswärtigen, bestimmt seit Jahrzehnten die Entwicklung auf der Insel und trägt unverkennbare Züge des Massentourismus in Dörfer und Landschaften hinein.

1990 – Amrum feiert das 100jährige Bestehen als Nordseebad. Aber im Jubiläumsjahr wechselt eines der größten Fremdenverkehrsunternehmen an der Nordseeküste, die Seehospize in Norddorf, seinen Besitzer.

Tafel I

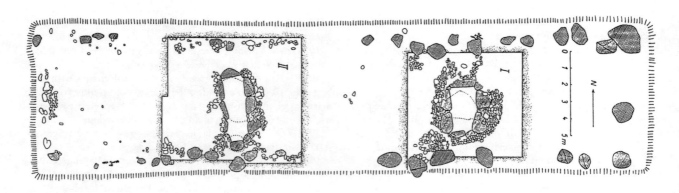

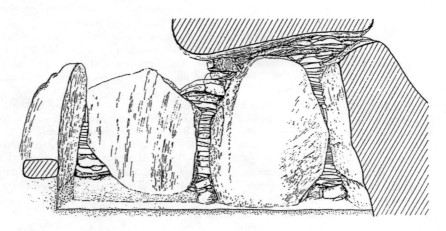

Nebel. Riesenbett 212, Steingrab I. Ansicht der Zwickelfüllung, gesehen von O

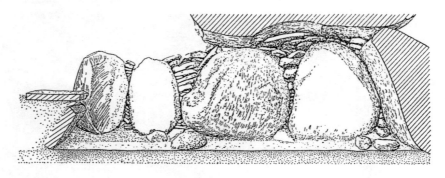

Nebel. Riesenbett 212, Grab II. Ansichten der Tragsteine und der Trockenmauer zwischen den Trägern im Innern der Kammer

Tafel II

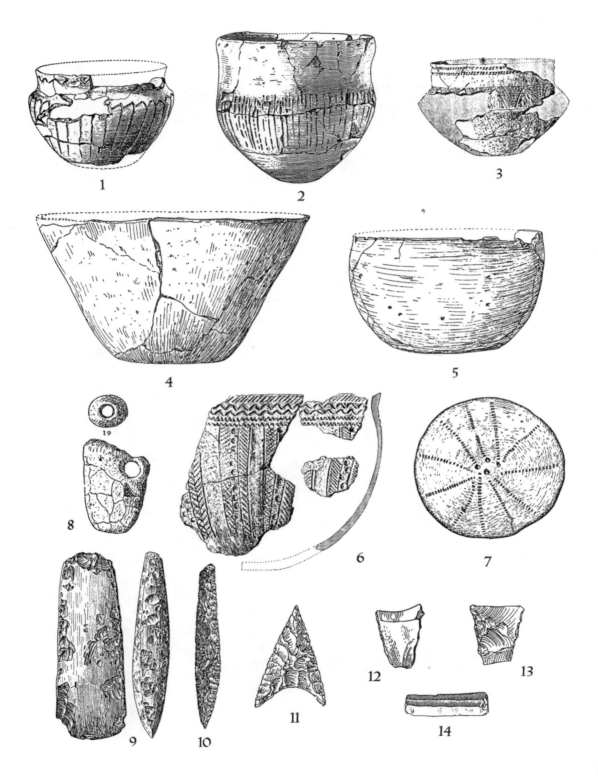

Tafel III

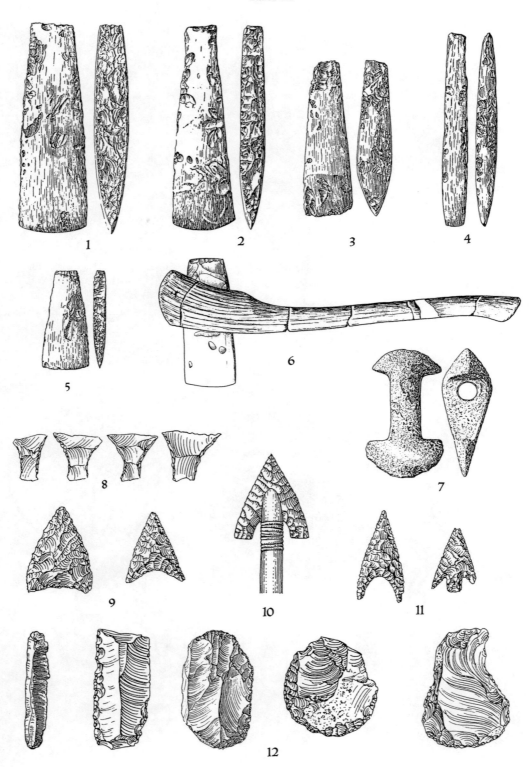

Tafel IV

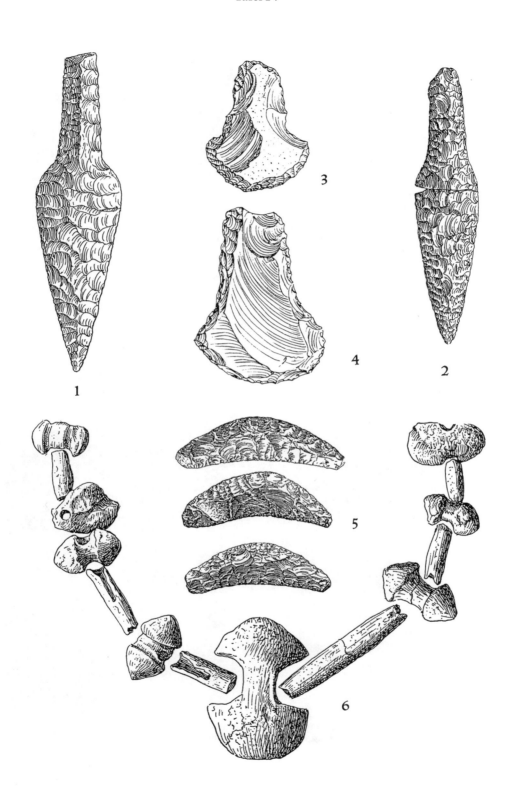

Tafel V

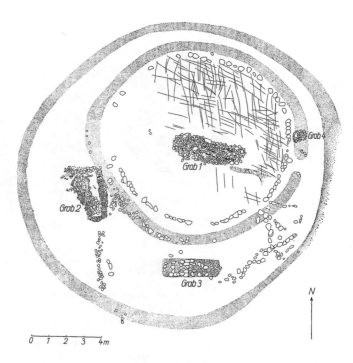

Nebel. Grundplan des Grabhügels 236

Tafel VI

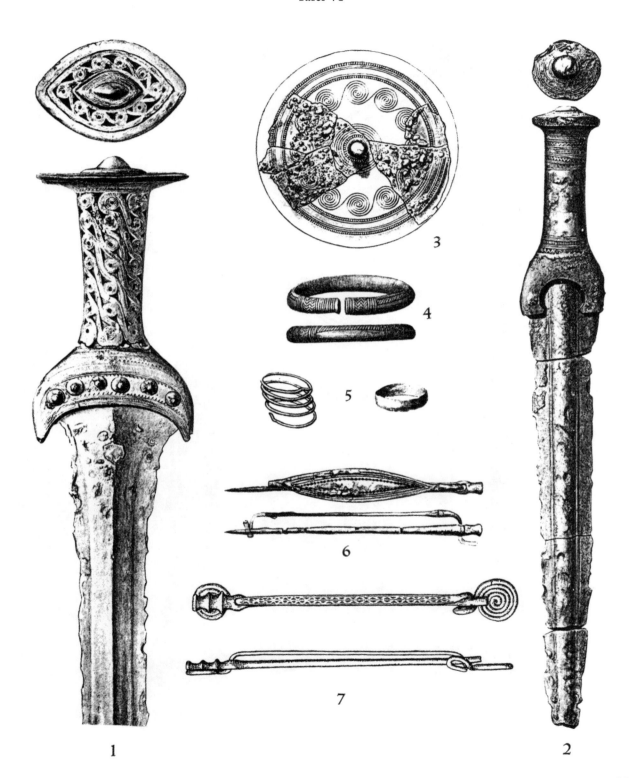

Tafel VII

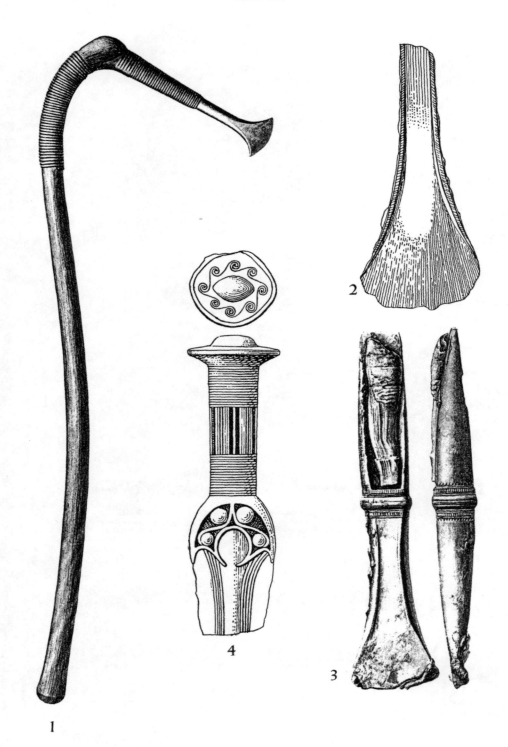

Tafel VIII

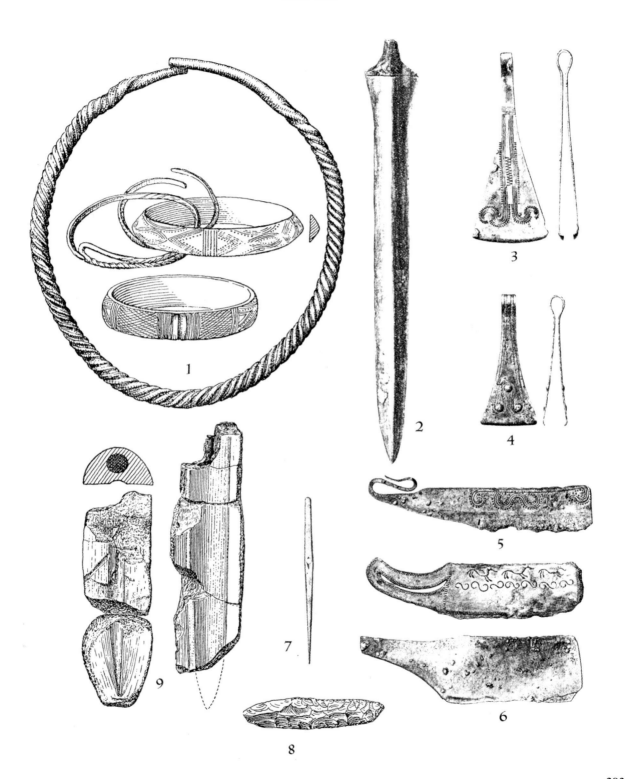

Tafel IX

Tafel X

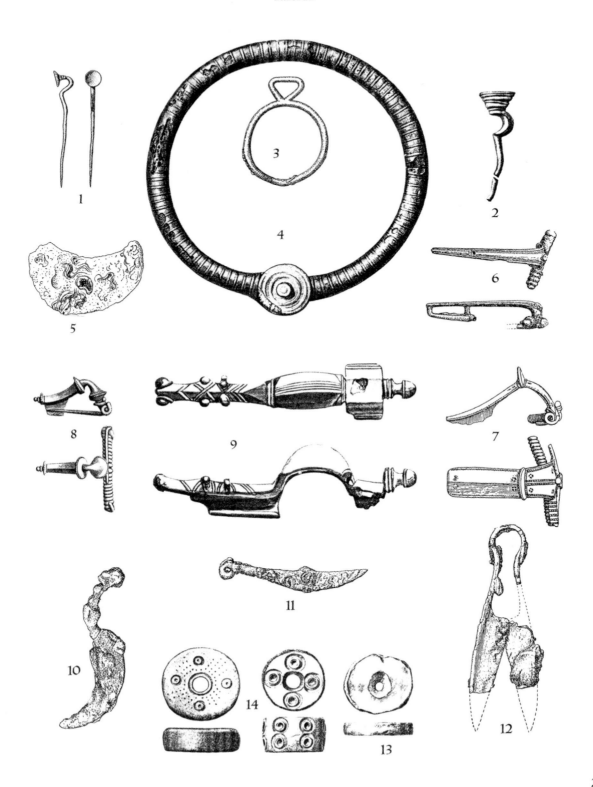

Tafel XI

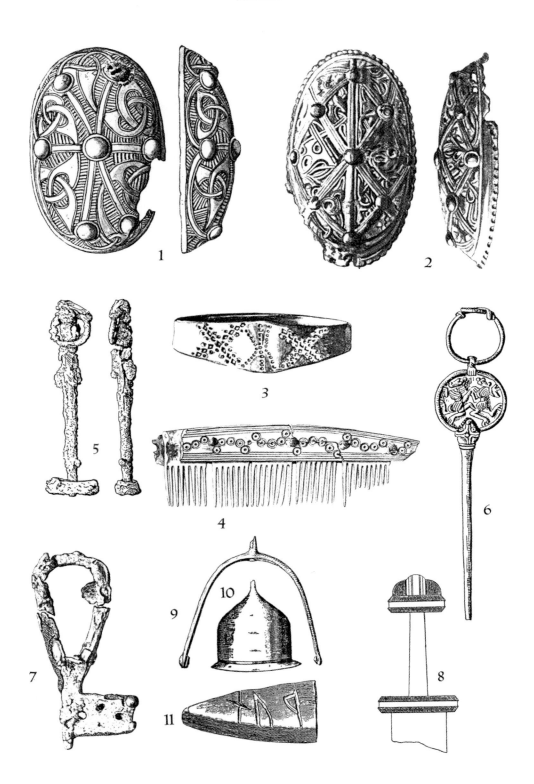

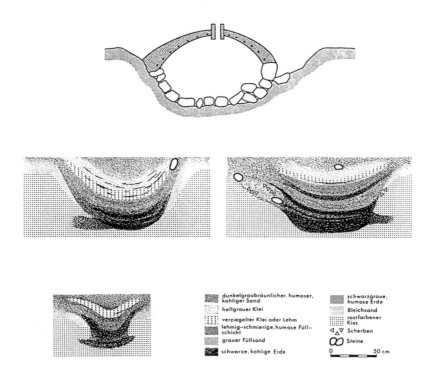

Abb. 4 – Rekonstruktion und Profile von eisenzeitlichen Töpferöfen in einem Dünental bei Satteldüne

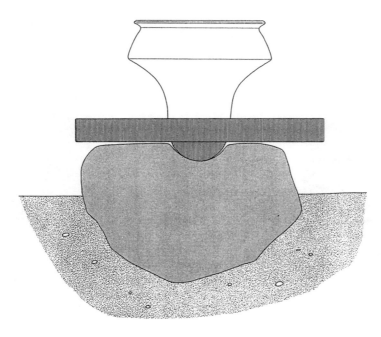

Abb. 5 – Rekonstruktion einer eisenzeitlichen Töpferscheibe

Abb. 6 – Verteilung der Häuser im eisenzeitlichen Dorf im Dünental am Hünenbett 212 nahe Meerum

Abb. 8 – Rekonstruierter Querschnitt eines eisenzeitlichen Hauses

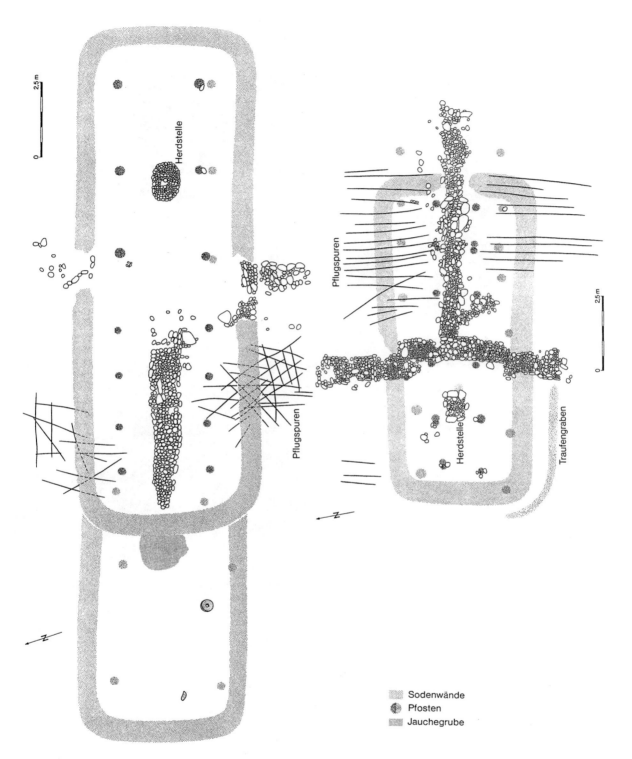

Abb. 7 – Hausgrundriß 289 und 350 im eisenzeitlichen Dorf

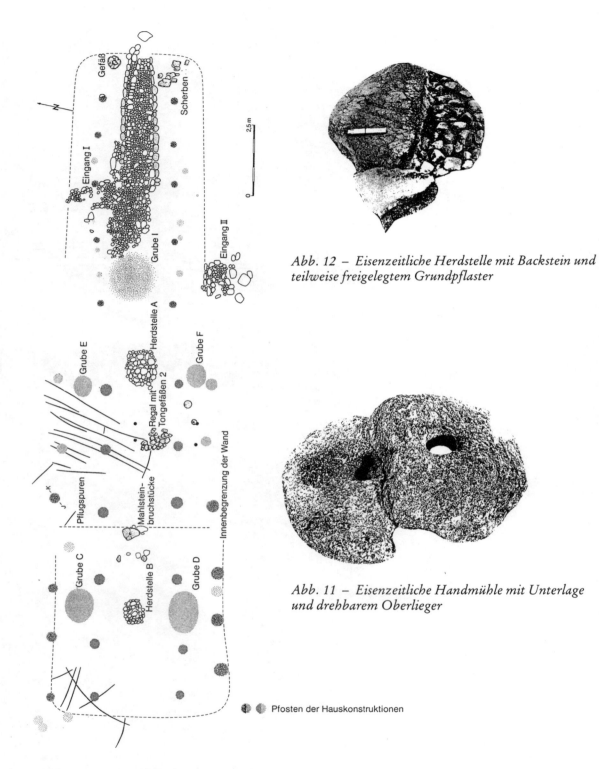

Abb. 12 – Eisenzeitliche Herdstelle mit Backstein und teilweise freigelegtem Grundpflaster

Abb. 11 – Eisenzeitliche Handmühle mit Unterlage und drehbarem Oberlieger

Abb. 9 – Grundriß des Hauses 360 am Hünenbett nahe Meerum

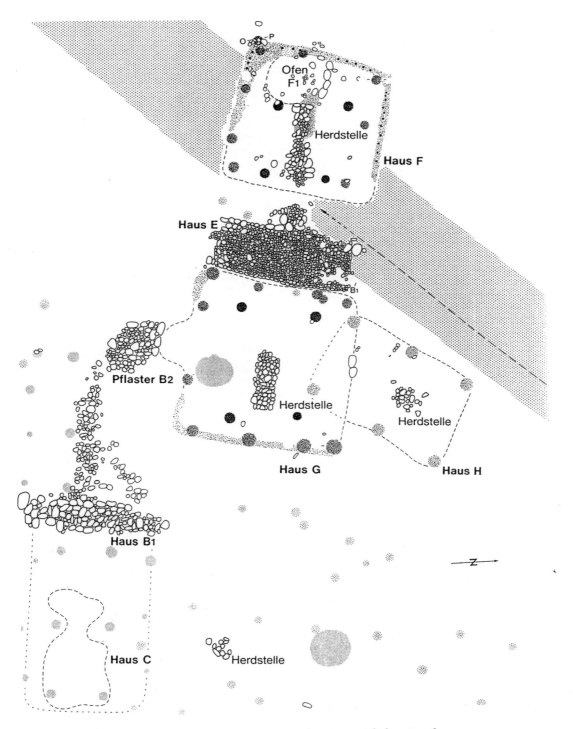

Abb. 13 – *Hüttengrundrisse in der Häusergruppe des eisenzeitlichen Dorfes am Hünenbett 212 nahe Meerum*

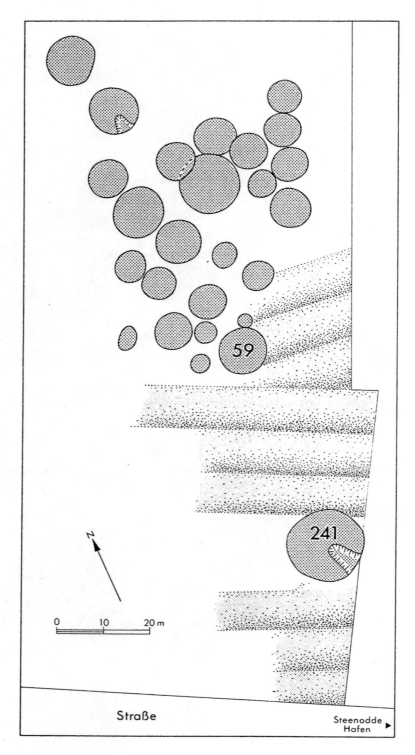

Abb. 14 – Plan der Hochackerbeete bei Steenodde

Quellenverzeichnis

Archive:

Amrum-Archiv Georg Quedens (Hauptquelle)
Altonaer Museum, Abtlg. Seefahrt
Amtsverwaltung Amrum
Deutsche Gesellschaft zur Rettung Schiffbrüchiger, Bremen
Kreisarchiv Nordfriesland, Schloß vor Husum
Landesarchiv Schleswig-Holstein, Schloß Gottorf, Schleswig
Landsarkivet, Apenrade
Rigsarkivet, Kopenhagen
Söfartsmuseet Schloß Kronborg, Helsingör
Staatsarchiv, Hamburg
Staats- und Universitätsbibliothek, Hamburg
Statistisches Landesamt, Kiel
St. Clemens-Archiv, Nebel-Amrum
Universitätsbibliothek, Kiel

Literatur:

Arhammar, Nils – Die Amringer Sprache, Sonderdruck, Itzehoe 1969
Andresen, Thea – Selbst erlebt und aufgeschrieben, Hamburg 1986
Bantelmann, Albert – Das nordfriesische Wattenmeer, eine Kulturlandschaft der Vergangenheit, in Westküste 1939
ders. – Die Landschaftsentwicklung an der schleswig-holsteinischen Westküste, Offa-Buch 21, 1967
Bantelmann, A./Hoffmann, B./Menke, B. – Siedelräume, in Archäologische und naturwissenschaftliche Untersuchungen in Siedlungen im deutschen Küstenbereich, Acta humaniora 1984
Baume, Peter La – Die Wikingerzeit auf den nordfriesischen Inseln, Jahrbuch des Nordfries. Vereines 1952/53
ders. – Grabhügel und Burgen auf Föhr und Amrum, Wyk 1963
Brandt, Otto – Geschichte Schleswig-Holsteins, Kiel 1981
Bode, Dr. E. – 50 Jahre Christliches Seehospiz auf Amrum, Bethel 1940
Christiansen, Willi – flora der nordfriesischen inseln, Hamburg 1967
Clausen, August – Streiflichter durch die Geschichte und Chronik nordfriesischer Seefahrer, Rendsburg 1969
Clement, Knudt Jungbohn – Die Lebens- und Leidensgeschichte der Frisen, Kiel 1845, Nachdruck 1980 in Leer
Dekker, Pieter – Durch viel Beschwerden zu großen Ehren. Der Grabstein des Kapitänes Nickels Nahmens, im Nordfriesischen Jahrbuch 1975
Deutsches Hydrographisches Institut, Hamburg-Seekarte Nr. 107
Dethlefsen, Gert Uwe – 100 Jahre Wyker Dampfschiffsreederei, Wyk 1984
Dircksen, Rolf – Das kleine Amrumbuch, Breklum 1936
Erichsen, Wolfgang – Zur Entwicklung der Grundbesitzverhältnisse in norddeutschen Fremdenverkehrsgebieten, Beispiel Amrum, in Berichte zur deutschen Landeskunde, Bonn-Bad Godesberg 1974

Faltings, Volkert – Ein Föhrer blickt zurück, Amrum 1988
ders. – Die Dingprotokolle der Westerharde Föhr und Amrum 1658–1671, Neumünster 1990
Feindt, F. – Zum Getreidefund von Amrum, Kreis Nordfriesland, Offa-Buch 44, 1987
Gripp, Karl – Erdgeschichte Schleswig-Holsteins, Neumünster 1964
Häberlin, Carl – Volkstrachten der nordfriesischen Inseln vom Anfang des XVIII bis Anfang des XIX Jahrhunderts, Wyk 1909
ders. – Inselfriesische Volkstrachten vom XVI bis XVIII Jahrhundert, Kiel 1926
ders. – Die nordfriesischen Salzsieder, Wyk 1934
Hansen, Christian Peter – Chronik der friesischen Uthlande, Garding 1877, Neudruck 1972, Wiesbaden
ders. – Das schleswigsche Wattenmeer, Glogau 1865, Neudruck 1972, Wiesbaden
Hansen, Margot und Nico (Herausgeber) – Amrum – Geschichte und Gestalt einer Insel, Münsterdorf 1964
Harck, O. – Landschaftsgeschichte und Archäologie an der Westküste der jütischen Halbinsel, Archsum auf Sylt, 1980
Heimreich, M. A. – Nordfriesische Chronik, Tondern 1819, Neudruck 1973, Wiesbaden
Henningsen, Wilhelm – Über die kirchlichen Verhältnisse der Nordseeinseln Amrum sowie ihre evang. luth. Geistlichen und ihre Familien, im Jahrbuch des Heimatbundes Nordfriesland 1935
Heydemann, Bernd/Müller-Krach, Jutta – Biologischer Atlas Schleswig-Holstein, Neumünster 1980
Hingst, Hans – Ein Grabhügel mit Urnengräbern der mittleren Bronzezeit bei Norddorf, Amrum, Offa-Buch 16 1957/58
ders. – Eine eisenzeitliche Töpferscheibe aus Wenningstedt-Braderup auf Sylt, Kreis Nordfriesland, Offa 29, 1972
ders. – zwei interessante Gräber der vorrömischen Eisenzeit aus Norddorf. Offa 39, 1982
ders. – Spuren alter Ackersysteme auf der Insel Amrum, Offa 37, 1980
ders. – Eisenzeitliche Siedlungen auf Amrum, Offa 44, 1987
ders. – Ein eisenzeitliches Töpfereizentrum auf der Insel Amrum, Kreis Nordfriesland, Offa 44, 1987
ders. – Vorgeschichtliche Mulden- und Töpfersteine von der nordfriesischen Inseln, in Die Heimat 93, Neumünster 1986
Hinrichsen, Hinrich C. – Beiträge zur Auswanderung von Föhr und Amrum nach Amerika, im Nordfriesischen Jahrbuch 1961, Nibüll
Hinz, H. – Zur Herkunft der Nordfriesen, in Hammaburg 5/
Hoffmann, Anna – Die Landestracht von Nordfriesland, He
Hoffmann, D. – Zur Rekonstruktion der kaiserzeitlichen L um Sylt, Colloquium der deutschen Forschungsgemein richt R. G. K. 67, 1986
Jankuhn, Hans – Ein Burgentyp der Wikingerzeit in N Zeitschrift f. Schleswig-Holsteinische Geschichte 78,

Jannen, Johannes E. – Aus den Tagen unserer Väter, Wyk 1932
ders. – Aus der Geschichte Amrums, o. J.
Jensen, Christian – Die nordfriesischen Inseln vormals und jetzt, Lübeck 1927
Jensen, Johannes – Nordfriesland in den geistigen und politischen Strömungen des 19. Jahrhunderts (1797–1864) Neumünster 1961
Johansen, Christian – Die nordfriesische Sprache nach der föhringer und Amrumer Mundart, Schleswig 1861, Neudruck 1966, Wiesbaden
ders. – Beschreibung der nordfriesischen Insel Amrum, Schleswig 1862
Kersten, Karl und Baume, Peter La – Vorgeschichte der nordfriesischen Inseln, Neumünster 1958
Koehn, Henry – Die nordfriesischen Inseln, Hamburg 1961
Köster, R. – Geologie des Seegrundes vor den nordfriesischen Inseln Sylt und Amrum, Meyniana 24, 1974
Leister, H. – Rittersitz und Adelsgut in Schleswig-Holstein, 1952
Matzen, Ida – Kinder Frieslands, Nebel 1914
dies. – Die Grönlandreise meines lieben Vaters auf Seehundsjagd und Walfischfang, Wyk o. J.
Meyer, Jürgen – Hamburger Segelschiffe 1795–1945, Norderstedt 1971
Michelsen, A. L. J. – Nordfriesland im Mittelalter, 1828, Neudruck 1969 Wiesbaden
Möller, Theodor – Der Friedhof von Nebel auf Amrum und seine alten Grabsteine, Neumünster 1928
Müller, Friedrich und Fischer, Otto – Das Wasserwesen an der deutschen Nordseeküste, Band Amrum, Berlin 1938
dies. – Wasserwesen… Band Allgemeines, Berlin 1938
Oesau, Wanda – Schleswig-Holsteinische Grönlandfahrt auf Walfischfang und Robbenschlag, Glückstadt 1937
dies. – Hamburgs Grönlandfahrt, Glückstadt–Hamburg 1955
Olshausen, Otto – Amrum – Bericht über Hügelgräber auf der Insel nebst einem Anhange über die Dünen, Berlin 1920
Oldekop, Henning – Topographie des Herzogtumes Schleswig, Kiel 1906
Olufs, Hark – Hark Olufs besynderlige Avanturer eller forunderlige Skiaebne i Tyrkiet samt hans lykkelige Hjemkomst derfra til sit Faedreland Öen Amrom i Riber-Stift, Haderleben 1761
Peters, Lorenz C. – Nordfriesland, Husum 1929, Neudruck 1975 Kiel
Pörksen, Erich – Aus einer alten Chronik, Breklum 1936
ders. – Leben und Wirken der drei Pastoren Mechlenburg, Breklum 1939
ders. – Har Thago – Vom Schiffsjungen zum Prediger, Breklum 1951
ders. – Rund um die St. Clemenskirche, Breklum 1952
ders. – Chronik der Familie Quedens, Breklum 1953
ders. – 200 Jahre Amrumer Windmühle 1771–1971, Flensburg 1971
ders. – Die Wahrzeichen der Insel Amrum, Breklum 1980

Quedens, Georg – Amrum, Breklum 1971
ders. – Vögel der Nordsee, Breklum 1976
ders. – Nordsee – Mordsee, Breklum 1978
ders. – Nationalpark Wattenmeer, Breklum 1988
ders. – Inselkirchen, Breklum 1980
ders. – Amrum – Insel unter weitem Himmel, Breklum 1981
ders. – Amrum erzählt, Itzehoe 1968
ders. – Amrum – Aus alter Zeit, Itzehoe 1968
ders. – Amrumer Abenteuer, Itzehoe 1970
ders. – Strand und Watt, München 1983
ders. – Grüße von Amrum, Schleswig 1978
ders. – Die Vogelwelt der Insel Amrum, Hamburg 1983
ders. – Die Inseln der Seefahrer, Hamburg 1982
ders. – Die alten Grabsteine auf dem Amrumer Friedhof, Amrum 1984
ders. – Tagebücher aus dem alten Amrum, Amrum 1986
ders. – Die Amrumer Feuerwehr, Amrum 1987
ders. – Das Seebad Amrum, Amrum 1990
ders. – Wattenmeer – Landschaft im Licht, Hamburg 1986
ders. – Das Friesenhaus, Hamburg 1989
ders. – Die Halligen – Inseln unter Wind und Wolken, Hamburg 1989
ders. – Vögel über Strand und Watt, Hamburg 1990
ders. – Wild und Jagd auf den nordfriesischen Inseln, im Heimatkalender des Nordfries. Vereines 1990
Quedens, Georg/Krahmer, Otto/Pörksen, Erich – Das Seebad Amrum, 1890–1975, Amrum 1965
Quedens, Georg/Basty, Rita/Leipersberger-Nielsen, Christel – Amrum – Jahreschronik einer Insel 1983 bis 1990
Remde, Friedrich – Amrum – Ein Beitrag zur Genese und Struktur einer Inselsiedlung, Dissertation, Berlin 1972
Roeloffs, Brar C. – Von der Seefahrt zur Landwirtschaft, Neumünster 1984
Rogl, Hans Wolfgang – Die Nordsee-Inselbahnen, Düsseldorf 1980
Sach, August – Das Herzogtum Schleswig in seiner ethnographischen und nationalen Entwicklung, 2 Bände, Halle 1896
Sauermann, Ernst – Die Kunstdenkmäler der Provinz Schleswig-Holstein, Band Südtondern, Berlin 1939
Schlee, Ernst – Das alte Föhr in bildlichen Dokumenten, Flensburg 1968
Schlutius, Kurt – Die Nordseebäder der Insel Amrum, Hamburg 1894, Neudruck durch Otto Krahmer 1981
Schmidt-Petersen, Julius – Die Orts- und Flurnamen von Amrum, Husum 1924
Schöning, Heinz – Die Amrumer Inselbahn, Pinneberg o. J.
Steensen, Thomas – Die friesische Bewegung in Nordfriesland im 19. und 20. Jahrhundert, 2 Bände, Neumünster 1986
Voigt, Harald – Die Nordfriesen auf den Hamburger Wal- und Robbenfängern 1669–1839, Neumünster 1986
Wilts, Ommo – Wurdenbuk för Feer an Oomram, Fries. Wörterbuch Amrum 1986

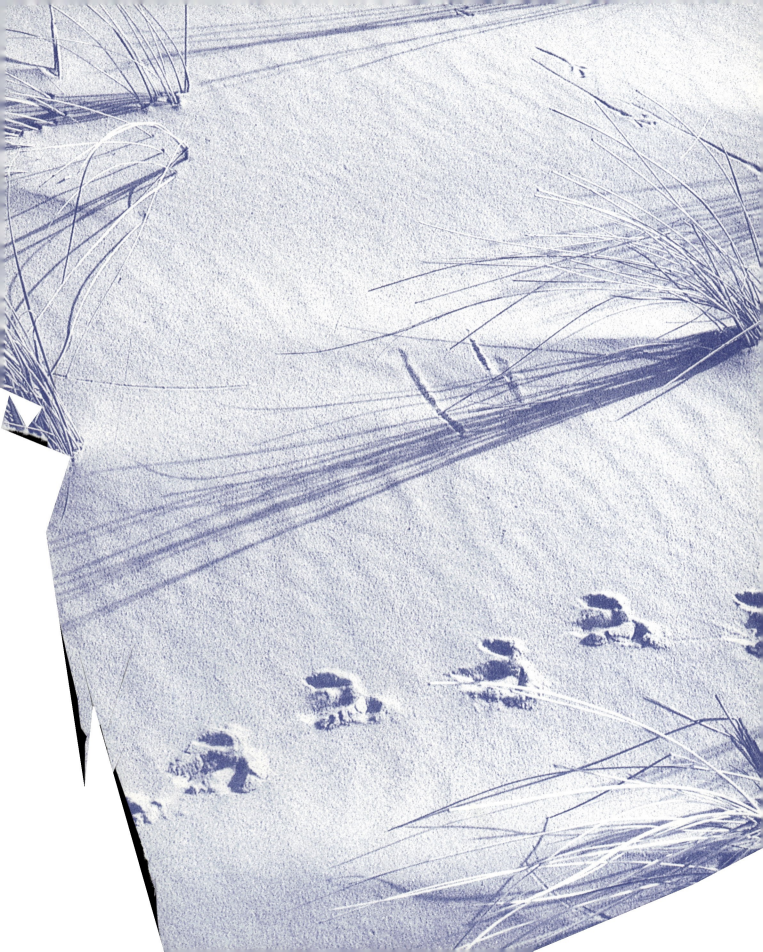